马克思主义理论研究和建设工程重点教材

法 理 学

（第二版）

《法理学》编写组

人民出版社

高等教育出版社

教学课件下载

本书有配套教学课件,供教师免费使用,请访问 https://dj.lilun.cn/html/courseware.html,即可浏览下载。

图书在版编目(CIP)数据

法理学 /《法理学》编写组编. --

2 版. -- 北京:人民出版社,2020.12(2024.6 重印)

马克思主义理论研究和建设工程重点教材

ISBN 978-7-01-022827-3

Ⅰ.①法… Ⅱ.①法… Ⅲ.①法理学-

高等学校-教材 Ⅳ.①D90

中国版本图书馆 CIP 数据核字(2020)第 249319 号

责任编辑 任 民　　封面设计 王 洋　　版式设计 于 婕　　责任校对 黎 冉

责任印制 周文雁

出版发行	人民出版社	网　址	http://www.pph166.com
社　址	北京市东城区隆福寺街 99 号	版　次	2012 年 6 月第 1 版
邮政编码	100706		2020 年 12 月第 2 版
印　刷	北京中科印刷有限公司	印　次	2024 年 6 月第 14 次印刷
开　本	787mm×1092mm 1/16	定　价	50.00 元
印　张	25.75	购书热线	010-84095064
字　数	430 千字	咨询电话	010-84095103

• 马克思主义理论研究和建设工程重点教材 •

马克思主义理论研究和建设工程咨询委员会委员、审议专家

（以姓氏笔画为序）

王伟光	王晓晖	王梦奎	王维澄	韦建桦
尹汉宁	龙新民	邢贲思	刘永治	刘国光
江流	汝信	孙英	苏星	李捷
李君如	李忠杰	李宝善	李景田	李慎明
冷溶	张宇	张文显	陈宝生	邵华泽
欧阳淞	金冲及	金炳华	周济	郑必坚
郑科扬	郑富芝	侯树栋	逄先知	逄锦聚
袁贵仁	贾高建	夏伟东	顾海良	徐光春
龚育之	梁言顺	蒋乾麟	韩震	虞云耀
雒树刚	滕文生	魏礼群		

目　录

导　论 …………………………………………………………………………… 1

　第一节　法理学的对象、性质和方法 …………………………………… 2

　　一、法理学的对象 ……………………………………………………… 2

　　二、法理学的性质 ……………………………………………………… 3

　　三、法理学的研究方法 ………………………………………………… 5

　　四、学习法理学的意义 ………………………………………………… 7

　第二节　法理学的历史 …………………………………………………… 7

　　一、奴隶社会的法理学思想 …………………………………………… 8

　　二、封建社会的法理学思想 …………………………………………… 9

　　三、资本主义社会的法理学思想 ……………………………………… 11

　第三节　马克思主义法理学的形成及其意义 …………………………… 13

　　一、马克思主义法理学的思想渊源 …………………………………… 13

　　二、马克思主义法理学的形成 ………………………………………… 14

　　三、马克思主义法理学的立场、观点和方法 ………………………… 16

　　四、马克思主义法理学的重大意义 …………………………………… 18

　第四节　马克思主义法理学的中国化 …………………………………… 18

　　一、毛泽东思想的法治理论 …………………………………………… 19

　　二、邓小平理论、"三个代表"重要思想、科学发展观的
　　　　法治理论 ………………………………………………………… 20

　　三、习近平法治思想 …………………………………………………… 23

第一章　法的概念与本质 …………………………………………………… 32

　第一节　法的概念 ………………………………………………………… 32

　　一、汉语中的"法""法律"及相关概念 …………………………… 32

　　二、外文中的"法""法律"及相关概念 …………………………… 33

　第二节　法的本质 ………………………………………………………… 33

　　一、资产阶级法学家关于法的本质的论述 …………………………… 33

二、马克思主义经典作家关于法的本质的论述 ……………………… 35

三、法的阶级本质 …………………………………………………… 36

四、法的本质是由特定社会的物质生活条件决定的 ……………… 39

第三节　法的基本特征 …………………………………………………… 40

一、法是调整社会关系的行为规范 ………………………………… 40

二、法是由国家制定或认可的行为规范 …………………………… 41

三、法是规定权利和义务的社会规范 ……………………………… 42

四、法是由国家强制力保证实施的社会规范 ……………………… 43

第四节　法的要素 ………………………………………………………… 44

一、法的要素的特征 ………………………………………………… 44

二、法律概念 ………………………………………………………… 45

三、法律规则 ………………………………………………………… 46

四、法律原则 ………………………………………………………… 48

第二章　法的产生、发展与历史类型 ………………………………… 53

第一节　两种对立的法的起源观 ………………………………………… 53

一、唯心史观的法的起源理论 ……………………………………… 53

二、唯物史观的法的起源理论 ……………………………………… 55

第二节　法的起源 ………………………………………………………… 56

一、原始社会的行为规则 …………………………………………… 56

二、法产生的历史必然性 …………………………………………… 57

三、法产生的一般过程和基本规律 ………………………………… 58

第三节　法的历史类型 …………………………………………………… 61

一、法的历史类型的概念 …………………………………………… 61

二、奴隶社会的法 …………………………………………………… 63

三、封建社会的法 …………………………………………………… 64

四、资本主义社会的法 ……………………………………………… 66

五、社会主义社会的法 ……………………………………………… 69

第四节　法系 ……………………………………………………………… 72

一、法系的概念 ……………………………………………………… 72

二、大陆法系 ………………………………………………………… 74

　　　　三、英美法系 ……………………………………………………… 75

　　　　四、中华法系 ……………………………………………………… 77

第三章　法的价值 ………………………………………………………… 81

　第一节　法的价值的概念 ………………………………………………… 81

　　　　一、马克思主义关于法的价值的理论 ………………………… 81

　　　　二、法的价值的基本特征 ……………………………………… 82

　　　　三、社会主义核心价值观与社会主义法的价值体系 ………… 83

　第二节　法与安全 ………………………………………………………… 87

　　　　一、安全的概念 ………………………………………………… 87

　　　　二、法的安全价值 ……………………………………………… 87

　第三节　法与秩序 ………………………………………………………… 89

　　　　一、秩序的概念 ………………………………………………… 89

　　　　二、法的秩序价值 ……………………………………………… 90

　第四节　法与自由 ………………………………………………………… 92

　　　　一、自由的概念 ………………………………………………… 92

　　　　二、法的自由价值 ……………………………………………… 93

　第五节　法与平等 ………………………………………………………… 95

　　　　一、平等的概念 ………………………………………………… 95

　　　　二、法的平等价值 ……………………………………………… 96

　第六节　法与公平正义 …………………………………………………… 98

　　　　一、公平正义的概念 …………………………………………… 98

　　　　二、法的公平正义价值 ………………………………………… 99

　第七节　法与人权 ………………………………………………………… 100

　　　　一、人权的概念 ………………………………………………… 100

　　　　二、法的人权价值 ……………………………………………… 102

第四章　法的渊源与效力 ………………………………………………… 107

　第一节　法的渊源 ………………………………………………………… 107

　　　　一、法的渊源的概念 …………………………………………… 107

　　　　二、法的渊源的种类 …………………………………………… 108

第二节　法的分类 ……………………………………………… 110

一、国内法与国际法 …………………………………… 110

二、成文法与不成文法 ………………………………… 110

三、实体法与程序法 …………………………………… 111

四、根本法与普通法 …………………………………… 111

五、一般法与特别法 …………………………………… 111

六、公法与私法 ………………………………………… 111

七、普通法与衡平法 …………………………………… 112

八、联邦法与联邦成员法 ……………………………… 112

第三节　法的效力 ……………………………………………… 113

一、法的效力的概念 …………………………………… 113

二、法的效力的范围 …………………………………… 114

三、法的效力的冲突及其解决方式 …………………… 117

第五章　法律关系 ……………………………………………… 120

第一节　法律关系的概念和分类 ……………………………… 120

一、法律关系的概念 …………………………………… 120

二、法律关系的种类 …………………………………… 124

第二节　法律关系的主体和客体 ……………………………… 126

一、法律关系的主体 …………………………………… 126

二、法律关系的客体 …………………………………… 128

第三节　法律关系的内容 ……………………………………… 130

一、法律关系内容的概念 ……………………………… 130

二、权利和义务的概念 ………………………………… 131

三、权利和义务的关系 ………………………………… 134

第四节　法律关系的形成、变更和消灭 ……………………… 136

一、法律关系形成、变更和消灭的含义 ……………… 136

二、法律事实 …………………………………………… 136

第六章　法律行为 ……………………………………………… 139

第一节　法律行为的概念 ……………………………………… 139

一、法律行为的界定 ························· 139

二、法律行为的特征 ························· 142

三、法律行为的分类 ························· 145

第二节 法律行为的结构 ························· 148

一、法律行为的主体 ························· 148

二、法律行为的内在方面 ····················· 150

三、法律行为的外在方面 ····················· 154

第七章 法律责任 ····························· 159

第一节 法律责任的概念 ························· 159

一、法律责任的含义 ························· 159

二、法律责任的构成要件 ····················· 161

三、法律责任的分类 ························· 163

第二节 法律责任的认定与归结 ··················· 166

一、法律责任认定与归结的概念 ················· 166

二、法律责任认定与归结的原则 ················· 166

第三节 法律责任的承担 ························· 169

一、法律责任的承担方式 ····················· 169

二、法律责任的实现形式 ····················· 170

三、法律责任的减轻与免除 ··················· 171

第八章 法律方法 ····························· 175

第一节 法律方法与法学思维 ····················· 175

一、法律方法释义 ························· 175

二、法律思维 ··························· 176

三、法治思维 ··························· 176

四、法理思维 ··························· 177

第二节 法律解释 ····························· 178

一、法律解释的概念 ························· 178

二、法律解释的分类 ························· 179

三、法律解释的原则 ························· 181

四、法律解释的方法 ················· 183

第三节 法律推理 ·············· 184

一、法律推理的概念 ················· 184

二、法律推理的原则 ················· 184

三、法律推理的方法 ················· 185

第四节 法律论证 ·············· 187

一、法律论证的概念 ················· 187

二、法律论证的理由 ················· 187

三、法律论证的正当性标准 ············· 189

第九章 中国社会主义法理学的历史文化基础 ········· 191

第一节 中国传统法学思想的形成和发展 ········ 191

一、法观念的产生 ················· 191

二、夏商西周的法学思想 ·············· 194

三、春秋战国的法学思想 ·············· 196

四、秦至清的法学思想 ··············· 202

第二节 近代法理学的探索与变革 ··········· 207

一、法律理念与法权意识的萌生 ··········· 207

二、对传统法学思想的扬弃 ············· 211

第十章 中国社会主义法的产生、本质和作用 ········· 216

第一节 中国社会主义法的产生 ············ 216

一、中央苏区和革命根据地的法是社会主义法的重要来源 ······· 216

二、废除旧法是社会主义法产生的前提 ········ 219

三、借鉴人类法治文明成果是社会主义法产生的重要条件 ······· 220

第二节 中国社会主义法的本质和作用 ········· 222

一、坚持中国共产党的领导 ············· 222

二、反映和维护广大人民的共同意志和根本利益 ··· 223

三、确立和维护人民民主专政的国家制度 ······ 224

四、确立和维护社会主义的经济制度 ········· 226

五、确立和维护和谐稳定的社会秩序 ········· 229

　　六、通过法的立、改、废、释，推动社会变革与进步 ……………… 230

　第三节　中国社会主义法发展的历史经验 …………………………… 232

　　一、党的领导、人民当家作主、依法治国三者有机统一 ………… 232

　　二、法治与民主相互促进 …………………………………………… 233

　　三、经济发展和法律发展相互促进 ………………………………… 235

　　四、社会发展和法律发展相互促进 ………………………………… 236

第十一章　中国社会主义法与民主政治 ……………………………… 238

　第一节　法与民主政治的一般关系 …………………………………… 238

　　一、民主与民主政治 ………………………………………………… 238

　　二、民主是法治的基础 ……………………………………………… 240

　　三、法治是民主的保障 ……………………………………………… 241

　第二节　中国的民主政治制度是符合国情的选择 …………………… 242

　　一、中国人民选择民主政治制度的艰难探索 ……………………… 242

　　二、党的领导是社会主义民主政治发展的根本保证 ……………… 244

　　三、社会主义民主政治的本质要求是人民当家作主 ……………… 246

　　四、社会稳定是社会主义民主政治发展的重要条件 ……………… 248

　第三节　发展社会主义民主，建设社会主义政治文明 ……………… 249

　　一、社会主义政治文明的内涵 ……………………………………… 249

　　二、推进社会主义政治文明建设 …………………………………… 251

第十二章　中国社会主义法与经济、科技、文化、社会、生态 ………… 255

　第一节　中国社会主义法与经济 ……………………………………… 255

　　一、法与经济的一般原理 …………………………………………… 255

　　二、社会主义法与法治经济建设 …………………………………… 256

　第二节　中国社会主义法与科技 ……………………………………… 263

　　一、法与科技的一般原理 …………………………………………… 263

　　二、社会主义法与科技创新 ………………………………………… 267

　第三节　中国社会主义法与文化 ……………………………………… 270

　　一、社会主义法与文化建设 ………………………………………… 271

　　二、社会主义法与道德 ……………………………………………… 279

三、社会主义法与宗教 ………………………………… 282

第四节 中国社会主义法与社会 ………………………… 284

一、法与社会的一般原理 ………………………………… 284

二、法与社会治理 ………………………………………… 289

三、社会主义法与社会建设 ……………………………… 292

第五节 中国社会主义法与生态 ………………………… 294

一、社会主义法与生态的一般原理 ……………………… 294

二、社会主义法与生态文明建设 ………………………… 297

第十三章 中国社会主义立法和法律体系 ……………… 303

第一节 中国社会主义立法的指导原则 ………………… 303

一、党领导立法 …………………………………………… 303

二、科学立法 ……………………………………………… 304

三、民主立法 ……………………………………………… 305

四、依法立法 ……………………………………………… 306

第二节 中国的立法体制 ………………………………… 306

一、统一而又分层次的立法体制 ………………………… 306

二、立法权限的划分 ……………………………………… 308

第三节 中国的立法程序 ………………………………… 314

一、法律案提出 …………………………………………… 314

二、法律案审议 …………………………………………… 315

三、法律案表决 …………………………………………… 316

四、法律公布 ……………………………………………… 317

第四节 中国特色社会主义法律体系 …………………… 317

一、法律体系的概念 ……………………………………… 317

二、中国特色社会主义法律体系的基本框架 …………… 318

三、完善中国特色社会主义法律体系 …………………… 322

第五节 国内法与国际法的关系 ………………………… 325

一、国内法与国际法 ……………………………………… 325

二、国内法与涉外法 ……………………………………… 327

第十四章　中国社会主义法律实施 ································ 328

第一节　法律实施的意义 ·································· 328

一、法律的生命在于实施 ···························· 329

二、法律实施是实现立法宗旨和目的的必然要求和具体体现 ····· 332

第二节　法律执行 ······································ 332

一、法律执行的概念 ······························· 332

二、法律执行的基本原则 ···························· 333

三、行政执法与行政责任 ···························· 335

第三节　法律适用 ······································ 336

一、法律适用的概念 ······························· 336

二、法律适用的主要特点 ···························· 337

三、法律适用的基本原则 ···························· 338

四、司法权与司法责任 ····························· 341

第四节　法律遵守 ······································ 342

一、法律遵守的概念 ······························· 342

二、法律遵守的理由和意义 ·························· 343

三、法律遵守的范围和条件 ·························· 344

第五节　法律实施的正当程序 ······························ 344

一、法律程序概述 ································· 344

二、正当法律程序 ································· 346

三、程序正义 ···································· 349

第六节　法律实施的监督 ·································· 351

一、法律实施监督的原理 ···························· 351

二、法律实施监督的原则 ···························· 353

三、法律实施监督的性质和功能 ························ 354

第十五章　全面依法治国，建设法治中国 ···················· 357

第一节　法治的一般原理 ·································· 357

一、法治与人治 ·································· 357

二、法治与法制 ·································· 359

三、法治与德治 ·································· 359

四、法治与治理 ···················· 361

第二节　全面依法治国的政治方向 ············· 362

一、坚持党的领导 ·················· 362

二、坚持以人民为中心 ·············· 363

三、坚持习近平法治思想指导 ·········· 365

四、坚持中国特色社会主义法治道路 ······ 365

五、坚持中国特色社会主义法治道路必须遵循的重要原则 ······· 367

第三节　全面依法治国的工作布局与重要任务 ········ 370

一、建设中国特色社会主义法治体系 ······ 370

二、坚持依法治国、依法执政、依法行政共同推进，法治国家、
法治政府、法治社会一体建设 ········· 374

三、统筹推进国内法治和涉外法治 ········ 377

第四节　全面依法治国的重要保障 ············· 378

一、全面依法治国的组织保障 ·········· 378

二、全面依法治国的人才队伍保障 ········ 379

三、发挥"关键少数"的保障作用 ········ 381

四、全面依法治国的科技支撑 ·········· 382

第五节　建设法治中国 ·················· 383

一、法治中国是社会主义法治建设的伟大目标 ·········· 383

二、法治中国与国家治理现代化 ········· 384

三、法治中国建设的伟大征程 ·········· 384

阅读文献 ······················· 386

人名译名对照表 ···················· 390

第一版后记 ······················ 393

第二版后记 ······················ 394

导　论

　　1949 年中华人民共和国的成立，推翻了帝国主义、封建主义和官僚资本主义在中国的统治地位，也终结了半殖民地半封建反革命反人民的法制，开启了中国社会主义法治新纪元。1954 年，第一届全国人民代表大会第一次会议通过的《中华人民共和国宪法》以国家根本大法的形式，确认了近代 100 多年来中国人民为反对内外敌人、争取民族独立和人民自由幸福进行的英勇斗争成果，确认了中国共产党领导中国人民夺取新民主主义革命胜利、进行社会主义革命的历史变革。

　　1978 年 12 月召开的中国共产党十一届三中全会，开启了改革开放和社会主义现代化的伟大征程，确立了我国社会主义法治建设的指导方针，提出"为了保障人民民主，必须加强社会主义法制，使民主制度化、法律化，使这种制度和法律具有稳定性、连续性和极大的权威，做到有法可依，有法必依，执法必严，违法必究"①。1982 年 12 月 4 日，第五届全国人大第五次会议通过的新宪法（简称"八二宪法"）以及五次修改，把十一届三中全会以来我们党推进法治建设的成功经验上升为宪法规范，有力地推动了新时期我国社会主义法治建设。

　　1997 年，党的十五大提出了依法治国的基本方略。1999 年，这一基本方略被写入宪法，标志着我国以国家根本法的形式确立了依法治国的宪法地位，也标志着中国共产党领导的社会主义民主和法治建设进入了一个新的阶段。党的十六大、十七大进一步强调全面落实依法治国基本方略，加快建设社会主义法治国家。党的十八大以来，以习近平同志为核心的党中央全面推进依法治国进程，提出"全面依法治国"，并把全面依法治国作为"四个全面"战略布局的重要组成部分。2017 年，党的十九大在更高层次、更深意义上把全面依法治国作为新时代坚持和发展中国特色社会主义的基本方略之一。

　　在具有五千多年文明史的中国建设社会主义法治国家，是一项伟大的事业。依法治国，就是把国家和社会的各项事业纳入法治的轨道，保证广大人民群众依照宪法和法律的规定，通过各种途径和形式管理国家事务，管理经济和文化事业，管理社会事务。全面依法治国，是全面推进经济建设、政治建设、

---

① 中共中央文献研究室编：《十五大以来重要文献选编》（上），人民出版社 2000 年版，第 259 页。

文化建设、社会建设、生态文明建设"五位一体"的根本要求，是建设富强民主文明和谐美丽的社会主义现代化强国的必然要求。

全面依法治国，建设社会主义法治国家，需要大批具有社会主义法治理念和实践技能的法治人才。法学教育承担着培养法治人才、传播法律知识、弘扬法治精神的重要任务。建设社会主义法治国家的历史任务为法学教育开辟了广阔的前景，也为培养建设社会主义法治国家需要的法治人才提出了更高的要求。

建设社会主义法治国家所需要的法治人才应当具备多方面的素质，法学理论素质是法治人才应具备的重要素质之一。马克思主义法理学的基本概念、基本知识、基本理论以及中国特色社会主义法治理论和法学理论，对培养符合我国社会主义法治建设需求的人才具有重要的指导意义。

第一节　法理学的对象、性质和方法

一、法理学的对象

法理学（jurisprudence），或称法哲学（philosophy of law，legal philosophy），是两个交互使用并可以互相代替的概念。其内容是一元的，而不是二元的。英语国家习惯用"法理学"，而欧洲大陆国家则常用"法哲学"，我国法学界是把"法理学"作为法学核心课程的名称。

法理学是法学的一个分支。法学以法为研究对象，先有法律，后有法学。法律发展到一定阶段，内部出现了因调整对象不同而产生的分工，法学也由此发展为不同的法学学科，法理学是法学体系的基础。

法律是社会规则，具有很强的实践性特征。这决定了法学，包括法学中最具理论色彩的法理学，也具有实践性的特征。法理学是法律实践的抽象，它来源于社会实践，反过来又为社会实践服务。虽然法理学具有自己的核心概念和逻辑，但是不同国家、不同法律制度下的法理学一定都具有各自的特色，因为任何法律制度都是具体的，都与一定的国家形态相联系，作为法学一部分的法理学归根结底也是由特定社会的物质生活条件决定的。

作为社会科学的法学，它的研究对象是法律现象。它既研究法的产生、发展及其规律，也研究法的性质、特征以及各种法律现象之间的相互关系；既研究法的内部联系和调整机制，也研究法与其他社会现象的联系、区别及其相互作用；既研究法律规范、法律行为、法律关系、法律体系和法律方法，也研究法的效力、效果、作用和价值；既研究国内法，也研究国际法和外国法。

在法学体系中，法理学有其特定的研究对象。法理学，顾名思义，就是"法理之学"，其研究对象即为"法理"亦即"法之理"。"法理"是一个地道的中国本土概念，早在汉代典籍中就出现了"法理"一词，并逐渐演化为"法理"概念。随着历史的发展，"法理"一词的内涵逐渐丰富，大体是指法律条文背后蕴含的观念、规律、价值追求及正当性依据。中国古代政治家和思想家十分重视法理，南朝齐武帝永明年间，时任廷尉的孔稚珪就曾明言："臣闻匠万物者以绳墨为正，驭大国者以法理为本。"① 唐代统治者明确提出"不习经史，无以立身；不习法理，无以效职"②，把熟谙法理作为选拔官员的重要条件之一。在当代中国和世界，"法理"作为词语和概念，体现了人们对法的规律性、终极性、普遍性的探究和认知，体现了人们对法的目的性、合理性、正当性的判断和共识，体现了人们对法律之所以获得尊重、值得遵守、应当服从的那些内在依据的评价和认同。由此可知，以法理为研究对象，就是重点研究法律现象中的规律性、终极性、普遍性、根本性问题，研究法律和法治的目的性、合理性、正当性问题，研究法律制定和实施的原理问题、法治文化以及法与其他社会现象的关系。通过对这些问题的研究，法理学为法学确立了基本立场、观点和方法。

二、法理学的性质

法理学是法学的基础理论，是法学教育的基础课程之一。我国法理学既研究法的一般规律，又着重研究社会主义法的产生、本质、特征、作用、形式、发展、实施，研究中国特色社会主义法治的本质特征、发展道路、主要任务等重大理论和实践问题，以形成有关法律、法治和法理的基本知识、概念、命题和原理。

法理学的发展和法律制度建设以及法学观念的发展密切联系。新中国成立

---

① （梁）萧子显撰：《南齐书》卷四十八《孔稚珪传》（简体字本），中华书局 2000 年版，第 567 页。
② （唐）杜佑撰：《通典》卷第十七《选举五·选人条例》，王文锦、王永兴等点校，中华书局 1988 年版，第 425 页。

之前，法理学不受重视，法学教育中的基础理论多被称为"法学通论""法学绪论"，除了介绍西方法理学的流派和基本内容之外，更多的只是讲授部门法理论。新中国成立后相当长的时间内，由于受苏联法学的影响，我国法学教育中的相应课程一般都被称为"国家和法的理论"。党的十一届三中全会以后，我国社会主义法治建设促进了法理学内容的丰富和发展，法理学中很多原来属于国家理论的内容开始划归政治学，"国家和法的理论"这个名称也相应地被改为"法学基础理论"；20 世纪 90 年代初又改称为"法理学"。相比而言，"法理学"这个名称更简洁，也更符合法学理论学科的本质属性。

作为基础理论，法理学主要研究法的抽象概念和理论。例如，法理学和部门法学都研究权利问题，但部门法学主要研究具体的权利，如民法学主要研究财产权，关注财产权的种类、特征、范围、界限、法律保护等，而法理学则主要研究何谓权利、人应有哪些权利等根本问题，从而为人们提供了关于权利的基础理论，使人们能够正确地认识和运用权利。

法理学的基础理论性质还表现在，它是一定时代的基本法理，亦即法的精神和理念的表达。法理是法律制度的灵魂，是法律制度体系的精神支柱。法理的变化必然导致法律制度和法学的变革。法理学的一项重要功能，就是通过反映和表达其所处时代的法理，为法律制度和法学体系的发展提供思想动力和学理支撑。

法理学为研究法律制度、推动法学发展提供方法论。法理学提供研究法律现象的基本方法。首先，当人们自觉运用一定的理论去思考、研究和解决问题时，理论实际上已经成为指导或规范研究活动的方法。其次，法学方法论本身又是法理学的重要研究内容。马克思主义认识论认为，方法是主体在认识世界和改造世界的实践活动中所采取的手段。因此，从宏观上讲，法学方法是认识法律现象的工具和手段；从微观上讲，法学方法是解决法律问题的方法和途径。法律现象错综复杂，不同的方法可能得出不同的结论，只有正确的方法论才能把人们引向正确的目标。

法理学集中体现一个国家的法学意识形态。意识形态是反映一定社会物质基础的政治、法律、哲学、道德、艺术和宗教等社会学说的完整的思想体系，其目的是为了建立或巩固一定的政治制度，维护本阶级或集团的根本利益。它是一定社会统治阶级或集团的政治纲领、行为准则、价值取向和社会理想的理论依据。法学意识形态是社会意识形态的重要组成部分。首先，法理学提炼了法学的基本立场、观点和方法，是整个法学体系的理论基础和方法论的核心部分，是观察、认识和分析法律现象的概念体系。法理学对法的基本理论问题的阐释，是整个法学的根基和灵魂。正是从这个意义上说，中国特色社会主义法理学是当代中国法学的意识形态，也是中国特色社会主义理论体系的重要内容。其次，法理学观察、思考、解决各种法律问题的基本立场、观点、方法，都是在一定的意识形态指导下进行的。不同流派的法学家在法的一般性、普遍性、根本性问题上的许多理论分歧，归根结底是因为他们所坚持或遵循的意识形态不同。我国的法理学坚持以马克思主义的基本原理为指导，紧密联系中国特色社会主义建设的伟大实践，形成了不同于西方法理学的中国特色社会主义法理学。

三、法理学的研究方法

对于科学研究来说，用于研究的方法本身是否科学和正确，是决定研究活动成败得失的关键因素。正因为如此，自近代科学产生以来，关于科学方法的研究日益引起人们的关注。可以这样说，与各种非马克思主义法学流派相比，在揭示法律的本质与规律方面，马克思主义法学之所以具有明显的理论优势，主要在于其方法的科学和有效。

法学的研究方法可以分为方法论原则和基本方法两个层面。方法论原则是认识问题、解决问题的基本出发点和基本思路，也是关于如何运用具体方法的一种根本方法。以马克思主义为指导的法学，始终以唯物辩证法和历史唯物论作为自己的根本方法。坚持唯物辩证法和历史唯物论，就要坚持实事求是的思想路线，坚持社会存在决定社会意识的观点，坚持社会现象的普遍联系和相互作用的观点，坚持社会历史的发展观点。

法学研究的基本方法十分丰富。大体上可以分为三类，即阶级分析方法、价值分析方法和实证分析方法。

阶级分析方法。阶级分析方法就是用阶级和阶级斗争的观点去观察和分析阶级社会中各种社会现象的方法。它可以被广泛地应用于各门社会科学和人文学科，在法学研究中尤其占有重要地位。对于法学研究而言，坚持阶级分析方法主要就是坚持下述观点：阶级的存在仅仅同生产发展的一定历史阶段相联系，阶级斗争是阶级社会历史发展的直接动力，现实阶级关系决定阶级社会基本的经济、政治和法律制度，阶级斗争必然导致无产阶级专政，无产阶级专政是消灭阶级的必由之路，社会主义社会中阶级斗争仍将在一定范围内长期存在，等等。在如何对待阶级分析方法这一问题上，必须防止两种错误倾向。第一种倾向是以教条主义的态度来理解和运用阶级分析方法，把科学的阶级分析方法片面归结为"阶级斗争之学"和"对敌专政之学"。这种错误倾向曾给我国的法治建设和法学研究造成了灾难性的影响。第二种倾向是以虚无主义的态度对待阶级分析方法，有意或无意地贬低、轻视甚至否认阶级分析方法的理论意义和认识价值。

价值分析方法。马克思主义哲学是一种实践哲学，因为它强调：哲学家们只是用不同的方式解释世界，而问题在于改变世界。那么，人类为什么要改变世界又应当如何改变世界呢？这样的问题一被提出，我们就来到了价值判断的领域。"价值"这一概念之所以重要，就在于它揭示了实践活动的动机和目的。法作为调整社会生活的规范体系，它的存在本身并不是目的，而是实现一定价值的手段。也就是说，社会中所有的立法、执法、司法和守法活动都是一种进行价值选择的活动。当立法者们为人们确定权利义务的界限时，他们实际上就是力图通过保护、奖励和制裁等法律手段来肯定、支持或反对一定的行为，从而使社会处于一种在立法者看来是正当或理想的状态。当一个法官在裁判法律案件时，他实际上就是适用法律所提供的价值准则在冲突的利益中作出选择。因此，他可以用减少或剥夺某些人的财产、自由、安全和生命的办法来增加或保护另一些人的财产、自由、安全和生命。正因为法与价值之间有着这种不可分割的联系，所以，价值分析方法就不能不成为法学研究的重要方法。以马克思主义哲学为指导的法学在进行价值分析时始终坚持以无产阶级和人民大众的需要为出发点和落脚点，在这个意义上，马克思主义法学的价值分析方法与阶级分析方法是相通的。为了使价值分析的阶级性与科学性统一起来，马克思主义法学在运用价值分析方法时遵循生产力标准和人道主义标准，坚持现实主义原则和历史主义原则。

实证分析方法。实证分析方法是法学研究的一种基本方法，尤其是在立法和司法评估中，实证分析方法是非常管用的方法，其主要特点是通过对经验事实的观察和分析来建立和检验各种理论命题。所谓经验事实是可以通过人们的直接或间接观察而发现的确定的社会事实和事实因素。对于法学的实证研究而言，经验事实既包括与法律的制定和实施有关的一切社会事实，也包括法律文本中的词语、句法和逻辑结构等事实因素。在法学研究中，比较常用的实证分析方法包括社会调查方法、历史考察方法、比较研究方法、逻辑分析方法、语义分析方法等。

四、学习法理学的意义

学习法理学的意义可以概括为以下几个方面：其一，对树立马克思主义法律观具有重要意义。如何认识法律是法理学的核心问题。运用马克思主义的立场、观点和方法观察法律现象，认识法理学关于法的概念与本质，法的产生、发展与历史类型，法的价值和作用，中国特色社会主义法律体系等内容，能够引导学生准确把握法的实质，分清理论是非。其二，对树立社会主义法治理念具有重要意义。社会主义法治理念是尊重法治、崇尚法治、积极参与法治实践的信念。它包含了对什么是法治、什么是社会主义法治、为什么我国必须实行中国特色社会主义法治、怎样实行和实现中国特色社会主义法治的认识，体现了依法治国、建设中国特色社会主义法治体系、建设社会主义法治国家的美好理想。树立社会主义法治理念，是法科学生必须具备的核心素质，也是法科学生投身于社会主义法治建设的基本条件。其三，对培养法律思维、法治思维和法理思维以及实际工作能力具有重要意义。法治工作是专业性和实践性很强的学科，要掌握法治实践的本领，认真学习法理学，培养法律思维、法治思维和法理思维，提高法学理论素质，掌握法律解释、法律推理、法律论证等基本方法和技能，是相当重要的。比如，从事法律实际工作不仅要了解有关的法律规范，而且要了解法律规范为什么这样制定；不仅要了解解释和运用法律规范的技术，而且要了解解释和运用法律规范时应坚持的价值标准和法理依据。尤其是在社会转型导致的法的立改废释加速的时代背景下，学习法理学，系统掌握科学的法律和法治理论与方法，培养法律思维、法治思维和法理思维能力，显得非常重要。

第二节　法理学的历史

从法学史来看，作为独立的分支学科和完整的知识体系的法理学直到 19 世纪才出现，但作为对法的一般性、普遍性、根本性问题进行思考的认知活动和知识成果的法理学思想则古已有之。在人类的历史长河中，法理学思想的发展经历了奴隶社会、封建社会、资本主义社会、社会主义社会几个历史阶段，形成了不同历史阶段的法理学思想和学说。马克思主义法理学的产生则是法理学历史上的里程碑。

一、奴隶社会的法理学思想

自从国家和法产生以后，人们对法的一般性问题的思考就开始了。在奴隶社会各个古代文明中都发现过有关法的论述和著作。特别是在法律文明比较发达的古代埃及、巴比伦、中国、印度、希腊、罗马等奴隶制国家，不仅发现了成文的法典，而且发现了论述法律问题的文献，这些法典和文献包含着丰富的法理学思想。

（一）古希腊文明中的法理学思想

根据现有的文献和发掘的相关资料，以雅典为代表的古希腊城邦国家的成文法不是很多。但是，由于以习惯法为主体的法律制度已有相当程度的发展，法律已经渗透到社会生活的方方面面；同时，古希腊的哲学非常发达，发达的哲学激发了知识分子认识和评价社会现象的能力，促进了政治学、伦理学、文学、美学等专门知识体系的形成。在古希腊众多丰富多彩的政治学、伦理学、文学、美学等作品中，很多涉及了一系列的法理学问题，如法与权力、理性的关系，法与人、神、自然的关系，法与利益、正义的关系，人治与法治的关系，守法的道德基础与政治基础的关系等"永恒的主题"。这些问题以及苏格拉底、柏拉图、亚里士多德等人在这些问题上的论述在全世界都有很大的影响，有些思想成为现代法律思想和理论的渊源。

（二）古罗马文明中的法理学思想

古罗马的法律制度是古代西方世界法律制度发展的顶峰。在罗马帝国前期，已经有了比较发达的简单商品经济和复杂的财产关系。为适应经济生活和社会关系调整的需要，古罗马的法律调整机制和法律秩序越来越具有抽象性和普遍性，也越来越复杂。法律事务需要受过专门训练的专家来处理，由此出现了职业法学家集团、法律学校和法学流派。古罗马不仅出现了帕比尼安、乌尔比安、盖尤斯、保罗和莫迪斯蒂努斯五大著名法学家，而且还系统编纂了《优士丁尼法典》以及《学说汇纂》《法学阶梯》等法学教科书。罗马法学家们不仅提出并解决了许多涉及立法、执法、司法的方法问题，创造了精湛的法律概念和技术，而且提出了诸如契约自由之类具有深远历史影响的法律原则。他们还巧妙地引入希腊人的自然法概念和自然法精神来论证罗马法的神圣性、广泛适用性以及为适应罗马人与异邦人的交往而适度变化的必要性。罗马法和罗马法学对其后的西方乃至世界的法学和法律制度的发展都有重大影响。在法理学上，古罗马法学关于公法与私法，自然法、万民法和市民法以及人法、物法和诉讼法等法律分类思想，对后世法理学都产生了深远的影响。

（三）古代中国的法理学思想

中国是世界上较早制定成文法的国家。从公元前 21 世纪夏代的"禹刑"开始，经过商、周、春秋战国的发展，中华法系已见雏形。与制度发展相适应，法理学思想也很活跃。

春秋战国时期是从奴隶社会向封建社会过渡的时期，当时学派四起，百家争鸣。墨、道、儒、法四家对法律都有一些思考，其中儒、法两家的思想和他们之间的争论对后世的影响最为深远。墨家从天意为法之根源的法律观出发，主张以天为法，循法而行，提出"兼相爱，交相利"的社会信念，主张在经济上重视生产、节约、利民，在刑罚上"赏当贤，罚当暴，不杀不辜，不失有罪"①。道家从"小国寡民"的理想国设想出发，反对制定繁杂的礼法制度，主张一切顺乎自然，"无为而治"，"我无为，而民自化；我好静，而民自正；我无事，而民自富；我无欲，而民自朴"②。儒家从人性善的哲学立场出发，强调圣人、贤人、圣君、贤相的统治力量，重视道德礼教的作用，主张"德主刑辅"，综合为治。法家的代表人物如商鞅、韩非等人都是政治活动家，他们总结了历史的和现实的治国经验，把法治推崇为立国和治国之本，轻视圣贤或道德教化的作用，明确提出"缘法而治""以法治国"等主张，并进行了一系列旨在实现法治的政治改革和变法。法家的思想和主张对中国古代法学和法律制度的形成和发展曾经产生过巨大的推动作用。

二、封建社会的法理学思想

封建社会的法律制度比奴隶社会更加发达，与此相适应，法律思想也更加丰富。无论东方还是西方，封建社会的法理学思想都为人类文明留下了丰厚的文化遗产。

---

① 《墨子·尚同》。
② 《道德经·五十七》。

（一）中国封建社会的法理学思想

中国封建社会的法律制度已经十分发达。与此相适应，法律思想也比较发达。从法家的兴起、儒法两家的争论，到秦汉以后封建正统法律思想的形成，中国封建社会的法理学思想在世界法律思想史上占有重要的地位。

先秦法家的兴起是与封建地主阶级在各诸侯国逐步发展起来，封建地主和农民的矛盾成为社会的主要矛盾，剥削阶级内部奴隶主贵族和新兴地主阶级的矛盾日益尖锐相联系的。法家对法律的本质、起源和作用等基本问题都提出了自己的看法。管子提出法律是衡量是非曲直的标准，"尺寸也，绳墨也，规矩也，衡石也，斗斛也，角量也，谓之法"①。法律不是从来就有的，它起源于解决社会矛盾的需要，为了"定分止争"，需要"立禁""立官""立君"，由此产生了法律。法律具有强制性，"内行刀锯，外用甲兵"。法家认为法律的作用是"兴功惧暴""定分止争""吏民规矩绳墨也"②。法家提出了"以法治国"的主张，认为"国无常强，无常弱，奉法者强，则国强；奉法者弱，则国弱"③，强调治国必须"不务德而务法"④。秦汉以后，以儒家思想为核心的封建正统法律思想逐步形成，封建社会的意识形态被董仲舒等人概括为"君为臣纲、父为子纲、夫为妻纲"⑤，成为封建社会指导立法、执法和司法活动的基本原则；经学渗透到法律领域，导致了"律学"乘势而兴。"律学"是一种根据儒学原则对以律为主的成文法进行讲习、注释的法学，它不仅从文字上、逻辑上对律文进行阐释，也阐述法理，如关于礼与法的关系、条文与法意的联系、律与例之间的关系、定罪与量刑、刑法的宽与严、肉刑的存与废、刑名的变迁以及诉讼的理论等。

封建正统法律思想占据统治地位，压抑了法理学的发展，关于法律基本问题的不同主张和争论减少了，但对某些具体法律问题的不同理论争论仍然存在。比如，对复仇问题，儒家学说支持复仇，先秦法家学说则反对复仇，秦汉以后法家对复仇有不同的理论主张，并由此而导致不同的制度。此外，对于同罪异罚和异罪同罚、是否应"亲亲相隐"等问题都有不同的理论主张。

---

① 《管子·七法》。
② 《管子·七臣七主》。
③ 《韩非子·有度》。
④ 《韩非子·显学》。
⑤ 《白虎通义·三纲六纪》。

（二）西欧中世纪的法理学思想

西欧中世纪的特点是教会的统治。"中世纪的世界观本质上是神学的世界观"①，"中世纪把意识形态的其他一切形式——哲学、政治、法学，都合并到神学中，使它们成为神学中的科目"②。因此，当时的法理学思想和宗教神学思想有着千丝万缕的联系。比如，西欧中世纪法律思想家托马斯·阿奎那把古希腊和古罗马的法律思想与基督教神学思想结合在一起，在封建社会的历史条件下保持并发展了古希腊和古罗马的法律思想遗产。到中世纪后期，日益发展的商品经济和资本主义生产方式对法律产生了更为迫切的需求，法学教育和法学研究作为专门的职业开始出现。当时的法学教育和法学研究以复兴罗马法为中心任务。随着法学研究和法学教育的恢复和发展，又出现了新的法学流派，在意大利出现了注释法学派和评论法学派，在法国出现了人文主义法学派。注释法学派因以意大利北部的博洛尼亚大学为中心，故又称"博洛尼亚学派"。注释法学派分为前注释法学派和后注释法学派。前注释法学派的侧重点是通过对优士丁尼时代所编纂的各种罗马法文献的文字、语言、逻辑的解释和旁征博引，澄清罗马法文献的精确意思。后注释法学派则致力于使罗马法与城市法规、封建法、日耳曼习惯法、教会法的原理相结合。这些流派的传播为后来资本主义法律在欧洲大陆的形成奠定了学术基础。

三、资本主义社会的法理学思想

自13、14世纪开始的欧洲文艺复兴运动和宗教改革运动，使西方法学朝着世俗化的方向发展和变革。一批出身于新兴中产阶级的思想家把君主（而不是上帝）或人性（而不是神性）看作国家和法律的基础，使法律和法学从天国回到了人间。在这个时期，法学发展的最重要的标志是人文主义法学派的产生。人文主义法学派是继注释法学派之后兴起的法学流派，因与文艺复兴运动中的人文主义思潮（一种反对封建旧秩序的社会思潮）相联系而得名。人文主义法学派主张把罗马法作为整个古典文化的组成部分，把哲学方法和历史方法运用于罗马法研究，以便更有说服力地复兴罗马法。注释法学派和人文主义法学派为民族国家的形成、资本主义法律制度的出现和法律的统一化创造了思想理论

---

① 《马克思恩格斯全集》第28卷，人民出版社2018年版，第608页。
② 《马克思恩格斯文集》第4卷，人民出版社2009年版，第310页。

和技术等方面的有利条件。注释法学家和人文主义法学家是把古代法学传达到近代的使者，他们的研究是连接古代法学和近代法学的纽带。

17世纪开始的资产阶级革命既需要法学，也解放了法学。从此，法学教育和法学研究开始蓬勃兴起，法律学校和法学流派如雨后春笋般涌现出来。近代资产阶级法学的萌芽意味着一种与中世纪神权世界观相对立的法权世界观的出现。这一世界观的核心是自由、平等、人权和法治，其典型的表达形式是自然法学派的"社会契约论"和"天赋人权论"（自然权利论）。自然法学派是资产阶级革命的旗手，它反对神性和神权，主张人性和人权；反对专制和等级特权，主张自由和平等；反对人治，主张法治。自然法学派不仅起着宣传、推动革命的历史作用，而且对于资产阶级国家民主与法制的建立起到了促进作用。近代资产阶级国家民主与法制的模式主要是由他们设计的，契约自由、法律面前人人平等、罪刑法定主义等现代法律制度的基本原则也是由他们提出的。

从18世纪末开始，欧美等西方资本主义国家陆续出现了形形色色的法学思潮和流派，其中最有影响力的法学思潮和流派有：以抽象的概念命题、保守的理论形式、精细的哲学语言传播天赋人权、自由主义、法治等启蒙思想的哲理法学派；以反对古典自然法学派、强调法律民族精神或历史传统为特征的历史法学派；以功利主义和实证主义哲学为理论和方法论基础、以对实在法律的逻辑分析为己任的分析法学派。

20世纪初，西方社会进入帝国主义阶段，各种社会矛盾加剧，旧的利益结构被打破，新的利益结构开始形成，有关劳资、福利、教育、经济等社会立法相继出现，法的社会化成为时代潮流。社会问题和法律实践要求新的理论。在种种社会因素的推动下，强调研究法律的社会作用、法律的实效、法律规则生效的条件、法律与其他社会控制方式的联系的社会法学派得以形成。与此同时，以继承和发展黑格尔的法学理论为特征的新黑格尔主义法学派和以继承康德的法学理论为特征的新康德主义法学派开始在德国、意大利等国传播。

第二次世界大战前后，席卷资本主义世界的经济危机和全球战争使学者们的注意力转向经济、战争和其他社会问题。同时，战争期间各国政府加强了对言论自由和学术研究的控制或限制，使得西方法理学与政治哲学一样处于低谷。20世纪50年代中期以后，由于一系列重大的政治辩论和学术争论的推动，出现了西方法学史上前所未有的繁荣局面。自然法学派、社会法学派和分析法学派以新的政治和理论姿态出现，成为现代西方法理学的三大主流学派。70年代以后，出现了主张运用经济学的理论和方法分析法律制度和法律活动、以实现最大经济效益为目标改革法律制度的经济分析法学派，以批判西方法律制度和法律文化为宗旨的批判法学派，以人本主义为哲学基础、宣扬非意识形态化、宣布对马克思主义实行"扬弃"的"新马克思主义法学派"。这些法学流派分别从不同的角度解释和评价法律制度，为维护或改善资本主义法律制度服务。同时，也出现了以否定资本主义法治原则为特征的后现代法学派，后现代法学派对资本主义法治进行了深刻的批评，但自身并未提出多少具有建设性的主张。

第三节　马克思主义法理学的形成及其意义

古代中国的法学思想和西方各个历史时期的法学思想和法理学流派，尽管都解释了法律现象某些方面的特征，其中也不乏关于法律本质的某种程度上的认识，但是由于阶级立场、世界观和方法论的多重局限，它们不可能完全科学地揭示法的本质和发展规律。马克思主义法理学在无产阶级革命斗争的实践中产生和发展，在社会主义国家法治建设的实践中不断创新和丰富，是迄今为止人类历史上最进步、最科学、最富有生命力的法理学。

一、马克思主义法理学的思想渊源

马克思恩格斯在对人类法律思想进行"扬弃"的基础上创立了马克思主义法理学。马克思恩格斯在早期都深受古典自然法学派和德国哲理法学派思想的影响，撰写了一批具有激进民主主义立场的法学论著，宣扬理性法、自由法的思想。后来，这两位科学巨人以辩证唯物主义和历史唯物主义为世界观和方法论，对以往的法学展开了分析评判，继承了其中进步的思想和正确的认识成果，深刻地揭示了法与阶级、国家、社会物质生活条件的内在联系，科学地阐述了马克思主义法学的一系列基本原理，从而奠定了马克思主义法理学的理论基础。

马克思主义法理学有三大思想渊源，它们分别是近代理性主义的古典自然法学、德国古典法哲学和空想社会主义法学思潮。以洛克、孟德斯鸠、卢梭等为代表的近代古典自然法学，从自然状态和社会契约理论出发，提出了自由、平等、安全、财产等自然权利学说，主张实行民主和法治，主张权力的分立和制衡，反对君主专制和暴政。古典自然法学的理性法、自由法思想对马克思早期的法学观产生了重要影响。以康德、黑格尔等为代表的德国古典法哲学，是马克思主义法学产生以前西方法学发展的最高理论成就，是近代西欧资产阶级法理学思想在德国的直接继承和必然发展。马克思在创立历史唯物主义法学理论的过程中，批判地继承了康德的自由观，强调人的权利和自由，抨击专制法律和资产阶级法律制度对人的价值与尊严的践踏；同时也对黑格尔的法学辩证法思想及其方法论原则进行唯物主义的改造，从而在世界观和方法论方面实现了法学领域的伟大变革。以圣西门、傅立叶、欧文等为代表的空想社会主义法学思潮，猛烈地批判了资本主义社会的法律制度，同时试图描绘出未来理想社会的法律，主张人人平等，实行财产公有制，男女平等、婚姻自由，劳动产品按劳分配或按需分配，主张法律应由全体人民制定、体现人民意志。马克思恩格斯在批判资产阶级法律和展望未来社会主义法律时吸收了空想社会主义法学思潮的某些合理观点。

二、马克思主义法理学的形成

马克思早期的法律思想集中体现在《评普鲁士最近的书报检查令》《关于新闻出版自由和公布省等级会议辩论情况的辩论》《关于林木盗窃法的辩论》《摩泽尔记者的辩护》《黑格尔法哲学批判》《论犹太人问题》《〈黑格尔法哲学批判〉导言》《神圣家族》等著作之中。在这些著作中，马克思继承和发展了古典自然法学的理性法、自由法的思想，阐述了一系列富有时代价值的法学论断。尤其是在《论犹太人问题》和《〈黑格尔法哲学批判〉导言》中，马克思分析了资产阶级法律的历史局限性，指出了黑格尔思辨法哲学的实质，特别是第一次指出无产阶级是能够实现人民革命的根本力量，无产阶级的历史使命是彻底废除私有财产制度，从根本上变革建立在私有财产制度基础上的国家制度。在《神圣家族》中，马克思恩格斯强调不是公平的观念决定法，而是社会经济关系的运动决定法的现象，并且揭露了资产阶级法律面前人人平等原则的虚伪性。这表明，马克思恩格斯实现了从唯心主义法律观向唯物主义法律观、从革命民主主义向共产主义的转变，这个转变的关键在于弄清了国家和法与经济的关系。

成为马克思主义法理学奠基之作的是《德意志意识形态》。在这篇著作中，马克思恩格斯系统阐明了历史唯物主义原理，即生产力决定生产关系、经济基础决定上层建筑的原理，这是马克思主义法理学赖以建立的理论和方法论基础，也是马克思主义法理学与非马克思主义法理学的根本区别之所在。《德意志意识形态》还深刻论述了马克思主义法理学的核心思想，如法律是统治阶级共同意志的体现，法律是以国家意志形式表现出来的统治阶级意志，国家和法律的基础是不以个人意志为转移的物质生活，国家和法律都是人类历史一定发展阶段的产物等。

继《德意志意识形态》之后，1847年上半年，马克思写了《哲学的贫困》一书。他批判蒲鲁东的唯心主义法哲学观，提出了一个十分重要的历史唯物主义法学命题："无论是政治的立法或市民的立法，都只是表明和记载经济关系的要求而已。"① 1848年2月出版的《共产党宣言》是科学共产主义的第一个纲领性文献，也是闪烁着历史唯物主义法学光辉的重要著作。在《共产党宣言》中，马克思恩格斯明确地阐述了马克思主义法学的基本原理，揭示了人类社会历史运动的客观规律以及与此密切相关的法的现象的运动规律，分析并揭露了资产阶级法律的阶级本质、特征。因此，《共产党宣言》的问世，标志着马克思主义法理学的诞生。

《共产党宣言》发表后，马克思、恩格斯又先后撰写了《1848年至1850年的法兰西阶级斗争》《路易·波拿巴的雾月十八日》《资本论》《法兰西内战》《哥达纲领批判》《反杜林论》《论住宅问题》《家庭、私有制和国家的起源》等，这些著作中的法理学观点进一步充实了马克思主义法理学，主要体现在：其一，在唯物史观的基础上分析法与经济基础之间的关系，一方面指出经济基础对法的决定作用，另一方面强调了国家、法律等上层建筑对经济基础的反作用。其二，对于法律本身的阶级性和历史性作出了明确的分析，指出了法律产生的一般规律，在国家和法的起源问题上作出了不同于资产阶级法学的回答。其三，在回答法的历史起源问题的同时也科学论证了法的继承性和相对的独立性。

继马克思恩格斯之后，列宁对马克思主义法理学的继续深化和完善作出了卓越的贡献。列宁把马克思主义法理学原理与俄国实践结合起来，创建了社会主义法制理论，其内容主要表现在：其一，阐释了国家与法之间的关系。其

① 《马克思恩格斯全集》第4卷，人民出版社1958年版，第121—122页。

二，具体阐释了社会主义国家和法的功能与作用，其中包括消灭剥削阶级；组织社会主义经济，提高劳动生产率；发展社会主义文化教育事业。其三，提出了"法制统一"思想、法律监督理论、社会主义民主理论、废除旧法的理论、党员和领导干部更要守法的理论等。

三、马克思主义法理学的立场、观点和方法

马克思主义法理学旗帜鲜明地坚持无产阶级和人民大众的立场，以维护最大多数人的利益为根本宗旨。马克思恩格斯深刻地批判了资产阶级法律的虚伪本性，揭示出资产阶级法律不过是奉为法律的资产阶级的意志。在《共产党宣言》中，马克思恩格斯指出："过去的一切运动都是少数人的，或者为少数人谋利益的运动。无产阶级的运动是绝大多数人的，为绝大多数人谋利益的独立的运动。"[①] 马克思主义法理学作为无产阶级运动的产物，必须并且能够为绝大多数人的利益服务。马克思主义法理学从不掩饰自己的无产阶级和人民大众的立场，强调社会主义国家法律必须体现无产阶级的意志，必须代表无产阶级及其领导下的广大人民的利益。

马克思主义法理学以辩证唯物主义和历史唯物主义作为世界观和方法论。具体来说，马克思主义法理学的世界观和方法论集中表现为以下几点：

第一，社会存在决定社会意识。在几千年的人类思想史上，法作为一种社会现象，一直是各个时代的思想家们所着重研究的重大课题之一。在马克思之前，人们总是力图从所谓宇宙理性、上帝意志、人类理性、绝对精神或民族精神等因素出发去说明这一现象。针对这种历史唯心主义的错误方法，马克思恩格斯表明了自己的态度：法的关系既不能从它们本身来理解，也不能从人类精神的一般发展来理解，历史上出现的一切法律制度，"只有理解了每一个与之相应的时代的物质生活条件，并且从这些物质条件中被引申出来的时候，才能理解"[②]。因此，我们在法学研究中，必须坚持社会存在决定社会意识，即社会物质生活过程决定社会精神生活过程的观点。具体来说，就是要在深入考察社会物质资料的生产、交换、分配和消费的基本条件和方式的基础上来说明法的产生、发展和更替，说明法的本质、内容和作用。法作为社会的上层建筑，是

---

① 《马克思恩格斯文集》第 2 卷，人民出版社 2009 年版，第 42 页。
② 《马克思恩格斯文集》第 2 卷，人民出版社 2009 年版，第 597 页。

由经济基础决定的，是经济关系的记录，法定权利和义务的内容及其分配状况当然要通过人类的理性、观念和意志来确定，但是，归根结底，最终的决定力量则存在于社会物质生活的现实过程之中。总而言之，社会物质生活条件决定着什么样的社会意识占据统治地位，决定着法定权利和义务的基本内容。

第二，社会现象普遍联系并相互作用。马克思主义认为，物质生活的生产方式决定社会发展的基本面貌。有些人往往由此把马克思主义的历史观简单地归结为经济决定论，认为唯有经济因素才是历史发展的积极的起推动作用的因素，而非经济的因素则是被动的，进而认为，只要了解了社会存在决定社会意识、经济基础决定上层建筑这一基本观点，就是掌握了马克思主义的方法，就可以正确地说明历史的发展。这种看法是错误的。恩格斯在《致约瑟夫·布洛赫》一信中曾严厉批评了以经济决定论代替历史辩证法的做法。他说："根据唯物史观，历史过程中的决定性因素归根到底是现实生活的生产和再生产。无论马克思或我都从来没有肯定过比这更多的东西。如果有人在这里加以歪曲，说经济因素是唯一决定性的因素，那么他就是把这个命题变成毫无内容的、抽象的、荒诞无稽的空话。"[1]"青年们有时过分看重经济方面，这有一部分是马克思和我应当负责的。我们在反驳我们的论敌时，常常不得不强调被他们否认的主要原则，并且不是始终都有时间、地点和机会来给其他参与相互作用的因素以应有的重视。……可惜人们往往以为，只要掌握了主要原理——而且还并不总是掌握得正确，那就算已经充分地理解了新理论并且立刻就能够应用它了。"[2] 在法律领域中，不同社会领域间的普遍联系也很重要，非经济因素尤其是法对经济因素的反作用对社会的发展具有重要作用。

第三，社会历史不断发展变化。按照马克思主义世界观，整个世界都处于运动和发展的过程之中，人类社会也是如此，而唯物辩证法正是"关于自然界、人类社会和思维的运动和发展的普遍规律的科学"[3]，是"最完备最深刻最无片面性的关于发展的学说"[4]。用发展的观点观察和分析法律现象就会发现，世界上根本没有什么"永恒的正义标准"和体现这种标准的超时空的法律制度；任何法律体系都不能不具有一定的时空特征，它必须与自己时代的社会

① 《马克思恩格斯文集》第10卷，人民出版社2009年版，第591页。
② 《马克思恩格斯文集》第10卷，人民出版社2009年版，第593—594页。
③ 《马克思恩格斯文集》第9卷，人民出版社2009年版，第149页。
④ 《列宁选集》第2卷，人民出版社2012年版，第310页。

条件相适应并随着这些社会条件的变化而变化；法律发展的过程与社会基本矛盾的运动过程有着深刻的联系。一种法律制度，只有在准确反映了社会发展的主题和基本趋势的条件下才能为推动社会进步贡献力量，并在自身的运动和发展过程中获得强大的生命力。用发展的观点指导法学研究，对于一个改革的时代而言，就显得尤为重要，它是克服因循守旧的传统和教条主义思想的强大精神武器。

四、马克思主义法理学的重大意义

马克思主义法理学是一个具有高度科学性和强大生命力的法学理论体系。马克思主义法理学经历了一个艰苦探索、形成发展、与时俱进的过程。正是在这一过程中，马克思主义法理学从一株嫩芽生长成为一棵参天大树，标志着法理学发展史上的伟大革命，开辟了法理学的新纪元。马克思主义法学理论在法理学史上的革命地位和科学地位，对近现代以及今后世界法理学发展的影响，特别是它对亿万劳动人民的启蒙和动员作用，是任何一派法理学都无可比拟的。马克思恩格斯所阐述的法学原理对法是什么、法应当是什么等本体论和价值论根本问题的回答，既划清了马克思主义法理学与剥削阶级法理学的本质区别，也构成了不断发展着的马克思主义法理学的基础，使人类的法理学从此在科学的基点上不断向前推进。习近平指出："在人类思想史上，没有一种思想理论像马克思主义那样对人类产生了如此广泛而深刻的影响。"① 这样的判断完全可以用来叙说马克思主义法理学的重大意义。

第四节　马克思主义法理学的中国化

20 世纪以来，马克思主义在中国获得广泛传播和深入发展。中国共产党把马克思主义的普遍原理与中国实际相结合，形成了毛泽东思想、邓小平理论、"三个代表"重要思想、科学发展观、习近平新时代中国特色社会主义思想。毛泽东思想、邓小平理论、"三个代表"重要思想、科学发展观、习近平新时代中国特色社会主义思想都包含着丰富而深刻的法治理论，尤其是习近平法治

---

① 习近平：《在纪念马克思诞辰 200 周年大会上的讲话》，人民出版社 2018 年版，第 10 页。

思想实现了马克思主义法治思想新的历史性飞跃和中国特色社会主义法治理论的系统性创新发展。

一、毛泽东思想的法治理论

19 世纪末 20 世纪初，马克思主义开始传入中国。1919 年五四运动之后，马克思主义日益与中国革命的具体实践相结合，并逐渐形成了标志着马克思主义与中国革命实际相结合的毛泽东思想。毛泽东思想蕴含着丰富的法治理论，这些理论是马克思主义法理学在中国的运用和发展，是被实践证明了的关于中国新民主主义革命和社会主义革命法制建设的正确的理论原则和经验总结。

（一）关于国体和政体的学说

在革命战争年代，党的中心任务是领导人民群众夺取政权，因此，毛泽东思想的法治理论主要包含在其国家学说中，具体散见于《新民主主义论》《论政策》《论联合政府》《论人民民主专政》《关于废除国民党的六法全书与确定解放区的司法原则的指示》《关于废除伪法统》等论著和文献中。中华人民共和国成立后，则主要体现在毛泽东等党和国家领导人发表的一系列重要讲话、指示和著作中，如毛泽东的《关于中华人民共和国宪法草案》《在省市自治区党委书记会议上的讲话》《关于正确处理人民内部矛盾的问题》，周恩来的《专政要继续，民主要扩大》，刘少奇的《中国共产党中央委员会向第八次全国代表大会的政治报告》，彭真的《关于政治法律工作的报告》，董必武的《关于党在政治法律方面的思想工作》《进一步加强人民民主法制，保障社会主义建设事业》《在军事检察院检察长、军事法院院长会议上的讲话》等。这些国家学说主要包括了国体和政体两大方面。关于国体，毛泽东在《新民主主义论》一文中指出："这个国体问题，从前清末年起，闹了几十年还没有闹清楚。其实，它只是指的一个问题，就是社会各阶级在国家中的地位。"① 新中国成立前夕，毛泽东在《论人民民主专政》一文中又指出："总结我们的经验，集中到一点，就是工人阶级（经过共产党）领导的以工农联盟为基础的人民民主专政。"② 人民民主专政的国家，包括对人民实行民主，对反动派实行专政。毛泽东指出，对于敌对阶级，要使用军队、警察、法庭等国家机器进行专政，绝不施行

---

① 《毛泽东选集》第二卷，人民出版社 1991 年版，第 676 页。
② 《毛泽东选集》第四卷，人民出版社 1991 年版，第 1480 页。

仁政。对于人民，则要使用民主的即说服的方法，而不是强迫的方法。① 关于政体，毛泽东指出："所谓'政体'问题，那是指的政权构成的形式问题，指的一定的社会阶级取何种形式去组织那反对敌人保护自己的政权机关。没有适当形式的政权机关，就不能代表国家。"② 国体决定政体，政体体现国体。我国的政体是人民代表大会制度，它是我国的根本政治制度。

（二）关于社会主义法制的理论

在法制理论方面，毛泽东思想特别强调要从新民主主义革命的实际出发建设新民主主义法制，强调革命的法律应体现阶级性和人民性的统一，并提出了一系列重要的法律思想、法律原则和法律制度，其中有：坚持原则性和灵活性相结合的立法思想；坚持有法可依、有法必依的法制原则，强调"依法办事是进一步加强法制的中心环节"③；坚持"公民在法律面前人人平等"④ 原则；坚持以事实为根据、以法律为准绳的诉讼原则；在刑事法制领域内提出了诸如以镇压和宽大相结合、惩罚与教育相结合为核心的刑事法制思想；开创性地提出要建立"死缓"制度，即"对于罪大恶极民愤甚深非杀不足以平民愤者必须处死，以平民愤。只对那些民愤不深、人民并不要求处死但又犯有死罪者，方可判处死刑、缓期二年执行、强迫劳动、以观后效"⑤。

二、邓小平理论、"三个代表"重要思想、科学发展观的法治理论

以 1978 年 12 月党的十一届三中全会为标志，中国进入了改革开放的新时期，开辟了中国特色社会主义道路，形成了中国特色社会主义理论。中国特色社会主义理论体系适应改革开放和社会主义现代化建设新时期、新形势、新任务的要求，提出了一系列具有重要战略意义的民主法制思想，确立了依法治国方略、依法执政基本方式，提出了建设社会主义法治国家的历史任务。在这个过程中，邓小平理论创立了中国特色社会主义法治理论，"三个代表"重要思想、科学发展观丰富和发展了中国特色社会主义法治理论，初步形成了中国特色社会主义法治理论体系。

---

① 参见《毛泽东选集》第四卷，人民出版社 1991 年版，第 1476 页。
② 《毛泽东选集》第二卷，人民出版社 1991 年版，第 677 页。
③ 《董必武政治法律文集》，法律出版社 1986 年版，第 487 页。
④ 《彭真文选（一九四一——一九九〇年）》，人民出版社 1991 年版，第 255 页。
⑤ 《毛泽东文集》第六卷，人民出版社 1999 年版，第 123 页。

第一，要发展社会主义民主，就必须加强社会主义法制。邓小平在总结我们党和国家正反两方面的历史经验时深刻地指出："没有民主就没有社会主义，就没有社会主义的现代化。"①"为了保障人民民主，必须加强法制。必须使民主制度化、法律化，使这种制度和法律不因领导人的改变而改变，不因领导人的看法和注意力的改变而改变。"② 党的十一届三中全会以来，以邓小平为主要代表的中国共产党人坚持"一手抓建设，一手抓法制"③，坚持"有法可依，有法必依，执法必严，违法必究"④，开始了建设中国特色社会主义民主法制的新探索。1997 年，江泽民在党的十五大报告中明确提出了"依法治国，建设社会主义法治国家"的治国基本方略和奋斗目标，并对依法治国的科学含义、重大意义和战略地位作了全面阐述。党的十六大以来，以胡锦涛为总书记的党中央在新的历史起点上，继续推进民主法制建设，社会主义民主政治进一步制度化、规范化、程序化，使各项政治法律制度都得到了新的发展，焕发出蓬勃生机。胡锦涛在党的十七大报告中深刻指出："人民民主是社会主义的生命。发展社会主义民主政治是我们党始终不渝的奋斗目标。"

第二，坚持党的领导、人民当家作主、依法治国有机统一。坚持"三者有机统一"，是社会主义民主法制建设的根本特征和内在要求。党的领导是人民当家作主和依法治国的根本保证。中国共产党是我国社会主义事业的领导核心，也是社会主义民主政治建设的领导核心。无论是发展社会主义民主，还是建设社会主义法治国家，都是通过党的政治、思想和组织领导实现的。人民当家作主是社会主义民主政治的本质要求。离开了人民群众的根本利益和当家作主的权利，党的领导就会成为无源之水、无本之木，社会主义政治和法律制度也就失去了前提和基础。依法治国是党领导人民治理国家的基本方略。民主是法制的前提和基础，法制是民主的体现和保障。民主只有以法制为依托，才具有可靠的保障；法制只有以民主为基础，才具有至上的权威。发展社会主义民主政治，必须坚持民主与法制相统一。建设社会主义法治国家，归根结底也是为了实现社会主义民主政治制度化、规范化、程序化，为人民当家作主提供政治和法律制度保障。

① 《邓小平文选》第二卷，人民出版社 1994 年版，第 168 页。
② 《邓小平文选》第二卷，人民出版社 1994 年版，第 146 页。
③ 《邓小平文选》第三卷，人民出版社 1993 年版，第 154 页。
④ 《邓小平文选》第二卷，人民出版社 1994 年版，第 147 页。

第三，坚持科学执政、民主执政、依法执政。党的领导制度的完善，对于完善整个政治体制具有全局性的影响。要坚持党总揽全局、协调各方的领导核心作用，提高党科学执政、民主执政、依法执政水平。要始终把人民当家作主作为根本出发点和落脚点，立足于一切为了人民，一切依靠人民，把坚持和改善党的领导建立在人民当家作主的政治和法律制度基础上，使社会主义民主制度的完善同党的执政方式的完善同步推进，保证党领导人民有效治理国家。要正确认识和处理党和国家机关、人民团体、群众团体、社会团体的关系，支持各方依法履行各自的职责，总揽不包揽，协调不代替。要善于把党的主张通过法定程序上升为法律，主要依靠法律治理国家、管理社会，使国家各项工作在法治轨道上运行。要完善决策规则和程序，推进决策科学化、民主化，保证决策和决策实施符合客观规律和人民利益。

第四，扩大人民民主，保证人民当家作主。在我国，人民是国家的主人，在党的领导下，人民不仅可以通过国家立法机关把自己的意志上升为国家法律，使国家意志和人民意志在本质上达到内在统一，而且可以通过广泛的政治参与，依法管理政治、经济、社会和文化事务，促进社会主义各项事业的发展。要适应经济发展、社会进步和人民群众政治参与积极性不断提高的要求，通过体制创新，健全民主制度，丰富民主形式，拓宽民主渠道，依法实行民主选举、民主决策、民主管理、民主监督，保障人民的知情权、参与权、表达权、监督权，不断扩大和保障广大人民的民主权利，不断增强党和国家的活力。

第五，坚持以人为本，尊重和保障人权。这是发展社会主义民主政治的内在要求，是加强社会主义民主法治建设的一项重要任务。尊重和保障人权是党和国家的一贯方针。2004年3月，第十届全国人大第二次会议通过的宪法修正案将"国家尊重和保障人权"郑重写入宪法。坚持以人为本，尊重和保障人权，必须坚持公民在法律面前一律平等，促进社会公平正义。要统筹城乡发展，在教育、就业等方面平等对待城乡社会成员，依法保证全体社会成员平等参与、平等发展的权利。要健全社会保障制度。要积极扩大就业，完善最低工资标准制度，依法维护劳动者权益，建立和发展和谐劳动关系。要在经济发展的基础上，更加注重社会建设，着力保障和改善民生，推进社会体制改革，扩大公共服务，完善社会管理，加快建立覆盖城乡居民的社会保障体系，完善基本养老、基本医疗、最低生活保障制度，保障人民基本生活，努力使全体人民学有所教、劳有所得、病有所医、老有所养、住有所居，建设社会主义和谐社会。

第六，坚持中国特色社会主义政治发展道路。发展社会主义民主政治，建设社会主义法治国家，必须树立社会主义法治理念，始终坚持正确的政治方向。这是社会主义民主法治建设得以健康发展、永葆活力的重要保证。要坚持社会主义政治制度的特点和优势，坚持和完善人民代表大会制度、中国共产党领导的多党合作和政治协商制度、民族区域自治制度以及基层群众自治制度，不断推进社会主义政治制度自我完善和发展，为党和国家长治久安提供政治和法律制度保障。各项改革和发展措施，都要有利于增强党和国家的活力，有利于发挥社会主义制度的特点和优势，有利于充分调动人民群众的积极性创造性，有利于维护国家统一、民族团结和社会稳定，有利于促进经济发展和社会全面进步。要坚持从中国国情出发，始终立足于改革开放和社会主义现代化建设的伟大实践。要研究借鉴人类政治和法律文明的有益成果，但绝不照搬西方政治和法律制度的模式，不搞多党制、两院制、"三权鼎立"。

三、习近平法治思想

党的十八大以来，以习近平同志为核心的党中央立足全新视野，不断深化对共产党执政规律、社会主义建设规律、人类社会发展规律的认识，经过艰辛的理论探索和丰富的实践创新，创立了习近平新时代中国特色社会主义思想。党的十九大通过的《中国共产党章程（修正案）》、第十三届全国人大第一次会议通过的《中华人民共和国宪法（修正案）》将"习近平新时代中国特色社会主义思想"写入党章、宪法。习近平新时代中国特色社会主义思想是对马克思列宁主义、毛泽东思想、邓小平理论、"三个代表"重要思想、科学发展观的继承和发展，是马克思主义中国化的最新成果，是中国特色社会主义理论体系的重要组成部分，是全党全国人民为实现中华民族伟大复兴而奋斗的行动指南。习近平新时代中国特色社会主义思想饱含丰富的法治理论和法学理论，集中体现为习近平法治思想，开启了马克思主义法理学中国化新的历史进程。

2020年11月召开的中央全面依法治国工作会议明确提出"习近平法治思想"，并指出习近平法治思想是顺应实现中华民族伟大复兴时代要求应运而生的重大理论创新成果，是马克思主义法治理论中国化最新成果，是习近平新时代中国特色社会主义思想的重要组成部分，是新时代全面依法治国的根本遵循和行动指南。习近平法治思想深刻回答了新时代为什么实行全面依法治国和如何推进全面依法治国的重大理论和实践问题,阐明了全面依法治国的政治方向、重要地位、工作布局、重点任务、重大关系、重要保障等,具有科学的理论形态和鲜明的理论风格,展现出守正创新的理论思维、高瞻远瞩的战略思维、求真务实的实践思维、运筹全局的改革思维、精准练达的辩证思维。

习近平法治思想是当代中国马克思主义法治理论、21 世纪马克思主义法治理论,是思想深邃、内涵丰富、意蕴深刻、逻辑严密、系统完备的科学理论体系。其基本精神和核心要义集中体现为习近平在 2020 年 11 月召开的中央全面依法治国工作会议上提出的"十一个坚持"。

第一,坚持党对全面依法治国的领导。中国共产党是领导党和执政党,党的领导是中国特色社会主义最本质的特征,是社会主义法治最根本的保证。党的领导是中国特色社会主义法治之魂,是我们的法治与西方资本主义法治最大的区别。坚持中国特色社会主义法治道路,最根本的是坚持中国共产党的领导。把党的领导贯彻到依法治国全过程和各方面,更好落实全面依法治国基本方略。这既是我国社会主义法治建设的一条基本经验,又是全党全民的广泛共识,更是中国共产党行使领导权和执政权的必然要求。坚持加强党对全面依法治国的领导,体现在党对依法治国的战略谋划和顶层设计上,体现在党对科学立法、严格执法、公正司法、全民守法、法治改革的全面领导上,体现在党领导立法、保证执法、支持司法、带头守法上。

第二,坚持以人民为中心。以人民为中心,是社会主义法治的核心价值。全面依法治国最广泛、最深厚的基础是人民,必须坚持为了人民、依靠人民。其一,法治建设为了人民,把实现好、维护好、发展好最广大人民的根本利益作为法治建设的根本目的,把体现人民利益、反映人民意愿、维护人民权益、增进人民福祉、促进人的全面发展作为法治建设的出发点和落脚点,努力使每一项立法、执法和司法都符合宪法精神、反映人民意愿、得到人民拥护。其二,法治建设依靠人民,人民是法治实践的主体,要弘扬人民权益靠法律保障、法律权威靠人民维护的社会主义法治精神,做到法律为人民所掌握、所遵守、所运用,增强全社会尊法学法守法用法的自觉意识。

第三,坚持中国特色社会主义法治道路。党的十八大以来,以习近平同志为核心的党中央总结、概括、拓展了中国特色社会主义法治道路,创新了法治道路的理论,明确提出中国特色社会主义法治道路是中国特色社会主义道路在法治领域的具体体现,是建设社会主义法治国家的唯一正确道路。全面推进依法治国，必须走对路。如果路走错了，南辕北辙了，那再提什么要求和举措也都没有意义了。中国特色社会主义法治道路是一个管总的东西。具体讲我国法治建设的成就，大大小小可以列举出十几条、几十条，但归结起来就是开辟了中国特色社会主义法治道路这一条。在坚持和拓展中国特色社会主义法治道路这个根本问题上，我们要树立自信、保持定力。对这一点，要理直气壮讲、大张旗鼓讲。习近平法治思想指明了全面推进依法治国的正确方向，对于进一步统一全党全国人民的认识和行动具有十分重要的意义。坚持中国特色社会主义法治道路，核心要义是坚持党的领导、坚持中国特色社会主义制度、贯彻中国特色社会主义法治理论。在坚持中国特色社会主义法治道路的同时，还要与时俱进，不断推进理论创新、制度创新、实践创新，不断拓展中国特色社会主义法治道路。

第四，坚持依宪治国、依宪执政。宪法是国家的根本大法，是治国理政的总章程，是中国特色社会主义法律体系的总依据，是中国共产党长期执政的根本法律依据。依法治国首先是依宪治国，依法执政首先是依宪执政。宪法和法律的生命在于实施，宪法法律的权威在于实施，宪法法律的伟力也在于实施。中国特色社会主义法律体系形成、基本解决有法可依之后，依法治国的重点是保证宪法法律实施，尤其是把宪法实施作为首要任务和基础工作。正如习近平所指出："宪法是国家的根本法。法治权威能不能树立起来，首先要看宪法有没有权威。必须把宣传和树立宪法权威作为全面推进依法治国的重大事项抓紧抓好，切实在宪法实施和监督上下功夫。"① 宪法实施的关键是确保宪法确定的中国共产党领导地位不动摇，确保宪法确定的人民民主专政的国体和人民代表大会制度的政体不动摇，确保宪法所确立的社会主义基本经济制度、基本政治制度得到巩固和发展。保证宪法实施的另一关键是建立健全宪法实施机制，完善宪法监督程序，确保宪法法律的规定落到实处。党的十八大以来，在加强宪法实施机制上党和国家做了大量的工作。2018 年宪法第五次修正案以宪法的形式和权威健全了宪法实施机制，如加强对法规、司法解释的合宪性审查，完善宪法法律解释程序，设立国家宪法日，国家工作人员就职时应当依照法律规定公开进行宪法宣誓等。

---

① 中共中央文献研究室编：《十八大以来重要文献选编》（中），中央文献出版社 2016 年版，第 148 页。

第五，坚持在法治轨道上推进国家治理体系和治理能力现代化。新中国成立之后，我们党就提出要推进现代化建设。不过，在很长时间内，在党和国家的文献中，"现代化"概念主要指农业、工业、国防、科技等物质层面的现代化。党的十八大以来，以习近平同志为核心的党中央把国家治理体系和治理能力现代化亦即制度现代化纳入现代化的范畴，推动中国进入全面现代化的新时代。党的十九届四中全会明确提出："到我们党成立一百年时，在各方面制度更加成熟更加定型上取得明显成效；到二〇三五年，各方面制度更加完善，基本实现国家治理体系和治理能力现代化；到新中国成立一百年时，全面实现国家治理体系和治理能力现代化，使中国特色社会主义制度更加巩固、优越性充分展现。"①

法治是国家治理体系和治理能力的重要依托，我国社会主义法治凝聚着我们党治国理政的理论成果和实践经验，凝聚着中华民族治理国家的智慧和人类制度文明的精髓，具有支撑国家治理的强大制度力量，是中国治理的制度根基。在法治轨道上推进国家治理体系和治理能力现代化，是国家治理现代化的必由之路。只有全面依法治国才能有效保障国家治理体系的系统性、规范性、协调性，才能最大限度凝聚社会共识。

第六，坚持建设中国特色社会主义法治体系。全面推进依法治国，涉及立法、执法、司法、守法、法律监督、法治保障、法学教育，涉及依法治国、依法执政、依法行政共同推进，法治国家、法治政府、法治社会一体建设，涉及国家法治、地方法治、社会法治统筹互动、协调发展，在实际工作中必须有一个总揽全局、牵引各方的总抓手，这个总抓手就是建设中国特色社会主义法治体系。"中国特色社会主义法治体系"是习近平汇聚全党智慧凝练出来的一个思想品位极高的统领法治建设全局的概念。明确提出"法治体系"概念，并把建设中国特色社会主义法治体系作为全面依法治国的总目标、总抓手，具有重大理论创新、制度创新和实践创新意义。习近平指出建设中国特色社会主义法治体系就是"在中国共产党领导下，坚持中国特色社会主义制度，贯彻中国特色社会主义法治理论，形成完备的法律规范体系、高效的法治实施体系、严密的法治监督体系、有力的法治保障体系，形成完善的党内法规体系"②。

---

① 《中国共产党第十九届中央委员会第四次全体会议公报》，人民出版社 2019 年版，第 8 页。
② 中共中央文献研究室编：《十八大以来重要文献选编》（中），中央文献出版社 2016 年版，第 157 页。

　　第七，坚持依法治国、依法执政、依法行政共同推进，法治国家、法治政府、法治社会一体建设。党的十八大之后，习近平从实现"两个一百年"奋斗目标、实现中华民族伟大复兴中国梦的战略出发，明确提出"建设法治中国"。建设法治中国概念的提出和建设法治中国理论的形成，旨在解决法治建设碎片化和各自为政的问题，增强法治建设的系统性、协同性。习近平指出，建设法治中国，就是要"坚持依法治国、依法执政、依法行政共同推进，坚持法治国家、法治政府、法治社会一体建设"①，必须"在共同推进上着力，在一体建设上用劲"②。

　　习近平对三者"共同推进"和三者"一体建设"进行了辩证阐释，指出：依法治国、依法执政、依法行政是一个有机整体，关键在于党要坚持依法执政，善于运用制度和法律治理国家，提高党科学执政、民主执政、依法执政水平，坚持以法治的理念、法治的体制、法治的程序开展工作，改进党的领导方式和执政方式，推进依法执政制度化、规范化、程序化。重点在于政府要依法行政，坚持法定职责必须为、法无授权不可为，健全依法决策机制，完善执法程序，严格执法责任，做到严格规范公正文明执法。

　　习近平指出："法治国家、法治政府、法治社会三者各有侧重、相辅相成，法治国家是法治建设的目标，法治政府是建设法治国家的主体，法治社会是构筑法治国家的基础。"③ 在"一体建设"中，法治政府建设对法治国家、法治社会建设具有示范带动作用，要率先突破。2015 年 12 月，中共中央、国务院印发了《法治政府建设实施纲要（2015—2020 年）》，明确提出了法治政府建设的指导思想、总体目标、基本原则、衡量标准、主要任务和具体举措。5 年后，即 2020 年 12 月，中共中央印发了《法治社会建设实施纲要（2020—2025年）》，提出要建设信仰法治、公平正义、保障权利、守法诚信、充满活力、和谐有序的社会主义法治社会。两个《实施纲要》生动体现了坚持法治国家、法治政府、法治社会一体建设的指导思想和决策部署。

　　第八，坚持全面推进科学立法、严格执法、公正司法、全民守法。这四个

---

①　中共中央文献研究室编：《十八大以来重要文献选编》（中），中央文献出版社 2016 年版，第 188 页。

②　中共中央文献研究室编：《十八大以来重要文献选编》（中），中央文献出版社 2016 年版，第 188 页。

③　《习近平谈治国理政》第三卷，外文出版社 2020 年版，第 285 页。

方面是全面推进依法治国、建设社会主义法治国家的基本任务。党的十八大首次提出全面推进依法治国的基本任务是科学立法、严格执法、公正司法、全民守法。在这四个环节中，科学立法是全面推进依法治国的前提，严格执法是全面推进依法治国的关键，公正司法是全面推进依法治国的重点，全民守法是全面推进依法治国的基础。四个环节的意义在于：科学立法保证良法善治，严格执法维护法律权威，公正司法确保公平正义，全民守法提振社会文明。要继续推进法治领域改革，解决好立法、执法、司法、守法等领域的突出矛盾和问题。

第九，坚持统筹推进国内法治和涉外法治。统筹推进国内和国际两个大局是我们党治国理政的基本理念和基本经验。党的十八大以来，习近平更加强调必须统筹国内国际两个大局，综合运用国际国内两个市场、国际国内两种资源、国际国内两类规则，坚定不移"维护国家主权、安全、发展利益"和"维护世界和平、促进共同发展"①。

在当今世界激荡变局的背景下，在复杂多变的国际环境下，习近平高瞻远瞩、审时度势，及时提出要"坚持统筹推进国内法治和涉外法治"，"协调推进国内治理和国际治理"，使两个大局相互促进、相得益彰，依法维护国家主权、安全、发展利益，坚决维护国家主权、尊严和核心利益。在"两个大局"中，涉外法治是短板、是弱项，所以要加快涉外法治工作战略布局，强化法治思维，运用法治方式，综合利用立法、执法、司法等手段开展斗争，有效应对挑战、防范风险。统筹国内国际两个大局，要秉持共商共建共享的全球治理观，推进国际关系民主化法治化公正化，推动构建人类命运共同体。

第十，坚持建设德才兼备的高素质法治工作队伍。人才强法是人才强国的重要组成部分，是全面依法治国的根本保证。法治人才培养上不去，没有人才辈出的良好局面，全面依法治国的伟业是无法实现的。习近平强调指出："全面推进依法治国，建设一支德才兼备的高素质法治队伍至关重要。"② 在法治工作队伍中，法治专门队伍主要包括在人大和政府从事立法工作的人员，在行政机关从事执法工作的人员，在司法机关从事司法工作的人员。全面推进依法治

---

① 中共中央文献研究室编：《十八大以来重要文献选编》（上），中央文献出版社 2014 年版，第 37 页。

② 中共中央文献研究室编：《十八大以来重要文献选编》（中），中央文献出版社 2016 年版，第 190 页。

国，首先要把这几支队伍建设好。要按照政治过硬、业务过硬、责任过硬、纪律过硬、作风过硬的要求，推进法治专门队伍革命化、正规化、专业化、职业化，确保做到忠于党、忠于国家、忠于人民、忠于法律。要大力加强律师队伍思想政治建设，把拥护中国共产党领导、拥护社会主义法治作为律师从业的基本要求，教育引导律师等法律服务工作者坚持正确政治方向，依法依规诚信执业，认真履行社会责任。

法学教育在全面依法治国中具有基础性先导性作用，要重点打造一支政治立场坚定、理论功底深厚、熟悉中国国情的高水平法学家和专家团队，建设高素质学术带头人、骨干教师、专兼职教师队伍。要坚持立德树人，德法兼修，创新法治人才培养机制，培养造就熟悉和坚持中国特色社会主义法治体系的法治人才及后备力量，要注重培养通晓国际法律规则、善于处理涉外法律事务的涉外法治人才队伍。

第十一，坚持抓住领导干部这个"关键少数"。全面推进依法治国，建设法治中国，必须坚持全民守法。全民守法，就是全国各族人民、一切国家机关和武装力量、各政党和各社会团体、各企业事业组织，都必须以遵守宪法和法律为根本活动原则，并负有维护宪法和法律尊严、保证宪法和法律实施的职责。为此，一方面，要抓住"绝大多数"，努力培育社会主义法治文化，弘扬社会主义法治精神，在全社会形成尊法学法守法用法的良好氛围。另一方面，要切实抓住"关键少数"，关键少数就是各级领导干部。他们具体行使党的领导权、执政权和国家立法权、行政权、监察权、司法权，是全面依法治国的关键。领导干部必须带头尊崇法治、敬畏法律，了解法律、掌握法律，遵纪守法、捍卫法治，厉行法治、依法办事，不断提高运用法治思维和法治方式深化改革、推动发展、化解矛盾、维护稳定的能力，做尊法学法守法用法的表率，做到在法治之下而不是法治之外，更不是在法治之上想问题、作决策、办事情，切实做到守规则、重程序，法定职责必须为、法无授权不可为，尊重和保护人民权益，自觉接受监督。领导干部要提高运用法治思维和法治方式的能力，努力以法治凝聚改革共识、规范发展行为、促进矛盾化解、建设和谐社会；牢固树立宪法法律至上、法律面前人人平等、权由法定、权依法使等基本法治观念，彻底摒弃人治思想和长官意志，绝不搞以言代法、以权压法；努力营造办事依法、遇事找法、解决问题用法、化解矛盾靠法的法治环境。

上述"十一个坚持"既是习近平法治思想的科学内涵，也是其核心要义。

深刻把握习近平法治思想的重大意义、科学定位和核心要义，是我们在新时代中国特色社会主义伟大事业中坚定法治自信、坚守法治信仰、坚持法治兴国的思想基础，是我们在全面依法治国实践中增进理论认同、提升理论自觉、凝聚理论共识的政治前提。

法治实践永不止步，理论创新永无止境。与时俱进、创新发展，始终站在时代前沿，是马克思主义法理学的内在品格和鲜明特征。作为马克思主义法治思想中国化伟大成果的中国特色社会主义法治理论必然随着中国特色社会主义法治建设和改革实践而不断创新发展，必然在新时代朝气蓬勃的法治进步中永葆生命活力、展示其显著优势。2014 年，习近平在《关于〈中共中央关于全面推进依法治国若干重大问题的决定〉的说明》中强调指出："中国特色社会主义法治理论是中国特色社会主义法治体系的理论指导和学理支撑，是全面推进依法治国的行动指南。"① "必须从我国基本国情出发，同改革开放不断深化相适应，总结和运用党领导人民实行法治的成功经验，围绕社会主义法治建设重大理论和实践问题，推进法治理论创新，发展符合中国实际、具有中国特色、体现社会发展规律的社会主义法治理论，为依法治国提供理论指导和学理支撑。"② "加强法学基础理论研究，形成完善的中国特色社会主义法学理论体系、学科体系、课程体系。"③ 2018 年 8 月，在中央全面依法治国委员会第一次会议上，习近平强调全面依法治国新理念新思想新战略是"全面依法治国的根本遵循，必须长期坚持、不断丰富发展"④。2019 年 9 月，在十九届中央政治局第十七次集体学习时，习近平强调"要加强对中国特色社会主义国家制度和法律制度的理论研究，总结 70 年来我国制度建设的成功经验，构筑中国制度建设理论的学术体系、理论体系、话语体系，为坚定制度自信提供理论支撑"⑤。习近平的这些重要论述和指示，既深刻说明了创新发展中国特色社会主义法治理论的重大意义，也为如何创新发展中国特色社会主义法治理论指明了

① 中共中央文献研究室编：《十八大以来重要文献选编》（中），中央文献出版社 2016 年版，第 146 页。
② 中共中央文献研究室编：《十八大以来重要文献选编》（中），中央文献出版社 2016 年版，第 159 页。
③ 中共中央文献研究室编：《十八大以来重要文献选编》（中），中央文献出版社 2016 年版，第 176 页。
④ 习近平：《加强党对全面依法治国的领导》，《求是》2019 年第 4 期。
⑤ 习近平：《坚持、完善和发展中国特色社会主义国家制度与法律制度》，《求是》2019 年第 23 期。

方向和方法。守正创新，是中国特色社会主义法治理论的内在特征和应有品格。创新发展中国特色社会主义法治理论，必须始终坚持习近平新时代中国特色社会主义思想的根本指导地位，贯彻落实中国特色社会主义法治理论，善于把法治普遍原理同全面依法治国的伟大实践相结合，不断研究新问题、总结新经验、形成新概念、发展新理论，为全面依法治国、建设法治中国进一步夯实理论基础。

第一章 法的概念与本质

第一节 法 的 概 念

一、汉语中的"法""法律"及相关概念

据我国历史上第一部字典《说文解字》的考证，汉语中"法"的古体是"灋"。"灋，刑也，平之如水，从水；廌，所以触不直者去之，从去。"[①] 这一解释表明：其一，"法"和"刑"是通用的。古代的"刑"字，既有刑戮、罚罪之意，也有规范之意。《尚书》也有类似的记载。其二，"平之如水，从水"，表明法不仅象征公平，而且含有"裁判"的功能，置罪者于水上，随流漂去，又有驱逐之意。其三，"廌，所以触不直者去之，从去"，表明法有"明断曲直"之意或"神明裁判"之威严。据说廌是一种独角神兽，性中正，辨是非，审判时被廌触者即为败诉或有罪，其"性知有罪……有罪则触，无罪则不触"。

在古代文献中，"法"除与"刑"通用外，也往往与"律"通用。据《尔雅·释诂》记载，在秦汉时期，"法"与"律"二字已同义，都有常规、均布、划一的意思。《唐律疏议》更明确指出："法亦律也，故谓之为律。"又称，战国李悝"集诸国刑典，造法经六篇……商鞅传授，改法为律"[②]。"法"与"律"复合，使"法律"成为合成词，在古代文献中偶尔出现过，但主要是近现代的用法。清末以来，"法"与"法律"是并用的。

在现代汉语中，"法律"一词有广义和狭义两种用法。广义的"法律"指法律的整体。就我国现在的法律而论，它包括宪法、全国人民代表大会及其常务委员会制定的法律、国务院制定的行政法规、地方国家权力机关制定的地方性法规、民族自治地方的人民代表大会制定的自治条例和单行条例等。狭义的"法律"仅指全国人民代表大会及其常务委员会制定的法律。为了加以区别，学者们有时把广义的法律称为"法"，把狭义的法律称为"法律"。但在很多场

---

① 《说文解字》。
② 《唐律疏议·名例》。

合下，仍根据约定俗成的原则，把所有的法统称为"法律"。

二、外文中的"法""法律"及相关概念

在外文中，含有"法""法律"语义的词更为复杂。除英语中的"law"一词同汉语中的"法律"对应外，在欧洲大陆各主要民族语言中，广义的法律（法）与狭义的法律分别用两个不同的词来表达，如拉丁文的 jus 和 lex，法文中的 droit 和 loi，德文中的 Recht 和 Gesetz，等等。特别值得注意的是，jus、droit、Recht 等词语不仅有"法"的意思，而且都兼有权利、公平、正义等含义。西方学者为了区别起见，不得不在这些词语的前边加上"客观的"或"主观的"定语，于是有"客观法"和"主观法"的称谓。所谓"客观法"，指抽象的、不依个人的主观意志和行为而客观存在的法律规范；所谓"主观法"，则指属于主体的并需通过主体的活动而实现的合法权利。有的学者用"法律是客观的权利，权利是主观的法律"来解释客观法与主观法。还有的学者把"法"和"法律"二元化，使之成为对立的范畴。在他们看来，法指的是永恒的、普遍有效的正义原则和道德公理，而法律则指由国家机关制定和颁布的具体行为规则，法律是法的真实或虚假的表现形式。这种二元结构是西方法律文化中特有的，它是"自然法"（理想法、正义法、应然法）与"实在法"（现实法、国家法、实然法）对立观念的法理学概括。

还应注意的是，"法""法律"除作为法学上的用语外，有时也被扩大使用于其他领域，比如党规党法、厂规厂法、道德法庭、章法等。在外文中，法还有规律、法则、定律等含义。

以上对"法"的词源和词义的考证和比较，只是简要说明了"法"作为一个文化符号的演化过程，要揭示它所标识的事物及其本质和特征，则是法理学的重要任务。

第二节　法 的 本 质

一、资产阶级法学家关于法的本质的论述

关于法的本质，资产阶级法学家有各种各样的论述。具有代表性的论述包括：

意志说。资产阶级启蒙思想家卢梭说，法不过是"意志的记录"①。德国法哲学家黑格尔认为法即意志的表现："法的基地一般说来是精神的东西，它的确定的地位和出发点是意志。意志是自由的，所以自由就构成法的实体和规定性。至于法的体系是实现了的自由的王国。"他又说："任何定在，只要是自由意志的定在，就叫做法。所以一般说来，法就是作为理念的自由。"②

命令说。英国哲学家、分析法学的先驱人物霍布斯说："法是国家对人民的命令，用口头说明，或用书面文字，或用其他方法所表示的规则或意志，用以辨别是非，指示从违。"③ 早期分析法学理论的集大成者奥斯丁也说过："法是无限主权者的命令。"④

规则说。以哈特为代表的现代西方法学中的法律实证主义者普遍认为法是一个社会为决定什么行动应被公共权力惩罚或强制执行而直接或间接地使用的一批特殊规则。

判决说。美国法学家格雷说："法只是指法院在其判决中所规定的东西，法规、判例、专家意见、习惯和道德只是法的渊源。当法院作出判决时，真正的法才被创造出来。"⑤ 美国法学家卢埃林说："法不是本本上的官方律令……官员们关于争端所做的裁决就是法律。"⑥ 美国现实主义法学家弗兰克说："就任何具体情况而言，法或实际的法，即关于这一情况的一个过去的判决；或是大概的法，即关于一个未来判决的预测。"⑦

行为说。美国后现代主义法学家、法律行为主义论者布莱克认为："法存在于可以观察到的行为中，而非存在于规则中。"⑧

社会控制说。美国法学家庞德说："我把法理解为发达的政治上组织起来的社会高度专门化的社会控制形式——一种通过有系统有秩序地适用社会强力的社会控制。在这种意义上，它是一种统治方式，我称之为法律程序的

---

① ［法］卢梭：《社会契约论》，何兆武译，商务印书馆 1980 年版，第 47 页。
② ［德］黑格尔：《法哲学原理》，范扬、张企泰译，商务印书馆 1961 年版，第 10、36 页。
③ T.Hobbes, *Leviathan*, *From Jurisprudence—Text and Readings on the Philosophy of Law*, edited by G.C.Christie, West Publishing Company, 1973, pp.336-337.
④ J.Austin, *The Province of Jurisprudence Determined*, Weidenfeld & Nicolson, 1954, pp.184-185.
⑤ J.C.Gray, *The Nature and Sources of the Law*, Macmillan Co., 1921, pp.84-85.
⑥ K.N.Llewellyn, *The Bramble Bush*, Columbia Law School, 1930, p.3.
⑦ J.N.Frank, *Law and Modern Mind*, Coward McCann Inc., 1930, pp.51-52.
⑧ D.Black, "The Boundaries of Legal Sociology", *The Yale Law Journal*, Vol.81, p.1096.

统治方式。"①

　　事业说。美国新自然法学派的代表人物富勒说："法是使人们的行为服从规则治理的事业。"②

　　以上这些论述从不同角度揭示了法在某一方面的特征，但都未能揭示法的本质，这是由资产阶级法学家的阶级局限性和历史局限性所决定的。

二、马克思主义经典作家关于法的本质的论述

　　马克思主义经典作家认为，本质与现象是一对范畴。任何事物都有本质和现象两个方面，本质是事物的内部联系，现象是事物的外部表现。这两个方面是密不可分的，本质总要通过一定的现象表现出来，而现象总是本质的显现。把这一辩证法的原理运用于法学研究，可以说"法的本质"与"法的现象"是一对范畴，它们分别从法的内部依据和法的外部显现两个方面把握法的现象。法的现象是法的外部联系和表面特征，是外露的、多变的，通过经验的、感性的认识就能了解到。而法的本质则深藏于法的现象背后，是法存在的基础和变化的决定性力量，是深刻的、稳定的，不可能通过感官直接把握，需要通过思维抽象才能把握。资产阶级法学家和思想家或看不到这一点，习惯于停留在表面现象就法论法；或把法的现象等同于法的本质；或是到虚无缥缈的"宇宙精神""自然命令"或人的心灵世界寻找法的本质，所以，他们从未真正发现法的本质。马克思主义创始人对法学的主要贡献就在于从辩证唯物主义和历史唯物主义出发，科学地揭示了法的本质及其发展规律。

　　马克思恩格斯在《德意志意识形态》中明确指出：国家是属于统治阶级的各个个人借以实现其共同利益的形式，这些"占统治地位的个人除了必须以国家的形式组织自己的力量外，他们还必须给予他们自己的由这些特定关系所决定的意志以国家意志即法律的一般表现形式"③。在《共产党宣言》中论述到资产阶级观念时，更为明确地指出："你们的观念本身是资产阶级的生产关系和所有制关系的产物，正像你们的法不过是被奉为法律的你们这个阶级的意志

---

①　R.Pound, *My Philosophy of Law*, *from The Great Legal Philosophers—Selected Readings in Jurisprudence*, edited by C.Morris, University of Pennsylvania Press, 1971, p.532.

②　L.Fuller, *The Morality of Law Revised Edition*, Yale University Press, 1969, p.106.

③　《马克思恩格斯全集》第 3 卷，人民出版社 1960 年版，第 378 页。

一样，而这种意志的内容是由你们这个阶级的物质生活条件来决定的。"① 在对黑格尔的法哲学进行批判性研究的过程中深刻地指出："法的关系正像国家的形式一样，既不能从它们本身来理解，也不能从所谓人类精神的一般发展来理解，相反，它们根源于物质的生活关系"②。马克思主义创始人的这些不断明确和深化的论述不仅揭示出剥削阶级社会的法的本质，而且提供了认识法的本质的一般科学方法。

马克思主义经典作家关于法的本质的论述与资产阶级法学家关于法的本质的种种观点，形成鲜明对照。其一，马克思主义经典作家的论述揭示了法与统治阶级的内在关系。在资产阶级法学家的论述中，法是意志的体现，法以利益为基础，法是调整社会关系的准则，这些方面都有所涉及。但是，它们都没有把法与统治阶级联系起来，揭示出法是统治阶级意志的体现，是以统治阶级利益为出发点和落脚点的，是从统治阶级的立场、根据统治阶级的利益主张和价值标准来调整社会关系的，因而都没有抓住法的本质或实质。马克思主义经典作家的论述则做到了这一点，从而为人们理解法的本质提供了一把"金钥匙"，其意义类似于"剩余价值学说"对于经济学的革命性意义。其二，马克思主义经典作家的论述揭示了法与国家的必然联系。法与国家的关系是法学的一个原则问题。这个问题不解决，就不可能科学地说明法的问题。资产阶级法学家从来没有很好地解决这个问题，他们往往把那些与国家没有直接联系的社会规范（非出自国家的社会规范）当作法，混淆了法与非法的界限，同时掩盖了资本主义国家的阶级本质。其三，马克思主义经典作家的论述揭示了法与社会生产方式的因果联系。资产阶级法学家往往是在抽象的"人性""精神世界""权力意志"之中寻找法的本源。与他们不同，马克思主义经典作家则深入到法的背后寻找法的本源、揭示法的本质，指出法的关系既不能从它们本身来理解，也不能从人类精神的一般发展来理解。由于揭示了法与统治阶级、国家、社会物质生活条件的必然联系，马克思主义经典作家的论述掀起了法学理论的根本变革。

三、法的阶级本质

根据马克思主义创始人关于法的阶级本质的一系列论述，我国法学界一般

---

① 《马克思恩格斯文集》第 2 卷，人民出版社 2009 年版，第 48 页。
② 《马克思恩格斯文集》第 2 卷，人民出版社 2009 年版，第 591 页。

以"法是统治阶级意志的体现"来表征法的本质。此处的"统治阶级",泛指经济、政治、意识形态上占支配地位的阶级,在剥削阶级社会分别指奴隶主阶级、封建地主阶级、资产阶级,在社会主义社会则是指由工人阶级及其同盟军所构成的人民。

"法是统治阶级意志的体现"这一命题包含着丰富而深刻的思想内容。

第一,法是"意志"的体现。法是人们有意识活动的产物,因此,法是意志的体现。那么,什么是意志呢?意志是指为达到某种目的(如满足一种要求、获得某种利益)而产生的自觉的心理状态和心理过程,是支配人的思想和行为并影响他人的思想和行为的精神力量。意志的形成和作用在一定程度上受世界观和价值观的影响,归根结底受制于客观规律。意志作为一种心理状态和过程、一种精神力量,本身并不是法,只有表现为国家机关制定的法律、法规等规范性文件才是法。所以说,法是意志的反映、意志的结果、意志的产物。正因为法是意志的产物,所以才可以说法属于社会结构中的上层建筑。

第二,法是"统治"阶级意志的反映。把法看作一种意志的反映,这并不是马克思主义的首创,如果停留在这里,也不是马克思主义。在马克思主义产生之前,剥削阶级思想家就曾经说过,法是"神的意志""民族意志""公共意志""主权者的意志"等。马克思主义创始人则首次指出法是统治阶级的意志的表现或反映,是被奉为法律的阶级意志。这就揭露了法的阶级本质,驱散了笼罩在法的本质问题上的迷雾。所谓"统治阶级"就是掌握国家政权的阶级。因此,"法律就是取得胜利并掌握国家政权的阶级的意志的表现"[①]。不过,需要指出的是,虽然统治阶级意志是由统治阶级的根本利益和整体利益所决定的,但其形成和调节也必然受到被统治阶级的制约。统治阶级在制定法律时,不能不考虑被统治阶级的承受能力、现实的阶级力量对比以及阶级斗争的形势;也不能不考虑在实行阶级统治的同时,执行某些公共事务职能和社会职能。统治阶级意志上升为国家意志、被奉为法律之后,其在实施过程中还会遇到来自被统治阶级的阻力。这种阻力会作为一种反馈信息,促使统治阶级调节其立法政策和法律规定。过去受"左"的思潮的影响,人们对此视而不见或讳莫如深,是不正确的。但是,我们不能由此而走到另一个极端。应当

[①] 《列宁全集》第 16 卷,人民出版社 2017 年版,第 292 页。

清楚地看到，在任何情况下，被统治阶级的意志都不能作为独立的意志直接体现在法律里面。它只有经过统治阶级的筛选，吸收到统治阶级的意志之中，才能转化为国家意志反映到法律中。所以，归根结底，法是统治阶级意志的体现。

第三，法是统治"阶级"意志的反映。法所反映的意志是统治阶级的阶级意志，即统治阶级的共同意志。有些剥削阶级思想家在谈到法的意志性时，通常的说法是"统治者"或"强者"的意志，这是非常含糊的。马克思主义认为，法不论是由统治阶级的代表集体制定的，还是由最高政治权威个人发布的，所反映的都是统治阶级的阶级意志，代表着统治阶级的整体利益，而不纯粹是某个人的利益，更不是个别人的任性。当然，统治阶级的共同意志并不是统治阶级内部各个成员的意志的简单相加，而是由统治阶级的正式代表以这个阶级的共同的根本利益为基础所集中起来的一般意志。也就是说，法所体现的是统治阶级的"公意"，而不是统治阶级的"众意"。统治阶级的意志虽不是各个个人的意志的简单相加，但也没有脱离个人的意志而产生和存在。正如马克思恩格斯所指出的：统治者中的所有个人"通过法律形式来实现自己的意志，同时使其不受他们之中任何一个单个人的任性所左右……由他们的共同利益所决定的这种意志的表现，就是法律"①。

第四，法是"被奉为法律"的统治阶级的意志。马克思恩格斯认为，法是"被奉为法律"的统治阶级的意志，这意味着统治阶级的意志本身还不是法，只有"被奉为法律"才是法。"奉为法律"，就是经过国家机关把统治阶级的意志上升为国家意志，并客观化、制度化为法律规定。正如马克思恩格斯所指出的："一切共同的规章都是以国家为中介的，都获得了政治形式。"② 而国家"照例是最强大的、在经济上占统治地位的阶级的国家"③。我们注意到，马克思恩格斯的这些论述中使用的是"法律"。他们之所以用"法律"，是由于法律是法的"一般表现形式"。但通观法的历史，法的表现形式并不是只有法律这一种。除法律之外，还有最高统治者的言论、由国家认可的习惯、判例、权威性法理、法学家的注解等。所以，可以把马克思恩格斯所用的"法律"普遍化为所有法的形式，这样就可以说，统治阶级的意志只有表现为国家有权机关制

① 《马克思恩格斯全集》第3卷，人民出版社1960年版，第378页。
② 《马克思恩格斯文集》第1卷，人民出版社2009年版，第584页。
③ 《马克思恩格斯文集》第4卷，人民出版社2009年版，第191页。

定的规范性文件，才具有法的效力。

四、法的本质是由特定社会的物质生活条件决定的

把法的本质首先归结为统治阶级的意志，触及了法的本质。但如果认识停止于此，仍摆脱不了唯心主义。要彻底认识法的本质，认识法产生和发展的规律，还必须深入到那些决定着统治阶级意志或人民意志的社会物质生活条件之中。社会物质生活条件使人们产生了法律需要，同时又决定着法的本质和发展。

社会物质生活条件指与人类生存相关的地理环境、人口和物质资料的生产方式，其中物质资料的生产方式是决定性的内容。生产方式是生产力与生产关系的对立统一，生产力代表人与自然界的关系，生产关系代表生产过程中所发生的人与人之间的关系。马克思恩格斯的一个伟大功绩，是发现了社会物质生活条件中生产方式因素的决定意义。生产方式之所以是根本因素，是因为一方面正是通过生产力和生产关系使自然界的一部分转化成为社会物质生活条件，使生物的人上升为社会成员，创造了社会；另一方面，生产过程发生的人与人之间的关系是根本的社会关系（包括对生产资料的占有关系、生产过程的交换关系、对产品的分配关系等），其他一切关系包括法律关系在内都是从这里派生出来的。地形、气候、土壤、山林、水系、矿藏、动植物分布等地理环境因素和人口因素一般说来只有通过生产方式才能作用于法。

当然，法的统治阶级意志的内容由社会物质生活条件决定，这是从终极意义上说的。除了社会物质生活条件外，政治、思想、道德、文化、历史传统、民族、科技等因素也对统治阶级的意志和法律制度产生不同程度的影响。恩格斯在阐述唯物史观的基本原理时曾指出："政治、法、哲学、宗教、文学、艺术等等的发展是以经济发展为基础的。但是，它们又都互相作用并对经济基础发生作用。这并不是说，只有经济状况才是原因，才是积极的，其余一切都不过是消极的结果，而是说，这是在归根到底不断为自己开辟道路的经济必然性的基础上的相互作用。"[1] 如果不考虑这些因素，也就不能解释为什么基于同样的或相似的社会物质生活条件的法律制度之间会有很多差别，为什么几个国家或一个国家在不同地区、不同时期，虽然就经济制度或经济发展水平来说是同

---

[1]　《马克思恩格斯文集》第 10 卷，人民出版社 2009 年版，第 668 页。

样的，但它们的法律却可能存在着千差万别的情况；也就不能完全解释为什么我国社会主义法会具有与其他社会主义国家的法不同的鲜明的中国特色。

在法的意志性与社会物质生活条件制约性的关系上，马克思主义法学认为，法律是统治阶级意志的体现，而统治阶级的意志归根结底又是由其所处的社会物质生活条件所决定的，统治阶级意志是伴随社会物质生活条件变化而变化的，因此法律也随之变化。对法律而言，统治阶级的意志和社会物质生活条件是其不同层次的本质。依据列宁关于本质问题的观点，可以说，统治阶级的意志是法的"初级本质"，社会物质生活条件是法的"更深层次"的本质。在法的阶级性与社会物质生活条件制约性的关系上，我们强调社会物质生活条件是法的"更深层次"的本质，统治阶级的意志是较浅层次的"初级本质"，不是要把二者截然对立起来，更不是要用社会物质生活条件的制约性去否定阶级性。因为在马克思主义法学理论体系中，法的阶级性与社会物质生活条件的制约性是统一的：其一，社会物质生活条件都是由一定的阶级即统治阶级来代表的。其二，社会物质生活条件只有通过统治阶级及其国家的意志这个必不可少的中介才能体现在法律中。其三，马克思主义关于阶级和阶级斗争的学说正是从社会物质生活条件的分析中得出的。

第三节　法的基本特征

法的特征是法的本质的外化，是法与其他现象或事物的基本关系的表现。由于法与各种各样的现象或事物有着多方面的联系，法也就具有多方面的特征（特征总是在与不同现象或事物的联系和比较中显示出来的）。法的特征是法本身所固有的、确定的东西，不能由人们任意地编造或抹杀，主观地增加或减少。但是，由于实践需要和理论需要不同，认识主体可以只就某一或某些方面去辨识法的基本特征。从准确把握法的这一科学范畴、加深对法的本质的理解、正确认识法的价值、充分发挥法的作用等需要出发，可以把法的基本特征概括为如下四点。

一、法是调整社会关系的行为规范

法是调整社会关系的行为规范，它通过对人们的行为进行规范而达到调整社会关系的目的。法并不会对人的所有行为都进行规范，因而也不会对所有社会关系都进行调整，它只对重要并适合由法律进行调整的社会关系进行调整。

作为社会规范，法既区别于思想意识和政治实体，又区别于技术规范。技术规范调整的主要对象是人与自然的关系，它们规定人们如何使用自然力、生产工具、生产工艺等，以有效地利用生产工具，开发自然资源。当然，有些技术规范如不遵守可能引起伤亡事故，导致效率低下，危及生产秩序和公共安全，或直接与他人的生命财产攸关，因而社会需要强制人们遵守，并把它们变为劳动纪律、行政命令或法律规范，它们就成为社会规范。法在形式上具有规范性、一般性、概括性的特征。这些特征使法区别于那些执行和适用法律、法规的非规范性文件，比如政府的命令、法院的判决等；法所调节的对象不是特定的，而是一般的行为或社会关系；法不是仅适用一次，而是在其生效期间内反复适用的。作为由国家制定的社会规范，法具有指引、评价、预测、教育和强制等规范作用。

二、法是由国家制定或认可的行为规范

社会规范泛指在人类社会生活中调整人们之间交互行为的准则。社会规范的种类繁多，法律规范只是其中的一种，其他的社会规范还有道德规范、宗教规范、礼仪规范、政治规范（政治集团的章程、政治生活准则）、经济规范（经济交往中应遵守的规则）、各种职业规范等。法律规范区别于其他社会规范的首要之点在于：法律规范是由国家制定或认可的普遍适用于一切社会成员的规范。

由国家制定或认可，是国家创制法的两种方式。国家制定的法，即通常所说的"成文法"，是由有权创制法律规范的国家机关制定的。在不同的社会制度、政治制度和法律传统下，国家制定法律的方式又有所不同。国家认可的法一般是指习惯法。习惯法是根据调整社会关系的需要，由国家立法机关或司法机关赋予社会上既存的某些习惯、教义、礼仪等以法律效力而形成的法律规范，或是由法官对特殊的地方习惯的认可。由于它们一般不是通过规范性文件表现出来的，所以被称作"不成文法"。

法既然是由国家制定或认可的，它就必然具有国家意志的属性，因此具有高度的统一性、极大的权威性。这种统一性是从国家权力和国家意志的统一性

中引申出来的。法的统一性首先指各个法律规范之间在根本原则上的一致，其次是指除极特殊的情况外，一个国家只能有一个总的法律体系，且该法律体系内部各规范之间不能相互矛盾。法的统一有赖于国家的统一和政治上安定团结。如果一个国家处于分裂状态或混乱局面，国家意志和国家权力不能有效地支配在其领土范围内居住的人口，法就失去其统一性。其他社会规范则不具备这种高度的统一性，比如每一个社会中都同时存在着若干不同的道德体系、宗教、风俗习惯、职业规范等。从法的统一性又可引申出法的普遍适用性，即法作为一个整体在本国主权范围内具有普遍的约束力，任何国家机关、团体和个人都不得超然于法律之外或凌驾于法律之上。法的权威性主要是指法的不可违抗性，法律的权威代表着国家的权威，任何国家都不会容忍违法行为。

三、法是规定权利和义务的社会规范

法是通过规定人们的权利和义务，以权利和义务为机制，影响人们的行为动机，指引人们的行为，调节社会关系的。法所规定的权利和义务不仅指个人、组织（法人）及国家（作为普通法律主体）的权利和义务，而且包括国家机关及其公职人员在依法执行公务时所行使的职权和职责。

法的这种调整和指导方式也使它与道德、宗教和习惯相区别。道德和宗教实质上或一般说来是以规定人对人的义务或人对神的义务来调整社会关系的。法的这种独特的调整方式，使它为人们提供了比道德和宗教更广泛的选择自由和机会，因而更有助于充分发挥人们的积极性、主动性和创造性。习惯是人们在长期共同劳动和生活过程中自发形成的、世代沿袭并变成人们内在需要的行为模式。依习惯行事，不存在强制意义上的权利和义务。有的社会规范（如党章、团章、工会章程等）虽然也规定其成员的某种权利和义务，但在内容、范围和保证实施的方式等方面，与法律上的权利和义务有很大区别。

法以规定人们的权利和义务为自己的主要内容，所以，法属于"应然"的范畴，而不属于"实然"的范畴。属于实然范畴的是规律（亦即揭示规律的定则）。"实然"和"应然"是两个不同的领域。规律告诉人们当一定的客观条件存在时，某种结果就会出现。法律则告诉人们当某一预设（假定）的条件存在时，某种行为就可以作出（许可）、必须作出（命令）或

不得作出（禁止）。法律同规律既有联系又有区别，同客观规律既可能一致，也可能不一致甚至违反客观规律。这是因为法是由人制定的规则，是人们（立法者）主观意志的反映，因而法能否反映客观规律取决于人们（立法者）对规律的认识程度和尊重程度，而人们（立法者）的认识要受到许多限制，不但常常受着科学条件和技术条件的限制，而且也受着客观事物发展过程及其表现程度的限制。因此，人们（立法者）在制定或完善法律的过程中，就要求做到主观与客观相统一，使主观意志符合客观规律。

四、法是由国家强制力保证实施的社会规范

任何一种社会规范，都有保证其实施的社会力量，即都有某种强制性。然而，不同社会规范的强制性在性质、范围、程度和方式等方面是不尽相同的。比如，道德是依靠人们的内心信念、社会舆论保证实施的，违反道德者通常会受到社会舆论的轻蔑、批评、谴责；如果他是一个组织的成员，还可能同时受到所属组织（如政党、共青团、妇联、工会等）的处分。在这里，每一个有关的组织、每一个社会成员，都可以把违反道德的责任直接同违反者联系起来，直接实施道德制裁而不需要借助国家强制力。法的实施则不同。法是由国家强制力保证实施的，对违法、犯罪行为，国家将通过一定的程序对违反者进行强制制裁。

必须指出，法依靠国家强制力保证实施，这是从终极意义上讲的，即从国家强制力是法的最后一道防线的意义上讲的，而非意味着法的每一个实施过程、每一个法律规范的实施都要依靠国家的强制力；也不等于国家强制力是保证法实施的唯一力量。如果一个国家的法仅仅依靠国家强制力来维护，那么这个国家的法就会成为纯粹的暴力。在法律实施过程中，国家强制力常常是备而不用的，可以说它是"无所在，无所不在"。当人们的行为符合法律规范的要求时，法的强制力只是潜在的，不为人们所感知；而当人们的行为触犯法律规范时，法的强制力才会显现出来。

总括以上关于法的本质和基本特征的分析，可以对法作出这样一个一般性定义：法是由国家制定或认可并依靠国家强制力保证实施的，反映由特定社会物质生活条件所决定的统治阶级意志，规定权利和义务，以确认、保护和发展对统治阶级有利的社会关系和社会秩序为目的的行为规范体系。社会主义法是

由社会主义国家制定或认可、依靠国家强制力保证实施和绝大多数人自觉遵守的，反映人民共同意志，规定权利和义务，以确认、保护和发展对全体人民有利的社会关系和社会秩序为目的的行为规范体系。

第四节　法 的 要 素

要深入把握法的本质和特征，不能局限于法的定义及其他宏观描述，还应对法进行微观解析。"法的要素"这一论题就是从微观上进一步把握法的本质和基本特征。

一、法的要素的特征

法律是一个系统。系统是由诸多相互联系、相互作用的要素所构成的整体，要素则是组成一个整体而相互作用的部分。作为与法律系统相对应的法律要素有如下特征：

第一，具有个别性和局部性。法的要素表现为一个个元素或个体。但它不是孤立的个体，而是作为有机体的细胞的个体。它的性质取决于它所处的系统。法律要素只有在法律系统中才有法的性质和意义。比如，"禁止杀人"这一规范，如果不是存在于法律系统之中，它就只是一个道德的或宗教的规范。因而不能用形而上学的方法去看待法律要素，更不能把个别要素从法律系统中抽出来去谈论它的本质。

第二，具有多样性和差别性。各个法律要素在法律系统中有着不同的地位、起着不同的作用，因而它们之间有着这样或那样的差别。但对外它们是作为一个整体起作用的，而且每个要素的作用都是整体作用的一部分，都受整体作用的制约。

第三，不可分割性。法律要素作为法律系统的构成元素，相对于该系统来说，必须设定它是不可分割的，即必须作为非复合体看待。任何一个法律要素若被违反，就意味着法律系统被违反，会导致法律系统作为整体的反应。

以我国的立法和司法实践为基础，可以把当代中国法律体系的要素简化为法律概念、法律规则和法律原则。在法学论著和日常语言中，人们往往用"法律规范"（广义的）作为法律概念、法律规则和法律原则的统称。但在法律要素分析中，必须将这三种要素区别开。

二、法律概念

法律概念是对各种法律事实进行概括，抽象出它们的共同特征而形成的权威性范畴。法律概念虽不规定具体的事实状态和具体的法律后果，但每个概念都有其确切的法律意义和应用范围（领域、场合）。当人们把某人、某一情况、某一行为或某一物品归结于一个法律概念时，有关的规则和原则即可适用。

法律概念以其涉及的内容为标准，大体分为涉人概念、涉事概念和涉物概念。

涉人概念是关于人（包括自然人、法人和非法人组织）的概念。例如，"公民""合伙人""法人""近亲属""当事人""人大代表""法官""检察官""律师"等。

涉事概念是关于法律事件和法律行为的概念。例如，"选举投票""合宪性审查""紧急避险""正当防卫""违约""侵权""故意""过失""自首""行贿""起诉""代理""回避"等。

涉物概念是具有法律意义的有关物品及其质量和数量、时间、空间等无人格的概念。例如，"动产""不动产""标的""国家财产""集体财产""共有财产""产权""知识产权"等。

法律概念，无论是法律专用的（法言法语），还是从普通语言中移植过来的，在法律系统中都有其法律意义，即都与权利和义务相关联。因而，当我们把某人（自然人、法人、非法人组织）归属于一个涉人概念，把某个事件、行为归属于一个涉事概念，或把某物、某时、某地归属于一个涉物概念时，有关法律规则即有关权利和义务的规定即可适用于他。例如，当我们认定某人是"诉讼参与人"，刑事诉讼法、民事诉讼法或行政诉讼法有关诉讼参与人的权利和义务规定即可适用于他。当我们认定某法人的行为属于"漏税""偷税"或"抗税"，有关漏税、偷税和抗税的规定即可适用于他。在没有现成规则可以适用的情况下，只要有概念和原则，照样可以作出适当的裁判。

在法的体系中，概念的特点和独特功能是：它对法律事实进行定性，既确定事件、行为和物品等的"自然性质"和"社会性质"，又确定事件、行为和物品等的"法律性质"，从而为人们认识和评价法律事实提供必要的结构。没有这个结构，就无法对事件、行为和物品作出法律评价和法律处理。

三、法律规则

规则是指具体规定权利和义务以及具体法律后果的准则，或说是对一个事实状态赋予一种确定的具体后果的各种指示和规定。规则有较为严密的逻辑结构，包括假定（行为发生的时空、各种条件等事实状态的预设）、行为模式（权利和义务规定）和法律后果（含否定式后果和肯定式后果）三部分。缺少其中任何一部分，都不能算作完整的规则；规则的前两项如果是有效的，那么它的后一项也应是有效的。

依据法律规则的性质、特征、功能等，可对其作出以下基本分类。

（一）法律规则从性质上可分为义务性规则、授权性规则和权利义务复合性规则

义务性规则是直接要求人们从事或不从事某种行为的规则。义务性规则依其规定人们行为的方式，分为命令式规则和禁止式规则。命令式规则是要求人们必须作出某种行为的规则，例如《刑事诉讼法》第六条规定："人民法院、人民检察院和公安机关进行刑事诉讼，必须依靠群众，必须以事实为根据，以法律为准绳。"禁止式规则是禁止作出某种行为的规则，例如《宪法》第三十七条第三款规定："禁止非法拘禁和以其他方法非法剥夺或者限制公民的人身自由，禁止非法搜查公民的身体。"义务性规则的一个显著特点是具有强制性，它所规定的行为方式明确而肯定，不允许任何个人或机关随意变更或违反。这一特征表现在它所使用的术语是"应当""必须""不得""禁止""严禁"等。

授权性规则是指示人们可以作出或可以要求别人作出一定行为的规则。授权性规则的作用在于，赋予人们一定的权利去建立或改变他们的法律地位和法律关系，以建立或调节国家所需要的法律秩序。授权性法律规则的特点是具有任意性，既不强令人们必须作出一定行为，也不禁止人们不得作出一定行为，人们可以在行为与否之间作出较为自由的选择。这一特点表现在它所使用的术语是"可以""有权""有……的自由""不受……干涉""不受……侵犯"等。

权利义务复合性规则指兼具授予权利和设定义务两种性质的法律规则。这类法律规则绝大多数是有关国家机关及其工作人员的组织和活动的规则。依其指示的对象和作用可以分为三类：第一类是委任规则。它指示国家机关修改、制定或废除法律、法规。委任规则有强式和弱式两种。强式委任规则如《行政

处罚法》第六十三条规定："本法第四十六条罚款决定与罚款收缴分离的规定，由国务院制定具体实施办法。"弱式委任规则如《宪法》第一百条第一款规定："省、直辖市的人民代表大会和它们的常务委员会，在不同宪法、法律、行政法规相抵触的前提下，可以制定地方性法规，报全国人民代表大会常务委员会备案。"第二类是组织规则。它确定国家机构的权力划分，指示国家机关执行某一方面的国家职能，或有关国家机构的组织、调整、改革等。我国《宪法》第三章关于国家机构中的大部分规定都属于此类规则。第三类是审判规则。它指示司法机关依照法定程序执行审判职能。我国《人民法院组织法》和各诉讼法有关证据的收集、鉴定和使用、审判程序、国家强制力的使用等规定都属于此类规则。权利义务复合性规则的特点是：一方面被指示的对象有权（职权）按照法律规则的规定作出一定行为，另一方面作出这些行为是他们不可推卸的职责。在逻辑上，每个权利义务复合性规则都可进一步分解为义务性规则和授权性规则。

（二）法律规则从形式特征上可分为规范性规则和标准性规则

规范性规则的"假定""行为模式""后果"，都是明确、肯定和具体的，且可以直接适用，而不需要加以解释。例如，《商标法》第四十一条规定："注册商标需要变更注册人的名义、地址或者其他注册事项的，应当提出变更申请。"该法第四十九条又规定，如果自行改变，则由有关机构责令限期改正或者撤销其注册商标。

标准性规则的有关构成部分（事实状态、权利、义务或后果）不甚具体和明确，往往需要根据具体情况或特殊对象加以解释和适用。例如，《民法典》第一百四十七条规定："基于重大误解实施的民事法律行为，行为人有权请求人民法院或者仲裁机构予以撤销。"第一百五十一条规定："一方利用对方处于危困状态、缺乏判断能力等情形，致使民事法律行为成立时显失公平的，受损害方有权请求人民法院或者仲裁机构予以撤销。"这里的"重大误解""显失公平"都是需要首先根据具体情况去确定一个界限（尺度），然后才能适用的标准。其他类似的术语，如"善意""公正"，也都需要根据具体情况去确定其界限。

（三）法律规则按其功能可分为调整性规则和构成性规则

调整性规则的功能在于控制人们的行为，使之符合规则概括出来的行为模式。调整性规则所涉及的行为在逻辑上先于或独立于这些规则之外，无论是否存在调整性规则，人们都有可能从事或不从事这些行为。例如，无论法律是否将闹市区机动车辆的速度限定为每小时 30 公里，人们都有可能在闹市区以高于或低于每小时 30 公里的速度行驶。在调整性规则存在的情况下，遵守调整性规则是能够从事这些规则所调整的活动的充分条件。在调整性规则制定出来之前，这些行为就已经存在。

构成性规则的功能在于组织人们按照规则授予的权利（权力）去活动。构成性规则所涉及的行为在逻辑上有赖于这些规则，即构成性规则先于由它所调整的活动，没有这种规则，从事或不从事这些行为都是不可能的。例如，如果没有关于立法机关、立法权限、立法程序等的授权性规定，就不可能有立法行为。没有法定的法官职权和审判程序，就不会有法律诉讼。遵守构成性规则是能够从事这些规则所调整的活动的必要条件（但不是充分条件）。①

在法的体系中，规则的优点和独特功能是：其一，微观的指导性，即在规则所覆盖的相对有限的事实范围内，可以为人们提供确定的行为指南。其二，可操作性，亦即可适用性，只要一个具体案件符合规则假定的条件，执法人员或法官即可直接适用该规则。其三，确定性和可预测性，即规则设定的权利、义务和法律后果是明确的，人们在作出行为选择之前就能够知道自己行为的结果受到何种法律保护和支持，或受到何种法律制裁。

四、法律原则

法律原则是指可以作为法律规则的基础或本源的综合性、稳定性原理和准则。有的学者认为："法律原则是规则和价值观念的汇合点。"② 原则的特点是，它不预先设定任何确定的、具体的事实状态，没有规定具体的权利和义务，更没有规定确定的法律后果。但是，它指导和协调着全部社会关系或某一领域的社会关系的法律调整机制。尤其是在处理重大、复杂、疑难案件时，执法机关和司法机关需要平衡互相重叠或冲突的利益，为案件寻找合法合理的解决办法，因此，原则是十分重要的。

---

① See John R.Searle, *Speech Acts*, Cambridge University Press, 1969, p.34；A.J.M.Milne, *Human Rights and Human Diversity：An Essay in the Philosophy of Human Rights*, The Macmillian Press LTD., 1986, pp.14-19；N.MacCormick and O.Weinberger, *An Institutional Theory of Law—New Approaches to Legal Positivism*, P.D.Reidel Publishing Company, 1986, pp.23-24.

② N.MacCormick and O.Weinberger, *An Institutional Theory of Law—New Approaches to Legal Positivism*, P.D.Reidel Publishing Company, 1986, p.73.

原则可分为政策性原则和公理性原则两大类。

政策性原则是国家为了实现经济和社会发展战略目标或实现某一时期、某一方面的任务而作出的政治设计或决策，一般说来事关经济、政治、文化、社会、生态文明的发展目标和战略措施等问题，这些问题具有全局性和根本性。例如，《宪法》序言提出："推动物质文明、政治文明、精神文明、社会文明、生态文明协调发展，把我国建设成为富强民主文明和谐美丽的社会主义现代化强国，实现中华民族伟大复兴。"第二十六条规定"国家保护和改善生活环境和生态环境，防治污染和其他公害"。这些都是政策性原则的例子。

公理性原则虽然具有历史性和地域性，但因为它是从社会关系的本质中产生出来的，因此得到广泛承认并被奉为基本法理。例如，宪法领域的主权在民原则、尊重和保障人权原则，民事领域的等价有偿、诚实信用、契约自由、公序良俗原则，诉讼法领域的无罪推定、疑罪从无、程序公正原则。

政策性原则与公理性原则的区别在于：其一，政策性原则具有较强的针对性。社会问题不同，政策性原则就不同。例如，发展中国家和发达国家各有自己的社会问题，因而各有自己的法律政策。公理性原则是不分地域的。其二，公理性原则因其着眼于平等、公平、善良等持久的道德价值，要求同样情况同样对待，而政策性原则因其着眼于一个时期的政治目标和社会发展纲领而可以随着形势、情况的变化而变更。例如，"一对夫妻一个孩子"的计划生育政策就随着我国人口状况的变化而调整。

无论是政策性原则还是公理性原则，都有基本原则和具体原则之分。基本原则体现着法的本质和根本价值，是整个法律活动的指导思想，构成一个法律体系的灵魂，决定着法的内在统一性和稳定性。具体原则是基本原则的具体化，构成某一法律领域或某类法律活动的指导思想和直接出发点。

在法的体系中，原则的优点和独特功能是：其一，较宽的覆盖面。每一原则都是在广泛的社会生活和社会关系中抽象出来的标准，它所涵盖的社会生活和社会关系比一个规则要丰富得多。其二，宏观上的指导性。它在较大的范围和较长的过程中对人们的行为有方向性指导作用。其三，稳定性强。这种稳定性有助于维护社会生活和社会关系的相对稳定。

在法律运行过程中，原则和规则之间存在两个重要的区别。

第一，规则在适用时，要么有效，要么无效；它或是被遵守，或是被违反。例如，《全国人民代表大会和地方各级人民代表大会选举法》第四条规定：

"每一选民在一次选举中只有一个投票权。"假如有一选民投了两张票，则他的投票即应视为无效。但法律原则的适用则比较灵活。这种灵活性首先表现为，原则不指明如果符合规定的条件时将自动发生的法律后果。例如，在英美法系国家，"任何人不得从其错误中获利"是一个公认的法律原则，但这并不意味着法律绝对不会允许一个人从其错误中获利。事实上，人们有时会合法地从其错误中获利（如在法定时效内未被起诉而使其从违约中获利）。其次表现为，原则也不规定使它非适用不可的条件；相反，它仅仅说明主张某种决定的理由，而不强迫必须作出某一特殊的决定。

第二，在一个法律体系中，规则之间如果互相冲突，其中必有一个是无效的。至于哪一个是有效的，可以适用，哪一个是无效的，必须予以废除或修改，其确定的标准则是在这两个规则本身之外由有权机关依照法定程序予以处理。而原则交错的时候（在很多场合同时起作用的有诸多原则），原则之间的冲突必须根据每一个原则在既定场合（案件）中的相对分量来解决，结果可能是在既定的场合，一个原则优越于另一个原则。但这绝不意味着在既定场合不占优势的原则不再是一个有效力的原则，或说应予以修改或废除，因为这一不占优势的原则在其他场合可能起决定作用。例如，在有关集会游行示威的行政诉讼案件中，尽管我们通常强调的是社会秩序和社会稳定，但这绝不意味着公民政治自由的原则不再是一个有效的法律原则。再如，人们可以根据自己的意愿以遗赠的方式自由地处分他的财产，但这并不意味着一个自由订立的遗嘱必然受到法律保障，因为可能有一个相对的原则（父母应保护未成年子女的合法利益）也将适用。总之，原则是活动时必须考虑的理由，一个理由不会因为在某一场合中其他理由占了上风，就不再是一个理由。

鉴于法律概念、法律规则和法律原则各自的性质、特点和优点，现代各国立法都注意到：概念必须精确、规范、统一。既然概念是对各种行为和事件的定性，又是对规则、原则及法律后果适用范围的界定，因而法律、法规、规章使用的概念本身必须是精确的，即内涵和外延都是明确的，能够真实传达立法意图；必须是规范的，即在语言学上和法学上都是标准的；必须是统一的，即在同一法律、法规、规章乃至整个法律体系中其语义和意义是一致的。对那些法律意义与普遍语义有区别的概念，容易引起误解和歧义的概念，在立法中首次使用的概念，法律、法规或规章必须明确予以定义或作出解释。对实施过程中需要解释的概念，有关制定机关或适用机关应作出及时的、明确的解释。法律工作者还应根据法律调整对象的变化和法律调整机制的特点，创造出新的概念或从别的法律制度中移植可通用的概念，不断地为人们认识和评价法律事实提供新的用语和要素。

立法应以规则为主体，而不应停留在一般原则上。这是因为：其一，法的直接目的在于通过规定权利和义务以及违法行为的法律责任，具体指引人们的行为，使之符合法的价值取向和立法的直接目的，因而法的指引必须是明确的，使公众皆知所能为和所不能为。规则最能发挥明确的指引作用。其二，以规则为主体可增加法的可操作性，减少执法和司法过程中偏离法治原则的行为，减少法律解释可能发生的误解和随意，从而有利于提高执法和司法的效率，有利于维护法的尊严和公正。其三，法是依靠国家强制力做后盾的。国家的强制力表现在对违法行为的制裁上。法律制裁涉及当事人的人格、人身自由、财产安全、生产和生活安排等。因此，对法律责任和法律制裁必须由规则加以明确规定：在一定条件下，应然的行为是什么？非应然的行为是否构成违法？应否承担法律责任？应受何种及何种程度的制裁？假如不是由规则规定违法行为和法律责任，那就不可避免地会出现两种皆违背法治精神的错误倾向，或漫无边际地实施制裁，或放纵违法行为。此外，法律制裁的作用在于通过制裁违法行为，恢复或补救被破坏的法律关系。已被破坏的法律关系都是具体的，有一定的程度、范围和数量，因而法律制裁必须是量化的或能够量化的，而只有规则才是量化的或能够量化的。

在法律体系中，原则是必不可少的。这是因为：其一，原则具有使法律规则保持连续性、稳定性、协调性的作用。其二，原则作为法律体系的"神经中枢"，是正确进行法律推理的重要保障。其三，原则可以弥补规则的不足。规则固然有确定性、可操作性和可预测性的优点，但立法不能局限于规则；否则，立法就不能适应千变万化的、纷繁复杂的实际情况。其四，原则能把国家机关的自由裁量权限制在法定、合理的范围内。自由裁量对于实现国家管理的职能，保障政府工作的效率，维护社会秩序，是不可缺少的。但无限制的自由裁量必然是一个祸害。法律原则的设立既赋予国家机关自由裁量权，同时又把这种权力限制在不会侵害公民权利和自由的范围内。

思考题：

1. 简述马克思主义的法的定义的特点。

2. 简述法的阶级性与社会物质生活条件的制约性的关系。

3. 论述法律概念的功能。

4. 简述法律原则与法律规则的区别。

第二章 法的产生、发展与历史类型

在人类社会的历史上，法律制度是如何产生与演进的？引起法律制度形成和发展变化的根本原因是什么？法律制度的发展经过了哪些重要的阶段，有哪些基本的历史类型？每种法的历史类型有哪些重要特点？何以具有这些特点？这些都是建立科学的法学理论和法律观所必须回答的问题。

第一节 两种对立的法的起源观

法律制度的存在是人类社会特有的现象，不过，从时间上看，法律制度是在人类发展历史的较晚阶段才产生的。法是如何从无到有在人类社会出现的？这就是法的起源问题。要想科学地认识和回答法的起源问题，首先就需要了解古往今来有关法的起源的各种理论学说。

一、唯心史观的法的起源理论

在马克思主义产生以前，法的起源问题一直没有得到正确的解答。在法学发展史上，曾先后出现过许多基于唯心史观来回答法的起源的理论，其中影响较大的有以下几种：

神意说。这是出现最早、传播时间最长的关于法的起源的理论，也是古代文明中占主导地位的学说。神意说通常与"君权神授"的观念密切结合在一起，它用宇宙中某种主宰一切的神秘精神力量来解释王权和法律的形成，并以神的意志来论证统治秩序和法律强制的正当性。例如，在古埃及、古巴比伦、古印度和古代中国，帝王都被视为神的后裔、神的化身和神选定的统治者，帝王所制定或发布的法律也来源于神的意旨或神的启示。

父权说。它产生于中世纪后期的欧洲。[①] 它与神意说有密切联系，中世纪

---

① 在古代中国，把国家类比于家庭、视君主为"君父"、视人民为"子民"的观念是社会主流意识形态的一部分。在这种观念的导引下，君主及其选任治理地方的各级官吏也常常以"为民父母"自居，而且得到社会普遍的认同并形成对君主与官吏行为相应的"角色期待"——"爱民如子"。这既是官方所宣扬的政治准则，也是民间对统治者最高的政治评价。有学者把

欧洲的神意说理论大致有两种，一种是为教权张目的神意说，一种是为君权辩护的神意说，父权说理论与后一种神意说理论直接相关。它认为依据基督教的《圣经》，上帝创造了亚当和夏娃并赋予了亚当统治世界的权力，亚当是人类之父，亚当的王权直接来自上帝，并构成后世王权的渊源，因而，王权应高于教权。这种父权说在欧洲中世纪后期反对神权政治的特定历史时期曾流行一时。

社会契约说。它的思想萌芽可以上溯至古希腊时期，但只是在资产阶级革命时期才成为占据主导地位的理论并被系统化。该学说有多种不同的阐释，但一般都认为，在国家与法律出现之前，人类处于"自然状态"之中，靠自然法来调整社会关系。由于自然状态带有某种不便，故人们订立社会契约，组成国家，法律本身即社会契约的具体化。这一学说曾在近代史上发挥过巨大的革命作用，是批判神权（神意说）、王权（父权说）的有力武器，是近代资产阶级民主观、人权观和法律观的理论基础。

暴力说。它的思想渊源也很久远，但是，只是到了近代，才由某些信奉历史唯心主义的学者创设成为一种解释法的起源的系统理论。它认为，在原始部落之间的战争中，强大部落以暴力征服弱小部落，征服者成为主人和统治者，被征服者成为奴隶和被统治者，私有制、阶级、国家和法律均是暴力征服的结果。

心理说。它认为，任何社会都有两种人，一种是英雄和强者，属于少数；另一种是普通人，构成多数。普通人在本性上即有服从强者支配和引导的心理需要，国家和法都是这种心理规律的必然结果。

此外，还有"发展说"和"管理说"等。"发展说"认为法是由于人类能力发展到一定阶段而产生的；"管理说"认为是人类社会管理的需要导致了法律制度的出现。

在上述各学说中，神意说和父权说的产生与流行是与古代社会生活条件和文明程度相联系的，它们对法的起源的解释从根本上背离了人类发展历史的客观事实。随着近代自然科学、社会科学尤其是人类学和考古学的形成与发展，神意说和父权说的影响日渐式微，如今已经基本成为法学思想史上的历史遗迹。

在社会契约说形成之时，人们对原始社会尚无真切的了解。自19世纪后

这种"君父子民""家国一体"的观念也称为"父权说"的表现形式。不过，由于这种观念并不是作为解释法与国家起源的理论而被创立和使用的，所以，在本书中，"父权说"仅指欧洲中世纪后期形成的与法和国家起源直接相关的理论。

期开始，人们对原始社会的科学探索与发现，完全否定了"人类在自然状态下通过订立社会契约而形成国家和法律"这种理论想象，因此，社会契约说在法律起源这个问题上已经被推翻。当然，在社会正义的研究领域，社会契约说仍然有较大的影响力，但是，此种社会契约说已经仅仅是一种关于"法律应然"的学说，而不是关于"法律实然"即法律在历史上如何起源的理论。

至于暴力说和心理说等学说，它们所强调的事实（暴力征服、心理因素、人的能力和管理需要等）在法的起源过程中确实发挥过作用，但这种作用被过分地夸大了。现代人们所掌握的历史资料已经证明，某些文明初期的社会在没有暴力征服因素的情况下也依然会产生自己的法律制度，而且，同样的暴力、心理、能力或管理需要等因素，在某些民族中直到近代也没有导致法律的产生。这说明，法的起源有着更深刻的原因，对这种原因的分析，便构成了马克思主义法的起源理论的核心。

二、唯物史观的法的起源理论

由马克思恩格斯创立于19世纪中叶的唯物史观首次为正确认识人类历史的发展规律提供了理论基础，也为正确揭示法的起源提供了理论指引，从而，在法学理论领域引起了一场伟大的革命。

唯物史观揭示了法的起源的经济根源——原始社会后期社会生产力的发展导致社会生产关系发生深刻变革，私有制逐渐取代原始社会公有制成为社会的经济基础，为法的起源提供了经济条件。

唯物史观揭示了法的起源的社会根源——私有制所引发的利益分化和利益冲突，最终使作为社会利益共同体的原始公社失去生存空间，社会居民分裂为利益相互排斥的不同阶级，阶级和阶级之间的斗争为法的起源提供了社会条件。

唯物史观揭示了法的起源的政治根源——在社会分裂为阶级的历史条件之下，基于维护社会共同利益的需要而形成的氏族公社组织已经无力维系社会生存所必需的基本秩序，社会性的公共权力开始向脱离社会又凌驾于社会之上的阶级性的国家权力转化，为法的起源提供了政治条件。

于是，在具备了上述历史条件的时代和地域，法律制度从无到有，产生于特定的时空，就成为一个不以人的主观意志为转移的"自然的历史过程"。

唯物史观的法的起源理论与唯心史观法的起源理论不仅在具体的理论观点上全然不同，而且在其各自理论思维的方法论原点上也存在根本差别。

　　与完全以"神"的观点来解释法的起源相比，社会契约说、暴力说和心理说等以"人"的观点来解释法的起源，是一个重大进步。但是，由于这些历史唯心论学说所理解的人是一种与具体历史发展条件和社会关系无关的"抽象的人"，因此，它们的理论思维所使用的方法论仍然是非科学的，是在用想象的而非历史的因素来解释历史，这就难免会曲解历史。

　　唯物史观承认历史的主体是人，承认对历史的理解必须以人为逻辑起点。不过，这里的"人"不是被思辨所抽象成"失去感性存在"的人，而是处于可以通过经验方法观察到的具体社会历史发展条件和社会关系中的现实的人。这种"现实的"和"具体的"人，其行为固然也受他们思想的支配，但是，归根结底，他们的思想和行为都是由他们所处的具体历史发展条件和社会关系来决定的。诚然，历史是由人借助于自己的思想和行为所创造的，然而，在具体的时空条件下人们何以有"这样的"而不是"那样的"思想和行为却最终不取决于他们的"自我意识"，而是取决于具体的社会历史发展条件和现实社会关系。思想、意识、观念等精神因素确实可以影响历史的发展轨迹，但是，社会的物质生活条件或社会物质生活条件的生产与再生产才是决定人类思想方式和行为模式并进而决定社会形态和历史发展方向的基本力量。

第二节　法　的　起　源

一、原始社会的行为规则

　　原始社会的社会生产力发展水平极端低下，形成共同占有、共同劳动、平均分配的原始共产制。在原始共产制社会中，没有阶级的划分，也没有与阶级划分相联系的各种政治、经济组织，唯一的社会组织就是原始公社。原始社会在经历了漫长的群婚和血缘家庭之后，在后期出现了氏族公社。氏族公社的产生虽然较晚，但它却是原始社会最典型的社会组织形式。氏族是原始人以血缘关系为纽带而形成的内部禁止通婚的亲属集团。作为一种社会组织，氏族完全按血缘亲属关系来划分和组织居民，并在氏族组织内部实行民主管理。全体氏族成员所组成的氏族大会讨论决定氏族社会的一切重大问题。氏族首领由选举产生，随时可以撤换，而且要和其他氏族成员一样平等地参加劳动和分配，没有任何特权。因此，氏族社会中没有专门从事管理的、凌驾于社会之上的特殊公共权力组织。

每一个原始氏族社会都是一个无政府而有秩序的社会。秩序的维持主要靠两种形式：一种是氏族组织机构，它由氏族大会、酋长和军事首领等组成，其中，氏族大会是直接的原始民主的管理形式，而"酋长在氏族内部的权力，是父亲般的、纯粹道义性质的"[①]；另一种是氏族社会中以习惯的形式表现出来的社会规范，它兼有道德规范和宗教规范的属性。氏族组织机构和氏族习惯构成了调整社会关系、建立社会秩序的两种基本力量。

氏族习惯是在氏族成员长期的共同生活中自发形成的，经过世代相袭，便成为全社会公认的神圣不可侵犯的传统。美国人类学家摩尔根曾长期对美洲易洛魁人的氏族习惯进行深入的研究。根据摩尔根《古代社会》一书的资料，易洛魁人的氏族习惯包含着十分广泛的内容。例如，关于共同劳动、平均分配的习惯体现为：在生产力水平低下的条件下，氏族成员把共同劳动、分工协作和平均分配食物看作极其自然的事情。每个有劳动能力的人都自觉地参加劳动，懒惰被视为非常可耻的行为。关于处理公共事务的习惯体现为：氏族内部没有阶级和等级之分，重大事务由氏族大会讨论表决，氏族首领经选举产生，可随时被撤换，任何人都必须服从集体的决定。这一切在氏族社会全体成员看来都是天经地义的。在婚姻家庭、财产继承、解决纠纷等方面，原始社会也都有自己的习惯，这些习惯能够满足处理社会关系的需要。但是，原始社会的这种调控机制是以当时的生产方式为基础而发挥作用的，随着生产力水平的提高，它必然因历史的发展而被淘汰。

二、法产生的历史必然性

（一）氏族制度的解体

原始社会末期，随着生产力水平的提高，出现了三次社会大分工，即畜牧业与农业的分工以及手工业和商业的出现。通过这三次分工出现了剩余产品和产品交换，私人占有财产成为可能；劳动生产率达到一个人的劳动所得除了养活自己还略有剩余的程度，战俘和一些氏族成员开始转化为奴隶，阶级开始出现；个体家庭开始出现并日渐代替氏族公社而成为基本经济单位。

在三次社会大分工所造成的深刻变化面前，氏族制度的解体成为必然。

[①] 《马克思恩格斯文集》第 4 卷，人民出版社 2009 年版，第 100 页。

第一，私有制的确立摧毁了氏族制度赖以存在的经济条件。私有制的确立，使原有的经济关系及其原则受到彻底破坏，与私有制相伴而生的家庭制使氏族分裂为一个个独立的经济单位和利益主体。

第二，氏族内部阶级的出现打破了氏族制度中的平等关系。随着私有制的日渐成熟和贫富分化的加剧，不仅战俘被转为奴隶，而且许多贫穷的氏族成员也开始沦为债务奴隶。原始的民主管理逐步被少数奴隶主集团的统治所取代。

第三，利益差别和利益冲突破坏了氏族制度中共同的行为标准。这使什么是必须维护的共同利益、什么是个人的正当利益很难再有一个完全一致的答案。当时氏族习惯靠社会的共同确信来维系，而现在哪些习惯应予保留，哪些应予改变，哪些应予废弃，已经不可能形成共识。

由于上述因素的存在，只靠当事人自觉、舆论压力、酋长的威望和没有暴力手段的氏族大会来维系社会秩序的原始的调控机制，便不能不陷于瘫痪状态。正如恩格斯所说："氏族制度已经过时了。它被分工及其后果即社会之分裂为阶级所炸毁。它被国家代替了。"[1]

（二）国家与法对氏族组织与氏族习惯的替代

国家组织体系的形成过程，是一个公共权力逐渐与社会相脱离、逐渐被少数人所垄断的过程。在这一过程中，那些处于形成过程之中的国家机构或已经完全形成的国家机构，以全社会代表的名义对原有氏族习惯加以取舍，认可那些与现行社会结构相一致的习惯规范，取消那些与现行社会结构不一致的习惯规范，并创制一些新的规范来调整新的社会关系；同时，用有组织的暴力保障这些社会规范得以实施。这样，氏族社会中所没有的法律规范体系便逐渐成长起来。最终的结果是，国家组织体系和法律规范体系完全取代了氏族组织和氏族习惯，成为建立和维持社会秩序的手段。

国家组织与法律规范所建立和维持的社会秩序，与原有的社会秩序有根本的差别。这是一种以保护私有制和阶级统治关系为宗旨的秩序，为了压抑和惩罚破坏秩序的行为，国家强制力便成为确保法律规范得到实施的重要力量。

三、法产生的一般过程和基本规律

（一）法产生的基本标志

法的产生经历了一个很长的历史阶段，它的最终形成以下述现象为标志：

---

[1] 《马克思恩格斯文集》第 4 卷，人民出版社 2009 年版，第 188 页。

　　第一，国家的产生。法与国家是两个相互联系的概念，两者互为标志，相互作用。实现法律调控意味着：一是有一个专门机构以全社会代表的名义认可或制定权威性的行为规范；二是有一批组织起来的官吏负责执行这些规范；三是违反规范者会受到有组织的暴力所施加的制裁。而这些正是国家机构所具有的特点，没有此种特殊公共权力的存在，法律既不可能创制出来，也不可能有效实施。

　　第二，诉讼与审判的出现。原始社会没有诉讼与审判。氏族内部的纠纷由当事人自行解决或由氏族领袖依习惯进行裁决，部落之间的纠纷则往往诉诸武力，以战争来解决。而法律对社会关系和行为的调控，意味着当事人的"私力救济"被限制和"公力救济"的出现，否则，任由当事人对侵犯权利的行为自行处置，便难以在利益冲突普遍化的状态下保持必要的秩序。这就要求由一个特定的机构来行使审判权，并通过一定的诉讼程序来处理纠纷。

　　第三，权利与义务的区分。在原始社会还没有权利和义务的分别，"在氏族制度内部，还没有权利和义务的分别；参与公共事务，实行血族复仇或为此接受赎罪，究竟是权利还是义务这种问题，对印第安人来说是不存在的；在印第安人看来，这种问题正如吃饭、睡觉、打猎究竟是权利还是义务的问题一样荒谬"①。而法律对行为的调控，要求以权利与义务的分离为条件，这意味着：一是法律规范要对各种行为加以明确区分，规定出什么行为可以做，什么行为不得做，什么行为必须做；二是在各种法律关系中把相应的权利与义务分别明确地分配给不同的法律关系主体。如果没有这种区分，法律就不能实现对各种行为的调控职能。

　　当上述三个标志完全具备时，法律产生的过程就完成了。此时，一种与国家组织体系相匹配的法律规范体系便告形成。这种新型的社会规范体系与原有的氏族习惯有着根本的不同。其一，两者体现的意志不同。氏族习惯反映氏族全体成员在利益高度融合的基础上形成的共同意志；在阶级已经形成的社会中，法则是国家意志的表现形式。其二，两者产生的方式不同。氏族习惯是以传统的方式自发地形成和演变的；法则是由统治阶级及其政治代表在行使国家权力的过程中，有意识地创制和有意识地对原有习惯加以选择、确认而形成的。其三，两者实施的方式不同。氏族习惯是每个氏族成员的行为习惯，它依

---

① 《马克思恩格斯文集》第 4 卷，人民出版社 2009 年版，第 178 页。

靠当事人的自觉、舆论和氏族首领的威望来保障实施；法的实施当然也要借助于当事人的守法意识和舆论的支持，但它要以国家强制力作为最后的保障，并以警察、法庭、监狱等强制机关作为后盾。其四，两者适用的范围不同。氏族习惯只适用于具有血缘亲属关系的同一氏族或部落成员；法则适用于国家权力所辖地域内的所有居民。其五，两者的根本目的不同。氏族习惯是维护共同利益、维系社会成员间平等互助关系的手段；而在阶级分裂的社会中，法则以实现统治阶级利益为首要目的，并服务于建立和维护统治关系和社会秩序。

（二）法产生的一般规律

法律从无到有、从萌芽出现到最终形成一种基本制度，在不同的民族和社会中经历了不同的具体过程。然而，在纷繁复杂、差别明显的表象背后可以发现一般规律，主要表现在：

第一，法律制度是在私有制和阶级逐渐形成的社会背景下孕育、萌芽，并与国家组织相伴发展和确立起来的。法律的孕育、萌芽和最终形成需要特定的社会条件，只有在共同利益分化为众多的个体利益并导致普遍的利益冲突，仅靠道德、传统和舆论不足以有效维持社会存在与发展所必需的基本秩序时，法律的产生才成为必要和可能。而社会生产力发展所导致的私有制关系、阶级的出现和原始社会调节机制的崩溃，恰恰创造了法律形成的社会条件。法律的形成过程也受到了国家形成过程的促进；反过来，它确认和推动了国家组织对氏族组织的取代。

第二，法律制度的形成过程是一个行为的调整方式从个别调整发展为一般调整的过程。例如，最初的产品交换只是偶然的个别现象，对这种关系的调整也表现为个别调整。个别调整方式和具体情况直接联系，针对性强，但带有较大的不确定性和不可预见性。我国古代文献上所说的"议事以制，不为刑辟"就是这种情况。在法律调整的实践中，随着偶尔的个别行为演变成比较常见的行为，个别调整所临时确定的规则便逐渐发展成为经常的、反复适用的，不只是针对个别行为而是针对同一类行为的共同规则。共同规则的形成把对行为的调整类型化、制度化为一般调整，即规范调整。规范调整的出现是法律形成过程中的关键性一环。

第三，法律制度的形成经历了由习惯演变为习惯法再发展成为成文法的长期过程。最初的法律规范大都是由习惯演变而来的。在法律制度的形成过程中，国家按照现行社会秩序的需要对原有习惯规范进行甄别取舍。在经过国家有选择的认可之后，习惯就演变成习惯法。在社会生活变化幅度较大、习惯法不足以调整社会关系时，由国家机构有针对性地制定新的规则就成为必要，成文法由此而生。这样，一个满足调整新的社会关系需要，由国家机构制定社会行为规则的法律制度便最终确立起来。

第四，法律、道德和宗教等社会规范从混沌一体逐渐分化为各自相对独立的规范系统。原始社会中的习惯本身就是集各种社会规范于一体的，兼有风俗、道德、宗教规范等多重属性。在国家与法律萌芽之初，法律与道德和宗教等社会规范并无明显界限。随着社会管理经验的积累和文明的进化，对相近或不同行为影响社会的性质和程度有了区分的必要和可能，法律与道德规范和宗教规范及其调整的行为类型开始从混沌走向分化。这种分化在不同的社会所经历的过程不完全相同，但将法律调整与道德调整及宗教调整相对区分开来却是一个共同趋势。

第五，法是一种历史的现象，它有着产生、发展和灭亡的一般规律。根据马克思主义的唯物史观，法律是人类社会发展到一定历史阶段才出现的，它的产生与私有制、阶级和国家的出现密不可分。因此，随着私有制、阶级和国家的消亡，法也将消亡。到了共产主义社会，生产资料公有制代替生产资料私有制，阶级和国家成为历史的遗迹，法因此也会随之消亡。

第三节　法的历史类型

一、法的历史类型的概念

依据不同的考察角度和标准，可以对法作出不同的分类。在对法的各种分类当中，法的历史类型的划分是最基本的分类。法的历史类型是与人类历史上基本的社会形态相联系的概念，是依据法所赖以存在的社会物质生活条件及所体现的国家意志的性质的不同，而对各种社会的法律制度所作的分类。人类社会的历史可以划分为原始社会、奴隶制社会、封建制社会、资本主义社会和共产主义社会（社会主义社会是它的低级阶段）五种社会形态。按照经济基础决定上层建筑的历史唯物主义原理，法律制度的基本内容和性质总是与其所在社会的生产关系相适应的。因此，法律发展史上也相应地先后产生过四种历史类型的法律制度，它们分别是奴隶制的、封建制的、资本主义的和社会主义的法律制度。

从法的历史类型发生更替的根本原因看，任何历史类型的法的出现或消失，都是社会基本矛盾运动的结果。在社会基本矛盾运动的过程中，生产关系必须适应生产力发展的水平，这是历史的客观规律。"社会的物质生产力发展到一定阶段，便同它们一直在其中运动的现存生产关系或财产关系（这只是生产关系的法律用语）发生矛盾。于是这些关系便由生产力的发展形式变成生产力的桎梏。那时社会革命的时代就到来了。随着经济基础的变更，全部庞大的上层建筑也或慢或快地发生变革。"① 因此，当生产关系不适应生产力的发展，被生产力所否定时，旧法的消失和新法的产生就不可避免。

从法的历史类型发生更替的方式看，新历史类型的法取代旧历史类型的法通常是在社会革命的过程中实现的。先进的生产关系取代落后的生产关系，随之先进的法律制度取代落后的法律制度，都不可能自发地和毫无阻力地实现，而必须借助于社会革命的推动。由于特定的社会历史条件不同，社会革命可以有不同的方式。其中，最具有代表性的社会革命方式有两种：一种是自下而上的大规模的暴力革命。在近代史上，法国大革命和俄国十月革命就是此种社会革命的实例，作为社会革命的直接结果，旧的法律制度被废除，新的法律制度得以确立。另一种是渐进式的社会革命。这种社会革命的特点是通过一系列具有革命意义的重大改革来达到社会转型的结果，尽管其间也可能发生一些暴力行动和事件，但自上而下的改革和改良是更为常见的方式。英国资产阶级革命和日本的明治维新就属于渐进式社会革命。

从唯物史观的角度来看，法的历史类型更替，新的历史类型的法都可以而且必然会以"扬弃"的方式批判地继承旧法中的某些因素，主要原因是：首先，社会物质生活条件的历史延续性从根本上决定了法的历史继承性，这是法的历史继承性的首要的和最基本的理论依据。马克思曾明确指出："人们自己创造自己的历史，但是他们并不是随心所欲地创造，并不是在他们自己选定的条件下创造，而是在直接碰到的、既定的、从过去承继下来的条件下创造。"② 其次，法律制度和文化的相对独立性也在一定程度上强化了法的历史继承性。法律制度和文化作为社会上层建筑和社会意识的组成部分，其基本内容是由具

---

① 《马克思恩格斯文集》第 2 卷，人民出版社 2009 年版，第 591—592 页。
② 《马克思恩格斯文集》第 2 卷，人民出版社 2009 年版，第 470—471 页。

体社会的物质生活条件所决定的，同时任何具体社会的法律制度和文化的形成、运作和发展也具有一定的相对独立性。以英国和法国为例，正是因为两国在进入资本主义法律历史类型时承袭了不同的法律传统，才产生了各具特色的制度设计、法律学说与观念，并由此形成了影响广泛的普通法系和大陆法系。最后，法律制度和文化中所蕴含的具有普遍意义的人类文明成果，也决定了法具有的历史继承性。不同历史阶段的人类法律实践都会形成和积累下对未来社会具有积极意义的法律智慧成果和经验，它们可能表现为具体的法律规则设计、程序安排、概念体系，也可能表现为具体的法律适用技术、法律学说等。正如人类文明本身就是在继承中发展一样，法律制度和文化也是在人类文明的积淀中发展的。

二、奴隶社会的法

（一）奴隶社会法律制度的经济基础和阶级本质

奴隶制的法律制度是人类历史上最早出现的剥削阶级类型的法。在奴隶制社会的经济结构中，奴隶主阶级占有生产资料，同时也占有作为生产劳动者的奴隶。因此，奴隶主阶级不仅支配社会生产过程，也完全占有全部财产。奴隶没有人身自由，奴隶在法律上的地位不是"人"而是"财产"，可由奴隶主按对待其他财产的方式来占有、使用和处置。奴隶制生产关系的这种特点决定了奴隶制法的阶级本质——奴隶制法是奴隶主阶级专政的国家意志的表现，是奴隶主阶级对广大奴隶劳动者实行统治的工具。

（二）奴隶社会法律制度的基本特征

作为最早出现的法律历史类型，奴隶制法具有如下重要特征：其一，具有明显的原始习惯残留痕迹。文明社会初期的法律大都是由习惯转化而来的。即使在奴隶制法比较成熟之后，也保留了较多的习惯因素。例如，在土地所有制方面，土地归国家所有或村社所有的习惯曾在法律中保留了很长的时间，这在东方几个文明古国的法律中尤为突出；在法律责任和制裁方面，由集体共同承担责任的习惯，用"同态复仇"的方式追究责任的习惯，以及允许私人自行对侵权者予以制裁的习惯，也出现在奴隶制法之中。其二，否认奴隶的法律人格。奴隶主对奴隶的人身加以占有，是奴隶制生产方式最突出的特征。奴隶在法律上没有人格，法律不承认奴隶是人，而将他们视为纯粹的财产。由于奴隶在任何意义上都被法律归入财产，他们也就不能享有任何权利，而只能成为权利客体，可以像其他财产一样，由主人任意处置，包括出卖或处死。其三，刑罚方式极其残酷。奴隶制法具有野蛮、残酷的特点。为了维持有利于奴隶主阶级的社会秩序，奴隶制法倾向于使用较多的暴力。在中国的夏代，刑罚的种类最多时不下三十余种，而且包含大量以侮辱人格、增加肉体痛苦和精神恐惧为特点的刑罚方法。类似这种刑罚惨烈、轻罪重罚的现象，在各民族早期的法律中相当普遍。其四，确认自由民之间的等级划分。奴隶制法不仅通过否认奴隶的法律人格来确认奴隶主与奴隶之间不平等的地位，而且在自由民之间也实行等级划分。自由民之间的法律地位完全不同，等级越高特权越多而义务越少，等级越低则权利越少而义务越多。

三、封建社会的法

（一）封建社会法律制度的经济基础和阶级本质

封建社会的法是在世界法律发展史上继奴隶制法之后出现的第二种历史类型的法律制度。

封建社会是以农业为基础的自然经济占主导地位的社会，在封建社会的经济结构中，地主阶级占有生产资料，同时不完全占有作为生产劳动者的农奴或农民；农奴和无地或少地的农民以耕种封建领主的份地、为地主雇佣以及租种地主土地等为谋生方式，在经济上处于不得不接受地主阶级剥削的不利地位。以这种生产关系为基础所建立的国家是地主阶级的专政形式，作为国家意志表现的封建制法是地主阶级对广大农民阶级实行统治的工具，以维护地主阶级的共同利益为根本使命。

（二）封建社会法律制度的基本特征

第一，肯定人身依附关系。例如，西欧封建制经济是按庄园制和农奴制组织起来的。庄园中劳动的农民大多具有农奴身份，除在经济上受领主剥削之外，其人身也由领主不完全占有，没有独立的法律地位和完全的法律人格。农奴在法律上享有有限的权利，不能像奴隶那样被任意体罚或杀害，但仍属于领主的财产，他们受领主支配，也可被当作财产转让、出卖，完全没有人身自由。中国封建制经济是按个体家庭组织起来的。自耕农占农民的相当比例，他们耕种自己私有的土地或国家分配的土地，无地和少地农民则租用地主的土地耕种。在法律上，农民并非地主的财产，具有相对独立的法律人格和相对的人身自由。在中国历史的个别阶段上，也曾有过农奴化的趋势（如汉末的部曲、宋代的庄客），但并未深入发展。由于农民在人身自由度方面有较大差别，西欧与中国封建社会也有很大不同。

第二，确立封建等级制度。封建社会是等级社会，然而，等级化的普遍程度和严格程度在不同的国家也不完全相同，这一点在各国封建制法中也有所表现。西欧的等级制更为发达完备，因此西欧的封建等级制表现为一种普遍化的、界限森严的身份体系，不同的身份意味着不同的权利和义务，而且，各种身份几乎完全是封闭式的，法律禁止从低身份向高身份的纵向社会流动。与此相适应，官吏集团只向少数具有高级身份的人开放。中国封建社会也有等级身份的划分，但自战国时期的秦国首先废除"世卿世禄"制度以后，等级制受到了严重打击。虽然在平民中也有良与贱的身份之分，但等级特权主要是按"官本位"原则，而不是按身份分配。中国封建社会的官吏集团也对平民开放，故有"朝为田舍郎，暮登天子堂"之说。由于对纵向社会流动采取了较为宽松的制度安排，中国封建时期的官吏集团在吸纳社会精英的能力方面，远非同时代的西欧可比，因而其官吏队伍的总体素质和社会治理水平也往往较高。在中国历史上的各个王朝中，往往在执政初期或中期能够创造出一段政治较为清明的"盛世"，这与在制度上允许纵向社会流动有直接关系。

第三，维护专制王权。西欧封建社会的等级制远比东方封建社会森严，王权因此受到某种程度的限制。在西欧的等级制中，法律分配权利和义务的依据是每个人与生俱来的身份，而不是国王的态度和意志，由此形成了一个国王所不能完全控制的强大的贵族阶层。同时，王权还必须在一定程度上接受法律的限制，即所谓"国王站在一切人之上，但须站在上帝和法律之下"。到了中世纪后期，封建王权才战胜了与之分庭抗礼的贵族世袭特权和教会的神权，成为专制王权。中国的封建社会的法则一直确认并全力维护专制王权的绝对至上性。这与不存在一个强有力的贵族阶层有直接关系。在中国封建社会的结构中占重要地位的不是世袭贵族阶层，而是庞大的官吏集团，但官吏的进退荣辱乃至身家性命完全由王权控制。一方面是延续数千年的"封建的"社会形态，另一方面是延续数千年的"专制的"政治体制。而所谓"专制的"政治体制，其核心特征就是君主与臣民之间的关系具有主人与奴仆关系的性质，官吏必须绝对服从君主的支配，君主借助于官吏集团统治全国，握有绝对至上的权力，且不受法律限制，法律对王权的唯一作用是确认并强化这种专制的政治关系。

第四，刑罚严酷、野蛮擅断。封建制法在刑罚方面的严酷程度稍次于奴隶制法。侮辱刑、肉体刑和恐怖痛苦的死刑执行方法在各个封建制法律制度中普遍存在。例如，16世纪神圣罗马帝国的《加洛林纳刑法典》就设置了割耳、割鼻、割舌、挖眼、断指、断手、斩首、绞首、火焚和五马分尸等许多的残忍刑罚。中国封建制法还规定了族刑和连坐制度，一人犯罪，满门抄斩，甚至祸及亲朋邻里。在东方文明古国早已禁止私人间暴力行为的近千年之后，西欧中世纪还长期存在司法决斗的习惯法，即诉讼双方在法官面前生死相拼，胜者即为胜诉，其野蛮性由此可见一斑。至于出入人罪、轻过重罚、重过轻罚和司法专横等现象，在各国封建制法中都不同程度地存在着。

四、资本主义社会的法

（一）资本主义法律制度的经济基础和阶级本质

资本主义是一种新型的生产关系。自14、15世纪开始，地中海沿岸的某些城市出现了资本主义生产的萌芽；到了17世纪，世界开始进入资本主义时代。与以往以自然经济为基础的社会形态不同，资本主义社会是以发达的社会生产力和社会化大生产为基础而建立起来的商品生产高度发展的社会，生产资料和劳动力都变成了商品。资本主义生产关系的基本特征是资本家占有生产资料，用雇佣劳动的方式购买和使用无产者的劳动力。从法律形式上看，资本家和无产者是平等的，他们对自己的资本或劳动力都有支配和处分的自由，正是通过这种平等和自由的交换，资本家得以剥削工人所创造的剩余价值。以资本主义生产关系为经济基础而建立的资本主义法律制度，其根本任务是维系有利于资产阶级的经济和政治秩序，尽管资本主义法特别强调形式上的平等和自由，但它仍然是以资产阶级意志和利益为依归的法律制度，仍然属于剥削阶级类型的法。不过，由于资本主义法律制度是以全面废除人身依附关系为前提建立起来的，并且在资本主义的市场经济和民主政治条件下存在和运行，它又是近现代法律文明的一种形态，因此其奉行的许多原则也就明显不同于古代奴隶制和封建制的法律制度。

（二）资本主义法律制度的基本特征

资本主义法律制度的基本特征就是按资本主义市场经济和民主政治的本质要求，建立了资本主义的法治国家。这一特征集中体现在以下原则之中：

第一，确立了私有财产神圣不可侵犯原则。这一原则首次出现在1789年法国《人权宣言》中："财产是神圣不可侵犯的权利，除非当合法认定的公共需要所显然必需时，且在公平而预先赔偿的条件下，任何人的财产不得受到剥夺。"后来各国资本主义法都确认了这条原则。

这条原则是资本主义法首要的原则，因为它准确地反映了"自由地利用资本来剥削劳动"这一资本主义生产方式的本质要求。"私有财产神圣不可侵犯"这一原则为交易安全提供了最有力的保障，对资本主义市场经济的发展具有巨大意义。当然，在任何人的财产权利都神圣不可侵犯这一行法律文字的背后，存在着明显的事实状态：由于主要的社会财富垄断在少数资本家手中，因此只有他们才是这一原则的真正受益者。

私有财产神圣不可侵犯的原则，在近代资本主义法中具体表现为一种绝对的所有权，它允许所有权人几乎可以完全任意地使用和处分自己的财产，任何人（包括政府）均不得干涉。这种绝对的所有权后来引发了一系列严重的社会矛盾。到了 20 世纪初，所有权的滥用开始受到限制，"不得侵害社会公共利益"成为各资本主义国家的重要法律原则，使财产所有权的行使受到了一定程度的制约，这是资本主义法制发展史上现代法制区别于近代法制的重要标志。

第二，确立了与资本主义市场经济相适应的契约自由原则。这一原则意味着一切人都具有独立的法律人格，具有平等的法律地位，可以在法律所界定的广阔领域中自主地处分自己的权利和利益，并在社会交往中双方达成合意的条件下建立或改变彼此间的权利、义务关系。市场经济与自然经济最关键的区别就在于，自然经济条件下的生产是为满足本人消费、缴纳地租和赋税而进行的生产，市场经济条件下的生产是为交换而进行的生产。因此，市场经济也就是自由交换的经济，它在法律上表现为契约的订立和履行的过程。契约自由原则不仅为重新安排和调整经济生活提供了新的准则，也由此为整个社会生活的重新安排和调整提供了参照，从而使资本主义文明和法制得以确立。契约自由原则从形式上看给一切人都提供了自由选择的机会。但是，对于不占有生产资料的劳动者来说，它只意味着有决定把劳动力出卖给什么人的自由，然而，在为了生存必须出卖劳动力、必须接受剥削这一点上是没有自由选择余地的。因此，契约自由对于资本家阶级才具有完全的意义，对于工人则只有部分意义，它是以契约自由形式而实现的经济强制。

近代资本主义法中的契约自由原则是以绝对的、极端的形式表现出来的，国家和法律对契约关系的形成持放任的态度，由此引发的许多社会矛盾和反道德行为使原有的启蒙理想受到全面破坏。自 20 世纪初开始，契约自由也与私有财产一样受到法律一定程度的限制，从绝对的契约自由到相对的契约自由是近代资本主义法制与现代资本主义法制的重要区别。

第三，确立了与资本主义民主政治相适应的法律面前人人平等原则。法律面前人人平等原则包括丰富的内容，其中最基本的精神有三点：其一，所有自然人的法律人格一律平等。这种权利能力生而具有，不以任何特定事实为条件。其二，所有公民都具有平等的法律地位。公民是一种法律地位，它与基本权利和义务相联系，只要具有公民资格，就享有与其他公民平等的基本权利，并应履行平等的基本义务。其三，法律平等地对待同样的行为。法律在对行为施加保护或惩罚时，只关注行为的性质和后果，而不关注行为人的身份。

法律面前人人平等原则的确立，是人类社会从古代法律制度进入现代法律制度最主要的标志，是等级社会和专制国家的死亡宣告，因而具有划时代的意义。但也应看到，在资本主义的经济和政治结构中，这一原则的法律意义和社会意义是不同的。尽管所有公民在法律上享有平等的基本权利，但法律规范中的权利只是一种可能性，权利的实现离不开必要的条件，在经济资源、政治资源和信息资源不平等占有的情况下，许多平等的权利对许多劳动者来说，很少具有实际意义。确实，在法律上，一个汽车装配线上的工人也与他人一样有投资办厂的权利，也与他人一样有竞选总统和议员的权利；然而，由于存在资源占有上的阶级差别，事实上他们很难行使法律上的这些平等权利。

在近代资本主义法制中，法律面前人人平等原则并没有全面实施。其突出的表现是：其一，对选举权和被选举权这一最重要的政治权利加以财产资格限制，从而使许多劳动者的权利被不平等地剥夺。其二，对工人的结社权加以限制，工会和工人阶级政党长期被宣布为非法。其三，法律公开允许种族歧视，在某些国家甚至使奴隶制合法化。其四，性别歧视也得到法律的承认，女性与男性在基本权利的享有上是不平等的。

此类不平等直到20世纪上半叶还普遍地存在于各资本主义国家的法律制度之中。从20世纪中期开始，由于以工人阶级为主体的各界民主力量的努力奋斗，在强大的社会压力下，资产阶级国家机构不得不对原有的法律规定加以废止或修改，这实际上是资产阶级不得不作出的让步。除了上述三项原则之外，资本主义法律制度还有主权在民、法律至上（或宪法至上）、有限政府、分权制衡、普选代议等许多重要原则。不过，相对而言，这些原则都是为了保障资产者的私有财产不受侵犯，为了保障资产者控制下的商品生产和交换在契约形式下正常进行，为了保护资产者平等地参与对国家政权的控制而被确立下来的。在这些原则的指导下，资产阶级以不同于古代社会的方式实施自己的统治，其共同利益在"法治国家"的稳定状态下得到了最大化的实现。

五、社会主义社会的法

（一）社会主义法律制度的经济基础和阶级本质

在世界法律发展史上，社会主义法律制度是新的历史类型的法律制度，有着与以往剥削阶级类型法律制度全然不同的经济基础与阶级本质。

社会主义生产关系是以生产资料公有制为基础，以按劳分配为原则，以劳动者共同占有生产成果为特征，以共同富裕为目标的经济制度。在社会主义公有制的基础上全体劳动者或部分劳动者共同占有生产资料，以劳动者的劳动作为个人收入分配的基本尺度，既承认差别，又反对因收入差距过大而导致的贫富悬殊，确保社会生产所创造的生产成果（包括剩余产品）归劳动者共同占有和支配，并通过解放和发展生产力来推动社会物质财富和精神财富的日益丰富，从而实现人的全面发展和全体社会成员的共同富裕。社会主义法律制度是以社会主义生产关系为经济基础而建立起来的上层建筑，社会主义法律制度的基本原则和主要内容都是社会主义生产关系本质要求的反映和表现。因此，社会主义法律制度是迄今为止人类历史上唯一的以公有制为基础，以消灭剥削、消除两极分化、实现共同富裕为历史使命的法律制度。

唯物史观认为，生产力与生产关系、经济基础与上层建筑之间的矛盾是社会的基本矛盾，在社会基本矛盾的运动中，社会生产力的发展会推动社会生产关系和法律上层建筑的发展变化。因此，正如封建制法取代奴隶制法和资本主义法取代封建制法一样，资本主义法也必然被社会主义法所代替。资本主义发展自身的内在矛盾运动决定了社会主义经济制度和法律制度必然要取代资本主义的经济制度和法律制度，这是不以人的意志为转移的历史发展客观规律。在20世纪初，俄国爆发了十月革命，诞生了世界上第一个社会主义国家苏联。此后，在十月革命的影响下，欧洲、亚洲、拉丁美洲的许多国家走上社会主义道路，建立了社会主义法律制度。

社会主义法律制度产生的历史过程有两个重要特点。首先，社会主义法律制度是由社会主义的国家政权所创立的。在社会主义法的历史类型之前，新历史类型的法律一般都是在原有社会形态的母体中孕育、产生的，在社会革命之前就已经形成一定规模，在社会革命之后最终形成完备的法律制度。社会主义法律制度的产生方式则具有自己的特点。尽管社会主义法律制度也要借鉴、吸收和继承原有法律的许多成分，但是，由于社会主义公有制经济不可能在以往社会形态之中大规模地形成和发展，社会主义法律制度也就不可能在旧社会的母体中形成和产生出来。因而，自十月革命以来，社会主义法律制度都是经由社会主义革命，以社会主义的国家政权的建立为基础而被创立和建设起来的。其次，迄今为止，社会主义法律制度都是在资本主义发展不充分的经济相对落后国家产生的。马克思恩格斯依据 19 世纪中后期资本主义发展的趋势和当时的历史条件曾预计，社会主义革命应当首先发生于资本主义发展最为充分的国家。然而，自 19 世纪末开始，世界进入垄断资本主义时代，政治经济发展的不平衡使资本主义发展比较薄弱的一些国家形成了社会主义革命的条件。于是，苏联、中国等一批阶级矛盾集中而生产力不发达的国家率先取得了社会主义革命的胜利，随之建立起各自的社会主义法律制度。由于社会历史条件的制约，这些国家的经济发展水平较低、小生产方式广泛存在，劳动者的全国性联系程度不高，资产阶级民主革命的任务尚未彻底完成，民主和法治的传统相对薄弱。因此，在这种社会历史条件之下，社会主义民主和法治建设必然面临特别艰巨的任务。

（二）社会主义法律制度的基本特点

社会主义法是迄今为止人类历史上最高历史类型的法律制度，是唯一以生产资料公有制为经济基础而建立的法律制度类型。与以往的其他法律历史类型相比，社会主义法作为最高历史类型的法律制度必然具有反映自己本质属性的独有特征，这主要表现在以下三个方面。

第一，社会主义法是以实现共同富裕、实现普遍的平等和自由为历史目标的法律制度。自从人类进入有国家、有法律的文明社会以来，消灭压迫，消灭剥削，实现共同富裕，实现人人平等和自由，是人类社会几千年的美好理想。从法律发展史看，近现代资本主义法律文明取代了以人身奴役、等级压迫和专制统治为特征的封建法律制度，确实是一个历史性的伟大进步。但是，以资本主义私有制为基础的平等和自由仅仅实现了"以物的依赖性为基础的人的独立性"，对于具体的个人而言，这种平等和自由的真实意义在很大程度上取决于个人在经济上是否居于支配地位。社会主义法律制度充分地体现以公有制为主体的社会主义先进生产关系的内在要求，通过解放和发展生产力，消灭阶级差别，消除贫富分化，实现共同富裕。

　　当然，社会主义法律制度作为一种只有不足百年发展历史的新的法律历史类型，本身尚处于发展过程中。需要注意的是，社会主义法律制度都是在资本主义尚未得到充分发展的经济、政治和文化相对落后的国家中确立起来的，其发展必然受到客观历史条件的限制，因而，社会主义法律制度在消除"物的依赖性"和实现"以个人全面发展为基础的自由个性"方面，还仅仅处于历史起步阶段。但是，就开辟具有普遍意义的平等、自由的历史可能性空间而言，社会主义法律制度已经处于一个新的历史起点，它所承担的历史使命和所追求的历史目标是对以往各种历史类型法律制度的超越。

　　第二，社会主义法是以人民性为本质特征的法律制度。马克思主义法律观认为，在社会分裂为阶级的情况下，法律必然是在经济上和政治上居于支配地位的统治阶级利益和意志的体现。因而，只要阶级对立和阶级差别还客观地构成社会生活条件的组成内容，法律制度就必然具有一定的阶级性。在具有阶级性这一点上，社会主义法与其他历史类型的法律制度具有某种类似性。然而，社会主义法所具有的阶级性与此前的法的阶级性的内涵有天壤之别，这是因为法的阶级性与法的人民性之间的关系在社会主义社会中发生了质的变化。

　　在社会主义法之前的其他历史类型的法律制度，都是以生产资料私有制为经济基础而确立起来的。私有制一方面使社会分裂为利益相互对立的剥削阶级和被剥削阶级；另一方面又使经济上占优势的剥削阶级垄断国家的立法、执法和司法的权力，从而成为政治上的统治阶级。因此，从本质上说，以往历史类型的法律制度都只能是统治阶级利益和意志的体现。尽管在不同的历史条件下和某些具体的事项上，人民的利益和意志也可能被国家的立法、执法和司法不同程度地予以反映，但法律的阶级属性并不会改变。

　　社会主义法律制度的阶级性和人民性则具有完全不同的关系。社会主义法律制度是以社会主义公有制为基础而建立起来的，生产资料公有制消灭了私有制所引发的阶级分裂和利益对立。尽管由于历史因素的制约，社会主义社会还存在着阶级划分和阶级差别，但已不再是阶级对立的社会。随着社会主义建设的深入，阶级斗争也不再是社会的主要矛盾。工人阶级领导下的全体人民都是国家的主人，国家的立法、执法和司法权力都属于人民并服务于人民。在人民内部，尽管也存在不同群体之间的利益差别和矛盾，但全体人民的根本利益是一致的。因此，社会主义法律制度既是作为领导阶级的工人阶级利益和意志的体现，也是最广大人民利益和意志的体现。社会主义法的阶级性与人民性不再是相互对立和相互排斥的关系，而是根本一致的关系。它的阶级性正是通过对全体人民的共同意志和利益加以确认而表现出来的，而且，社会主义社会本身意味着开启了一个阶级差别、阶级矛盾逐步缩小和消亡的历史进程。在这一历史进程中，法的阶级性将越来越全面和彻底地表现为法的人民性，这是社会主义法作为迄今最高历史类型法律制度所具有的独特属性。

第三，社会主义法是继承和发展了历史上一切人类法律文明优秀成果的法律制度。正如恩格斯所指出的那样，"现代社会主义"就其理论形式来说，"起初表现为 18 世纪法国伟大的启蒙学者们所提出的各种原则的进一步的、据称是更彻底的发展"[①]。因此，社会主义法作为迄今最高历史类型的法律制度，它必然是对人类法律文明史上所有优秀成果的继承和发展，尤其是对文艺复兴和启蒙运动以来法律文明优秀成果的继承和发展。

社会主义建设的实践表明，社会主义民主与法治是否能够健康顺利地发展进步，社会主义法律制度的优越性是否能够充分发挥出来，一方面取决于法治建设是否准确体现了社会主义基本制度的内在规律，是否与各个社会主义国家的具体国情相适应；另一方面也取决于是否能够根据社会的现实条件和发展需要来充分和及时地借鉴、吸收人类法律文明的有益成果。只有毫不动摇地坚持走社会主义道路，同时又以改革开放的态度，立足于本国国情，从实际出发借鉴、吸取任何有利于本国社会主义市场经济、民主政治建设的历史上和域外的法制经验，社会主义法律制度才能够最终获得自己的制度优势，从而超越资本主义法律文明。

第四节 法 系

一、法系的概念

在法律文明的发展历史上有一个普遍的现象，即在整个世界的空间范围内，通常存在若干法律文明区域，不同文明区域的法律制度和法律文化呈现出差别较大的面貌，而同一文明区域中不同国度的法律制度和法律文化则往往具

[①] 《马克思恩格斯文集》第 3 卷，人民出版社 2009 年版，第 523 页。

有较大的类似性，似乎属于同一个"家族"。在法学理论上，用来概括不同区域和国度之间法律文明差别化和类似性的概念就是法系。法系是比较法学家在对世界不同区域和国度的法律制度和法律文化进行比较研究中形成和使用的概念，其英文表达为 legal genealogy、legal family，意为法的族系，中文通常译作"法系"。法系的形成是法律文明传播过程的结果：在每个法律文明区域内，或者因为中心地带的法律制度和法律文化在发达程度上高于周边地带，或者借助于武力的征服，使得周边地带主动或被动地继受中心地带的法律，由此形成了作为输出方的母法地区与作为继受方的子法地区共生共存的法律文明圈，这些秉承同一法律历史传统，在法律结构、形式、技术和思维方式上具有相同特征的国家的法律，便被归入同一个法系。因此，所谓法系指的就是由于在法律文明的传播过程中存在输出与继受关系而在法律制度的内容与形式及运作方式上具有共性的一些国家和地区法律的总称。

尽管法系作为世界法律文明演进过程中一种突出的现象得到了研究者的普遍承认，但是，在划分法系的标准上人们却有着各种不同的意见。例如，日本法学家穗积陈重提出了中华法系、伊斯兰法系、印度法系、大陆法系和英美法系的"五大法系说"；美国法学家威格摩尔将世界范围内古代以来的法律分为埃及法系、美索不达米亚法系、中华法系、印度法系、希伯来法系、希腊法系、海商法系、罗马法系、凯尔特法系、日耳曼法系、教会法系、日本法系、伊斯兰法系、斯拉夫法系、大陆法系和英美法系等 16 个法系；法国比较法学家勒内·达维德认为现代世界有三个占主要地位的法系，即罗马—日耳曼法系、普通法法系和社会主义法系，其他较次要的法系还包括伊斯兰法系、印度法系、犹太法系、远东（包括中国和日本）法系和非洲各国法系等；德国比较法学者茨威格特和克茨则将当代世界主要国家和地区的法律分为罗马法系、德意志法系、北欧法系、普通法法系、社会主义法系、远东法系、伊斯兰法系、印度教法法系等 8 个法系。在关于法系划分的各种意见中，某些法系是否有足够的依据被独立划分出来是有争议的。

关于法系的划分，有四个问题应当特别注意。

第一，法系划分标准是多元的。由于观察的视角、方法和尺度不同，法系划分的标准也自然会有所不同，只要有助于丰富人们对于法律现象的理性认知，不同的划分标准就都有存在的合理性，不存在一个唯一正确的划分标准。

第二，法系划分标准是相对的。在法律文明传播的过程中，某一些国家和地区的法律可能受到两个以上不同法系的影响，具有"混血"的特征，以至于根据任何单一的划分标准都难以将其简单归入某一个特定的法系。如加拿大的魁北克省、美国的路易斯安那州，以及希腊、苏格兰、南非、斯里兰卡等国家和地区的法律，就往往属于这种不同法律传统共存的样式。这说明，法系的划分只是在典型意义上才是成立的。

第三，一个国家和地区的法系归属可能是变化的。在法律制度和法律文化的演进过程中，由于某种特定的历史原因，某个具体国家和地区在不同时期可能受到不同法律传统的影响，因而就可能被归入不同的法系。例如，以明治维新为分界线，此前的日本法律主要继受了中国法律的传统，而此后主要继受了德国法律的传统，故古代日本通常被归入中华法系，近现代日本则通常被归入大陆法系。

第四，法系是一个具有世界历史意义的概念。法系是在对世界古往今来的法律作国别和区域比较研究过程中产生和使用的术语。这些被观察和研究的法律，有一些已经成为历史遗迹，属于已经解体的"死法系"。有一些则至今仍然调整着特定国家和地区的社会生活，属于"活法系"。前者如古埃及法系、古美索不达米亚法系和古印度法系，后者如大陆法系和英美法系。

二、大陆法系

大陆法系（Continental Law System）又称罗马法系、民法法系、法典法系或罗马—日耳曼法系，是承袭古罗马法的传统，以《法国民法典》和《德国民法典》为代表的各国法律制度的总称。

大陆法系的历史渊源可以追溯到古罗马法，以公元前450年前后的《十二表法》和公元534年前后的《优士丁尼民法大全》为代表。古罗马文明的突出特征之一是它的法律制度比较完备发达，尤其是古罗马的私法比较准确地反映了商品生产和交换的一般规律，被恩格斯誉为"商品生产者社会的第一个世界性法律"[1]。在欧洲进入中世纪的时候，古罗马发达的简单商品经济及其法律制度一道被日耳曼征服者所摧毁，取而代之的是封闭的庄园经济和封建制的法律。后来，随着海上贸易和商品经济的复苏和发展，销声匿迹了几个世纪的罗马法被重新发现，12—16世纪出现了学习、研究和采用罗马法律的罗马法复兴

---

[1] 《马克思恩格斯选集》第4卷，人民出版社2012年版，第259页。

运动，正如马克思恩格斯所说："当工业和商业——起初在意大利，随后在其他国家——进一步发展了私有制的时候，详细拟定的罗马私法便又立即得到恢复并取得威信。"[1] 首先开始于意大利北部的罗马法复兴运动，很快传播到法国南部，以及阿尔卑斯山以北的德国和其他国家。在罗马法观念的影响下，欧洲大陆兴起了一场法典化运动，作为大陆法系主要标志的 1804 年《法国民法典》和 1896 年《德国民法典》，都可以看作这一运动的结果。

《法国民法典》的制定可被视作近现代意义上的大陆法系的开端。这部由拿破仑主持制定的法典，继承、吸收了罗马法律的内容、形式、原则、技术和风格，同时又以启蒙运动中阐发的法治原则、理性精神贯穿始终，以简明的法律术语对近代资本主义民事法律关系作了全面的规定，因而为欧洲各国纷纷仿效，成为欧洲大陆国家民事立法的范本，此后欧洲大陆国家的民事立法，几乎无一不受到这部法典的强烈影响，这种影响与继受的结果，便是大陆法系的形成。1896 年《德国民法典》的制定，使得由《法国民法典》确立的大陆法系的固有模式趋于完备，获得进一步发展，并由此形成大陆法系的两个分支：法国支系与德国支系。《德国民法典》虽仍以《法国民法典》为基础，受到后者的强烈影响，但二者相隔近一个世纪，分别代表着资本主义发展的两个不同时代：自由资本主义和垄断资本主义时代。因而，在基本的立法精神上，与《法国民法典》强调个人权利相比，《德国民法典》开始注重社会利益的保护。此外，《德国民法典》在立法结构、技术、语言方面也表现出明显的特点，概念更加明确，逻辑更加严密，结构更加完整，体现出德国法律特有的高度学理化特征。正因为如此，《德国民法典》也成为瑞士、日本和许多东欧国家竞相仿效的蓝本，并由此形成大陆法系内法国支系与德国支系的分野。在近现代以来的世界范围内，大陆法系是涵括国家最多的法系，除了欧洲多数国家之外，亚洲、非洲、南美洲的许多国家也属于大陆法系。

三、英美法系

英美法系又称海洋法系、英国法系、普通法系或判例法系，是承袭英国中世纪的法律传统而发展起来的各国法律制度的总称。英美法系是与大陆法系并称的世界性的主要法系之一，包括英国、美国、加拿大、澳大利亚、新西兰、

---

[1] 《马克思恩格斯文集》第 1 卷，人民出版社 2009 年版，第 584 页。

印度、巴基斯坦、孟加拉国、马来西亚、新加坡等英语国家和地区。

英美法系是在罗马法传统之外独立形成和发展起来的法系。11 世纪以前，英国通行盎格鲁-撒克逊人的日耳曼习惯法，教会法和罗马法也有一定影响。1066 年，威廉一世统治下的诺曼人入侵英国后，为加强中央集权，英王经常派遣巡回法官到各地巡回审判，逐渐建立了一批王室法院，后通称为普通法院。王室法院及其巡回法官根据国王的敕令并参照当地的习惯进行判决，在这些判决的基础上，逐步形成了一套普遍适用的判例法，通称为普通法。这里所称的普通法，不同于法学上通常所说的与根本法相对称的普通法，而是指英国历史上特有的与衡平法相对称的普遍适用的一种判例法。

作为英美法系另一历史渊源的衡平法是独立于普通法的另一种形式的判例法。由于普通法要按照严格的形式主义的程序运作，法官审理案件必须有以国王名义签发的令状，原告提起诉讼必须申请相应的令状，无令状则意味着权利得不到救济。而随着社会经济的发展，人们之间的财产关系和非财产关系日趋复杂，到 14 世纪末，以国王名义签发的令状已不能适应和满足需要，因而便产生了以另一种救济方式来补充的需要，衡平法便应运而生。国王允许在普通法院败诉的当事人或未能获得令状的当事人向国王提出请求，国王将这种请求委托给他的大法官代为处理。大法官作为"国王良心的看护者"，运用罗马法中的衡平原理即"公平""正义"原则独自审理案件，在此基础上设立了衡平法院，大法官审理案件形成的判决后来发展为一套复杂的特别规则，即衡平法。由此，在大陆法系之外，英国形成了在法律传统、结构、形式和思维方式上不同于欧洲大陆法律的独特模式。自近代以来，伴随着英国殖民扩张政策的推行，英国法律的传统被扩散到各个英属殖民地，后来随着各个殖民地脱离宗主国而独立，英美法系最终成为一个与大陆法系并行的世界性法系。其中，由于美国法虽以英国法为传统，却又在一些方面表现出与英国传统的相对独立，因而，正如大陆法系分成法国与德国两个支系一样，英美法系也存在着以英国和美国为代表的两个支系，故有英美法系的称谓。

大陆法系与英美法系的主要区别包括以下几个方面。

第一，法律渊源的不同。大陆法系是成文法系，其法律以成文法即制定法的方式存在，它的法律渊源包括立法机关制定的各种规范性法律文件、行政机关颁布的各种法规以及本国参加的国际条约，但不包括司法判例。英美法系的法律渊源既包括各种制定法，也包括判例，而且，判例所构成的判例法在整个法律体系中占有非常重要的地位。

第二，法律结构的不同。大陆法系承袭古罗马法的传统，习惯于用法典的形式对某一法律部门所包含的规范作统一的系统规定，法典构成了法律体系结构的主干。英美法系很少制定法典，习惯用单行法的形式对某一类问题作专门的规定，因而，其法律体系在结构上是以单行法和判例法为主干而发展起来的。

第三，法官权限的不同。大陆法系强调法官只能援用成文法中的规定来审判案件，法官对成文法的解释也需受成文法本身的严格限制，故法官只能适用法律而不能创造法律。英美法系的法官既可以援用成文法也可以援用已有的判例来审判案件，而且，也可以在一定的条件下运用法律解释和法律推理的技术创造新的判例，从而，法官不仅适用法律，也在一定的范围内创造法律。

第四，诉讼程序的不同。大陆法系的诉讼程序以法官为重心，突出法官的职能，具有纠问程序的特点；为体现司法民主，在某些司法程序上实行参与制，即由人民中的代表作为陪审员与法官共同组成法庭来审判案件，陪审员具有与法官同等的权力。英美法系的诉讼程序以原告、被告及其辩护人和代理人为重心，法官只是双方争论的"仲裁人"而不能参与争论，与这种对抗式（也称"诉辩式"）程序同时存在的是陪审团制度，陪审团代表人民参加案件审理，但主要负责作出事实上的结论和法律上的基本结论（如有罪或无罪），法官负责作出法律上的具体结论，即判决。

在19世纪末之前，大陆法系与英美法系之间的上述区别最为明显。自进入20世纪以来，由于各国之间的经济、政治和文化联系与交流加强，两大法系之间的互相借鉴也随之受到重视，因而它们之间的差别也开始缩小，不再像过去那样明显。不过，在总体上，两者所承袭的传统及其存在样式和运行方式仍有重要的不同之处，这些重要的不同之处，在可以预见的未来是不可能完全消失的。

四、中华法系

中华法系是承袭中国古代法律传统而形成的东亚各国法律制度的总称，是世界历史上曾经存在过的影响最大的五大法系之一，古代的中国、朝鲜、日本、越南、琉球等国的法律均属于中华法系。

中国的法律文明源远流长，自公元前 21 世纪开始就出现了国家与法律，经过夏、商时期近千余年的发展和积累，至西周时期达到早期法制的第一个高峰，不仅形成了当时堪称世界领先的体系化的法律和司法机构，也形成了礼法结合、敬天保民、明德慎罚的体系化的法律思想理论。至春秋战国，中国进入了第一次大动荡、大变革、大发展时期，与法律制定和实施相关的国家治理新观念和新理论批量产生，成文法开始取代习惯法成为法律渊源的主体，并且在秦汉时期实现了成文法法律体系的全面确立，达到了古代法制的第二个高峰。到了隋唐时期，以隋《开皇律》为基础，形成了以《唐律疏议》为核心的集中国古代法律之大成的唐律，达到了古代法制的第三个高峰。当时，在整个东亚地区中，隋唐法律的发达程度明显高于其他国家，陆续引起其他国家主动借鉴和继受。例如，日本的文武天皇和元正天皇模仿隋唐律令制定了《大宝律令》和《养老律令》，高丽（古朝鲜）的李氏王朝以唐律为母法蓝本制定了《高丽律》和《经国大典》，安南（古越南）的李氏王朝"遵用唐宋旧制"制定了《国朝刑律》和《鸿德刑律》，等等，由此形成了以唐律为母法，以日本、高丽、安南、琉球等国的法律为子法的中华法系。

与世界其他重要法系相比较，中华法系具有某些别具一格的特点。如在法律形式方面成文法与不成文法并存且以成文法为主体；在法律渊源方面国家法与"民间法"（民间社会的习惯与规约等）并存且以国家法为主体；在法律实施方面行政机构与司法机构一体等。其中，在文化比较方面最具特色的是以下三点。

第一，中华法系是基于子法国家主动继受而形成的法系。其他世界重要法系的形成大都与武力征服有关，其形成途径是借助于宗教扩张战争和殖民扩张战争使原本处于本法系之外的国家或地区被武力征服，随之而来的才是母法被子法国家或地区继受。其中，大陆法系和英美法系的形成与武力征服的关系最为明显。与之反差鲜明的是，中华法系的形成完全是一个法律文明和平传播的过程，是由子法国家或地区自主选择、主动继受而形成的法系。

第二，中华法系是以儒家思想为指导而形成的世俗法系。在其他历史悠久的法系中，埃及法系具有强烈的神权政治色彩，国家实行政教合一体制，国王既是世俗政权体系最高统治者，也是宗教组织的最高领袖，法律与宗教之间没有严格区分；伊斯兰法系是以沙里亚法为核心而形成的伊斯兰国家法律制度的总称，沙里亚法又称伊斯兰教法，是由《古兰经》《圣训》等宗教经典和宗教文献构成法律体系。在古代的伊斯兰法系国家，沙里亚法通常居于至高的地位，进入现代以来，世俗法律开始发展起来。由于各伊斯兰国家世俗化程度不同，沙里亚法与世俗法律的关系也不完全相同，但是，就伊斯兰法系的总体而言，其仍然具有某种宗教法系的色彩。中国的法律文明从公元前11世纪的西周开始，就彻底脱离了神权政治，完成了世俗法律与宗教的分野，从儒家思想的先驱周公，到儒家学派的创立者孔子以及后世的儒家思想的倡导者，对于超自然的神秘力量一直保持敬而远之的态度，对此岸世界的关注优先于对彼岸世界的关注。由于儒家思想是中华法系的指导思想，因而，中华法系始终具有世俗法系的特点，这在历史悠久的世界主要法系中是不多见的。

第三，中华法系是礼法结合、德主刑辅的法系。中华法系是以儒家思想为理论基础而建立起来的，因此，儒家崇尚礼治和德治的观念对中华法系的塑造产生了重要影响，礼和德既是法律制定必须遵循的基础性准则，也是法律适用必须服从的指导性原则。礼是中国古代文化特有的概念，其内容非常丰富，几乎涉及社会生活的各个方面。例如，《礼记》和《周礼》所说的"礼尚往来，来而不往非礼也"和"父子不同席"属于社会交往的礼仪规范，"临财毋苟得，临难毋苟免"和"父母存，不许友以死"属于公共领域和家庭领域的道德规范，"礼不下庶人，刑不上大夫"和"国君死社稷"属于政治生活准则，"惟王建国，辨方正位，体国经野，设官分职，以为民极"属于国家管理制度，等等。总之，礼治反映了儒家以"尊尊""亲亲""三纲五常"为立足点对人际关系、社会秩序和国家治理理想状态的认知，其中既包含受当时特定社会历史生活条件决定的维护宗法制度、等级制度和专制制度的理论主张，也包含一些可以跨越时代限制的价值追求。到了汉代，崇尚礼治的儒家观念进一步发展为"德主刑辅"的法律理论，它强调为政者需以民为本，施行仁政，强制性的法律规范只能处于辅助地位，在国家治理的过程中应当更加重视发挥道德规范和道德教化的作用。如果法律规范与道德规范发生不可兼容的矛盾，道德规范的适用通常应当被优先考虑。由于礼治和德治被持续地倡导，在司法程序中，通过调解和教化来解决纠纷就成为非常普遍的现象，可以说，特别重视调解息讼也是中华法系颇具特色的传统。

中华法系所秉持的法律历史传统是在从夏商周到魏晋南北朝两千余年的时间长河中累积而成的，法系的真正形成始于隋唐时期并一直延续一千余年。到了清代末期，随着西方资本主义文明通过贸易、文化交流、殖民扩张甚至军事侵略的方式进入东亚，中华法系原来的子法国或者沦为西方列强的殖民地，或者实施变法维新，先后被动或主动地继受了大陆法系的传统，导致中华法系最终于 19 世纪末解体。需要特别注意的是，中华法系的解体并不等于中国法律文化传统的消亡。由于中华文明是世界四大古文明中唯一延续至今的文明，因此，在作为原中华法系母法国的中国，历史悠久的法律文化传统也必然有所延续，对之如何批判地继承，弃其糟粕，取其精华，是我们建设社会主义法治国家不能回避的课题。

思考题：

    1. 简述法产生的一般规律。

    2. 评述 20 世纪以后资本主义法律的新变化。

    3. 简述社会主义法律的基本特点。

    4. 简述大陆法系与英美法系的区别。

    5. 试论中华法系的特征。

第三章 法的价值

第一节 法的价值的概念

法的价值，亦称为法律价值，是法律存在的正当性依据，它构成一个社会的法律制度、法律主体和法律职业的精神存在的核心成分，直接决定着一个社会中的个体和群体的法律实践方式和法律思维方式的基本形态，并由此深刻地影响着这个社会公共领域和私人领域中生活方式的基本形态。因此，法的价值不仅在法理学的基本范畴和法学理论体系建构中具有重要地位，而且在培养法律学生正确的价值观方面也有重要意义。

一、马克思主义关于法的价值的理论

价值是一个与评价相联系的概念。在人类的实践中，人作为主体，必然会对各种事物和现象作出认知和评价，其中，认知指向实然的世界，回答"是什么"的问题，而评价指向应然的世界，回答"应当是什么"的问题。在一般意义上，价值是一个用来指称美好事物的概念，在实践主体看来如果某一事物是美好的，是值得追求和值得珍视的，就是有价值的；反之，则是无价值甚至负价值的。因此，举凡何为是非、善恶、荣耻、美丑、正当与非正当、正义与非正义等与"世界应当如何"有关的价值评价问题，都属于价值判断的领域。

从古至今，人们对于价值问题给出了多种多样的理论说明，其中，只有马克思主义的价值理论才第一次为正确理解价值问题提供了科学的基本方法。马克思主义对价值的界定与其历史唯物主义的理论是不可分的。马克思主义的价值概念主要有两方面的含义。

第一，价值是实践的产物，反映的是作为"主体"的人与作为"客体"的外界物的实践—认识关系。马克思曾特别强调，"'价值'这个普遍的概念是从人们对待满足他们需要的外界物的关系中产生的"[①]。这也就是说，价值并不是主体凭空想象出来的，而是人类在实践以及与外界发生联系的过程中产生的。

---

① 《马克思恩格斯全集》第 19 卷，人民出版社 1963 年版，第 406 页。

第二，价值是一个历史范畴，在阶级分裂的社会也是一个具有阶级倾向的范畴，而不是超历史和超阶级的现象，每一个社会和每一个社会阶级都有着自己的价值体系。作为价值主体的"人"所处的历史时代背景决定了价值的历史性，而同一历史阶段的人所处的阶级地位又决定了价值的阶级性。而且，作为价值客体的"外界物"在某些领域内也是一种历史的产物，甚至具有阶级的属性，比如，当法律成为价值客体时，其历史性和阶级性就是不言而喻的。

法律价值作为价值的一个分支概念，是指在人对于法律的需要和实践的过程中所体现出来的法的积极意义和有用性。它必然具有价值的基本属性，同时也具有法律价值的自身特性。从价值的基本属性来看，法的积极意义和有用性也是在人类的实践活动中所体现出来的。并且，根据马克思主义观点，法律是在出现阶级分化之后产生的，是统治阶级实现其统治的必然需要，为统治阶级所认识和实践的法律价值必然反映这种需要，法的积极意义和有用性更多是对统治阶级而言的。从法律价值的自身特性来看，由于法律不仅由社会物质生活条件所决定，而且政治、思想、道德、文化、历史传统、民族、科技等因素也对法律产生一定的影响，因此，统治阶级所认识和需要的法律价值也受到这些因素的影响。

二、法的价值的基本特征

(一) 法的价值是阶级性与社会性的统一

首先，法的价值是以人为主体的价值关系，具有阶级性和社会性。一方面，人是社会发展的产物，始终处于社会联系之中；另一方面，在阶级社会，人总是特定阶级的一员。人的这种双重身份决定了人在实践中所认识和需要的法的价值的双重性。其次，法的价值的客体，即法律也具有双重性。一方面，法是统治阶级意志的反映；另一方面，法也必须承担社会公共职能，这是任何一个社会中的法都首先必须承担的，它是统治者实现阶级统治的基础。任何把法的价值的阶级性和社会性分离开来、对立起来的做法，都是不可取的。

(二) 法的价值是主观性与客观性的统一

就其主观性而言，法的价值是以主体的需要为基础的。主体主观需要的变化和发展会促使法律在满足主体需要的方式和程度方面也发生相应的变化；同时法律的存在和发展也始终以主体的主观需要及其观念的相应转变为前提。就其客观性而言，法的价值的主体的需要并非凭空产生，而是由主体在社会关系中的地位以及主体的社会实践决定的，最终是由社会物质生活条件所决定的。显然，法的价值的主观性和客观性的统一源于主体的社会实践。

（三）法的价值是统一性与多样性的统一

法的价值基于主体的需求而产生，但主体的需要却是多种多样的，同时又是不断发展和变化的，正如马克思恩格斯所说，"已经得到满足的第一个需要本身、满足需要的活动和已经获得的为满足需要而用的工具又引起新的需要"[1]，进一步说就是"需要是同满足需要的手段一同发展的，并且是依靠这些手段发展的"[2]。特别是不同的社会背景、社会制度之下的人们对于法律这种制度安排的认识、理解和需求差别也很大，这就必然导致法律在满足主体需要方面也会相应地多样化，从而使法律的价值呈现出复杂多样的状态。但是，生活在同一时代、同一社会的人们总有某种共同的价值追求，甚至生活在不同时代、不同社会的人们也会有某种共同的价值标准。统治阶级所形成的价值体系也必须尊重价值中的一些共性成分，否则稳定的社会秩序就会受到威胁，甚至统治的正当性也会受到质疑，因此，在法的价值的多样性中必须看到其统一性的一面。

三、社会主义核心价值观与社会主义法的价值体系

（一）社会主义核心价值观的概念与内涵

在人类历史的发展过程中，不同历史形态的社会制度也蕴含着不同的价值体系，与之相适应，在意识形态领域也有不同的主流价值观。社会主义作为以全人类的自由和解放为最终目的的伟大社会实践，其所持有的价值体系深刻地体现着社会主义的本质要求，其所持有的价值观则是对社会主义社会全部生活领域中何为是非、善恶、荣辱、美丑、正当与非正当、正义与非正义等价值评判问题的系统表达。其中，社会主义核心价值是社会主义价值体系中具有根本性和主导性的价值，而社会主义核心价值观则是这些根本性、主导性价值的观念反映和理论表达。

社会主义核心价值观是当代中国精神的集中体现。改革开放以来，我们党明确提出弘扬以爱国主义为核心的民族精神和以改革创新为核心的时代精神，

---

[1] 《马克思恩格斯文集》第 1 卷，人民出版社 2009 年版，第 531 页。
[2] 《马克思恩格斯文集》第 5 卷，人民出版社 2009 年版，第 585—586 页。

使之滋养着全面建设社会主义现代化国家的伟大实践。2006 年 10 月，党的十六届六中全会第一次提出"建设社会主义核心价值体系"的重大命题和战略任务，核心价值体系建设被深嵌于中国特色社会主义的伟大事业中。2012 年 11 月，党的十八大报告强调指出，"社会主义核心价值体系是兴国之魂"，并首次把社会主义核心价值观的主要内容概括为"富强、民主、文明、和谐，自由、平等、公正、法治，爱国、敬业、诚信、友善"。这一理论概括准确地反映了社会主义核心价值体系的根本性质、基本特征和实践要求，是社会主义本质特征、中华优秀传统文化、世界文明有益成果的有机统一。2017 年 10 月，党的十九大报告进一步强调"坚持社会主义核心价值体系"，"培育和践行社会主义核心价值观"，"把社会主义核心价值观融入社会发展各方面，转化为人们的情感认同和行为习惯"，建设社会主义核心价值体系，培育和践行社会主义核心价值观成为新时代坚持和发展中国特色社会主义的灵魂工程。2018 年 3 月，十三届全国人大一次会议通过的宪法修正案把"国家倡导社会主义核心价值观"写入宪法，为社会主义核心价值观的弘扬和落实提供了强大的宪法依据和制度保障。

社会主义核心价值观是中华民族时代精神在价值领域中的基本信念，是指引我国经济改革、政治发展、社会和谐、文明进步和国家治理的基本共识。正如习近平所指出的："人类社会发展的历史表明，对一个民族、一个国家来说，最持久、最深层的力量是全社会共同认可的核心价值观。"[1] "如果没有共同的核心价值观，一个民族、一个国家就会魂无定所、行无依归。"[2] "核心价值观，其实就是一种德，既是个人的德，也是一种大德，就是国家的德、社会的德。国无德不兴，人无德不立。"[3] "一个国家的文化软实力，从根本上说，取决于其核心价值观的生命力、凝聚力、感召力。"[4] "培育和弘扬核心价值观，有效整合社会意识，是社会系统得以正常运转、社会秩序得以有效维护的重要途径，也是国家治理体系和治理能力的重要方面。"[5]

党的十八大以来，党中央发布了《关于培育和践行社会主义核心价值观

---

[1] 《习近平谈治国理政》第一卷，外文出版社 2018 年版，第 168 页。
[2] 习近平：《在文艺工作座谈会上的讲话》，人民出版社 2015 年版，第 22 页。
[3] 习近平：《青年要自觉践行社会主义核心价值观——在北京大学师生座谈会上的讲话》，人民出版社 2014 年版，第 4 页。
[4] 《习近平谈治国理政》第一卷，外文出版社 2018 年版，第 163 页。
[5] 《习近平谈治国理政》第一卷，外文出版社 2018 年版，第 163 页。

的意见》《关于进一步把社会主义核心价值观融入法治建设的指导意见》《社会主义核心价值观融入法治建设立法修法规划》三份规范性文件，对于弘扬和落实社会主义核心价值观作了全面的战略部署。其中，在法治建设方面，党中央明确提出，要推动社会主义核心价值观入法入规，把社会主义核心价值观的要求体现到宪法法律、法规规章和公共政策之中，转化为具有刚性约束力的法律规定；要强化社会治理的价值导向，以良法为基础，通过善治在日常管理中体现鲜明价值导向，使符合社会主义核心价值观的行为得到倡导和鼓励，违背社会主义核心价值观的行为受到制约和惩处；要以司法公正引领社会公正，通过全面深化司法体制改革，加快建立健全公正高效权威的社会主义司法制度，确保审判机关、检察机关依法独立公正行使审判权、检察权，提供优质高效的司法服务和保障，努力让人民群众在每一个司法案件中都感受到公平正义，推动社会主义核心价值观落地生根；要弘扬社会主义法治精神，法治精神是社会主义核心价值观建设的基本内容和重要基础，通过坚持法治宣传教育与法治实践相结合，建设社会主义法治文化，推动全社会树立法治意识、增强法治观念，形成守法光荣、违法可耻的社会氛围，使全体人民都成为社会主义法治的忠实崇尚者、社会主义核心价值观的自觉践行者。

《社会主义核心价值观融入法治建设立法修法规划》明确规定，力争经过5年到10年时间，推动社会主义核心价值观全面融入中国特色社会主义法律体系。《规划》明确了六个方面的主要任务：一是以保护产权、维护契约、统一市场、平等交换、公平竞争等为基本导向，完善社会主义市场经济法律制度；二是坚持和巩固人民主体地位，推进社会主义民主政治法治化；三是发挥先进文化育人化人作用，建立健全文化法律制度；四是着眼人民最关心最直接最现实的利益问题，加快完善民生法律制度；五是促进人与自然和谐发展，建立严格严密的生态文明法律制度；六是加强道德领域突出问题专项立法，把一些基本道德要求及时上升为法律规范。上述六项任务的完成，将进一步筑牢全国各族人民团结奋斗的共同思想道德基础，为建成富强民生文明和谐美丽的社会主义现代化强国，提供坚实制度保障。

（二）社会主义法的价值体系的概念

社会主义法的价值体系是由社会主义社会中一组相关价值所组成的系统，它反映了人民在社会主义法律制度实践中，社会主义法律制度满足人民需要的积极意义和有用性。社会主义法的价值体系是社会主义法律制度的内在精神，在整个社会主义法律制度中处于支配地位。当代中国的法的价值是社会主义核心价值体系在法律领域的集中体现，其中每一项核心价值都与法律的制定和实施具有直接或者间接的关系。

理解社会主义法的价值这一概念需要把握以下三层含义。

第一，社会主义法的价值体系是由一组与法律的制定和实施相关的价值所组成的系统。也就是说，法的价值体系所包含的各种价值是"与法律直接相关"的价值，而不是所有的价值。

第二，法的价值体系是由一个社会中占统治地位的社会集团所持有的价值体系。在社会主义国家，人民是国家的主人，因此，社会主义法的价值体系是反映人民需要的价值体系。

第三，社会主义法的价值体系是以社会主义核心价值观为基础和依据的，因此与社会主义核心价值观在本质上是一致的。

（三）社会主义法的价值体系的特征

社会主义法的价值体系体现了社会主义法律制度所追求的目的，其特征主要表现在以下两个方面。

第一，社会主义法的价值体系关注人民利益与个人权利的统一性。毋庸置疑，社会主义法律整体上反映人民的意志，保护人民的利益，体现了"以人民为中心"的价值理念。但是，法律一般通过确定权利和义务的方式实现其治理目的，而权利和义务的确定难以针对人民整体，它总是与具体的个体相联系。并且，社会主义法律不像资本主义法律那样仅关注抽象的个体和形式平等，它更多地关注个体的特殊需求以及实质平等，如我国宪法不仅一般地规定"国家尊重和保障人权"，而且对少数民族、妇女、儿童等特殊群体以及处于年老、疾病、丧失劳动能力等特殊情况下的公民给予了特别的关注。总之，社会主义法的价值体系关怀人的真正需求，在关注人的生存和发展需求的过程中实现人民利益与个人权利的统一。

第二，社会主义法的价值体系关注价值之间的协调统一。安全、秩序、自由、平等、公平正义、人权等共同构成了社会主义法律的基本价值。在这些价值之间本身可能会存在某些冲突，如秩序与自由、自由与平等之间的冲突等。但社会主义法的价值体系实现了价值之间的协调，在解决价值冲突时确立了统一的决定法的价值的位阶顺序的标准，即以是否满足最广大人民的根本利益为标准。

第二节　法与安全

必要程度的安全是人类生存与发展的基础性条件，它既是一切正常社会不可或缺的特质，也是法的价值的基本内容之一。

一、安全的概念

安全的存在范围非常广泛，几乎涉及人类生活的所有领域，其具体表现形态也丰富多样。就公民个人权益而言，有人身安全、财产安全、隐私信息安全等；就企业发展而言，有生产安全、交易安全、财务安全、商业秘密安全等；就社会管理而言，有交通安全、消防安全、公共卫生安全、食品安全等；就国家治理而言，有国防安全、政治安全、经济安全、生态安全等。

在汉语中，"安全"是一个并列式合成词。"安"的反义词是"危"，危则不安；"全"的反义词是"损"，损则不全。正所谓无危为安，无损为全——当人们面临某种危险，可能会有所损失的时候，安全就不复存在了。所以，在日常用语的意义上，安全就是没有危险、不会发生损失或损害的状态。不过，对于实际生活中的所有个人和机构来说，绝对地排除任何危险，绝对地消灭发生损失或损害的任何可能性，是不切实际的，那种完美的绝对安全只存在于想象的世界，因此，有现实意义的安全是一个包含安全程度的概念。

安全和发展密切相关，一体两翼。安全是发展的前提，任何一个领域出现安全隐患，都有可能损害群众切身利益，甚至影响到国家根本利益。发展是安全的保障，要解决各种社会矛盾和问题，防范化解各类风险隐患，归根到底要靠发展。要坚持总体国家安全观，实施国家安全战略，维护和塑造国家安全，统筹传统安全和非传统安全，把安全发展贯穿国家发展各领域和全过程，防范和化解影响我国现代化进程的各种风险，筑牢国家安全屏障。要加强国家安全法律体系建设，确保国家经济安全，保障人民生命安全，维护社会稳定和安全。

二、法的安全价值

（一）安全作为法的价值的意义

在本章所讨论的秩序、自由、平等和公平正义等法律基本价值中，被普通大众在日常的交流沟通中使用频率最高的概念非安全莫属。一个人可能不大关注秩序、自由和平等，也可能对公平正义比较冷漠，但是，极少有人不在意安全，因为安全是与一切主体的切身利益关系最为直接和最为关键的价值。在法律的各种价值中，安全属于基础性价值，也可以称之为底线价值；也就是说，安全价值是其他法的价值的存在基础，只有在最起码的安全得到保障的基础上，其他法的价值才具有实现的可能性。

安全作为基础性或者底线性法的价值的意义，主要表现在两个方面：其一，在私人领域，如果自然人或者法人的安全总是处于危险之中，生命安全没有基本的保障，自由和财产随时可能被剥夺。对于自然人和法人主体而言，所谓的秩序、自由、平等、公平正义和人权就会变得毫无实际意义。其二，在公共领域，如果领土安全、国防安全、公共治安、经济安全、生态安全等安全价值得不到基本的保障，表明政治共同体面临着解体的危机，这个时候，公共权力也不可能有足够的能力来保护秩序、自由、平等、公平正义和人权。

（二）法律对安全的保障

对于安全的威胁可能来自人为因素，如故意伤害、侵占财产等；也可能来自自然力，如洪水、瘟疫等；有时候也有可能来自两者的共同作用，如责任事故所致的矿难。法律能够直接约束的是人类的行为而不是自然力，因此，法律对安全的保障作用首先是通过对人的行为的控制来防止和减少人为因素对安全的妨害，不过，这并不意味着法律在防止和减少自然力妨害安全方面是无用武之地的。由于法律可以借助于义务和职责的设定来使处于特定场合或者负有特定职责的人以特定的方式使用、控制和干预自然力，故此，法律的制定与实施也同样可以消灭或减少自然力对安全的威胁。

法律对安全的保障作用主要是通过以下三个逻辑环节实现的：

第一，确立与安全保障相关的权利、义务（含职责）和责任。法律所赋予的生命权、健康权、人身自由权、财产所有权等实体性权利，其实也就是法律对权利主体相关安全利益范围的确认和承诺；法律所施加的相关义务和职责意味着义务人必须以消极行为来防止对权利人安全利益的减损（如不得杀人、不得盗窃），或者必须以积极行为来消除或降低对权利人安全利益的威胁（如交通警察制止超速驾驶机动车，水务行政执法人员责令拆除泄洪通道上的违法建筑物）；法律所规定的责任则是违反相关义务和职责所引起的不利后果。

第二，设立安全保障的相关标准。自人类社会进入工业化时代以来，科学技术的发展与广泛应用一方面极大提高了社会生产力；另一方面也使得各种安全隐患大大增加，高温、高压、易燃、易爆、剧毒、放射性、高速运输等对从业人员和周围环境有高度危险的作业成为普遍存在的现象。随着后工业时代的到来，由于现代高科技的发展和应用以及全球化进程中的各种社会矛盾，整个世界进入"风险社会"，核安全危机、金融危机、生态安全危机、公共卫生安全危机等无法准确预测的安全威胁随时可能发生。因此，20世纪以来，为各个高度危险的领域制定安全标准成为国际社会普遍关注的重大课题。

第三，严格和有效地实施与安全保障相关的法律规范和标准。法律的生命在于实施，在法律上确立与安全保障相关的权利、义务和责任，设立各个行业和领域的安全保障标准，这只是以法律保障安全的制度性基础条件，基础条件具备之后，相关法律规范和标准能否得到严格和有效的实施就成为问题的关键所在，在这一方面，我们既有宝贵的经验也有沉痛的教训。因此，在我国社会主义法治国家建设的过程中，与安全保障相关的法律规范和标准的实施也必须日益得到应有的重视。党的十九大报告指出，随着社会主要矛盾的深刻变化，安全成为人民美好生活的核心内容之一，这对法律的安全价值提出了更高标准。

第三节　法　与　秩　序

人类社会的存在和发展在事实和逻辑上始终都以一定的秩序作为前提和基础。而作为基本的社会规范系统的法律，本身就是保障社会秩序所不可或缺的，对于实现稳定的社会秩序具有重要的意义。

一、秩序的概念

秩序是指在一定的时间和空间范围内，事物之间以及事物内部要素之间相对稳定的结构状态。

秩序可以分为自然秩序和社会秩序。自然秩序主要针对自然界之物，是依照事物的自然规律而形成的一种状态，客观性是其基本特性。社会秩序主要针对由人类生活所形成的各个社会领域中的社会事物。与自然秩序不同，社会秩序不仅受制于社会发展的客观规律，而且人的主动性和能动性也在其中发挥着重要作用。在人类的社会生活领域，秩序意味着在社会中存在着某种程度的关系的稳定性、进程的连续性、行为的规则性以及财产和心理的安全性等基本社会因素。

良好的社会秩序是社会进步的基础。这对于当代中国意义特别重大。邓小平指出："中国的问题，压倒一切的是需要稳定。没有稳定的环境，什么都搞不成，已经取得的成果也会失掉。"[①] 习近平也强调："我们要坚持把改革的力度、发展的速度和社会可承受的程度统一起来，把改善人民生活作为正确处理改革发展稳定关系的结合点，在保持社会稳定中推进改革发展，通过改革发展促进社会稳定。"[②] 正因为秩序和稳定对于当代中国的社会主义现代化各项事业的建设来说至关重要，所以，通过法律建立良好的社会秩序和稳定局面是推进改革和发展的重要前提。

二、法的秩序价值

（一）秩序作为法的价值的意义

第一，社会的秩序需求和秩序维持是法律产生的初始动机与直接目的。一方面，法律有助于解决社会纠纷和矛盾，减少冲突和混乱，维护社会秩序。另一方面，法律作为阶级分化、阶级斗争的产物，它必然成为维护阶级统治秩序的重要方式之一。

第二，秩序是消解、缓和社会矛盾和冲突的一个基本参照标准。一般说来，社会矛盾和冲突的发生总是表现为秩序被破坏。这就要求社会管理者从中思考如何解决矛盾和冲突以维护现存秩序，或改善制度建立新的秩序。

第三，秩序作为法律的价值，不只从消极的角度来协调和解决社会矛盾和纠纷，而且还从积极的角度，即作为社会的一种理想状态，鼓励社会合作，促进社会和谐。

（二）法律有助于社会秩序的建立

在现代社会，社会秩序的建立在很多情况下需要通过法律的方式实现，主要表现为以下三点。

第一，法律制度的设计本身就是在描绘人们所向往的社会秩序的基本蓝

---

① 《邓小平文选》第三卷，人民出版社1993年版，第284页。
② 中共中央文献研究室编：《习近平关于全面深化改革论述摘编》，中央文献出版社2014年版，第36页。

图，它也当然地成为某个特定的社会所追求的目标，成为该社会建立其社会秩序的标准与参照。

第二，法律通过赋予社会主体一定的权利和自由引导社会主体的各种行为，使这些行为主体在行为方式上和行为结果上能够彼此协调和顺应，从而使相应的社会秩序得以建立。

第三，法律通过给社会主体施加一定的义务与责任的方式，使主体对自身的行为加以必要的克制与自我约束，从而建立相应的社会秩序。

（三）法律有助于社会秩序的维护

第一，维护阶级统治秩序。在任何社会，法律作为国家的重要统治手段，首先必然要维护以统治阶级整体的根本利益为核心而形成的阶级统治秩序，使阶级统治合法化、制度化，从而最大限度地实现统治阶级的根本利益。其次是出于把阶级矛盾和冲突有效地控制在社会秩序所许可的范围之内的政治需要，统治阶级也会适当地考虑被统治阶级的某些利益和需求，以减少其统治的社会阻力。

第二，维护权力运行秩序。社会秩序的存在离不开权力的存在与有效运行，但权力运用不当也很可能会给社会带来危害甚至灾难。因此，必须对权力的运行加以规范和约束，建立和维护有效的权力运行秩序，使权力运行始终处于可预期与可控制的范围之内。权力运行秩序主要是针对社会的管理者而建构的，如果管理者中的某些个人利用公共权力为自己牟取利益，破坏公共权力的运行规则，导致社会秩序的破坏，那么最终必然会危及整个社会秩序。

第三，维护经济秩序。法律本身就是首先从人们的现实生活特别是经济生活的规范性需求中产生出来的。恩格斯说过："在社会发展的某个很早的阶段，产生了这样一种需要：把每天重复着的产品生产、分配和交换用一个共同规则约束起来，借以使个人服从生产和交换的共同条件。这个规则首先表现为习惯，不久便成了法律。"[①] 这里的"生产和交换的共同条件"事实上就是经济秩序。这说明，法律既是一定经济秩序的内在需求，同时又是一定经济秩序的体现，法律对经济秩序的维护体现为使人们的经济活动摆脱偶然性与随意性，并使之逐渐地趋于稳定并获得相应的连续性和可预测性。

---

① 《马克思恩格斯文集》第3卷，人民出版社2009年版，第322页。

第四，维护正常的社会生活秩序。在任何社会，最起码的社会生活秩序以及相应的社会基本安全的保障与维护，都始终是国家的首要职责。而国家履行这一职责的典型方式就是通过法律来进行的。一方面，法律通过在各种社会利益及其需求的基础上确定主体相应的权利和义务，最大限度地避免社会矛盾和社会纠纷的产生；另一方面，法律也明确地规定相应的、文明的纠纷解决程序与机制。

第四节　法　与　自　由

自由和法律是密切相关的。自由表示人在意志上对自身的控制和支配不受他人干涉，对自身活动和行为享有独立自主权，不受他人的妨碍。因此，自由自始至终都与人的主体性相关。

一、自由的概念

自由的一般含义是指从受到束缚的状态之中摆脱出来，或不受约束的状态。在哲学意义上，自由是对必然的认识和客观世界的改造，人的自由包括意志自由和实践自由两方面。在政治学和社会学意义上，自由是指主体的利益需求与整个社会秩序的和谐与统一。

在法理学的意义上，自由是指主体的行为与法律的既有规定相一致或相统一。一方面，自由意味着主体可以自主地选择和从事一定的行为；另一方面，自由也同时表现为主体自主选择的行为又必须与既有的法律规范的规定相一致。近代西方著名学者孟德斯鸠曾对自由的法律含义作出了精确的说明："在民主国家里，人民仿佛愿意做什么就做什么，这是真的；然而，政治自由并不是愿意做什么就做什么。在一个国家里，也就是说，在一个有法律的社会里，自由仅仅是：一个人能够做他应该做的事情，而不被强迫去做他不应该做的事情。我们应该记住什么是'独立'，什么是'自由'。自由是做法律所许可的一切事情的权利；如果一个公民能够做法律所禁止的事情，他就不再有自由了，因为其他的人也同样会有这个权利。"①

---

① ［法］孟德斯鸠：《论法的精神》（上册），张雁深译，商务印书馆1961年版，第154页。

自由是人的本性，正如马克思所说的："自由确实是人的本质"①，而"自由不仅包括我靠什么生活，而且也包括我怎样生活，不仅包括我做自由的事，而且也包括我自由地做这些事"②。所以，"不自由对人说来就是一种真正的致命的危险"③。他相信，"没有一个人反对自由，如果有的话，最多也只是反对别人的自由。可见，各种自由向来就是存在的，不过有时表现为特殊的特权，有时表现为普遍的权利而已"④。

自由涉及两个方面：一方面是主体的意志自由，意志自由是主体"借助于对事物的认识来作出决定的能力"⑤；另一方面是主体在自由意志支配之下的行为自由。因此，在实践中，自由也就不能不与控制有关。这类控制当然也包括两个方面：一方面是主体自身对于自己的意志和行为的认知与控制，也就是所谓的自我控制或内在控制；另一方面是社会因素——也就是各种社会组织、机构，当然最主要的是国家运用多种手段对自由的控制、约束、规范、调整与引导，也就是所谓的外在控制。自由的自我控制对于任何正常的主体而言都是必然的，而自由的外在控制则需要控制者的理性认知和选择——既不能不加控制又不能控制过度，要在控制与放任之间寻求一种恰当的理性平衡。

因此，近代以来法律对于主体自由的保障体现为两个方面：一方面，排除国家权力对于某些领域中个人自由的干涉，即保障主体的"消极自由"。"消极自由"一般表现在私权利领域，它是指个人的生活选择不受公权力的干预。但随着福利国家的出现，传统上属于"消极自由"的领域，如就业、医疗、住房等，开始越来越受到政府福利政策的大幅干预。另一方面，保障主体可以合法地享有行使各项权利的自由，即保障主体的"积极自由"。国家应为个人发展提供平等机会，使个人能够自由地追求自己的目标；同时，为了保障个人的积极自由，国家也必须提供必要的帮助。

二、法的自由价值

（一）自由作为法的价值的意义

追求自由是人的本性，人类的历史就是不断追求自由的历史，正如马克思

① 《马克思恩格斯全集》第1卷，人民出版社1995年版，第167页。
② 《马克思恩格斯全集》第1卷，人民出版社1995年版，第181页。
③ 《马克思恩格斯全集》第1卷，人民出版社1995年版，第179页。
④ 《马克思恩格斯全集》第1卷，人民出版社1995年版，第167页。
⑤ 《马克思恩格斯文集》第9卷，人民出版社2009年版，第120页。

所说："文化上的每一个进步，都是迈向自由的一步"①。而在这一过程中，"法律不是压制自由的措施，正如重力定律不是阻止运动的措施一样"②。马克思认为："恰恰相反，法律是肯定的、明确的、普遍的规范，在这些规范中自由获得了一种与个人无关的、理论的、不取决于个别人的任性的存在。法典就是人民自由的圣经。"③

自由作为法的价值的主要意义在于，法律应将确认和保障自由作为自己的价值追求。追求自由是人的本性，法律也应该将确认和保障自由作为自己的价值追求。是否以保障人的自由为目的以及是否能够切实保障人的自由可以说已经成为现代社会衡量法律好坏的一个重要标准。此外，为了帮助主体实现自由，法律除了要确认和保障自由外，还应积极为主体实现自由提供各种现实条件。

（二）法律确认自由

从现代社会各国法律的具体规定来看，法律对自由的确认主要采取以下两种方式：

第一，以权利和义务规定来设定主体自由的具体范围。权利确立了主体享有的具体自由的法律正当性，义务则对主体享有自由的范围进行界定，从而使自由成为主体"可以做和可以从事任何不损害他人的事情的权利"④。

第二，以权利和义务规定来设定主体自由的实现方式。如果说法律以权利和义务规定来设定主体自由的具体范围还只具有静态意义的话，那么，法律以权利和义务规定来设定主体自由的实现方式就具有了动态意义，它从动态角度对主体追求自由的行为给予规范化的引导、限定与约束。

（三）法律保障自由

在现实生活中，自由受到的侵害可能来自三个方面：一是国家权力对主体自由的侵害；二是其他私主体对主体自由的侵害；三是主体自身对自由不负责任的放弃。为此，法律采取以下几种基本方式来保障自由。

第一，法律通过划定国家权力本身的合理权限范围，并明确规定国家权力正当行使的基本程序，排除国家权力对于主体自由的各种非法妨碍。

第二，法律对每个主体享有的自由进行界定和限制，防止主体之间对各自

---

① 《马克思恩格斯文集》第9卷，人民出版社2009年版，第120页。
② 《马克思恩格斯全集》第1卷，人民出版社1995年版，第176页。
③ 《马克思恩格斯全集》第1卷，人民出版社1995年版，第176页。
④ 《马克思恩格斯文集》第1卷，人民出版社2009年版，第40页。

自由的相互侵害。通过法律来排除主体之间的相互侵害对于保障自由的真正实现也具有重大意义。

第三，法律也禁止主体自身任意放弃自由。自由是人的本质属性与本质要求，有一些最基本的自由是人之为人的基础条件，任何人都绝不可放弃。放弃这些最基本的自由不仅损害具体主体的自由，更是对人类尊严的否弃。因此，对于主体某些情况下不负责任任意放弃自身自由的行为（如自愿为奴的行为），法律也会加以禁止。

第四，法律为各种对主体自由的非法侵害确立救济手段与程序。"没有救济就没有权利"，没有救济也没有自由。对于各种侵害自由的行为，法律都将通过对侵害者进行惩罚，对自由受到侵害的主体进行赔偿等方式提供法律救济。

第五节　法 与 平 等

一、平等的概念

平等的基本含义是社会主体能够获得同等的待遇。形式意义上的平等和实质意义上的平等的区分具有重大意义。所谓形式平等，就是不考虑主体本身各种自然的、社会的、历史的和现实的具体情况而适用同一评价标准，也就是无差别地同等对待。所谓实质平等，则是考虑主体本身各种自然的、社会的、历史的和现实的具体情况而相应地适用差别性的评价标准，也就是有差别地不同等对待，以使有差别的主体之间在形式上和实质上能够得到真正同等的对待。

平等是一个历史的范畴，其所表达的内涵是随着社会历史环境和条件的变化而变化的。恩格斯指出："平等观念本身是一种历史的产物，这个观念的形成，需要全部以往的历史，因此它不是自古以来就作为真理而存在的"①。他进一步阐述说："平等的观念，无论以资产阶级的形式出现，还是以无产阶级的形式出现，本身都是一种历史的产物，这一观念的形成，需要一定的历史条件，而这种历史条件本身又以长期的以往的历史为前提。所以，这样的平等观念说它是什么都行，就不能说它是永恒的真理"②。法律所保障的平等有其显著

---

① 《马克思恩格斯文集》第 9 卷，人民出版社 2009 年版，第 355 页。
② 《马克思恩格斯文集》第 9 卷，人民出版社 2009 年版，第 113 页。

的历史性，近代之前的法律根本没有体现平等，即使有，也仅仅是社会等级之内的平等；近代资本主义社会的法律关注主体资格形式上的平等；社会主义社会的法律则不仅关注主体资格形式上的平等，而且关注主体法律权利、法律义务和法律责任实质上的平等。恩格斯说：现代的平等要求是，"从人的这种共同特性中，从人就他们是人而言的这种平等中引申出这样的要求：一切人，或至少是一个国家的一切公民，或一个社会的一切成员，都应当有平等的政治地位和社会地位"[1]。

平等不等于平均。平均一般被理解为在机会的获取、财富的分配、义务的承担等方面按份均摊，不论在事实上是否存在自然的和社会的具体差异，所有的人都一样。实际上，在任何社会，完全的绝对平均都是做不到的。同时，绝对平均从社会效果来看基本上也是有害于社会发展的，因为它往往不是对进取者的激励，而恰恰是对怠惰者的容忍与鼓励，它向社会和公众所释放的基本上都是负面的消极信号。

平等要求排除特权和消除歧视。特权的存在本身就是对平等的一种否定，因为特权是指基于特殊身份或关系而对社会中的一部分人所给予的特殊对待。比如，我国古代在法律上专门针对皇亲国戚、贵族和官僚阶层适用的"八议"[2]"请""减""赎""官当"等就是给予这些群体的特权。歧视以认可人们天生存在身份与地位的高低贵贱差别为前提和基础，而把一部分人当作低于其他人的身份与地位来对待。特权和歧视是人类思想和制度中的糟粕，不仅与人类文明格格不入，而且也是人类社会发展的障碍。

平等与差别对待有条件共存。从人的共性和特殊性角度来看，一方面，人与人之间在人格和主体资格上的普遍平等是绝对的；另一方面，由于人与人之间确实存在着自然的和社会的各种差异，因此，对具有各种差别的人们给予权利、义务方面的差别对待也是合理的，这有助于实质平等的实现。

二、法的平等价值

（一）平等作为法的价值的意义

从主体看，主体本身的社会身份与地位直接决定或影响主体对法及其功能

---

[1] 《马克思恩格斯文集》第 9 卷，人民出版社 2009 年版，第 109 页。

[2] "八议"制度源于《周礼·秋官·小司寇》中的"八议之辟"，是"刑不上大夫"原则在刑罚适用上的具体体现。魏明帝制定"新律"时，首次将"八议"制度正式定入国家法典。从此至明清，"八议"成为后世封建法律制度中的一项重要内容。

的现实需求。在等级制社会，所谓主体的平等就是等级内部的相对平等，在等级之间则是绝对不平等的。不平等的主体关系决定了统治阶级总是试图制定并维护具有不平等内容的法律。而在现代社会，人与人之间的普遍平等是一项基本原则，差别对待只是作为例外而存在。这决定了法律主体资格的普遍平等，也决定了法律中的差别对待必须有正当的理由。

从客体看，作为价值关系客体的法律，其内容是否以平等为标准以及在何种范围之内、何种程度上以何种平等为标准，是决定法律内在属性的关键所在。

平等作为法律的价值有助于推进人们之间形成彼此平等、彼此尊重的关系，促进人们在人格平等的基础上对特殊群体的关爱，构建一个平等、友爱、和谐的社会。

（二）法律确认和保障平等

法律通过具体的规范设计和制度安排来确认和保障平等，从法律技术角度看，法律确认和保障平等的基本方式主要有以下几种。

第一，法律把平等宣布为一项基本的法律原则。这个原则性的宣告贯穿于一个国家的整个法律体系。在作为国家根本大法的宪法层面，所有公民在法律面前的一律平等是普遍的平等；在宪法之下的各个具体法律制度领域，比如实体性的民法领域和各种程序法领域，平等也都是居于支配地位的法律原则。

第二，法律确认和保障主体法律地位的平等。在现代社会，主体法律地位的平等乃是法律的基本特色，这是法律的形式平等的最重要的体现，也是法律的实质平等的基本前提。

第三，法律确认和保障社会财富、资源、机会与社会负担的平等分配。法律通常把社会财富、资源、机会与社会负担的分配都转化为主体相应的法律权利和法律义务。

第四，法律公平地分配法律责任。法律责任是主体不适当地行使其法律权利和不履行或不恰当地履行其法律义务而带来的法律后果——一种特殊的法律义务。在法律责任分配方面，主体法律行为的性质与法律责任的性质相一致、主体法律行为之违法程度与法律责任强度相一致、行为主体责任自负、以主体过错责任为原则而以无过错责任原则为例外等，都体现了法律在法律责任设定和分配方面对平等原则的贯彻和遵循。

第六节 法与公平正义

公平正义是人类追求的共同理想，也是法律的核心价值，它既是法律产生的重要动因，也是法律存在的主要理由。法律应该是公平正义的化身，公平正义是法治的生命线。在我国，公平正义是执政党追求的一个非常崇高的价值，全心全意为人民服务的宗旨决定了执政党必须追求公平正义，保护人民权益、伸张正义。全面依法治国，必须紧紧围绕保障和促进社会公平正义来进行。

一、公平正义的概念

"公平正义"一词具有多重含义，但一般认为，作为社会基本结构的社会体制的公平正义，是最为根本的、具有决定意义的、首要的公平正义。社会基本结构就是一个社会用来分配基本权利和义务、社会合作利益与负担的基本方式与制度的框架，主要包括政治结构、经济结构和社会结构。

我们经常使用各种标准对公平正义进行分类，如把公平正义分为实质公平正义与形式公平正义、实体公平正义与程序公平正义、抽象公平正义与具体公平正义等。但从法律和法学的角度来看，实质公平正义与形式公平正义的分类以及相应的实体公平正义与程序公平正义的分类更为重要。

在法理学意义上，实体公平正义是指通过法律上的实体权利和义务来公正地分配社会合作利益与负担的法律规则所体现出来的正义；程序公平正义是指为了实现法律上的实体权利和义务而公正地设定一系列必要程序，从而以这些程序为内容的法律上的权利和义务所表征的正义。在法律实践中，实体公平正义指的是把规定实体性权利义务的法律规则具体应用到个案处理所得到的结果的正义；程序公平正义则指的是把规定程序性权利义务的法律规则具体应用到个案处理所得到的有关过程和步骤等环节的正义，而不直接涉及个案处理的结果是否正义。

从观念和制度演进的历史来看，公平正义有以下几个特点。

第一，公平正义既有普遍性又有特殊性。公平正义的普遍性意指公平正义所反映的是人类文明的基本共识与人类生活的根本理想，这种共识和理想存在于整个人类社会之中。公平正义的特殊性表达的是，作为人类文明基本共识和人类生活根本理想的公平正义始终都只能是在具体的和特殊的人类生活境况之中存在并得到体现的。

第二，公平正义既具有超时代性又具有时代性。作为人类文明基本共识和人类生活的根本理想，公平正义是与人的存在和发展相始终的，也反映了人作为同一个"类"所共同的情感、理想和需求，这就是公平正义的超时代性。公平正义的时代性所表征的是，具体的不同时代的人们对公平正义的认识、理解和态度又是彼此有所不同的。

第三，公平正义既具有客观性又具有主观性。公平正义的客观性指的是，作为人类文明基本共识和人类生活根本理想，它所反映的是人类作为一个整体所具有的共性，而这些共性不以具体的人的各种自然和社会差异因素的存在而发生改变。公平正义的主观性指的是，在现实生活中，公平正义观念的某些具体内容始终与人们的具体生活状况及其感受直接相关，因而也就体现出公平正义观念强烈的主观性。

二、法的公平正义价值

（一）公平正义作为法的价值的意义

一般来说，公平正义作为法律的价值的意义主要体现在两个方面。

一方面，公平正义作为法律的价值体现了其作为法律的终极目的和存在根据，法律应与正义相一致。公平正义在任何时候都始终是法的终极理想和目标，也是检验现实中的法律的根本标准和依据。

另一方面，公平正义作为法律的价值体现了通过法律对社会基本结构及其制度的理想性的规范建构。在现代社会，社会的基本结构及其制度建构主要是通过法律来进行的，在这一建构过程中，人的主观意志，即使是统治者的主观意志也必须服从于公平正义的价值准则和评价标准，以此进行社会基本结构及其制度的理想性的规范建构。

（二）公平正义对法律的作用

第一，公平正义是法律评价标准的核心。公平正义作为法律存在的根本性原因和决定性理由本身就表明，现实的法律的优劣好坏必然也必须由公平正义这个根本性的标准来加以检验和评价。

第二，公平正义是法律发展和进步的根本动因。公平正义自始至终都在引导着包括法律在内的所有的社会基本结构和具体的制度安排的革故鼎新，使法律等社会制度最大限度地符合公平正义的时代要求。

第三，公平正义适用于具体的现实法律实践。在具体的现实法律实践中，有时会产生疑难案件，由于法律规则不明确而难以断案。在这种情况下，作为法的根本价值的公平正义往往在法律适用和法律推理中就成为解释法律的重要依据，人们可以从公平正义的一般要求中获得法律推理的根本性前提，从而解决疑难案件，填补法律的空白和漏洞。

（三）法律对公平正义的保障

第一，法律通过把社会生活的主要领域及其重要的社会关系纳入其中，实行法治化治理，把公平正义的基本内涵融入法律规范和制度之中，并通过严格依法办事，从而在整个社会之中全面地促进和保障公平正义。

第二，通过法律权利和法律义务机制，一方面在法律上公正地分配社会合作的利益和负担，以此促进和保障法律上的实体公平正义；另一方面在法律上公正地设定本身就体现正义并以实现实体公平正义为目的的程序，以此促进和保障法律上的程序公平正义。这种对公平正义的保障方式主要是由立法来承担的。

第三，通过法律效果认可机制，保障法律上的实体公平正义和程序公平正义，即一方面对违法行为确定其否定性法律后果，予以矫正并恢复受到违反和侵害的法律上的权利和义务；另一方面对合法行为确定其肯定性法律后果，确认已经形成的法律上的权利和义务。

第七节   法 与 人 权

人权是现代社会最重大的主题之一。无论是在国际层面还是国内层面，也无论是在学术理论领域还是在社会政治实践领域，人权都是各国努力实现的重大理论与实践主题。

一、人权的概念

人权是人作为人所享有或应当享有的那些权利。一方面，人权表达了所有的人在人格上的普遍平等观念，既没有任何人在人格上高人一等，也没有任何人在人格上低人一等；另一方面，人权也表达了所有的人在人格上享有绝对尊严的观念。

在现代社会的权利体系中，人权具有特别的地位，也因而具有与其他权利相比不同的特点，具体体现为以下几种。

第一，人权是最普遍性的权利。也就是说，人权是最普遍地为所有的人平等地享有或应当享有的权利。

第二，人权是本源性的权利。人权是其他法律权利存在的正当性根据和理由，在整个权利体系中属于最基础性的权利。

第三，人权是综合性的权利。人权是包含多项权利内容的复杂的综合性权利体系。人权的综合性特征说明人权本身就是一个开放性的权利体系，随着人对自身的认识和理解的不断深化，人权的具体权利项也就是所谓新的权利类型也将不断地出现，加入到人权的权利体系之中；同时也说明人权的权利范围具有扩展的可能性。尽管人权所包含的内容层次和类别各不相同，但它们互相联系，互相支持，互相交织在一起。

马克思曾经引述黑格尔的论断："'人权'不是天生就有的，而是历史地产生的"[①]。尽管从思想史的角度考察，人权思想的萌芽确实可以追溯到人类生活的早期，但那时的人权思想还处于一种朦胧状态。到了资产阶级革命时期，人权思想才真正逐渐地明确而清晰起来，开始具有了理性的色彩。但直到 18 世纪末，法国的《人权宣言》才第一次以法律形式提出了"人权"这个概念。自此以后，人权不仅仅是一个思想内涵明确的概念，而且在一系列国际性、区域性和国家层面的法律文件中获得确认。人权的历史发展体现出了若干明显的特点。

第一，从人权的主体来看，人权主体的发展是一个从特殊的有限主体到普遍主体发展的过程。虽然从资产阶级革命时期起，在人权问题上，思想家和政治家们就不断地强调人权是"人之为人所具有或应当具有的权利"，一系列政治法律文件也明确宣示所有的人"生而自由平等"，但历史和现实的事实却并非如此，作为人权主体的"人"一直存在着因种族、性别、财产等方面差别导致的限制。1945 年以后，在世界各国进步人士的共同努力之下，"普遍的人"作为人权的主体成为国际社会的基本共识，并已载入一系列国际人权文件。

第二，从人权的内容来看，人权内容的发展表现为从简单到丰富、从个体性权利到集体性权利甚至整个人类共同性的权利的过程。"第一代人权"

---

① 《马克思恩格斯文集》第 1 卷，人民出版社 2009 年版，第 313 页。

主要是公民和政治权利，如生命权、不受任意逮捕的权利、获得公正审判的权利、无罪推定、选举权与被选举权、表达自由、宗教信仰自由等。"第二代人权"主要是经济、社会和文化权利，如工作权、获得公平报酬的权利、获得社会保障的权利、获得适足生活水准的权利、参加文化活动的权利等。"第三代人权"主要是在20世纪下半叶由发展中国家所提出来的发展权、环境权等权利。

第三，从人权保障的角度来看，人权的发展已经从一般的人权观念与原则的宣告，逐渐发展到在国际层面（比如联合国有关的人权机构）、区域层面（比如欧洲、美洲、非洲的人权机构）和国家层面（国家签署和批准国际人权公约，在国家层面承诺尊重和保护人权）建立起了人权保障和人权救济机制。例如，在国际层面，有根据《联合国宪章》及有关人权条约建立的人权保障和救济机制，如根据《公民权利和政治权利国际公约》建立起来的个人申诉机制。在区域层面，欧洲有根据《欧洲人权公约》建立的欧洲人权法院和根据《欧洲社会宪章》附加议定书建立的集体申诉机制。在国家层面，现在世界上大多数国家都签署或批准了联合国的主要人权文件，我国也已经签署或批准了大多数联合国国际人权公约。2004年宪法修正案把"国家尊重和保障人权"载入国家根本大法，体现了我国对人权保护的高度重视。

二、法的人权价值

（一）人权作为法的价值的意义

人权作为法的价值具有非常重要的意义。这些意义可以从不同的角度来认识。

第一，人权作为法的价值表明了法律对作为主体的人的肯定，就是对人的独立且平等的人格与人的尊严的尊重。

第二，人权作为法的价值，表明了法律的来源、法律运作的各个环节以及法律的根本目的都基于人本身，并以人的正当利益和自由意志为关注焦点，以人的理想生活为直接目标。

第三，人权作为法的价值，既是对法律的精神、原则、规范的直接检验，也是对法律的精神、原则、规范的方向引导；既是对法律的内在品质进行反思与批判的标准，又是对法律的内在品质进行塑造与完善的依据。

（二）人权的法律保护

人权的法律保护既表现为国内法的保护，又表现为国际法的保护，两种保护互为补充、互为促进、互为保障。

关于人权的国内法保护。人权的国内法保护是人权法律保护的最主要、最经常、最有效的形式。人权的国内法保护主要包括宪法保障、立法保护、行政保护、司法救济四个方面。

宪法保障。确认和保障人权是宪法的核心价值和主要功能。以宪法的形式确认和保障人权，是近现代民主和法治的显著特征。宪法是一个国家的根本大法，是一个国家其他法律的母体。只有宪法首先对人权给予保护，才能使整个法律体系都对人权给予保护。一项人权只有为宪法所确认和保障，才能确立起崇高的法律地位和权威，才能有效地排除各种势力（包括国家机关）的侵犯。从实践来看，在很多国家，新的人权首先是由宪法所宣告和确立，然后再由其他法律予以具体保护。

立法保护。人权的立法保护包括两方面的内容：一是实质上的保护。法律规定了法定人权的内容和范围，为人权的享有和实现、行政保护和司法救济提供了法定的标准。人权的法定化和制度化是随着社会发展进化的程度而逐渐完备起来的。法定化和制度化的人权规则是人权主体请求行政保护和司法救济的文本依据，也是行政机关采取保护措施、司法机关进行司法判决的权威性依据，即司法机关和行政机关采取人权保护的前提性条件。二是程序上的保护。法律规定了享有和实现人权、行政机关对人权采取保护措施、司法机关对人权案件的审判的原则、程序、方式、方法，为人权的享有、实现、保护和救济提供了有效的措施和可行的方式。这样既可以使人权按照法定的程序、方式得到实现、保护和救济，又可以防止国家机关对人权的侵害。为此，应当依法保障公民权利，加快完善体现权利公平、机会公平、规则公平的法律制度，保障公民人身权、财产权、基本政治权利等各项权利不受侵犯，保障公民经济、文化、社会等各方面权利得到落实，构建一套公民权利保障的法律规范体系。

行政保护。按照民主政治的内在逻辑，成立政府（行政机关）的目的是为了保护社会成员的利益和权利，当然包括更为重要和根本的人权。人权的行政保护主要体现在三个方面：一是划定政府权力和公民权利的界限，坚持政府权力法定、公民权利推定这一法治原则。对政府，法无授权不可为；对公民，法不禁止皆可为。尽可能减少并取消不适当的行政审批事项，确保人权的充分自由实现。二是政府认真执行宪法的人权条款和权力机关的人权立法，将法定的人权转化为现实的人权。三是政府将保障人权作为决策的决定性因素，从而将保障人权贯穿于政府的全部行政决策和实践中。与人权的司法救济相比较，人权的行政保护具有主动性。政府可以借助于国家的强制力，及时、有效地对侵犯人权的行为予以制止，把侵权人（包括行政机关本身）对人权的侵害程度限制在最小的可能内，而不至于在人权已经受到侵害或完全被侵害时才予救济。因此，人权的行政保护是人权实现的重要环节。

司法救济。司法救济是人权的法律保护体系中的重要环节，是人权的法律保护的最后一道防线。一是司法为解决私人主体之间的人权纠纷提供了一种公正的、值得信赖的、有效的渠道。如果私人主体的人权受到了其他私人主体的侵犯，可以将其提交中立的司法机关审判，获得公正的裁判。二是司法是纠正和遏制行政机关侵犯人权行为的有力机制。公民的人权受到行政机关侵害，可以向司法机关提起行政诉讼，要求司法机关审查、纠正行政机关的侵权行为。三是符合正当程序和法治原则的司法程序和司法过程，本身就是对人权的保障。例如，遵守罪刑法定、无罪推定、非法证据排除原则，禁止刑讯逼供、体罚虐待，保障当事人的知情权、陈述权、辩护辩论权、申请权、申诉权，以及法律援助权、司法救助权等。

关于人权的国际法保护。在第二次世界大战结束以前，人权问题基本上还是属于纯粹的国内问题。第二次世界大战后，鉴于纳粹法西斯政权和日本军国主义政权侵害各国人民人权的暴行，国际社会加强了对人权的普遍关注、保护和救济，大批有关人权保护的国际法陆续被制定出来。一个以《联合国宪章》和《世界人权宣言》为基础、由80多种人权法律文件构成的国际人权法律体系已经形成，并在不断完善。国际人权法大体包括以下四类：一是人权宪章类，如《公民权利和政治权利国际公约》《经济、社会及文化权利国际公约》；二是防止和反对种族歧视类，如《防止及惩治灭绝种族罪公约》《消除一切形式种族歧视国际公约》；三是对妇女、儿童、难民和无国籍人员等特殊主体（社会弱者）人权保护类，如《消除对妇女一切形式歧视公约》；四是战时国际人道主义保护类，如《关于战俘待遇之日内瓦公约》。建立在国际法基础上的国际人权保护和救济制度，就现在的状况来说，具有以下两个方面的内容：一是国家由于加入国际人权公约和公认的国际法原则而承担了保护人权（既包括本国人权主体的人权，也包括非本国人权主体的人权）的国际义务；二是有关人权保护的国际机构负有调查、监督人权问题及其解决情况的职责。

人权的国际法保护，必须建立在尊重国家主权的基础上。人权的国际法保护同国家主权原则、不干涉他国内政原则是一致的，在正确认识与处理两者的关系时，一方面要抵制和反对"人权无国界论"，维护《联合国宪章》的宗旨与原则，维护国家主权，坚持不干涉他国内政原则；另一方面，也应实行人权的国际法保护。对于危害人类和严重侵犯基本人权与自由，已构成国际罪行的行为，国际社会应进行干预与制止。同时，对于人权公约缔约国来说，也应按其所缔结的人权公约的规定，履行保护人权的国际义务。各国有责任维护国际法治权威，依法行使权利，善意履行义务。人权的国际法保护是一个复杂的问题，包括尖锐的政治斗争与外交斗争，既是国际人权法中的重要理论与实践问题，也是涉及国家相互关系的重要理论与实践问题，我们要把握问题的实质，从有利于人类进步与世界和平的高度去正确认识与处理，从有利于当前反对恐怖主义、霸权主义、民族分裂主义的大局去认识与处理。

我国政府一贯尊重和支持《联合国宪章》促进与保护人权的宗旨，并为实现这一宗旨做了大量的工作，为推动国际人权领域的合作发挥了积极的作用。我国在参加联合国人权机构的活动中，维护、丰富和发展了人权概念与理论，积极参与联合国人权文件的起草工作，并在较短时间内加入了一系列重要的国际人权公约。同时，我国为制止大规模粗暴侵犯人权的行为，抵制人权领域内的霸权主义，推动建设相互尊重、公平正义、合作共赢的新型国际关系，倡导构建人类命运共同体作出了巨大贡献，受到了广大第三世界国家的支持与好评。

总之，在人权问题上必须坚持中国特色社会主义人权理论。坚持人权的普遍性和特殊性相结合，走中国特色社会主义人权发展道路。坚持人民主体地位原则，实现以人为中心的发展，一切为了人民、依靠人民、造福人民和保护人民。以生存权和发展权为首要的基本人权，充分实现全体人民平等参与、平等发展权利，最终实现人的自由而全面发展。整体推进各项人权协调发展，既保护公民人身人格权、财产权、政治权利，又保障经济、社会、文化权利。实现集体人权与个人人权的统一，让改革发展成果更多更公平惠及全体人民。加强人权法治保障，积极参与全球人权治理，构建人类命运共同体，促进共商共建共享人权。人权保障没有最好，只有更好，必须坚守尊重和保障人权的宪法原则，不断开辟人权事业的新局面。

思考题：

1. 简述法的价值的基本特征。
2. 如何将社会主义核心价值观融入法治建设？有何意义？
3. 为什么说安全是法律的基础性价值？法律如何保证安全价值？
4. 法律是如何实现对公平正义的保障的？
5. 如何理解人权的国内法保护？
6. 如何正确理解人权与主权的关系？

第四章 法的渊源与效力

第一节 法 的 渊 源

一、法的渊源的概念

（一）法的渊源的语义

法的渊源，简称"法源"，指法的来源或根源。该词始于古罗马法中的用语"fontes juris"，原义为"源泉"。"法的渊源"一词中所说的"法"指的是一个国家或地区的现行有效的法，法的渊源一般分为实质意义上的渊源和形式意义上的渊源。

实质意义上的法的渊源，可以在不同意义上使用。首先，法作为一种国家意志，其实质意义上的渊源是社会上占统治地位的阶级意志，即上升为法律的统治阶级意志。其次，实质意义上的法的渊源指产生法的物质生活条件，即在"法的本质"一章中所讲的制约着统治阶级意志的一定的物质生活条件；由于一个国家的现行法都是在一定的历史文化传统中生成的，有时，实质意义上的法的渊源也指一个国家或地区的历史文化传统。

而形式意义上的法的渊源，则是指具有法律效力的法的直接表现形式。本书以下各章就是在这种意义上使用"法的渊源"概念。

（二）法的渊源的定义

法的渊源是指与法的效力相联系的法的表现形式。首先，法的渊源必须与法的效力相联系，就是说只有能够产生法的效力的规范，才有可能成为法的渊源。这是立法和执法的必然要求，没有效力的"法律"根本没有存在的必要。产生法的效力的因素有多种，其中最关键的是国家的强制力，它使法具有普遍的约束力。其次，任何法律规范都必须有一定的表现形式，正如任何内容都必须有一定的形式一样。因此，法一定的表现形式便成为法的渊源的重要特性。辩证法认为，任何事物都是内容与形式的统一。就每一具体法律渊源而言，具有法律效力是其本质内容，一定的表现形式则是其形式要求，没有这两者的统一，便不构成法的渊源。

正确理解和深入研究法的渊源具有重大意义：其一，有利于了解不同国家不同时期的权力配置状况和立法的特点。其二，有利于建立统一、和谐的法律体系。对法的渊源的研究不仅能促进立法体制的完善，而且有利于掌握各种法源的效力等级和适用范围，特别是对消除法的冲突、维护法制的统一有重大作用。其三，有利于法治秩序的维护，促进经济和社会的发展。

（三）法的渊源的历史发展

无论在中国还是外国，古代法的最早渊源都是从习惯法发展为成文法的。在中国，公元前536年，郑国的执政子产"铸刑书"①，这是中国最早公布的成文法。中国历史上第一部比较系统的成文法典是战国时期李悝在诸侯国法律基础上编制的《法经》。此后，中国历代王朝都将成文法作为主要的法的渊源。汉代，特别是唐代以后，法的渊源具体分为律、令、格、式②；后来又增加了典、敕、例。不同法律渊源仅仅是表现形式和制定的主体不同罢了。清末沈家本主持修订的法律，基本上沿袭了大陆法系的做法。民国时期形成了所谓的"六法全书"，即宪法、民法、刑法、民事诉讼法、刑事诉讼法、行政法。1949年，中共中央明令废除了"六法全书"。新中国成立后法的渊源仍是以制定法为主，但其本质发生了根本变化。

在西方，古罗马法最为发达，其最早的法的渊源便是铸在青铜上的《十二表法》，它使成文法成为法的渊源。在古罗马后期，古罗马五大法学家的著作以及他们对法律的解答，也具有法律效力。但与此同时，西方国家的习惯法仍然占重要地位。在中世纪的欧洲，出现了成文法与习惯法、教会法三者并存的局面。随着社会的发展和资本主义因素的增长，后来逐渐形成了以罗马法为样本、以成文法为主要法的渊源的大陆法系，以及以英国普通法为传统、以判例为主要法的渊源的英美法系。这两种在法的渊源上具有较大区别的法系，在西方资本主义国家一直沿袭到现在。当然，20世纪以后，随着英美法系国家制定法的大量增加以及大陆法系国家适当参照判例的情况不断出现，两大法系出现了相互融合的趋势。应该说，当今的世界，大多数国家都是以成文法为主要的法的渊源。

二、法的渊源的种类

（一）制定法

1. 宪法。宪法亦称"母法"，是国家的根本法。宪法在法律体系中居于核

---

① 《左传·昭公六年》："三月，郑人铸刑书。"
② 《唐六典·尚书刑部》："凡文法之名有四，一曰律，二曰令，三曰格，四曰式。"

心地位。它不仅具有最高的法律效力，是最重要的法的渊源，而且是其他一切法律的立法基础，直接决定或影响其他法律的内容。作为国家根本大法的宪法具有三大特点：其一，从内容上看，宪法规定的是国家的根本制度、公民的基本权利和义务以及国家生活的基本原则问题，而其他法律只调整某一方面的社会关系与社会问题。其二，在效力层次和位阶上宪法最高，其他法律不能与其相抵触，否则，便失去法律效力。其三，在制定、修改和通过程序上宪法要求更为严格。有的国家宪法需要专门的国家机构来制定，如制宪委员会；有的国家制定宪法需要经过全民公决或立法机关三分之二或四分之三的同意票才能通过。

2. 法律、法规、规章。在我国，构成法律渊源的规范性法律文件包括法律、行政法规、监察法规、地方性法规、部门规章、地方政府规章以及民族自治地方的自治条例和单行条例。

3. 国际法。作为一国法的渊源的国际法，特指该国缔结和参加的国际条约与协定，但声明保留的条款除外。

（二）习惯法

习惯法是指由国家机关认可并具有法律约束力的习惯规范的总称。从习惯到习惯法再到成文法，是历史上法的产生的基本规律之一。最初的习惯法都是通过口耳相传的方式沿袭于后代，后来大都用文字记载下来，成为人类最早的法律形式。欧洲中世纪习惯法盛行，中国古代也认可不少习惯法，少数民族地区有的习惯法甚至流传至今。当人类进入 18 世纪后，成文法已占主导地位，但习惯法仍然有一定作用，特别是在非洲和亚洲某些国家或地区，还占重要地位。

（三）判例法

判例法泛指可作为先例据以裁决的法院判决。判例法国家有"法官造法"之说，这是英美法系国家的特点。判例法的根本原则是所谓"遵循先例"，其含义是指某一判决所依据的法律原则，不仅适用于该案，而且还作为一种先例适用于与该法院及其所属下级法院管辖内的案情基本相同或近似的案件。因此，法院审级越高，其案例的影响就越大。例如，英国最高法院作为最高上诉法院，其所判的案例，对全英国都有巨大影响。判例法有一定优势，但也有局限性。由于"遵循先例"原则不能与时俱进，1966 年英国大法官宣布，"太严格地遵循先例可能导致特殊案件不公正，并且也导致对法的正当发展的不适当限制"①，从而要求法官注重一定的灵活性。随着制定法的大量增加，"遵循先例"原则受到影响，但判例法在英美法系国家至今仍占重要地位。判例在大陆法系国家虽然不是正式的法律渊源，但被一些学者称为"辅助性的渊源"，实际上上级法院的判例对下级法院的约束力相当大，特别是宪法法院合宪性审查的判决，具有普遍约束力。在中国古代，案例曾经作为法律渊源；在当代中国，案例不是法律渊源，但是最高人民法院所颁布的指导性案例在审判过程中发挥着重要作用。

此外，惯例在有些国家的国内法和国际法中也是法的渊源。惯例亦称"通例"，一般指法律上没有明文规定，但过去曾经施行，以后可以仿照办理的做法。如国际贸易中惯例就有很多，一般都要求人们共同遵守。

第二节　法 的 分 类

一、国内法与国际法

根据法的创制和适用主体的不同，可将法分为国内法与国际法。国内法专指由有立法权的国家机关制定或认可的，并适用于本国主权范围内的法律规范的总称。国内法法律关系的主体一般是自然人和法人，国家仅在特定法律关系中作为主体出现。国际法是指作为国际法律关系主体的国家、地区或国际组织之间缔结或参加并适用的法律规范的总称。国际法法律关系的主体主要是国家或特殊的地区和国际组织，自然人一般不能充当。涉外法是一国在涉外关系领域所制定的法律，它属于国内法，但与外国法、国际法都有着密切联系。

二、成文法与不成文法

按照创制和表达方式的不同，法可分为成文法与不成文法。成文法亦称制定法，特指由法定的国家机关创制和公布，并以成文的形式出现的规范性法律文件的总称，如宪法、民法等。不成文法，泛指由法定的国家机关认可的，具有法律效力，一般不具有文字形式或虽有文字表达但不具有系统性的法律规范

---

① 转引自《中华法学大辞典》（法理学卷），中国检察出版社1995年版，第547页。

的总称，如习惯法、判例法等。

三、实体法与程序法

按照规定的内容的不同，法可分为实体法与程序法。实体法是指以规定法律关系主体权利义务或职权职责为主要内容的法的总称，如民法、行政法、刑法等。程序法一般是规定以保障法律关系主体权利义务的实现以及诉讼过程中带有程序性的法律关系主体权利义务方面的法的总称，如民事诉讼法、行政诉讼法、刑事诉讼法等。实体法与程序法关系密切，甚至不可分离。实体法与程序法相互补充、相互渗透、相互促进，以确保法律正确适用。

四、根本法与普通法

根据法的效力等级、基本内容和制定程序的不同，法可分为根本法与普通法。这种分类仅适合于成文宪法国家。根本法专指一个国家中具有最高法律效力，在法律体系中具有核心地位，其内容规定国家根本制度，修改程序极为严格的宪法。普通法是宪法以外的所有法律的总称。这里讲的普通法与英国普通法是性质完全不同的名词。普通法必须以宪法即根本法为依据，决不能与宪法相抵触，否则将失去法律效力。

五、一般法与特别法

按照适用范围的不同，法可分为一般法与特别法。一般法泛指适用于一般人、一般事并具有普遍约束力的法律。特别法专指适用范围限于特定的人、特定的时间、特定的地区或特定的事项的法律。如《教育法》属于一般法，《高等教育法》属于特别法。在同一位阶的法律适用上，特别法要优先于一般法；但特别法同与其相关的一般法的基本精神应一致，并且两者均不能与宪法相抵触。

六、公法与私法

公法与私法是法学上最传统的分类方法之一，早在古罗马法时期就已经有这种分类方法。按当时古罗马五大法学家之一的乌尔比安的解释："公法是关于罗马国家的法律，私法是关于个人利益的法律。"[①] 这种分类在当时的主要目

①《学说汇纂》1.2.1.1，转引自沈宗灵：《比较法研究》，北京大学出版社1998年版，第118页。

的在于集中力量研究私法。中世纪后期，随着资本主义的兴起，特别是 17—19世纪资产阶级政权的普遍建立，公法与私法的划分成为资产阶级国家法律的基本分类。一般来讲，公法主要包括宪法、行政法、刑法、诉讼法等，私法主要包括民法、商法、家庭婚姻法等。第二次世界大战结束以来，随着公法私法化与私法公法化日益加剧，两者日趋融合，并出现了兼具公法和私法双重属性的经济法、社会法、环境法，因而，公法与私法这种划分的实际意义开始变小，但仍有一定作用。

七、普通法与衡平法

普通法与衡平法最早是中世纪时期英格兰对法的一种分类。这里讲的普通法专指 11 世纪诺曼人征服英格兰后由法官通过判决形式适用于英格兰的一种法律，后来就成为英美法系国家的法律制度的总称。相对于大陆法系国家的法而言，所谓普通，即"普遍适用"之意。其初期的目的就是用普通法抵消和消除地方政治势力和传统习惯的影响，后来发展成为英国法律制度的主流，其主要表现形式为判例法。普通法当时已形成一个独立的体系，在 1873 年司法改革前由英国普通法院单独适用，改革后任何法院均可适用。

"衡平"，即公平正义之意。衡平法是指 14 世纪左右相对于普通法而发展起来的英格兰特有的法律制度的总称。它产生的直接原因是为了补救和纠正普通法因内容和程序的局限而出现的不足和不公。按当时有关规定，臣民在得不到普通法院公正处理时，最后可以向英国国王提出申诉，再由王室顾问、大法官根据"公平正义"原则审理。这种因申诉案件而形成的判例，到 15 世纪时便形成衡平法，并随之成立衡平法院，即大法官法院。到 17 世纪时，随着范围的扩大和判例的增多，形成一个独立的体系。但 1873 年司法改革后，两种法律制度由英国法院统一适用，衡平法的地位与作用早已不如往昔。

八、联邦法与联邦成员法

在联邦制国家中，按照中央与地方的关系，法律一般可以分为联邦法与联邦成员法。联邦法是联邦的立法机关依照法定程序制定的法的总称。联邦立法的权限和范围由联邦宪法明确规定或由联邦成员共同制定特别法律予以规定，一般对其权限采用列举方式，除列举的立法内容外，其他立法权限则属于联邦成员。联邦宪法与法律对联邦成员均具有约束力。

　　联邦成员法专指组成联邦的各主体（有的叫"邦"，有的称"州"，也有的叫"共和国"）的立法机关制定的法的总称。联邦成员法只在本联邦成员范围内具有法律效力，而联邦法在全联邦范围内具有法律效力。具体到不同的国家，有些国家联邦法由联邦法院适用，联邦成员法由联邦成员的法院适用，但也有些国家联邦法与联邦成员法由统一的法院适用。

第三节　法　的　效　力

一、法的效力的概念

（一）法的效力的含义

　　法的效力，从某种意义上讲，是法的生命。法之所以存在和发生作用，就在于它对人们的行为具有效力，在于它通过其效力来调整人们的相互关系，维护社会秩序。法的效力既涉及立法意图的实现，又涉及法律权威，更涉及公民权利的保障。因此，它是法理学必须回答的一个问题。

　　"法的效力"一词，看起来简单，其实比较复杂，人们对它有不同的理解，但多数学者认为，法的效力泛指法的约束力。从广义上看，它既包括规范性法律文件对人们的行为有普遍的约束力，也包括非规范性法律文件对特定的人、特定的事有法律约束力，还包括因民事主体双方协议或单方法律行为（如遗嘱）而产生的对特定人的法律约束力。从狭义上看，只有规范性法律文件才能具有普遍约束力。"法的约束力"的含义很广，最核心的是指对人的行为的控制，既包括以国家强制力为后盾对人们违法行为的一种强制，也包括对当事人合法行为的一种指引和保障，也就是说，我们不能单纯把"约束力"等同于"强制"。

　　因此，我们应从两个角度来理解和认识"法的效力"。一是"强制与保障"。如果没有强制，法的"效力"就会成为一句空话，且不谈在阶级对立国家，就是在人民当家作主的社会主义国家，尽管多数人可以自觉遵守体现人民共同意志的法律，但还是有极少数人违法，甚至犯罪，因此"强制"是法的效力的后盾和保障。二是"价值与功能"。法之所以产生效力是因为法有其功能和价值。人是法的价值的落脚点。上一章已经探讨了法律的价值问题，归根结底，法引导人们追求公平正义，协调各种关系，保障基本人权，维护社会秩序，追求社会和谐。如果从这两个角度来解释法的效力，我们可以说：法的效力就是指法的约束力与保障力，这是一个问题的两个方面。

（二）法的效力与法的实效

顾名思义，法的实效就是指法的实际效果。法的实效与法的效力是两个极为密切的概念，既有联系，也有区别。一般来讲，法的实效意指法的实质有效性，专指那些法律被实际遵守、执行和适用的状态。如果将法的效力与法的实效相比较，至少有两大区别：其一，法的效力是法本身的属性，表明法存在的价值和法的权威，属于主观的东西；同时就其内容来说决定于物质生活条件，也有深厚的客观性。就是说，法的效力表明的是法的两重性。而法的实效突出的是法的实际效果，其客观性十分明显。其二，法的效力表明立法者的主观愿望，同时也是任何法应该具有的要件，属于"应然"范畴；而法的实效则是法的实际实现状态，属于"实然"范畴。

二、法的效力的范围

法的效力范围亦称法的生效范围，专指法在什么时间、什么空间、对什么人有效。明确法的效力范围不仅是守法的前提，也是执法与司法的前提。具体来说，法的效力范围即法的时间效力、法的空间效力和法的对人效力。

（一）法的时间效力

所谓法的时间效力，是指法的效力的起始和终止的时限以及对其实施以前的事件和行为有无溯及力的问题。

法的公布是法的重要特征，也是法生效的前提条件。至于公布的方式，则因国家和时代的不同而有所不同。在当代，大都公布在国家确定的公报、官方报纸或官方网站上。法规定生效期限的方式主要有两种：一是明确规定一个具体生效时间；二是规定具备何种条件后开始生效。

法的终止又称法的终止生效，是指使法的效力绝对消灭。一般来讲，法的终止时间受各种因素的影响，如法律本身的规定、立法发展情况、客观形势等。具体来讲，大致有两种情况：一是明示终止，即直接用语言文字表示法的终止时间，这种方法为现代国家所普遍采用；二是默示终止，即不用明文规定该法终止生效的时间，而是在实践中贯彻"新法优于旧法""后法优于前法"的原则，从而使旧法在事实上被废止。

我国法的终止方式主要有以下几种：新法取代旧法，由新法明确规定旧法废止，这是通常做法；有的法在完成一定的历史任务后不再适用，或被清理；由有权的国家机关发布专门的决议、决定，废除某些法律；同一国家机关制定的法，虽然名称不同，在内容上旧法与新法发生冲突或相互抵触时，以新法为准，旧法中的有关条款自动终止效力。随着我国改革开放的进展，全国人大及其常委会可以根据改革发展的需要，决定就行政管理等领域的特定事项授权在一定期限内在部分地方暂时调整或者暂时停止适用法律的部分规定。

法的溯及力，又称法的溯及既往的效力，它是指新法对其生效前发生的行为和事件是否适用的问题。如果不适用，新法就没有溯及力；如果适用，新法就有溯及力。到 12 世纪罗马法复兴期间，欧洲大多数国家都将法不溯及既往作为法的普遍原则。西方资产阶级在夺取政权之后，都基本从法律上确立了这一原则。

随着社会的进步，第二次世界大战后各国对法不溯及既往原则又有了新的认识。人们普遍认为，法不溯及既往不应是绝对的。对于法律的溯及力问题，各国曾经采用的做法有以下几种：从旧原则，就是说新法没有溯及力；从新原则，就是说新法有溯及力；从轻原则，就是说比较新旧两法，选择对被处罚人有利的法律予以适用；从新兼从轻原则，就是说新法原则上溯及既往，但旧法对行为人的处罚较轻时，适用旧法；从旧兼从轻原则，就是说原则上新法无溯及力，对行为人适用旧法，但新法对行为人的处罚较轻时则适用新法。当代中国法律，采用的是从旧兼从轻原则。我国《立法法》第九十三条规定："法律、行政法规、地方性法规、自治条例和单行条例、规章不溯及既往，但为了更好地保护公民、法人和其他组织的权利和利益而作的特别规定除外。"采用这一做法，既符合"尊重和保障人权"这一宪法原则，也符合世界的普遍潮流。

（二）法的空间效力

所谓法的空间效力，是指法在哪些空间范围或地域范围内发生效力。

法的空间效力与国家主权直接有关，法直接体现国家主权，它适用于该国主权所及一切领域，包括领陆、领水及其底土和领空；也包括延伸意义的领土，如驻外使领馆；还包括在境外的飞行器和停泊在境外的船舶。

当然，由于法的制定机关和内容的不同，其效力范围也有区别，一般分为域内效力与域外效力两个方面。以我国为例，其域内效力大致有如下两种情况。

1. 在全国范围内有效。在我国，由全国人大及其常委会、国务院制定的规范性法律文件，如宪法、法律、行政法规，除法律有特别规定外，均在全国范围内有效。对香港和澳门特别行政区而言，宪法和特别行政区基本法是香港和澳门宪制的基础，而全国性的法律除有特别规定外，不在特别行政区实施。如《香港特别行政区基本法》第十八条规定："全国性法律除列于本法附件三者外，不在香港特别行政区实施。"

2. 在我国局部地区有效。我国地方人大及其常委会、人民政府依法制定的地方性法规及地方政府规章，民族自治地方制定的自治条例与单行条例，在其管辖范围内有效。

在域外效力方面，我国在互相尊重领土主权的基础上，本着保护本国利益和公民权益的精神和原则，也规定了某些法律或某些法律条款具有域外效力。比如，民事婚姻家庭方面，有些法律实行有条件的域外效力原则；刑事方面，我国刑法也规定了对某些发生在域外的犯罪应追究其刑事责任。如《刑法》第七条规定："中华人民共和国公民在中华人民共和国领域外犯本法规定之罪的，适用本法，但是按本法规定的最高刑为三年以下有期徒刑的，可以不予追究。中华人民共和国国家工作人员和军人在中华人民共和国领域外犯本法规定之罪的，适用本法。"加快我国法域外适用的法律体系建设，是当前我国法制建设的一项重要任务。

（三）法的对人效力

所谓法的对人效力，亦称法的对象效力，意指法适用于哪些人或法适用主体的范围。从世界范围来看，不同的国家和各个国家不同的历史时期以及该国不同的部门法，在确定法的适用对象的范围时，往往遵循不同的原则。这些原则归纳起来有以下几种。

1. 属人主义原则。这实际上是根据公民的国籍来确定法的适用范围。按照这一原则，凡是本国人，不论在国内还是在国外，一律受本国法的约束。这一原则适用比较早，但目前单独适用这一原则的国家很少。

2. 属地主义原则。这实际上是根据领土来确定法的适用范围。按照这一原则，凡属一国管辖范围的一切人，不管是本国人还是外国人，都受该国法的约束。这也是比较早的原则，现在单独适用该原则的国家也不多。

3. 结合原则。这是以属地主义为主，但又结合属人主义的一项原则。这是当今世界绝大多数国家采用的原则，它既维护了本国主权，也体现了对他国主权的尊重，因此有利于进行国际交往。

根据我国有关法律规定，法对人的效力主要包括两个方面。

一方面，对中国公民的效力。凡是中华人民共和国公民，在中国领域内一律适用中国法律，平等地享有法律权利和承担法律义务。中国公民在国外的，仍然受中国法律的保护，也有遵守中国法律的义务。但由于各国法律规定不同，这就必然涉及中国法律与居住国法律之间的关系问题。总的原则是既要维护中国主权，也要尊重他国主权。也就是说，中国公民也要遵守居住国的法律。发生冲突时，应根据有关国际条约、惯例和两国签订的有关协定予以妥善解决。一般来说，在民事行为能力方面应适用居住国法律。

另一方面，对外国人的效力。这里也有两种情况：一种是对在中国领域内的外国人的法的适用问题；另一种是对在中国领域外的外国人的法的适用问题。我国法律既保护外国人的合法权益，又依法查处其违法犯罪行为。这实际上是国家主权在法律中的体现，凡在中国领域内的外国人，均应适用中国法律。我国法律对此已有明确规定，应遵照执行；但在刑事领域，对有外交特权和豁免权的外国人犯罪需要追究刑事责任的，通过外交途径解决。对于外国人在中国领域外对中国国家和中国公民的犯罪，依我国刑法规定应判处最低刑为三年以上有期徒刑的，可适用中国刑法，但按犯罪地的国家法律不受处罚的除外。这是相互尊重主权的表现，在法律上应予以维护。至于外国人的人身权利、财产权利、受教育权利和其他合法权利，我国法律均予以保护，但他们不能享有我国公民的某些权利与承担某些义务，如选举权、担任公职和服兵役等。

三、法的效力的冲突及其解决方式

（一）法的效力等级

法的效力等级，亦称效力位阶，指在一国法的体系中因制定的国家机关地位不同而形成的法在效力上的等级差别。这种效力等级的形成同该国立法体制有直接关系。立法的国家机关地位越高，其制定的法的效力等级就越高。

（二）法的效力冲突产生的原因及表现形式

法的效力冲突产生的原因是多方面的，归纳起来，它主要涉及两个方面：一方面，随着经济和社会的发展，需要不断制定新法，这就容易引发新法与旧法的效力冲突；另一方面，有些国家由于实行多层次的立法体制，这也容易引发不同国家机关制定的法之间的效力冲突。

法的效力冲突的表现形式归纳起来主要有两种：一种是同一位阶法之间的相互冲突；另一种是不同位阶法之间的相互冲突，即下位法与上位法、普通法与根本法相抵触。这些冲突都会影响国家法制的统一。

（三）解决法律冲突的一般原则

1. 根本法优于普通法。在成文宪法国家，宪法是国家根本法，具有最高法律效力，普通法必须以宪法为依据，不得同宪法相抵触。这是国家法制统一的必然要求。

2. 上位法优于下位法。不同位阶的法之间发生冲突，就应按上位法优于下位法的原则，适用上位法。

3. 新法优于旧法。同一国家机关在不同时期颁布的法产生冲突时，应按照新法优于旧法的原则处理。

4. 特别法优于一般法。这一原则的适用是有条件的，这就是要求必须是同一国家机关制定的法，并包括以下两种情况：一是指在适用对象上，对特定主体和特定事项的法，优于对一般主体和一般事项的法；二是指在适用时间、空间上，对特定时间和特定区域的法，优于对平时和一般地区的法。

如果法的效力冲突不能按照一般原则予以解决，只能采取特殊方式。以我国为例，依据《立法法》的有关规定，出现下列情况可由有权的国家机关予以裁决：其一，法律之间对同一事项的新的一般规定与旧的特别规定不一致，不能确定如何适用时，由全国人大常委会裁决；行政法规遇到上述同样情况时，由国务院裁决。同一国家机关制定的地方性法规或规章遇到上述情况时，由制定机关裁决。其二，地方性法规与部门规章对同一事项规定不一致时，由国务院提出意见；认为应适用地方性法规的，应决定在该地方适用地方性法规，如果认为应适用部门规章的，应提请全国人大常委会裁决。部门规章之间、部门规章与地方政府规章不一致时，由国务院裁决。其三，根据授权制定的法规与法律规定不一致时，由全国人大常委会裁决。

思考题：

1. 我国《民法典》第十条规定："处理民事纠纷，应当依照法律；法律没有规定的，可以适用习惯，但是不得违背公序良俗。"请从法的渊源的角度分析该条规定的含义及效力根据。

2. 举例分析公私法划分对于我国法治建设的意义。

3. 举例分析根本法与普通法的区别与联系。

4. 以我国现实生活中的事件为例，分析法的效力与法的实效的联系。

5. 为什么说"法不溯及既往"是法律的内在要求？

第五章　法　律　关　系

　　法律制定出来是为了调整人们的行为和社会关系，借以实现法律所追求的目标和价值。但是，法律要实现对人们行为和社会关系的调整，必须经历一个法律运作（法律实施）不可或缺的阶段，即由法律规范转变为法律关系。对于从事具体社会实践活动的人来说，法律规范是一般的、抽象的规定，并无具体主体的指向，只有通过法律关系，法律规范的规定才变成了对具体主体的具体权利义务的规定，由此，一定的行为和社会关系才能得到调整。法律关系是法律作用于人们的行为和社会关系的中介，它承载着法律规范转化为现实的功能，如要完善我们的法治体系、提高运用法律治理国家的能力，就必须了解和运用法律关系这一技术手段。

　　法律能够通过法律关系来调整社会关系，并不意味着法律能够决定整个社会关系。无论法律或法律关系，都不是什么永恒的原则或永恒观念的产物，不能从其自身来理解，也不能从人的精神的一般发展来理解，相反，它们根源于物质生活关系，受社会物质生活关系的制约。这是马克思主义法学区别于资产阶级法学的基本观点。法律关系是法在社会关系中的实现形式。法律关系有不同的种类，但其一般构成要素都包括主体、客体和内容。法律关系有形成、变更和消灭的情形，但其条件都包括法律规范和法律事实。

第一节　法律关系的概念和分类

一、法律关系的概念

　　法律关系是根据法律规范产生、以主体之间的权利与义务关系的形式表现出来的特殊的社会关系。

　　（一）法律关系是社会内容与法律形式的统一

　　法律关系是一种意志社会关系。人类社会与自然界的最大区别就在于，"在社会历史领域内进行活动的，是具有意识的、经过思虑或凭激情行动的、追求某种目的的人；任何事情的发生都不是没有自觉的意图，没有预期的目的的"①。也就是说，人们在社会中进行活动建立某种社会关系，都是有意识、有目的的。法律关系像其他社会关系一样也是人们有目的、有意识地建立的。这是由于：法律关系是根据法律规范建立的，而法律规范又是国家意志的体现；法律关系参加者的意志对于法律关系的建立和实现也有重要的作用。有的法律关系的建立要根据法律关系参加者各方的意志，如合同法律关系的建立；有的法律关系的建立只需法律关系参加者一方的意志，如遗嘱继承法律关系的建立；还有的法律关系的产生可以不通过人的意志，而是由于某种不以人的意志为转移的事件，如因死亡、自然灾害而发生的保险法律关系，但它的实现，即保险公司赔偿损失，被保险人接受赔偿，仍然需要通过他们的意志。因此，无论法律关系是怎样产生的，是否通过参加者的意志，它们的实现都要通过人的意志，也就是说，法律关系是一种以人的意志为转移的社会关系。在法律关系产生或实现的过程中，国家意志和法律关系参加者的意志是相互作用的。一方面，法律关系参加者的意志必须符合国家意志，否则，该关系得不到国家的确认和保护，法律关系不可能建立起来。在这种意义上，国家意志对于法律关系的产生和实现起着主导作用。另一方面，体现在法律规范中的国家意志，只有通过法律关系参加者的意志才能得到实现，否则法律规范所规定的权利与义务就只能是一种抽象的可能性和必然性，而不能变为现实。在这种意义上，法律关系参加者的意志对于法律规范中所体现的国家意志的实现又是必不可少的。

法律关系是人与人之间的关系，不同于人与自然界、人与物之间的关系。当然，法律关系，特别是涉及环境保护、食品卫生、建筑质量等问题所建立的法律关系，其内容既包含着人与人的关系，也包含着人与自然界、人与物的关系。在人类社会，人与人之间的关系和人与自然界之间的关系是交织在一起的。如果不能正确处理好人与自然界的关系，就会直接影响到人与人之间的关系（包括代际关系）的协调。国家之所以把这类人与自然界之间的关系纳入法律关系中，是因为这类关系涉及人（包括他人和后代）的利益和社会利益。

法律关系是人们有意识、有目的地建立的社会关系，但它又是建立在不以人的意志为转移的客观规律基础之上的。任何社会关系，不论发生在什么领域，都是以人的有意识、有目的的活动表现出来的。如买主与卖主之间的讨价

---

① 《马克思恩格斯文集》第 4 卷，人民出版社 2009 年版，第 302 页。

还价，这是一种有意识、有目的的活动，但在各种个别交换活动的背后是不以人的意志为转移的价值规律在起作用。发生在任何领域的社会关系都有以人的意志为转移的一面，也有不以人的意志为转移的一面。法律关系也是这样，既有法律形式的一面，又有不以法律形式为转移并决定法律形式的社会内容的一面。我们不能仅仅看到法律关系的意志形式，而看不到其背后的社会内容。马克思坚决反对把法律关系看作是没有实际内容的空洞外壳的法律幻想。他指出："法学家们的这种错觉说明：在法学家们以及任何法典看来，各个人相互之间的关系，例如缔结契约这类事情，一般都是偶然的；他们认为这些关系可以随意建立或不建立，它们的内容完全依据缔约双方的个人意愿。每当工业和商业的发展创造出新的交往形式，例如保险公司等等，法便不得不承认它们都是获得财产的方式。"① 因此，法律关系作为一种特殊的社会关系，必然既包含着法律形式的方面，又包含着社会内容的方面；既有以人的意志为转移的意志关系的属性，又有受不以人的意志为转移的客观规律制约的属性。

（二）法律关系是根据法律规范建立并得到法律保护的关系

与法律规范的联系构成了法律关系不同于其他社会关系的特点，决定了它具有法所具有的重要属性，如国家意志性、国家强制性。法律关系是主体之间的联系，同时也是主体与国家之间的联系：国家支持、保证主体权利的行使，保证主体义务的承担，法律关系参加者任何一方如果不履行自己应尽的义务，都要受到法律的制裁。因此，法律关系参加者实现自己权利的行为，同时也是国家实现法律的行为。

法律关系是由法派生出来的现象，法律规范是法律关系产生的前提。如果没有相应的法律规范的存在，就不可能产生法律关系。有些社会关系，如友谊关系、恋爱关系一般不由法律调整，不存在相应的法律规范，所以也就不存在法律关系。还有些社会关系，虽然应该得到法律调整，但由于种种原因还没有形成法律规范，法律调整还缺乏法律根据，因此也不能产生法律关系。还有些社会关系，虽然没有正式的法律规定，但是却得到国家事实上的确认和保障或习惯法的调整，在这种情况下，法律规范只不过不是以国家正式颁布的规范性文件而是以其他形式的法律渊源表现出来的。马克思在《资本论》中论述商品关系时指出："这种具有契约形式的（不管这种契约是不是用法律固定下来的）

---

① 《马克思恩格斯文集》第 1 卷，人民出版社 2009 年版，第 585—586 页。

法的关系，是一种反映着经济关系的意志关系。"① 这句话，除了说明经济关系及其契约形式构成了法律关系（法权关系）的重要内容之外，还告诉我们法律关系存在着两种不同的形式：一种是以法律形式即成文法形式固定下来，另一种是没有采用法律形式但却作为社会习惯而得到国家事实上的确认和保证。因此，无论在什么情况下，法律规范都是法律关系产生的前提，只不过法律规范的表现形式不同而已。

（三）法律关系是主体之间的法律上的权利和义务关系

法律规范与法律关系都包含着主体的权利和义务，但它们在法律规范和法律关系中的表现形式并不相同。在法律规范中，主体及其权利和义务都是抽象的、一般的，只是一种可能性，它并没有确定的和具体的对象，要求还不是现实的。只有在法律假定的某种事实发生的情况下，法的一般规定才指向具体主体，权利义务才具体化、现实化，由此构成具体主体间的权利义务关系，即法律关系。比如，税法规定公民个人所得达到多少则应当纳税，这与现实生活中具体谁应纳税尚无联系。但是，当某人的个人所得达到税法规定的纳税数额，由于这一事实的出现，税法关于纳税的一般规定就具体化了，法律的规定指向了他，在他与征税机关之间产生了税收法律关系，他有义务纳税，征税机关有权对他征税。法律规范中的权利和义务属于可能性的领域，而法律关系中的权利和义务属于现实性的领域。在法律规范中，主体的权利和义务是针对同一类人、同一类行为的，凡是出现法律规范所假定的事实，具有法律规范所规定的资格主体都享有同一类权利并承担同一类义务。而在法律关系中，法律所规定的事实情况、主体、权利和义务及其所指向的对象都是具体的。因此，法律规范中的权利和义务是抽象的，而法律关系中的权利和义务是具体的，法律关系是使法律规范的规定具体化的工具。

在法律关系中，主体的权利和义务不仅是现实的、具体的，而且是统一的。对一方来讲表现为他可以做什么，有什么权利；对另一方来讲则表现为他应该做什么，有什么义务。如果一方的权利不是以某种方式同另一方的义务联系在一起，就不可能有主体的权利；同样，如果一方的义务不是以某种方式同另一方的权利相联系，也根本谈不上法律义务。例如，买方对他所买的物品有支付价金的义务，同时又表现为卖方有接受买方所付价金的权利；成年子女有

---

① 《马克思恩格斯文集》第 5 卷，人民出版社 2009 年版，第 103 页。

赡养父母的义务，同时就意味着父母有要求成年子女赡养自己的权利。在法律关系中，如果只有一方的权利或义务，没有另一方相应的义务或权利，就不可能存在权利和义务本身。

二、法律关系的种类

（一）一般法律关系与具体法律关系

依据法律关系主体是处于抽象状态还是已被具体化，可分为一般法律关系和具体法律关系。

一般法律关系也可称为抽象法律关系，是指抽象法律主体或法律角色之间尚处于法律条文的关系状态中，法律关系主体之间的关系以法律设定或法律宣告的方式存在。这种法律关系中的主体还没有和具体的个体联系起来，还是抽象的公民、法人、国家机关等主体角色，如宪法中公民与国家之间的关系，诉讼法中公民与公民、公民与法院、公民与法人之间的关系等。抽象法律关系概括了法律关系的共性、普遍性，是判断具体法律关系的合理性和实际效力的依据。

具体法律关系也可称为现实法律关系，是指法律关系的主体已经具体化，是现实中特定主体之间的法律关系。这种法律关系已经不再是一种法律模式化的形式，而是与现实中具体的个体联系了起来，如张三因与李四发生纠纷向法院提起了诉讼，张三与李四、张三与法院之间的法律关系就是一种具体的法律关系。具体法律关系体现了法律关系的个性、特殊性，对这种法律关系进行研究，有助于我们了解一般法律关系向具体法律关系的转化过程，也有助于我们反过来对一般法律关系的合理性和实际效力进行检测和评价。

（二）绝对法律关系与相对法律关系

依据法律关系的主体是单方确定还是双方确定可以划分为绝对法律关系和相对法律关系。

绝对法律关系中主体的一方（权利人）是确定的、具体的；另一方（义务人）则是不确定的，而是除了权利人之外的所有的人。因此，它以"一个主体对其他一切主体"的形式表现出来。最典型的绝对法律关系是物权关系，如某房屋的所有权人是具体的，是属于张三的，义务人则是除了张三以外的一切主体，他们都负有不得侵犯张三享有或行使该房屋的所有权的义务。其他如人身权、知识产权等领域的法律关系也具有类似的特点。由于绝对法律关系是对现实关系的确认，而不需要义务人积极的行为，所以又称为确认性的法律关系。

相对法律关系的主体，无论是权利人还是义务人，都是确定的。它以"某个主体对某个主体"的形式表现出来。最典型的相对法律关系是债权关系，债的一方（债权人）享有要求他方（债务人）为一定行为或不为一定行为的权利，而他方则具有满足该项要求的义务。在相对法律关系中，主体之间的联系达到了最直接、最密切的程度。比如，运输法律关系中的托运人和承运人都是确定的，该托运人有权利要求承运人把货物在规定的时间运到目的地，并有义务按约定向承运人交付规定的运费。承运人有权利向该托运人收取运费，并有义务按约定将货物运送达目的地。如果任何一方不履行自己的义务，另一方的权利就不可能实现。由于相对法律关系需要义务人积极行为的配合来创设一种新的关系，所以又称为创设性的法律关系。

（三）调整性法律关系和保护性法律关系

按照法律关系产生的依据是合法行为还是违法行为，是否适用法律制裁，可以划分为调整性法律关系和保护性法律关系。

法律关系不仅是主体之间的联系，而且也是主体与国家之间的联系，国家支持和保证主体权利的行使和义务的履行，任何一方不履行义务都将受到国家的法律制裁。

调整性法律关系是法律主体在合法行为的基础上形成的，不需要适用法律制裁，它是主体权利能够正常实现的法律关系，是法的实现的正常形式。

保护性法律关系是在主体的权利和义务不能正常实现的情况下通过法律制裁而形成的法律关系，它是在违法行为的基础上产生的，是法的实现的非正常形式。刑事法律关系就是最典型的保护性法律关系。民事侵权、行政违法也会引起保护性法律关系。保护性法律关系的主体一方是国家，另一方是违法者，国家拥有实施法律制裁的权力，违法者应承担法律责任。

调整性法律关系又可称为第一性法律关系，是法律规范在发挥指引作用的过程中，在人们合法行为的基础上形成的法律关系。而保护性法律关系又可称为第二性法律关系，是在第一性法律关系受到干扰、破坏的情况下对第一性法律关系起补救、保护作用的法律关系。

（四）平权型法律关系与隶属型法律关系

法律关系按照主体之间的相互地位可以划分为平权型法律关系和隶属型法律关系。

平权型法律关系，又称为横向法律关系，即法律关系主体之间地位是平等的，相互间没有隶属关系。民事法律关系是最典型的平权型法律关系。

隶属型法律关系，又称为纵向法律关系，即法律关系主体之间存在隶属关系，一方服从于另一方。行政法律关系是最典型的隶属型法律关系。在行政法律关系中，行政机关具有依法行使国家管理的职权，在其管辖范围内的任何人和社会组织都必须服从。

第二节　法律关系的主体和客体

一、法律关系的主体

（一）法律关系主体的概念

法律关系主体，即法律关系的参加者，是法律关系中权利的享有者和义务的承担者。享有权利的一方称为权利人，承担义务的一方称为义务人。

法律关系主体具有法律性和客观性。

法律关系主体的法律性是指法律关系主体是由法律规范所规定的，与法律规范的联系构成了法律关系主体与其他形式的社会关系主体的区别。不在法律规范规定的范围内，不得任意参加法律关系，成为法律关系的主体。例如，按照我国《民法典》第一千零四十七条规定"结婚年龄，男不得早于二十二周岁，女不得早于二十周岁"，低于上述年龄不得成为婚姻法律关系的主体。

法律关系主体的客观性是指法律规范规定法律关系主体是由一定的社会物质生活条件决定的。比如，在奴隶制国家的法律中，只有自由民才是法律关系的主体，而奴隶则像物一样，只是法律关系的客体。这一法律规定是由奴隶制的生产方式所决定的，奴隶主不但占有生产资料，占有奴隶的劳动，而且直接占有奴隶本身。

（二）法律关系主体资格：权利能力和行为能力

法律关系主体作为法律关系的参加者，必须具有外在的独立性，不仅能以自己的名义享有权利和承担义务，而且还具有一定的意志自由。这种意志自由在法律上的表现就是权利能力和行为能力；反之，如果依附于其他主体而没有外在的独立性，则不能成为法律关系的主体。

权利能力指权利主体享有权利和承担义务的能力，它是权利主体在法律活动中享有权利和承担义务的资格，这种资格是由法律规定的。各种具体权利的产生必须以主体的权利能力为前提。权利能力通常与国籍相联系，具有一国国籍是享受该国法律规定的权利和承担相关义务的条件。当然，现代国家的法律也确认外国人或无国籍人某些方面的权利能力，比如，可以参加一定的民事活动，承担遵守所在国的法律的义务。不同的法律关系，对其参加者的要求有所不同，所需要的权利能力也会有所不同，比如，参加民事法律关系和参加某些公法关系（如担任法官或检察官）所要求的权利能力就不相同。

行为能力是指权利主体能够通过自己的行为取得权利和承担义务的能力。行为能力必须以权利能力为前提，无权利能力就谈不上行为能力。但是，对自然人来讲，有权利能力不一定有行为能力。作为权利主体必须有自由的意志，这不仅意味着主体能够以自己的名义独立地参与到法律关系中，而且意味着主体能够理解自己的行为，并通过自己有意识的行为独立实现主体的法律权利和法律义务。在各国的法律中对自然人的行为能力都有年龄方面和健康方面的限制，分为完全行为能力人、限制行为能力人和无行为能力人三种。按照我国《民法典》的规定，对自然人行为能力的年龄方面的限制包括："十八周岁以上的自然人为成年人。不满十八周岁的自然人为未成年人。""成年人为完全民事行为能力人，可以独立实施民事法律行为。十六周岁以上的未成年人，以自己的劳动收入为主要生活来源的，视为完全民事行为能力人。""八周岁以上的未成年人为限制民事行为能力人，实施民事法律行为由其法定代理人代理或者经其法定代理人同意、追认；但是，可以独立实施纯获利益的民事法律行为或者与其年龄、智力相适应的民事法律行为。""不满八周岁的未成年人为无民事行为能力人，由其法定代理人代理实施民事法律行为。"《民法典》对自然人行为能力在健康方面的限制包括：不能辨认自己行为的成年人，以及不能辨认自己行为的八周岁以上的未成年人，为无民事行为能力人；不能完全辨认自己行为的成年人为限制民事行为能力人。责任能力是主体因违法而承担法律责任的能力，它是行为能力在保护性法律关系中的特殊表现形式。关于责任能力，我们将在法律责任一章中进行论述。

不仅自然人具有权利能力和行为能力，社会组织也具有权利能力和行为能力。作为民事法律关系主体的法人，其权利能力和行为能力不同于自然人，法人的权利能力从法人成立时产生，其行为能力伴随着权利能力的产生而产生，法人终止时，它的权利能力、行为能力也同时消灭。自然人的行为能力一般通过自身实现，而法人的行为能力则通过法定代表人来实现。在刑事法律关系中，单位也能成为犯罪的主体。

（三）法律关系主体的种类

我国法律关系的主体主要包括以下几类。

1. 自然人，即个人主体。在我国，凡是取得中华人民共和国国籍的人都是公民基本权利的享有者和基本义务的承担者，可以和其他公民、社会组织、国家机关以及国家之间发生多种形式的法律关系。某些政治法律关系，如选举法律关系，非我国公民不得参加。居住在我国境内的外国人和无国籍人，也可以成为我国某些法律关系的参加者，他们能够参加哪些法律关系以及权利能力范围的大小，由我国法律及我国同其他国家签订的国际条约规定。

2. 组织。它包括三类：第一类是国家机关，包括国家的立法机关、行政机关、监察机关、审判机关和检察机关等，它们在其职权范围内活动，是宪法关系、行政法关系、诉讼法关系等多种法律关系的主体；第二类是政党、社会团体；第三类是企业、事业单位。在民事法律关系中，具有民事权利能力和民事行为能力、依法独立享有民事权利和承担民事义务的社会组织称为法人。国家机关也可以法人的身份参加到某些民事法律关系中，只是这时国家机关的活动不具有行使职权的性质。

3. 国家。国家作为一个整体，是某些重要法律关系的参加者，它既可以作为国家所有权关系、刑法关系等的主体，又可以成为国际法关系的主体。国家的构成单位也可成为某些法律关系的主体，例如，根据民族区域自治法、香港特别行政区基本法、澳门特别行政区基本法等所形成的法律关系，我国这些地方构成单位都可成为相应法律关系的主体。

二、法律关系的客体

（一）法律关系客体的概念

法律关系客体，是权利主体的权利和义务所指向的对象。

在法学上，法律关系的客体，一方面具有哲学意义上的客体的一般属性，它不以主体的意识为转移，具有客观性，是独立于人的意识之外并能为人的意识所感知并为人的行为所支配的客观世界中各种各样的现象。它不仅包括客观物质世界中的各种现象，如土地、森林、水源、矿藏、工厂、机器等，而且包括客观精神世界的各种现象，如国家制度、所有制、平等、休息、劳动、名誉、人格等。另一方面，法律关系客体又具有自己的特殊性，它能够满足主体的物质利益和精神需要，是满足权利人利益的各种各样的物质和非物质的财富，它受到法律规范的确认和保护。因此，不是一切独立于主体而存在的客观现象都能成为法律关系的客体，只有那些能够满足主体需要并得到国家法律确认和保护的客观现象才能成为法律关系的客体，成为主体的权利和义务所指向的对象。反之，即使一种客观现象能满足主体利益，但这种利益得不到国家法律的确认和保护，也不能成为法律关系的客体。

法律关系客体的范围受一定生产力发展水平和社会历史条件的制约。在奴隶社会，奴隶不是任何意义上的权利主体，而是奴隶主买卖、赠与等关系中的权利客体，是亚里士多德所说的"会说话的工具"。在封建社会，由于农奴和农民对封建主仍然具有相当程度的人身依附关系，因此在许多重要的法律关系中仍然没有独立的人格，是农奴主的权利客体。在资本主义社会，由于高度商业化，许多东西都可以成为民商事法律关系的客体。在社会主义条件下，符合法律规定，能够满足国家、集体和个人利益的各种物质财富和非物质财富都能成为国家所承认和保护的法律关系的客体。随着生产力的发展，许多原来不属于法律关系客体的社会财富也变为了法律关系客体，如清洁的空气、不受噪音干扰的环境等。不同的法律关系有不同的客体，这取决于社会条件的制约、人们的不同利益要求和法律的选择。比如在我国，玩具枪、汽车是民商事法律关系的客体，制式枪炮、坦克、战机是军事行政法律关系的客体，民商事主体无权拥有枪炮、坦克、战机等武器。

（二）法律关系客体的种类

1. 物。它既可表现为自然物，如森林、土地等自然资源，也可表现为人的劳动创造物，如建筑物、机器、各种产品等，还可以是财产的一般表现形式——货币以及其他各种有价证券，如支票、汇票、存折、股票、债券等。

2. 非物质财富。包括创作活动的产品和其他与人身相联系的非财产性财富。创作活动的成果包括科学著作、文学艺术作品、专利、商标等，这些成果都是人们脑力活动的产物，因而又称为智力成果。由于这些智力成果可以为其他人所享用，又不同于生产复制品的行为，因此必须对其加以尊重和保护。其他与人身相联系的非物质财富包括公民和组织的姓名或名称、名誉、荣誉，公民的肖像、隐私、尊严等。

3. 行为和行为结果。法律关系主体的行为，包括作为和不作为，在很多情况下是法律关系的客体。如家庭关系中父母对子女的抚养和子女对父母的赡养、诉讼关系中证人的作证、行政法律关系中官员的作为或不作为等。法律行为的一定结果可以满足权利人的利益和需要，也可以成为法律关系的客体。这种客体既可以是义务人按照权利人的要求所完成的物化结果，如按照合同建造的房屋、桥梁；也可以是非物化结果，如义务人按照权利人的要求履行某种行为，完成权利人所要求达到的某种状态。

第三节　法律关系的内容

一、法律关系内容的概念

法律关系是权利和义务的一种关联形式，权利和义务是法律关系的内容。权利和义务这一对范畴在不同领域有不同含义，既有法律意义上的权利和义务，也有道德意义、社会学意义上的权利和义务。法律意义上的权利和义务的特点是它们和法律规范的联系。任何法律上的权利和义务必须是法律规范所规定的，得到国家的确认和保证，权利人享受权利依赖于义务人承担义务。这是法律意义上的权利和义务不同于其他意义上的权利和义务的特殊的法律性。另外，它们同时具有社会性，即法律所确定的权利和义务不是任意的，它们受到一定的社会物质生活条件的制约，由一定生产关系和其他社会关系所要求的社会自由和社会责任是法律所规定的权利和义务的基础。因此，对于法律意义上的权利和义务，无论忽视其法律性方面，还是忽视其社会性方面，都是片面的。

法律上的权利和义务与其他意义上的权利和义务在一定条件下也是可以相互转化的。在法的形成过程中立法者就经常把其他意义上的权利和义务确认为法律意义上的权利和义务，从而使其得到国家的支持和保证。在法的实施过程中，特别是在一些没有明确法律依据的疑难案件中，道德意义、社会学意义或其他意义上的权利和义务有时也会成为法官判案的依据，比如，《民法典》第八条规定"民事主体从事民事活动，不得违反法律，不得违背公序良俗"。法官在确定民事法律行为的有效性时，会依据公序良俗作出判断。

一旦道德意义、社会学意义上的权利和义务上升到法律层面，得到国家的确认和保证，就转化为法律权利和义务，从而完成了从应有的权利和义务向法定的权利和义务的转变。所谓应有的权利和义务是权利和义务的初始形态，是特定社会的人们基于一定的社会物质生活条件和文化传统而产生出来的社会自由与社会责任的需要，它们不依赖于法律而存在，反之法定权利和义务是建立在应有权利和义务基础上的。应有权利和义务上升为法定权利和义务，使这些权利和义务获得了社会普遍的承认和国家的保证。这是权利和义务形态的第一次转变。

法定权利和义务只是权利和义务的抽象的一般形态。当法律规范在实施的过程中转变为具体法律关系时，权利和义务由抽象变为具体，法定权利和义务转变为具体主体所承担的具体的权利和义务，即具体法律关系中的权利和义务。这是权利和义务形态的第二次转变。由应有权利和义务转变成法定权利和义务是从现实社会关系上升为抽象的法律规范的过程，而从法定权利和义务转变为具体法律关系中的权利和义务则是从法律规范转变为现实社会关系的过程。从现实社会关系上升为法律规范固然重要，从法律规范转化为人们行使权利、承担义务的实际行为更为重要，因为这是创制法律的目的。

二、权利和义务的概念

（一）历史上的权利和义务观念

在原始社会没有权利和义务现象的存在。随着私有财产和商品交换的出现，有了"你的"和"我的"的划分，区分权利和义务才成为必要。马克思恩格斯非常重视权利和义务的经济根源、阶级根源："如果说在野蛮人中间，像我们已经看到的那样，不大能够区别权利和义务，那么文明时代却使这两者之间的区别和对立连最愚蠢的人都能看得出来，因为它几乎把一切权利赋予一个阶级，另方面却几乎把一切义务推给另一个阶级。"[①] 也就是说，私有制是造成阶级社会权利与义务产生、权利与义务相分离的根本原因。

权利和义务作为一种社会现象，在原始社会解体和阶级社会形成的过程中就产生了。但是作为观念形态的权利和义务的出现则要晚得多。在拉丁语中，法和权利是混合在一起使用的，"jus"一词既包括客观意义的法的含义，也包括主观意义的权利的含义，而且还包括非法律意义的正当的含义。"权利"一

---

① 《马克思恩格斯文集》第 4 卷，人民出版社 2009 年版，第 197 页。

词独立出来是中世纪末期、文艺复兴以后的事情，这显然和当时主体意识的觉醒有着密切联系。17、18 世纪的古典自然法学家利用自然法、自然权利的观念，阐明自然权利是人与生俱有的，它存在于法律产生之前，是法律必须承认和保护的不可剥夺的权利。康德从自由出发界定法律权利，认为法（权利）就是那些使个人自由与他人自由并存的体系和制度。19 世纪的功利主义法学一方面批判自然权利的虚构性，另一方面又把权利概念建立在福利、利益的基础上，用利益诠释权利和义务，认为法律权利是法所确认和保护的利益，一个权利的拥有者恰恰是另一个人的义务的获益者。几乎与此同时产生的分析法学则把权利和义务分析的重点从应有权利和义务转移到法定权利和义务，它不借助任何法律之外的因素，如自然权利、自由、利益，完全从权利和义务的不同连接中分析它们之间的关系。如霍菲尔德把权利和义务进一步分成四对范畴，其中权利分为权利、特权、权力、豁免，与它们相应的义务则分为义务、无权、责任、无能力。在四种权利与四种义务之间既存在着相关，也存在着相悖，构成了不同性质的法律关系。哈特等人认为权利的本质是对义务的控制和选择。奥斯丁等人则认为权利的本质是人们的利益通过义务得到保证。在这些学者中，如边沁、奥斯丁、霍菲尔德、凯尔森等人主张义务优先，权利只不过是义务、允许、权力等法律概念的"反射"，只有在他人完成义务的前提下，才可能有权利；另外一些人，如麦考密克、拉兹、威尔曼等人则主张权利优先，有权利才可能有相应的义务，用现有的义务并不能穷尽权利，新产生的权利可以创造与之相应的新义务。与分析法学相反，自然法学的继承者从法律概念之外对权利概念进行分析，美国学者德沃金的权利理论继承了这一传统，他明确反对实证主义和功利主义对权利的解释，试图从权利现象所依赖的社会关系的重要性程度出发，阐述美国宪法所确认的公民基本权利的重要意义，阐述权利对任何其他考虑——无论是社会利益、集体目标、福利还是法律本身——的优先地位。

中国在战国时期的文献中已有"权利"两字的连用，但权利的古义异于今义。比如，《商君书·算地》中说到民之性，是"穷则生知而权利"，"权利则畏罚而易苦"。① 这里的"权利"，讲的是权衡利益、利害的意思。《荀子·劝学》讲君子德操修养的崇高境界是"非是无欲"，并且"权利不能倾也，群众

---

① 扫叶山房辑：《百子全书》第三册，浙江人民出版社 2013 年版，第 401 页。

不能移也，天下不能荡也"①。这里的"权利"，讲的是权势与利益。这些都与现代意义的权利观念相去甚远。由于中国长期处在封建社会，等级特权和宗法制度盛行，商品经济不发达，独立的权利概念没有产生和发展的土壤。但是，在中国古代先贤关于定分止争的思想中，仍蕴含着今天权利概念中的合理因素。比如《管子》中写道，"律者，所以定分止争也"②，说的是律的功能在于定分止争。商鞅曾举例说到定分的意义，一兔走百人追，非兔可百人分之，而只因名分未定。卖兔者满市，而盗不敢取，只因名分已定。③ 现代意义的权利观念是1840年鸦片战争以后从西方引进的。以康有为、梁启超、严复为代表的资产阶级启蒙思想家从西方的"天赋人权"思想出发提出："人者天所生也，有是身体即有其权利，侵权者谓之侵天权，让权者谓之失天职。"④ 五四运动在批判封建专制传统、打倒"孔家店"的同时，也提出"以权利本位主义，易家长本位主义""以民权取代君权"的口号。值得注意的是，中国民主主义的权利思想主要受西方自然权利思想的影响，而很少从法律权利和义务的关系出发、从义务等法律范畴出发去解释和论证权利。

（二）权利和义务释义

马克思恩格斯在研究法律关系、权利和义务时秉承他们研究法律现象的一贯立场，强调"权利决不能超出社会的经济结构以及由经济结构制约的社会的文化发展"⑤。他们既反对从法的关系本身、权利和义务本身理解的分析实证主义倾向，也反对从人类精神的一般发展、从抽象的正义观念理解的自然法倾向。强调物质生活条件对法律关系、权利和义务的制约性，这是马克思主义权利和义务观念区别于其他法学流派的最主要的特点。

法律权利反映一定的社会物质生活条件所制约的行为自由，是法律所允许的权利人为了满足自己的利益而采取的、由其他人的法律义务所保证的法律手段。法律权利的特点是：其一，权利受到一定的社会物质生活条件的制约，法律权利的根源是一定物质生活条件所允许的人们的行为自由，法律赋予主体权利的程度决定于社会经济结构所可能允许的人们自由度的大小；其二，它来自

---

① 扫叶山房辑：《百子全书》第一册，浙江人民出版社2013年版，第199页。
② 扫叶山房辑：《百子全书》第三册，浙江人民出版社2013年版，第171页。
③ 参见扫叶山房辑：《百子全书》第三册，浙江人民出版社2013年版，第431页。
④ 康有为：《大同书》，中华书局2012年版，第130页。
⑤ 《马克思恩格斯文集》第3卷，人民出版社2009年版，第435页。

法律规范的规定，得到国家的确认和保障，但法律规范不能任意规定法律权利，什么权利能够进入法律规范，成为法定权利，归根结底决定于一定的社会物质生活条件；其三，它是保证权利人利益的法律手段，权利与利益有着密切的联系，但权利并不等于利益，权利人实现自己利益的行为是法律权利的社会内容，而权利则是这一内容的法律形式；其四，它是与义务相关联的概念，离开义务就无法理解权利，如果没有义务人的法律义务的保证，权利人的权利就不可能行使；其五，它确定权利人从事法律所允许的行为的范围，在这一范围内，权利人满足自己利益的行为或要求义务人从事一定行为是合法的，而超过这一范围，则是非法的或不受法律保护的。

法律义务反映一定的社会物质生活条件所制约的社会责任，是保障法律所规定的义务人应该按照权利人要求从事一定行为或不行为以满足权利人利益的法律手段。法律义务同样也受到一定的社会物质生活条件的制约。人们能够承担什么样的义务，义务的范围和程度有多大，不是立法者想怎样规定就怎样规定的，而是根源于社会关系的结构和历史发展所创造的条件。它的特点在于义务的必要性，义务人必须从事或不从事一定的行为，否则，权利人的利益不可能得到满足，如果义务人不履行义务，就要受到国家强制力的制裁。同时，义务人的必要行为也是在一定的范围内，超过这一范围，则属于义务人的自由，它有权拒绝权利人在这一范围之外的利益要求。

三、权利和义务的关系

权利和义务是紧密关联、相互对应的，正如马克思所说，"没有无义务的权利，也没有无权利的义务"[①]。权利义务的关联对应关系，可以从以下方面理解。

第一，在任何一种法律关系中，权利人享受权利依赖于义务人承担义务，义务人如果不承担义务，权利人不可能享受权利。权利和义务指向同一行为，对一方当事人来讲是权利，对另一方来讲则是义务。如买方购买货物时付款，对买方是义务，对卖方则是权利。因此，就权利和义务的实质内容——行为来讲，二者是统一的。权利和义务所指向的对象——客体也是同一的。如国家对其领土范围内的矿藏享有所有权，矿藏既是国家所

---

① 《马克思恩格斯文集》第 3 卷，人民出版社 2009 年版，第 227 页。

有权关系的客体，也是其他任何主体承担不可侵犯国家矿藏所有权的义务的客体。

第二，不能一方只享受权利不承担义务，另一方只承担义务不享受权利。如上所述，任何权利都意味着权利人在法律所允许的范围内能做一定的行为，使自己的行为不超出这个范围是权利人的义务；而任何义务也都意味着义务人在法律要求的范围内应做一定的行为，超过这个范围则属于义务人的自由，即义务人的权利。因此，权利人在行使自己权利的时候必须承担一定的义务，而义务人在履行自己义务时也同时享受一定的权利。即使在隶属型法律关系和保护性法律关系中，权利人与义务人处于不平等的地位，但权利和义务也都是有一定界限的。比如，在行政法律关系中，主管部门行使管理权必须在法律规定的范围内进行，不得超越其管理权限，侵犯公民的基本权利，这是主管部门行使管理权时应承担的义务。同时，被管理人在服从主管机关决定时，也有反对主管机关超越管理权限、侵犯其合法权益的行为的权利。又比如在刑事法律关系中，国家有权利对违法者实行制裁，同时又有义务使这种制裁在法律范围内实行；违法者有义务承担法律责任，同时也有权利要求国家对他的制裁不得超出法律规定的范围，并对司法机关的判决有提起上诉或申请再审的权利。

第三，权利的行使有一定的界限，不能滥用权利。在绝对法律关系中，如所有权、人身权等，都是一种排他性的权利，这种权利可以对抗所有其他人，其他人则承担不作为的义务。但权利人权利的行使也不是绝对的，其负有不得滥用权利的义务。在相对法律关系中也是这样，权利人不得超出权利范围要求义务人作出义务以外的行为。所谓权利滥用是指权利人行使权利的目的、限度、方式或后果有违法律设置权利的本意和精神，或违反了公共利益、社会利益、公序良俗，妨碍了法律的社会功能和价值的实现。我国《宪法》第五十一条规定："中华人民共和国公民在行使自由和权利的时候，不得损害国家的、社会的、集体的利益和其他公民的合法的自由和权利。"我国《民法典》第一百三十二条规定："民事主体不得滥用民事权利损害国家利益、社会公共利益或者他人合法权益。"这就要求公民在行使权利和自由的同时，必须履行自己应尽的义务，不得滥用权利和自由，否则，全体公民的权利就不可能得到真正的保障。

第四节 法律关系的形成、变更和消灭

一、法律关系形成、变更和消灭的含义

（一）法律关系形成、变更和消灭释义

法律关系是根据法律规范产生的、在主体之间形成的权利和义务关系。但是，只有法律规范和社会活动主体还不足以产生法律关系，法律关系的产生、变更和消灭还必须有法律规范所规定的某种法律事实的出现。

由于法律事实的出现产生的法律后果包括：一是法律关系的形成，即在法律规定的主体间形成具体的权利义务关系。如某人因继承取得某项财产的所有权，某人与他人订立合同形成合同关系。二是法律关系的变更，即法律关系主体或权利义务的部分变化。如由于企业合并，造成原有法律关系中企业主体变更，但原企业对外的债权债务关系和对内的劳动关系由合并后企业承担下来。又如买卖合同双方协商一致对价格或货物数量作出调整。三是法律关系的消灭，即法律关系主体间的权利义务消灭。如劳动者与用人单位解除劳动合同，劳动法律关系随之消灭；又如，婚姻法律关系因一方死亡而归于消灭。

（二）法律关系形成、变更和消灭的条件

法律关系的形成、变更和消灭的条件包括：法律规范，即法律关系形成、变更和消灭的法律依据；法律事实，即出现法律规范所假定出现的那种情况。其中，法律规范是法律关系形成、变更和消灭的抽象的、一般的条件，也有文献称之为法律关系形成、变更和消灭的前提。法律事实则是法律关系形成、变更和消灭的具体条件。法律关系只有在一般与具体的条件都具备的情况下才会出现形成、变更和消灭的情况。

二、法律事实

法律事实是法律规范所规定的、能够引起法律后果即法律关系形成、变更和消灭的因素。法律事实必须是法律所规定的，只有那些具有法律意义的事实才能引起法律后果。另外，法律事实的概念又反映了法律调整受到具体社会生活的制约。

法律事实可以根据不同标准进行分类。

（一）行为和事件

法律事实依据它是否以权利主体的意志为转移可以分为行为和事件。

行为是以权利主体的意志为转移、能够引起法律后果的法律事实。事件是不以权利主体的意志为转移的法律事实。事件以是否由人们的行为而引起可以划分为绝对事件和相对事件。绝对事件不是由人们的行为而是由某种自然原因而引起的事件，例如人的自然死亡和出生、时间的流逝等自发性质的现象。人的死亡引起婚姻法律关系消灭；人的出生引起父母与子女的法律关系产生；等等。相对事件是由人们的行为引起的事件，但它的出现在该法律关系中并不以权利主体的意志为转移。例如，死亡可能由于自然死亡，也可能由于凶杀所致，但都是人的生命的终止。就终止死者与其生前所在单位的劳动法律关系而言，都是不以权利主体的意志为转移的事件。相对事件表明，行为与事件之间的界限不是绝对的。以人的意志为转移的法律事实，对于由行为人直接引起的法律后果来讲属于行为，而对于不是行为人直接引起的法律后果来讲则属于事件。例如，交通事故，对于由肇事者所直接引起的保护性法律关系而言是行为，肇事者应该承担相应的法律责任；但对于由于交通事故而死亡，从而使死者与其生前所在单位的劳动法律关系解除而言，则属于相对事件。

（二）肯定的法律事实和否定的法律事实

按照产生法律后果是否要求某些现象存在，法律事实可分为肯定的法律事实和否定的法律事实。肯定的法律事实表明法律后果的产生要求有一定的现象出现，如果不存在该现象，就不可能产生该法律后果。如服兵役要求达到一定年龄，担任某一公职需要有主管机关的任命，都属于此类。否定的法律事实表明法律后果的产生要求不存在一定现象，如果存在该现象，就不可能产生这一法律后果。例如，婚姻登记的当事人之间不能存在某种亲属关系，被任命为政府官员的人不能是被剥夺政治权利的人，都属于此类。

（三）一次性作用的法律事实和连续性作用的法律事实

按照作用时间的长短，法律事实可分为一次性作用的法律事实和连续性作用的法律事实（状态）。绝大多数法律事实（行为、事件）都是一次性作用的，即法律规范仅仅在该具体情况下将它与法律后果相联系。状态，是长时间地、连续地或定期地存在的并产生法律后果的情况，如国籍、婚姻。状态区别于其他法律事实的特点在于它的长期性和连续性。同时，状态本身往往又是由其他法律事实引起的法律后果，所以它也是一种长期发生作用的法律关系。

（四）单一的法律事实和事实构成

按照产生法律后果所需要法律事实的数量，法律事实可分为单一的法律事实和由足够法律事实构成的系统，即事实构成。单一的法律事实说明法律后果的产生要求有单一的现象出现，如出生是建立父母与子女间法律关系的单一法律事实。但有些法律关系则必须具备两个或两个以上的法律事实，在这些法律事实之间形成了一个法律事实的系统，即事实构成。如我国《法官法》规定，担任法官必须具有中华人民共和国国籍，拥护中华人民共和国宪法，拥护中国共产党领导和社会主义制度，具有良好的政治、业务素质和道德品行并具备相应学历等条件。违法构成是事实构成的特殊形式，它是形成保护性法律关系、使违法者承担法律责任的法律事实系统。

思考题：

1. 如何理解法律关系？
2. 举例分析法律权利、法律义务的限度及其合理性。
3. 举例分析权利能力与行为能力之间的关系，以及权利能力、行为能力与权利之间的关系。
4. 举例说明法律事实的分类及其意义。
5. 试分析法律关系作为一种法律手段如何影响实际的社会关系。

第六章 法律行为

    法律作为一种行为规范体系，产生于行为调整的社会要求，又作用于行为以实现对社会关系的调整。法律制度的内容在一定意义上就是法律行为的构成模式。法律通过规范表达法律行为构成的模式，并通过其特有的作用机制，将人们的社会行为纳入这些模式中，进而实现社会调整。因此，了解法律行为，是深入了解法律规范体系及其作用机制的重要环节。

第一节　法律行为的概念

一、法律行为的界定

（一）法律行为的含义

    法律行为在现代法学研究和法律制度构建中是一个被广泛运用的概念，因为构建法律制度最重要的内容就是对相关法律行为作出设定。自从有了法律调整，现实活动中就有了法律行为，法律调整日益复杂，法律行为也日益复杂。

    法律行为作为一个学科或制度性概念，并没有随法律调整的出现而产生。在法律发展的历史上，这一概念出现在近代。它的产生与成文法的制定，特别是与判例法对应的法典法的发展密切相关，与法学的一般性研究密切相关。这一概念的出现可以说是法典法文化的重要成果。

    "法律行为"这一概念首先出现在近代德国的民法领域。德国和欧洲大陆其他国家一样，在法律文化上深受罗马法的影响。在作为欧洲大陆法历史源头的罗马法中，虽有一些具体的行为名称，如借贷、买卖、赠与、遗嘱行为等，但并无抽象的法律行为概念。罗马法律文献中有某些关于行为的术语似有一定的抽象性，如"actus cililis"，但其所指也是市民法的行为而不包含万民法上的行为，又如"actus legitmi"，其所指的也只是要式行为。① 德国法学界从法律的具体行为抽象出一般法律行为的概念，是由制定法典的需要推动的。

    1815 年德意志邦联成立前后，经济与政治的统一要求，推动了统一法制的

---

① 参见周枏：《罗马法原论》（下册），商务印书馆 1994 年版，第 582 页。

需要。这种需要反映在法学界，出现了关于编纂统一民法典的激烈争论以及由此推动的民法学研究的发展。1805 年，德国学者胡果基于前人的研究在《日耳曼普通法》一书中提出了"法律行为"的概念。萨维尼在 1840—1849 年间出版的八卷本《当代罗马法体系》中对法律行为作了系统论述，使之成为一个学理上更为严谨的概念。① 1896 年颁布的《德国民法典》在制度构成上使用了这一概念，法律行为成为该法典第三章的标题。这一概念后来影响了许多国家和地区的民法学研究及民事立法。

在我国，民法上的法律行为称为"民事法律行为"。我国《民法典》将民事法律行为界定为："民事法律行为是民事主体通过意思表示设立、变更、终止民事法律关系的行为。"根据《民法典》的规定及相关学理，民事法律行为以其效力状态为标准，可分为有效、无效、可撤销和效力待定四种具体法律行为。民事法律行为不包含违反民事法律行为成立要件的违法行为。

法律行为的概念虽最早产生于民法，但后来对其他法学学科影响极大。在后来的法学发展中，"法律行为"这一术语被广泛用于不同法学学科的研究中，但由此，这一术语的含义也出现了差异。对法律制度整体的研究，以及法律制度的整体构建与协调，都需要更一般意义的法律行为概念，即法理学的法律行为的概念。这一概念应当来源于对各部门法法律行为的高度抽象，它涵盖各部门法法律行为，是各种具体法律行为的最上位概念。按照《中国大百科全书·法学》的表述，法律行为指能发生法律上效力的人们的意志行为，即根据当事人的个人意愿形成的一种有意识的活动，它是社会生活中引起法律关系产生、变更和消灭的最经常的事实。法律行为可分为两类，合法行为和违法行为。②

从法的一般理论和实证法的角度考察各部门法法律行为的共同特征，可以看出至少有以下因素在界定法律行为时值得注意：法律行为是受到法律规范调整的行为，无论是合法行为还是违法行为，均有法律规范的规定；法律行为是人（包括人的组织）的行为，行为的主体是人而不是人以外的其他任何东西；法律行为是人的意志所控制的行为，无论合法行为还是违法行为，都具有意志因素；法律行为具有法律后果，法律会对其效果进行肯定或否定的评价。由

---

① 参见沈达明、梁仁洁编著：《德意志法上的法律行为》，对外贸易教育出版社 1992 年版，第 50 页；王利明：《法律行为制度的若干问题探讨》，《中国法学》2003 年第 5 期；魏振瀛主编：《民法》，北京大学出版社、高等教育出版社 2000 年版，第 134 页。

② 参见《中国大百科全书·法学》，中国大百科全书出版社 1992 年版，第 102 页。

此，我们可以将法律行为概述为：人们在其意志控制下实施的受法律调整并能产生法律后果的行为。

（二）法律行为的意义

法律行为是法律与行为的结合，是具有法律形式和实际社会活动内容的行为。法律与行为的关系，历来受到马克思主义法学的重视。马克思主义法学认为，法律作为一种规则体系，产生于社会对行为调整的要求，根植于社会物质生活条件；同时，它又作用于行为，以实现对社会的影响。社会存在的前提是社会生产。社会生产需要约束个别行为，以保证个别的活动服从社会生产的一般条件，形成社会的一般秩序。由社会生产所决定的其他社会活动领域对法的需要也是这样。法律产生于社会对行为调整的要求，法律也只有通过调整人们的行为，才能实现对社会关系的调整，实现对利益的分配，因为人们的现实活动是通过行为表现出来的，任何社会联系的现实性也是通过人的行为表现出来的。正因如此，马克思说："只是由于我表现自己，只是由于我踏入现实的领域，我才进入受立法者支配的范围。对于法律来说，除了我的行为以外，我是根本不存在的，我根本不是法律的对象。我的行为就是法律在处置我时所应依据的唯一的东西，因为我的行为就是我为之要求生存权利、要求现实权利的唯一东西，而且因此我才受到现行法的支配。"①

在法律调整下的行为是法律行为，法律行为成为法律作用于社会的中介。当然，法律调整并非与思想、意志无关，因为任何法律上的行为都是意志支配的行为，行为是意志的表现或表达。在对行为的法律调整中，意志是一个根本的内在要素。只有在无行为表现的情况下，纯粹的意志才不是法律考虑的对象，因为它已与现实分离。

法律行为有其法律形式和社会活动内容，它的意义也正由这两个方面表现出来。

法律行为的法律形式存在于实证法当中，它是法律所设立的行为模式，由法律规范的规定表现出来。比如，一个有效的合同，由合同双方设立合同的法律行为构成，法律规范规定了双方必须具有权利能力和行为能力，一方提出要约，另一方承诺，双方的意思表示必须真实，承诺的内容必须与要约内容一致，合同标的不能违法等。又如司法行为，按照法律的规定，一个判决的作

---

① 《马克思恩格斯全集》第 1 卷，人民出版社 1995 年版，第 121 页。

出，行为主体必须是司法机关，须由符合特定资质要求的人员组成案件审理机构行使审判权，案件的判决必须经过公开审理（法定特殊情况例外），审理过程必须有当事人参与并且其意见被平等地聆听，判决的作出必须以事实为依据、以法律为准绳。法律规范中所表达的法律行为模式，承载着法律的价值追求，体现着社会对行为调整的要求，特别包含了为实现特定调整目的而具有的法律调整技术。

法律行为的社会活动内容存在于社会活动领域，是人们具体和现实的法律活动，它是法律的运作，是规范的现实化，是活的法律。现实活动中的法律行为构成了现实的法律秩序，其中合法行为具有特别重要的意义。法律行为模式所包含的价值内容和行为要求，都是通过人们的合法行为实现的，由此，合法行为实现着法的各种功能。违法行为对于法的价值来说是产生负面意义的，因此受到法律的否定，而作为违法行为否定性评价后果的法律责任，其实现仍旧依赖于合法行为。

二、法律行为的特征

法律行为是人们行为的一种，它的特征是它区别于人们其他行为的一般属性和外部表现。法律行为的特征主要表现在它的法律性、社会性和意志性三个方面。

（一）法律性

法律行为与其他行为相区别的最大特点是行为的法律性。此处的法律性是指，法律行为是受法律调整的行为，也就是说，法律对这种行为有所规定，这种行为能够产生法律后果。

法律行为的法律性首先表现在法律对行为模式的设定方面，即法律行为是有法律根据的行为。法律行为有合法与违法之分。无论是权利的享有、积极义务的履行或是禁令的遵守等合法行为，还是权利的滥用、积极义务的不履行或是禁令的违背等违法行为，都有法律规范的根据。同样，无论是有效的法律行为，还是无效的法律行为，或可撤销的法律行为，也都有法律所规定的条件。

一个行为是合法行为或违法行为，是怎样的合法行为或怎样的违法行为，法律都有对其主体、行为方式以及相关意志内容，甚至它的社会效果的规定。无论是公法行为或私法行为，都有相关的规则。比如，房屋失火，路人施救或不施救与国家消防组织接报后施救或不施救，在比较其行为的法律性质时会发现：路人的行为并无法律要求或禁止，其作为或不作为均属道德行为；而国家消防组织的行为，无论施救或不施救都是法律行为，其施救是履行法定职责的行为，其不施救则是不履行法定职责的违法行为。

法律行为法律性的第二个方面，是行为能够产生法律后果，即行为能够引起一定法律关系的产生、变更或消灭。法律后果是由法律设定的。在法律实践的活动中，法律后果可能是法律行为主体有意识追求的目标，也可能是与法律行为主体意志追求的目标没有关系的后果，甚至还可能是法律行为主体刻意逃避的后果。比如，合同行为的法律后果是合同关系，这就属于前述的第一种情况；科学家的重大发明创造得到国家的奖励，就属于第二种情况；盗窃犯因盗窃行为受到法律制裁，则属于第三种情况。

法律后果包括肯定性法律后果和否定性法律后果。肯定性法律后果是指法律承认某种行为合法、有效并加以保护，甚至给予奖励；否定性法律后果是指法律认定某种行为违法、无效并加以撤销，甚至给予制裁。比如，通过有效的民事法律行为转移了财产所有权，法律确认和保护这种所有权变更的后果，这就是肯定性法律后果。如果通过盗窃取得对他人财产的占有，法律不仅要求其归还非法占有的财产，而且还将对违法行为主体追究刑事责任，这就是否定性法律后果。

法律后果进一步界定了法律行为。由此可以看出，并不是在法律许可范围内的任何自由行为都是法律行为。比如，一个人的日常休闲、读书、体育活动、交友、恋爱等，是不受非法干涉的，从这一意义上说这些行为都是受法律保护的自由，人们通常也会说"我有权这样做"。但非常明显，以上这些行为都不会产生法律后果，所以它们不属于法律行为。由此可以概括地说，法律行为是受法律调整的，即有法律根据的，能产生法律后果的行为。

法律行为的法律性还包含着一个法律的当然属性，即法律后果具有法律所包含的国家强制力保证。

（二）社会性

法律行为的社会性是指法律行为具有社会意义，会产生社会影响或社会效果。法律行为的社会性，源于人们行为的社会性，它说明的是对行为作出法律调整的必要性。

行为的社会性源于人的本质的社会性并体现这种社会性。任何人都处于一定的社会关系当中，社会也是人们有机地联系在一起的形式。正如马克思所指出的："人的本质不是单个人所固有的抽象物，在其现实性上，它是一切社会关系的总和。"① 人与人之间的关系依赖于行为，行为创造了人们的社会关系。当然，在人们的活动中，并不是所有行为都有社会意义或社会影响，一些纯粹只涉及主体自身的行为，如前面所提到的休闲、读书等，并不具有社会性。但是，人们的大量行为，都是具有社会性的，都直接或间接地影响到他人（特定或不特定的个人或人群），影响到他人利益的发生、存在、实现或变化。正是由于行为的这种社会影响，产生了对其进行法律调整的需要，需要法律来定分止争。因此，可以说，法律调整的行为是社会关系参加者的行为，法律不调整孤立的、不与他人相关的个人行为。当然，法律调整的行为不是一切有社会影响的或与他人相关的行为，而是在社会的经济、政治、文化及一般社会生活领域有较为重要影响的行为。

由于法律调整的行为是有重要社会影响的行为，那么社会性当然就成了法律行为的属性，成为法律行为的特征之一。这一特征表明，不具有社会性的行为不应当由法律调整，因此它不应当是法律行为。需要指出的是，有一些行为的社会影响并不那么直接和明显，但其影响是重要的，法律不能不作出要求和调整。比如，法律就对义务教育提出了要求。从表面上看，是否接受基本教育似乎只涉及行为者自己，但正如前面讲的，行为会直接或间接地影响到他人，对社会有直接和间接的影响。在经济文化发展到一定程度的社会，个人没有一定的文化素质就难以参与社会生产、获得生存和发展条件。一个人在社会中的正常生存与发展，并不纯粹是个人问题，而是关系到社会生产和社会发展，这就是义务教育的社会性根据。在现代社会，人们的社会关系越来越紧密的情况下，一些在过去看来与他人无涉的行为现在已具有并越来越具有社会意义，这正是法律调整的根据。

（三）意志性

法律行为的意志性，是指法律行为具有意志因素，是人们在其意志控制下实施的行为。意志是法律调整人们行为的中介。意志意味着人们能够辨识自己行为的意义并能控制自己的行为。正因如此，人们才能了解法律的要求并对行为进行选择，法律也才由此能够影响人们的行为选择，实现对行为的调整。

---

① 《马克思恩格斯文集》第1卷，人民出版社2009年版，第505页。

意志是法律行为的重要属性。法律根据人们行为意志因素的特点来确定一种行为是否为法律行为并对法律行为进行分类。比如，精神病患者将人打伤，刑法因行为人不能辨认和控制自己的行动不将这一行为视为法律行为（犯罪行为），而将其视为非正常举动，由此并不确定行为人的刑事责任。又如，无辨识能力的精神病患者或未成年人将自己的贵重物品送给他人，一些国家和地区的民法将这种行为归为民事法律行为，但又因其意志的缺陷不符合民事法律行为的效力要件而将其归为无效的民事法律行为。

总的来说，法律行为是人们在其意志控制下实施的行为。无论合法行为或违法行为都有意志的因素，都是人们有意识地选择作出的行为。

三、法律行为的分类

了解法律行为的分类，有助于了解法律行为的一般与具体，了解法律调整的规律。在法律行为范围内，可以按不同标准对其分类。根据法律调整的特点、行为的法律意义以及行为的自身特点，法律行为一般可作以下分类。

（一）合法行为与违法行为

以是否符合法律的要求为标准，法律行为可以分为合法行为和违法行为。这是法律行为中最宏观也是最常用的分类。合法行为是指符合法律要求，依照法律规定会引起肯定性法律后果的行为。违法行为则是违反法律的要求，依照法律规定会引起否定性法律后果的行为。

合法行为与违法行为还可以按法律的不同分类再作进一步划分。比如，按公法、私法的区分可以划分为公法上的合法行为与违法行为，私法上的合法行为与违法行为；按部门法的区分，可以划分为宪法、民法、行政法等部门法上的合法行为与违法行为等。

尽管法律行为被划分为合法行为与违法行为，但对于行为的性质判断不能简单地以非此即彼来推论。比如，有人认为凡是没有违反法律的禁止性规定的行为都是合法行为，其实这并不正确，因为合法行为有其严格的含义。从事法律不禁止的行为，只是属于不违法的行为，而不一定都是合法行为。在不违法的行为中，有一部分是合法行为，有一部分则是法律不调整的行为。正如前面所说，在法律行为（包括合法行为与违法行为）之外，还有一部分是法律所不调整的行为，与法律行为对应，可称为非法律行为。对于这一部分行为，道德、习惯、乡规民约等发挥着重要的调整作用。

（二）有效行为与无效行为

按法律所规定的法律行为发生效力的条件，法律行为分为有效行为和无效行为。有效行为是指按法律规定能产生行为人意志所追求的法律后果的行为。在这种行为中，法律后果是对行为的肯定。比如，符合法律规定要件的缔约行为，即是有效行为，它能产生行为人期望的有效契约的法律后果。在公法领域，符合法律授权、法定程序，符合法律形式与实质要件的司法判决和行政措施，都是有效的法律行为。无效行为是指按法律规定，行为不能产生行为人意志所追求的法律后果，即不能产生对行为的肯定性法律后果。也可以说，这种行为对于产生肯定性法律后果来说不能发生效力。比如，无民事行为能力人缔结的契约，通过盗窃方式获得对他人财产的占有，违反程序法要求的判决和行政措施等，都是无效的法律行为。

理解有效行为与无效行为这一分类有以下三点值得注意。

第一，这里所说的有效与无效，是针对行为人意欲之法律后果而言的。无效行为只是不能产生行为人意欲之法律后果，并非不引起法律后果。比如，盗窃不能取得盗窃者期望的财产所有权，但会引起相关的刑事法律责任。这里的刑事责任就是法律后果，只不过不是行为人意欲之法律后果。

第二，在行为的效力分类方面，还存在可撤销和效力未定的行为，但其最终会归为有效行为或无效行为。可撤销行为因被撤销而归于无效行为；效力未定之行为需要特定的人在行为之后确认行为有效还是无效，最终还是会归为有效行为或无效行为。

第三，无效行为在外延上并不等同于人们通常说的违法行为。比如，无民事行为能力人订立合同的行为和完全民事行为能力人订立意思内容有重大误解合同的行为，分别是无效行为和可撤销的行为。这些行为只是不能产生行为人所期望的肯定性法律后果，并不会产生其他违法行为所引起的那些法律责任，即受法律处罚，法律对其否定只是行为无效，因为这种行为不存在其他违法行为中所存在的主观上的"过错"或说"罪错"，而仅仅是对生效要件要求的违反。

（三）表意行为与事实行为

依据行为的法律后果是否依意思而产生，法律行为分为表意行为和事实行为。表意行为指作出意思表示，法律后果依意思表示而产生的行为，其法律后果的内容是由意思的内容决定的。比如，缔结契约的行为即为表意行为，其法律后果，即合同关系中的权利义务内容是由双方的意思设立的；公法上的行政决定、司法判决等行为，也属表意行为。事实行为是指法律后果的产生不是因为意思表示，而是由于行为自身作为一种事实引起法律规定的法律后果，法律后果的内容不由意思设立而直接由法律规定。比如民法上的先占、拾得漂流物，属于事实行为，其后果由法律规定。值得一提的是，在民法学领域，表意行为和事实行为原都是合法行为之下的分类，但近来的学术发展，已有学者将侵权行为归为事实行为。[①] 在作为法的一般理论的法理学意义上，违法行为归于事实行为是必然的，因为在法律后果与意志的关系上，它非常明显地表现出事实行为的特点。

（四）积极行为与消极行为

以行为的外部表现形式为标准，法律行为可分为积极行为与消极行为。积极行为即行为主体以主动作出某种举动为表现方式的行为，又称为作为，如以口述或书写的方式表示意思，提供劳务，交付物品等。消极行为是以不作出举动为表现形式的行为，又称为不作为，如负有保密义务者不泄密，负有救助义务者不救助等，分别是合法的不作为和违法的不作为。

（五）要式行为与非要式行为

要式行为与非要式行为是根据行为生效是否须有特定形式要件为标准划分的行为。要式行为即需要符合特定的形式要件才能产生法律效力的行为。如婚姻、不动产所有权之转移、票据之转让等，都属要式行为，前两者以登记为生效要件，后者以背书为生效要件。非要式行为即不需要满足特定形式要件即能产生法律效力的行为。如一般货物买卖合同，可以书面约定，可以口头约定，也可以电子信息形式约定，表意一致即为成立，并不要求特定形式。公法领域的行为一般都是要式行为，非要式行为一般存在于私法领域。

（六）单方行为与多方行为

以行为发生效力来看，只有一方主体作出行为即能发生效力的是单方行为，需要两方以上主体共同作出行为方能发生效力的为多方行为。比如，行政决定、司法判决、公民放弃财产所有权、公民放弃债权等，都是单方行为；订立合同、设立社团、通过决议等都是多方行为。

（七）个人行为与组织行为

以行为所体现的意志来看，凡体现单个自然人（公民）意志的行为是个人

[①] 参见王利明主编：《民法》（第七版），中国人民大学出版社 2018 年版，第 40—41 页；王轶：《论民事法律事实的类型区分》，《中国法学》2013 年第 1 期。

行为，凡体现组织意志的行为是组织行为。个人行为的特点是受个人意志控制，表现个人意志，由个人作出。比如，公民参加选举、签订合同、转让财产等，都是个人行为。组织行为的特点就在于组织性，行为受组织意志控制，行为体现的是组织意志。组织行为由其代表人作出。这里所说的组织，指的是法律上的主体，并不简单是一群人的集合。比如，行政机关作出决定、司法机关作出判决、企业签订合同等，都是组织行为。在理解组织行为时不能忽视组织的法律主体属性，因为有些行为虽由人群作出，但仍属个人行为。比如，犯罪组织所组织实施的犯罪行为，仍是个人行为；游行的人群发生冲突也是个人行为。有些行为看似是个人作出的，但仍是组织行为，如独任法官作出判决就属于组织行为。

第二节　法律行为的结构

法律行为结构表现了法律行为有效构成的一般法律要件，体现着法律对行为的调整机制，也是法律行为分类的一般根据。法律行为的结构可以分解为三大要件，即法律行为的主体、法律行为的内在方面和法律行为的外在方面。

一、法律行为的主体

分析一个行为是否为法律行为或是哪一类的法律行为，首先需要考察行为的实施者是否为法律行为主体或是哪一类法律行为主体。比如，博物馆重要文物遭窃，公安机关接报后在路上设卡检查，这就是一个执法行为；如果博物馆自己组织人员上路设卡检查，这就是一个违法行为。

法律行为主体是法律行为的实施者，任何法律行为都是由法律行为主体实施的行为。但是，社会活动的参与者能否成为法律行为主体或成为哪一类法律行为主体，则是由法律规定的。比如，在罗马法中，人分为两种，自由人与奴隶，奴隶是沦为别人财产的人。主人对于奴隶有生杀之权，奴隶所取得的东西都归主人所有。奴隶基于主人的人格有权缔结要式口约，不过，所有的利益归于他的主人。奴隶犯有不法行为时，如盗窃、抢劫、造成财产上损害或实施人身伤害等，将产生交出加害人之诉。主人向原告交出奴隶后，主人即免除责任。① 从这些规定中我们可以看到，奴隶不是合法行为的主体，他们不能参与正常的法律活动。但是，他们是不法行为的主体，他们作出不法行为后，主人应将其交由受害人处理。在罗马法中，同样是自由民，家父与父权之下之子所能从事的法律行为也不相同：家父能够从事各种民事法律行为，父权之下之子则不能。家父可以出售儿子，儿子则不能从事相反的行为出售父亲。同样是人，但因性别、民族或其他方面不同而在作为法律行为主体上存在差别，这种现象在法律发展史中非常普遍。在当今，这些不合理的差别在许多国家的法律中已被否定。但是，法律行为主体的分类规定则总是存在，而且法律调整越发达，这种分类就越多。

法律行为主体由法律规定，这是法律行为主体的一个基本属性。这一属性反映了立法者的主观选择和安排，但这种选择和安排并非由立法者随意作出，它受到社会物质生活条件的制约，即受到社会生产方式的制约，同时还受到该社会文化发展状况的制约。理解这一基本属性及制约性应注意以下方面。

第一，法律行为主体是人。法律行为主体是人（包括人的组织），而不是其他动物，更不是自然界中其他生命体和非生命体。因为法律要规范的是社会活动，这些活动由人的意志行为构成，因此只有人能够成为法律行为主体。

第二，不同历史时期、不同国家的法律对法律行为主体的确定，是受社会物质生活条件及文化条件制约的。比如，前述罗马法对奴隶在法律行为主体方面的规定，根本上是基于奴隶制经济的需要；其对父权的保护，也是源于当时在生产领域贯彻以家庭为基础的私有制的需要。后来资本主义法律确认每一个成年人都能成为缔约主体，也是由于市场经济发展的需要。英国学者梅因将这些变化概述为社会"从身份到契约"的进步。② 社会物质生活条件的变化推动了这些变化；同时，社会经济生活的多样性也推动着法律行为主体特定化和多样性的发展。比如，商事法律行为主体从一般民事法律行为主体中分化出来，行为人要从事商业活动，必须要取得商主体的资格，否则就是违法。行为人要从事某些特别的商业活动，还必须取得特别的商主体资格，比如要从事烟、酒、药品、化学品、危险品等的生产或销售活动，必须取得相关主体资格。法律在这方面的要求和规定并不是历来如此的，而是社会发展到一定

① 参见［罗马］查士丁尼：《法学总论——法学阶梯》，张企泰译，商务印书馆1989年版，第12、18、164、221—222页。
② 参见［英］梅因：《古代法》，沈景一译，商务印书馆1959年版，第95—97页。

阶段才出现的。

除社会物质生活条件的制约外，社会文化条件也制约着法律对法律行为主体的确定。比如，宗教、习俗、社会普遍的文化教育水平等，影响着法律行为主体的确定。在欧洲中世纪政教合一的国家中，世俗法律确认了神职人员的特权，国王地位只有在得到宗教认可的情况下才具有合法性（君权神授），异教徒在法律上无权参与国家的管理活动等。又如，美国建国后直到 20 世纪初，一直将妇女排除在选举行为主体之外，文化上歧视妇女是一个重要原因。

第三，法律对法律行为主体的确定体现着立法者的主观选择和对法律调整技术的运用。立法是一种能动的行为，体现着人的主观能动性，因此，法律行为主体的确定都是立法有意识的选择和安排，包含着运用一定的法律调整技术服务于法律调整的目的。比如，将国家机关或一定的社会组织排除于商事法律行为主体之外，就是一种选择。

第四，法律行为主体与法律关系主体有一定区别。法律关系主体的基础是权利能力，法律行为主体的基础是行为能力或责任能力。比如，婴儿能够成为法律关系的主体，但不是法律行为的主体；公民能够在行政法律关系中作为主体（相对人），但不是行政行为的主体。

二、法律行为的内在方面

法律行为的内在方面，指的是法律行为的意志方面的内容或因素，根据其对行为发生的影响不同，这些因素可以分解为行为认知与控制能力、行为动机和行为目的三个基本方面。法律在调整行为时所考量的因素，主要在这三个方面。当然，在调整不同行为时，法律对这三个因素考虑的权重是不同的。比如，在一些民事法律行为中，动机不是法律所考虑的因素，而在一些犯罪行为中则是需要考虑的因素。

（一）行为认知与控制能力

行为认知是指行为主体对行为本身和行为意义的了解。它的内容是知识性的，即知道自己做什么、如何做、将产生什么样的后果等。任何法律行为都以一定认知因素为基础，认知状况是法律确定行为是否为法律行为以及是何种法律行为的重要因素。一般来说，无认知的行为不被法律认定为法律行为，或不被认定为有效的法律行为（如《民法典》规定的无民事行为能力人实施的民事法律行为），但法律会根据需要选择安排或不安排法律后果。法律对认知的确认是以社会当时能知和当知的条件为标准的，也就是说，关于行为的认知，法律有自己的一般标准而非当事人个人的标准。比如完全不能辨认自己行为的精神病患者，其民事活动不被视为有效的法律行为，因为这些人无法具有社会中人们普遍具有的常识。又如，食品生产商将某些添加剂加入食品引起了食用者的不良反应，而当时的科学已证明这些添加剂如混合使用对人体有害，即使生产商不知道这一科学结论，法律仍将确认生产商的行为违法，应当追究法律责任。因为在法律的标准看来，使用这种添加剂的危害性是食品生产商能知并当知的，其不知本身就是过错。但是，如果食品生产商按人们的长期习惯使用某种添加剂，并且当时科学尚不能发现这种添加剂的危害，即使后来科学发现了这种添加剂的危害性，而对于科学发现之前使用这种添加剂的行为，法律不会确认其违法，不会追究法律责任，因为这种认知在当时是不能达到的，也是不能要求人们当知的。

控制能力所说明的是行为主体的行为受自己意志支配的状况。控制能力体现在两方面：一方面是行为主体的意志能支配自己的行为而不受自身其他因素的制约。比如，疾病使自己意识模糊，或虽意识清晰但疾病已使自己体力不支而不能履行法律要求的行为。另一方面是自身意志不受他人强制，具有自主性、独立性。比如，主动从事盗窃和在胁迫下从事盗窃，后者的行为控制能力存在缺陷，其行为并不是完全自主和独立的。行为是意志的表现，行为的控制能力表示了意志与行为的一致。控制能力也是法律确认法律行为及种类的一个因素。法律通常根据社会活动主体行为控制能力的一般状况确认其法律行为能力（或责任能力）状况，并根据具体情况在法的适用中予以确定。

（二）动机

人们的行为都是由动机推动的。动机是推动人们作出某种行为的内在心理动力。"就单个人来说，他的行动的一切动力，都一定要通过他的头脑，一定要转变为他的意志的动机，才能使他行动起来"[①]。动机的产生源于人们感觉到的需要。需要引起行为动机，而动机又推动人们的行为。比如，饥饿的感觉引起获取食物的动机，推动了获取（或寻找或购买或讨要）食物的行为。与行为目的相比，动机是深层的主观因素。有时人们的行为相同，却源于不同动机的推动。比如，同样是捐赠行为，有的可能是想回报他人或社会，有的可能是基

---

① 《马克思恩格斯文集》第4卷，人民出版社2009年版，第306页。

于同情，有的可能是为自己过去某种不当行为赎罪，有的则可能是想借此扬名。又如故意杀人的行为，可能起因于义愤，也可能起因于报复，还可能是企图消灭证人。动机是引起行为发生的因素，但由于它通常深藏不露，因此，法律在调整行为时更多的是考量行为的目的而不是动机因素，只是在调整某些行为时才将其作为考量因素。

法律对动机的考量，主要体现在某些民事法律行为的效力确定上和刑事犯罪的情节认定上。在民事活动中，法律行为的动机一般不影响法律行为的成立，因为对于事实法律行为，法律不考虑其动机，而对于表意行为，如果动机成为意思的内容，且动机违法或违背社会的公序良俗，则会影响法律行为的效力。比如，一个房屋租赁合同，甲表示欲意租赁乙的房屋，乙愿意出租该房屋，双方约定租金，合同即成立并产生效力。但是，如果甲表示租屋的动机是为了开设赌场，那么这一合同就是无效合同。在刑法中，动机是考量故意犯罪情节的重要因素之一，因为故意犯罪由动机直接推动，它体现了犯罪行为的主观恶性程度。比如，因义愤杀死一个长期横行乡里的恶霸与为防止自己犯罪行为暴露而杀害知情人，这两种动机反映出了不同的主观恶性，后者的恶劣程度显然重于前者，即情节重于前者。

（三）目的

目的是行为主体作出某种行为时在主观上所追求的目标或后果。行为目的与动机有密切关系，两者作为行为的主观因素，动机是深层的，而目的是外显的、直接的；动机决定目的，目的表现动机。在法律行为的构成中，行为目的是法律考量的一个不可或缺的因素。在法律行为中，目的的意义表现在以下几方面。

第一，目的决定了行为后果的内容和行为的法律效力。这种情况主要表现在具体的表意行为当中，目的确定了法律后果，目的构成了法律后果的内容。比如，在房屋买卖的行为中，买方的目的是取得房屋所有权，卖方是要取得价金，双方的目的在缔约行为中得到表达，所引起的法律后果即是房屋买卖的合同关系，其内容就是一方交付房屋转移所有权，另一方支付价金。行政决定、司法判决等行为，其目的也在表意之中，即决定某种法律关系的产生、变更或消灭。在这些行为中，行为的社会后果就是法律后果，行为的目的就是追求这样的法律后果。由此，如果目的存在错误，比如违法或违背社会的公序良俗，行为即不产生法律效力。

第二，目的构成法律行为的核心内容，决定法律行为的功能方向。这种情况主要表现在抽象的表意行为中。比如在立法中，立法目的所表达的是国家制定该法的基本意图，是该法发挥社会作用的方向。当法律规范不清晰而需要进行解释时，立法目的就成了法律解释的重要根据。同样，如果立法目的违反上位法的基本原则和要求，则会影响该法的法律效力。

第三，目的状况作为事实因素之一决定法律行为的性质。这种情况出现在事实行为中，即行为的法律后果并不是行为主体追求的目的，而是法律根据行为特点赋予的。人们的任何行为都有目的，也都会对自然或社会产生一定影响或结果。在这些影响或结果中，有些是行为主体追求的，是行为目的的实现，这是一种目的与结果一致的事实联系状况；有些结果则不是行为者追求的，其结果是行为目的以外的，两者是不一致的，这又是另一种事实联系状况。法律在确定行为的法律后果时，只将主体的行为目的与对行为结果的影响作为一种事实因素来对待，而不将其作为权利义务追求的主观意志来对待。在事实行为的调整中，法律对行为目的的不同考量可以在合法与违法两大类行为中分别说明。

按法律规定，合法的事实行为会引起肯定性法律后果，而合法行为一定包含行为目的的合法，以及作为实现了目的的社会结果的合法，由此，法律会赋予这种行为一定的肯定性法律后果。比如无因管理，行为目的是为防止他人利益受损，因而在没有得到受益人授权的情况下提供管理，这种行为的目的和实际结果都具有合法性，而法律对这种行为的肯定就是使无因管理行为得产生无因管理之债，即管理人有权请求受益人偿付管理事务所支出的合理费用。这就是法律赋予的肯定性后果。又如，科学家从事科学研究，其目的是探求规律揭示真理，其社会成果是学术著述或理论的形成，其目的与社会结果均具有合法性，而法律赋予的后果则是知识产权。

在违法行为中，违法的社会后果与行为目的存在怎样的联系，是考量违法是否故意的根本标准。如果行为目的是要通过实施法律禁止的行为以达到法律禁止之结果，就是故意违法或故意犯罪。比如，用木棍敲人头部，目的是取人性命，即为故意杀人。如果目的已实现，其犯罪形态即为既遂；如果目的未实现，即为未遂。在一些行为中，行为人的目的并不违法，在行为产生的多种结果中，与目的相符合的结果也不违法，但其他结果中包含法律所保护的利益受到损害，对于这种情况，法律的调整是根据行为认知和控制能力状况，确定其是否为过失违法。过失违法没有违法目的，即行为者并不追求危害结果的发生，但对于危害结果的发生存在着法律要求当知而不知，或已知可能发生但轻信可以避免的情况。比如，青年人在玩笑中将人推倒于地，结果致人倒地时头被石头撞破而死亡。在这种情况中，行为人的目的并不是追求这种危害结果的发生，而是对结果应当预见但因疏忽大意而未预见。

对于行为构成的内在方面，法律在调整行为时是结合行为的整体来考量的，并非撇开外在的行为因素而单独调整人们的主观意志、规定主观意志的法律后果。没有外在的行为因素，行为的内在方面是无从表现的。如果不结合行为的外部表现来考量行为的内在方面，不以实际发生的行动来追寻人们的主观因素，而仅以人们的主观意志因素作为规定法律后果的根据，这就给主观臆断提供了广阔空间，历史上的许多恶法就是这样的。

三、法律行为的外在方面

法律行为的外在方面是法律行为的客观表现，是可以观察到的人们活动的状况，它受法律行为的内在方面支配，是法律行为内在方面的外部表现。在法律行为的结构中，外在方面具有决定意义，这是因为：其一，只有通过外在方面的活动，人的主观意志才能影响外界，才能真正产生现实意义；其二，只有通过外在方面，人们才能了解行为人的主观意愿；其三，法律确定行为是否为法律行为以及对法律行为进行分类，首先是以行为的外在方面为根据的。根据行为的一般过程和法律调整特点，法律行为外在方面可分为行为构成和行为结果两个部分。

（一）行为构成

行为构成指以一定的行动、手段和过程表现出来的行为状态。任何行为总是以一定的行动、手段和过程表现出来的。在法律调整中，对于重要的法律行为，法律通常对其行动、手段和过程都作出具体规定，以此规范其效力和后果，如不动产所有权的转移、司法判决等。对于有些行为，法律虽在行动、手段和过程方面未作具体规定，但通常也包含着行动、手段和过程这些基本要素，以便对行为的法律性质进行分类和调整。

1. 行动

行动指行为主体由身体所作出的影响外界的动作。当这种动作是在行为主体意志支配下作出时被称为行为，而无意志支配的纯动作就被称为举动，如精神病患者的手舞足蹈。行动的形式以其外观来看有作为和不作为两种，也就是在前面法律行为分类中所提到的积极行为和消极行为。以行动是否以其物理的力量影响对象来看，行动影响外界的方式可分为两种：一种是以物理力量直接作用于对象影响外界的，如交付货物、收取货款、抢劫财物等；另一种是通过其表达意志影响外界的，如要约、承诺、起诉等。

2. 手段

手段指行为主体为达致行为目的而采取的行为方法及所借助之工具。手段与行动是有联系的，任何行动都是包含着手段的行动，任何手段也都体现在行动之中。手段的选择受制于行为目的，同时受制于行为认知、价值判断等意志的因素，因此，手段是法律确定行为的合法性状况，以及属于何种合法或违法并承担何种法律后果的因素之一。总的来说，只要行为的手段违法，其行为即违法，但手段合法其行为则不一定为合法，比如，为逃避债务的履行而将自己的财产赠与他人以规避法律的行为即是如此。法律对于合法行为的设定必然要求手段合法。而在违法行为方面，手段愈恶劣，其性质就愈严重。

3. 过程

行为过程，指一个完整形态的行为从发生到结束的步骤及时间顺序。行为通常不是在一瞬间完成的，而是包含一些步骤及顺序的过程。比如，契约的缔结，一方要约，一方承诺，即为成立。但如果双方存在空间间隔，另一方的承诺以文字作出，最后邮寄送达要约方，就出现了过程，这就涉及完整的行为是以交邮为结束还是以对方收悉为结束。又如，一个故意杀人行为，从预谋开始，到犯罪预备，再到实施行为，最后行为实施终了。在这一过程中，行为人如果要中止杀人行为，只能在预备及行为实施期间；如果行为实施终了，行为人以为杀人目的已达到，而结果受害人并没有死，这只能是杀人未遂而不构成犯罪中止。

法律对行为进行调整，过程是其中一个重要因素。对于重要的行为，法律一般以规范形式确定其完整形态，进而确定其法律后果。但是，对于不同领域的行为，法律的确认有所不同。在私法领域，由于活动的多样性和复杂性，以及需要行为主体主动性的发挥，法律通常只就重要的行为过程提供大致模式，而同时给予行为主体较大的自治空间。在刑事法律领域，由于法律所要追究责任的行为是严重的违法行为，因此其对行为完整形态的规定相应严格。比如，对于行为犯，只要实施了法律禁止的行为，即被视为具有行为的完整形态。对于行使公共权力的行为，如执法和司法，为保证其正当性和防止权力滥用，法律对其过程一般都有严格的规定，"正当程序"原则是引导这一领域立法及实践的基本法律原则。

（二）行为结果

行为结果是行为所产生的对自然或社会的影响，是行为造成的自然或社会的某种变化。比如，开荒种地的行为使荒地变田园，这是行为对自然的影响；交换的行为，使物的所有权发生变化，这是行为对社会的影响。法律所关注的行为只是有社会影响的行为。但是，对自然产生影响的行为通常也会产生社会影响，比如，开荒种地可能造成水土流失，影响他人的土地利益或相邻关系等。行为造成自然变化，而这种变化又产生社会影响，法律就可能对这种行为进行调整。

行为结果是法律将行为纳入调整范围的重要根据，也是法律影响行为的重要因素。

法律是根据行为结果所包含的社会影响的程度来决定是否将某种行为纳入调整范围的。没有社会影响或社会影响程度较低的行为，法律一般不予调整，而将其留在习惯、道德等调整的范围。如果一种行为对社会的基本秩序或他人的重要利益产生重要影响，那么法律一定会对这种行为作出要求和调整。行为的社会影响有有形与无形之分，比如人被打伤、房屋被烧毁是有形的影响，而在城市中驾车高速行驶和存放爆炸物品的影响是无形的。行为影响的重要性并不以有形无形来划分，有些无形的影响就非常重要，比如威胁到公共安全，相关的行为就会被纳入法律调整范围。

一方面法律根据行为结果来确定是否调整某类行为，另一方面行为结果也是法律影响行为的作用点。在法律调整中，法律通过对行为结果的肯定或否定来影响人们的行为选择。比如，通过肯定合法交易行为的有效性，鼓励人们分工合作，实现利益互补；根据犯罪行为的结果状况（如既遂、未遂、中止，财产犯罪的不同数额）分别设定法律责任，由此分别震慑潜在违法者对这些行为的选择。

在法律调整中，法律将行为结果纳入行为构成的要素时，其考量的因素和作用的机制包含以下几个方面。

第一，行为与结果的因果关系。法律上将自然或社会的某种变化归结为行为结果，必定因为特定行为与这种变化之间存在客观因果联系，即行为是引起自然或社会变化的原因，自然或社会变化是行为作用的结果。这种因果关系必须是客观的，是不以人们的想象变化的。比如，甲祈祷天神惩罚乙，而乙后来病逝。甲自认为行为达到了自己的目的，而客观上两者并无因果联系，法律不能将甲的行为定为杀人行为。而如果甲投毒致乙食用后死亡，这两者间就存在客观的因果关系。行为与结果的关系复杂多样，因为在因果关系领域，有一因多果、多因一果、多因多果等现象，原因中还有直接原因与间接原因，结果中也有直接结果与间接结果。法律调整中一般注重的是直接因果关系，对于结果多因的情况，则注重区分主因和次因与结果的不同关联。

第二，结果与行为的内在方面的关系。行为结果与行为的内在方面存在紧密关联，因为人的行为总是意志行为，是人的意志选择和控制的活动。所以，调整法律行为时一般都将结果与行为的内在方面结合起来考虑，以确定行为的性质和法律后果。比如，刑事犯罪分类中的故意犯罪，就是以其内在方面存在追求犯罪结果的目的来确定的；过失犯罪则是因为行为认知方面存在过错。在民商法领域，法律更注重结果与行为内在方面的联系，行为结果要获得法律上的效力，行为的内在方面特别是目的必须符合法律规定的生效条件。

第三，法律根据行为与结果的关联以及结果的社会影响状况，对行为赋予肯定的或否定的法律后果。这是法律对行为作出调整的一种重要方式，即以行为及后果为根据，再加上法律后果，进而影响人们的行为选择和控制。这种调整的方式可表述为"行为+结果（社会影响）+法律后果（肯定或否定）"。比如，无因管理行为产生防止他人利益损失的结果，而法律赋予的后果为管理人有权向受益人请求偿付有关费用。又如，犯罪行为产生危害社会的结果，法律赋予的后果是刑事责任。

第四，法律将行为结果与法律后果设为一体，以引导行为。法律除了按前述方式以行为及结果为根据再赋予法律后果以外，还可以将人们所追求的目的与法律后果设为一体，以确认人们行为的效力，实现对行为的调整。这种调整方式可以表述为"行为+法律后果（社会影响+法律形式）"。这里的法律后果在内容上包含实际的社会结果，同时又有法律的权利义务形式。比如，在合同法调整的情况下，缔约行为引起合同关系，合同关系是法律关系，是缔约行为的法律后果。其中，合同关系的社会内容是双方已约定将做某事，其法律形式则是从法律上说双方具有做某事的权利义务。对于这两层关系，可以这样理解：在没有法律调整的情况下，人们缔约是否会有行为结果？这是当然有的。

许多人类学材料已经揭示，在没有法律调整的人类早期，人们缔约行为产生的结果就是人们必须按照约定做某事，其保证或是基于对神的敬畏（因为承诺包含对神的承诺，所以早期人类缔约通常伴有神圣仪式），或是以物或人作质，或是违约后招致直接报复等。只是后来，社会发展出现了越来越频繁的交换，因此要求有更便捷的交换形式和更有效的履约保障，法律的便捷形式和有力保障也就应运而生，同时，缔约的法律后果也以其法律形式掩盖了它的社会生活内容。其实，恩格斯曾在有关生产、交换引起规则及法律产生的论述中揭示了上述现象运动的规律。① 只不过对于这种调整形式，有时人们只看到法律后果的法律形式，而忽视了其中的社会内容。

将法律后果与行为结果设为一体，人们的行为所追求的目的就具有了法律的形式，因而行为结果直接具有了法律的效力，这种调整形式可以非常有效地引导人们的行为选择和保障其所形成的社会关系。

思考题：

1. 简述法律行为的特征。
2. 简述法律行为的分类。
3. 如何理解法律行为主体的属性及其制约性？
4. 法律行为的内在方面包括哪些基本因素？
5. 法律行为的外在方面包括哪些基本因素？

---

① 参见《马克思恩格斯选集》第3卷，人民出版社2012年版，第260—261页。

第七章 法律责任

　　法律责任是贯穿于法的运行全过程中的重要问题，是法的约束力和强制力的直接体现。立法的重要任务之一是合理地设定和分配法律责任，指引人们正确行使法定权利和履行法定义务。行政执法和司法的主要任务是依法公正地认定和追究当事人违反法律的责任，保证法律在全社会的有效实施。

第一节　法律责任的概念

一、法律责任的含义

　　"责任"是人们在日常生活中经常使用的词汇，通常包含两种密切关联的含义：一是分内应做之事。这种意义上的"责任"和"义务""职责"是同义词。例如，教书育人是教师应尽的责任。二是未做好分内之事而应承担的后果。通常采用"负有责任""追究责任""承担责任"等表述方式。例如，矿主对矿产安全生产事故负有责任。我们可以把前一种责任称为积极责任，把后一种责任称为消极责任。在消极责任中，有违反政治义务的政治责任、违反道德准则的道德责任、不遵守或破坏纪律的违纪责任，也有违反法律要求的法律责任。

　　在法学专业文献中，由于学者们从不同的角度和方面来理解法律责任，因而对法律责任的释义有所不同。归纳起来，主要有三种代表性的观点。

　　1. 处罚论。它把法律责任定义为责任主体必须接受的"处罚""惩罚"和"制裁"。例如，哈特指出："某人在法律上应对某事（行为或伤害）负责任，等于某人因其行为或伤害在法律上应受到惩罚或被迫赔偿。"[1] 我国台湾学者李肇伟认为："故所谓责任，乃为义务人违反其义务时，所应受法律之处罚也。"[2]处罚论存在明显的缺陷，即它主要适用于刑事法律责任和行政法律责任，而很难解释以补偿损失为主要目的的民事法律责任。这类民事法律责任并不具有惩

---

[1]　H.L.A.Hart，"Responsibility"，in *Philosophy of Law*（*Second Edition*），Edited by J.Feinberg & H.Gross，Wadsworth Publishing Company，1980，p.97.

[2]　李肇伟：《法理学》，（中国台湾）中兴大学1979年版，第306页。

罚或制裁的特点和作用。

2. 后果论。它把法律责任定义为责任主体必须承担的不利后果。例如，苏联学者萨默先科认为，责任就是一个人必须承受他的行为给自己造成的不利后果。[①] 我国《法学词典》解释说，法律责任是由于违法行为而应当承担的法律后果，"国家公职人员、公民或法人拒不执行法律义务，或者作出法律禁止的行为，并具备违法行为的构成要件，便应承担这种违法行为所引起的法律后果"[②]。后果论的主要缺陷在于，"不利后果"的含义过于宽泛。在很多情况下，承担法律上的不利后果并不意味着承担法律责任。

3. 义务论。它把法律责任定义为责任主体必须承担的某种义务。《布莱克法律词典》的表述是，法律责任是指"因某种行为而产生的受惩罚的义务及对引起的损害予以赔偿或用别的方法予以补偿的义务"[③]。苏联学者切尔丹采夫、科日夫尼科夫等认为，法律责任"表现为违法者接受国家强制措施的义务，也就是要对犯法行为负责的义务"[④]。相对于处罚论、后果论来说，义务论对法律责任的解释更为合理，它既能全面地涵盖各类法律责任，也准确地揭示了法律责任的强制性。它的缺点在于，没有充分说明法律责任这种后产生的义务与作为其前提的原定义务之间的联系与区别。

比较以上三种代表性的观点，以义务论为基础，可以把典型意义上的法律责任定义为：由于责任主体违反法定或约定的义务，或者因为法律的特殊规定，而必须承担的具有直接强制性的特定义务，亦即由于违反第一性义务而引起的第二性义务。这个定义被法学界称为"第二性义务论"或"新义务论"。它具有两个突出的优点。

第一，它可以把法律责任置于法的逻辑联系之中。把法律责任看作是由于违反第一性义务而引起的第二性义务，不仅使法律责任与权利和义务这一对法的基本概念联系起来，也使法律责任与以权利和义务为内容的法律规范、法律关系联系起来。如果说法律规范是以条文形式作出的权利和义务规定，法律关

[①] 转引自［苏］Л.B.巴格里-沙赫马托夫：《刑事责任与刑罚》，韦政强等译，法律出版社 1984 年版，第 5 页。

[②] 《法学词典》编辑委员会编：《法学词典》（增订版），上海辞书出版社 1984 年版，第 618 页。

[③] *Black's Law Dictionary* (*Fifth Edition*), West Publishing Co., 1979, p.1179.

[④] 转引自［苏］C.C.阿列克谢耶夫：《法的一般理论》（上册），黄良平、丁文琪译，法律出版社 1988 年版，第 289—290 页。

系是人们依据法律规范而形成的权利和义务关系，那么法律责任就是违反前述第一性义务而引起的第二性义务。这一定义把作为第二性义务的法律责任与作为其前提的第一性义务区分开来，既说明了二者之间的区别，又揭示了二者之间的联系。

第二，它既说明了法律责任的必为性，也说明了法律责任的当为性。一方面，法律责任是由专门国家机关依照法定程序认定，并由国家机关直接运用强制力保障履行的义务，具有必须承担和实现的刚性约束力。另一方面，法律责任是责任主体不履行第一性义务而产生的第二性义务，也是责任主体侵害他人（第一性义务的相对方）的权利而产生的强制性义务，因而，责任主体承担法律责任，具有道义上的正当性。

二、法律责任的构成要件

法律责任的构成要件，是行为人承担法律责任必须具备的基本条件，也是国家机关认定和追究行为人的法律责任时必须考虑的基本因素。尽管不同类型的法律责任的构成要件有所不同，但从总体上说，法律责任的构成要件通常包括下列五个基本要素。

（一）责任主体

责任主体是指违反法定或约定的义务，并具有责任能力因而必须承担法律责任的人，包括自然人、法人和国家。具有责任能力是行为人承担法律责任的前提条件。如果行为人虽然实施了违法行为，但并不具有责任能力，则行为人不承担法律责任。

对于自然人而言，所谓责任能力，是指行为人能够正常地认知和控制自己的行为，因而能够对自己的行为承担责任的能力。责任能力的核心在于行为人的认知和控制能力，即能够认识到自己的行为目的、性质和后果，并能够有意识地引导和控制自己的行为。一方面，只有具备正常的认知和控制能力，行为人的思想和行为之间才有因果联系，行为人才应该对其行为承担法律责任；另一方面，只有具备正常的认知和控制能力，行为人才能充分地理解法律责任的不利后果和负面影响，这样，法律责任的预防、惩罚和教育作用才能有效发挥。

行为人有无责任能力主要是根据行为人的年龄和精神状态来判断的。根据我国《刑法》的规定，不满十四周岁的人实施犯罪行为的，不负刑事责任；精神病人在不能辨认或者不能控制自己行为的时候造成危害结果，经法定程序鉴定确认的，不负刑事责任。

对于法人而言，其责任能力不像自然人那样需要考量年龄和精神状态，而是从法人成立时起便具备。

国家在一些情况下也是责任主体。比如，行政机关的具体行政行为对相对人的合法权益造成损害的，国家就应承担赔偿责任。

在多数情形下，责任主体应当是行为主体，即违反法定或约定义务的行为人。但在某些情形下，责任主体可能不是行为主体。例如，在本节第三部分所说的连带责任和替代责任的情形下，责任主体并没有实施违法行为或违约行为，但按照法律的规定必须承担法律责任。又如，儿童实施了侵权行为，儿童的监护人应当承担赔偿责任。在这些情形下，行为主体和责任主体并不一致。

（二）违法或违约行为

违法或违约行为，是法律责任的核心构成要素。不存在违法或违约行为，就谈不上法律责任。违法或违约行为包括作为和不作为两类。作为是指当法律或合同禁止行为人作出一定行为时，行为人违反法律规定或合同约定作出了该种行为。大部分违法或违约行为，都属于作为。不作为是指当法律或合同要求行为人作出一定行为时，行为人拒不作出该种行为。区分作为与不作为，对于确定法律责任的范围、大小具有重要意义。

（三）主观过错

主观过错是指行为人实施违法或违约行为时的主观心理状态。在人类社会的早期，按照客观原则进行归责，因而主观过错对法律责任的构成没有什么意义，仅与法律责任的大小有一定关系。现代社会将主观过错作为法律责任构成的要件之一，不同的主观心理状态对认定某一行为是否有责任及承担何种法律责任有着直接的联系。主观过错作为犯罪的主观要件，是犯罪构成的必要条件之一，对于认定和衡量刑事法律责任即区分罪与非罪、此罪与彼罪、一罪与数罪、重罪与轻罪具有重要作用。在民事法律责任方面，一般也要考虑主观过错，采用过错责任原则。

主观过错包括故意和过失两类。故意是指明知自己的行为会发生危害社会、损害他人的结果，希望或放任这种结果发生的心理状态。过失是指应当预见自己的行为可能发生危害社会、损害他人的结果，因为疏忽大意而没有预见，或已经预见而轻信能够避免，以致发生这种结果的心理状态。一般来说，由于故意比过失的主观恶性更大，法律对出于故意的违法行为的惩罚要重于对出于过失的违法行为的惩罚。

在现代法律责任体系中，也出现了一种特殊的法律责任，即无过错责任。这种法律责任不需要考量行为人的主观心理状态，只要存在法律规定的情形就应当承担相应的法律责任。无过错责任主要出现在一些特殊的民事法律责任中，如产品责任、危险责任等。

（四）损害结果

损害结果是指违法行为或违约行为对他人的合法权益或社会利益所造成的损失和伤害。损害结果既包括既得利益的损害，又包括预期利益的丧失。损害结果的表现形式多样，包括人身伤害、财产损失、精神损害等。损害结果的发生，表明法律所保护的合法权益遭受了侵害，因而具有社会危害性。损害结果必须具有确定性，它是违法行为或违约行为已经实际造成的侵害事实，而不是推测的、臆想的、虚构的、尚未发生的情况。损害结果的确定性，表明损害事实在客观上能够认定。认定损害结果，一般要根据法律、社会普遍认识、公平观念，并结合社会影响、环境等因素。

就多数法律责任而言，损害结果的存在是不可或缺的构成要件。但是，并非所有法律责任的构成都要求有损害结果的存在。某些法律责任的构成并不要求有损害结果的存在。例如，刑法中的行为犯之构成，只要求行为人实施了犯罪行为，而并不要求犯罪结果的发生。因此，只要行为人实施了此类犯罪行为，如生产、销售有毒有害食品，传授犯罪方法，非法侵入计算机信息系统，即使没有产生危害结果，也应当追究行为人的刑事法律责任。

（五）因果关系

法律责任的构成，不仅要求具备上述四个方面构成要素，而且要求这些构成要素之间具有因果关系。这些构成要素之间的因果关系主要包括两类：一类是行为人的行为与损害结果之间的因果关系，即特定的损害结果是不是由行为人的行为引起的；另一类是行为人的心理活动和外在行为之间的因果联系，即行为者的外在行为是不是在其主观意识的支配下的行为的结果。在通常情况下，只有当这两类因果关系成立时，才能追究行为人的法律责任。

三、法律责任的分类

根据不同的标准，对法律责任可以作不同的分类，下面介绍几种主要的分类。

（一）自然人责任、法人责任与国家责任

按照承担责任的主体的不同，可以把法律责任分为自然人责任、法人责任与国家责任。自然人是最常见、最普遍的法律责任主体。自然人可以成为刑事法律责任、行政法律责任以及民事法律责任的主体，并且有一些责任形式仅仅适用于自然人，如刑事法律责任中的生命刑（死刑）、自由刑（监禁）、剥夺政治权利等，行政法律责任中的行政拘留、限期出境、驱逐出境等。

法人也是一类常见的法律责任主体。法人不仅可以成为民事法律责任和行政法律责任的主体，也可以成为刑事法律责任主体。很多国家的刑法都规定了法人犯罪制度，即法人可以成为犯罪主体，并要承担刑事法律责任。我国刑法称为单位犯罪，并对单位犯罪实行双罚制，即对单位判处罚金，并对其直接负责的主管人员和其他直接责任人员判处刑罚。这是因为，单位的犯罪行为实际上是由直接负责的主管人员和其他直接责任人员实施的。

国家在某些法律关系中可以成为法律责任的主体。例如，在国内法律关系中，国家可以成为国家赔偿的责任主体；在国际法律关系中，国家可以成为国际法上的责任主体。

（二）过错责任与无过错责任

根据法律责任的承担是否以过错为前提条件，可以把法律责任分为过错责任和无过错责任。

以当事人有过错为前提条件的法律责任属于过错责任。反过来说，无过错即无责任。过错责任强调法律责任源于当事人自身的过错，因而为法律责任的承担提供了正当的理由。同时，过错责任的追究和承担，对当事人和其他人具有威慑和教育作用。所以，在现代法律责任体系中，过错责任是占主导地位的法律责任形式。

不以当事人有过错为前提条件的法律责任属于无过错责任。对于无过错责任而言，只要发生了损害结果，不论当事人是否有过错，都必须承担法律责任。无过错责任是法律为了弥补过错责任的不足而创设的法律责任。过错责任的追究要求受害人必须证明加害人有过错，但在某些情形下，由于客观的原因或技术上的原因，受害人很难举证证明加害人的过错。在这些情形下，过错责任就不利于对受害人利益的保护。为了防止无过错责任的滥用，法律一般明文规定承担无过错责任的情形。

（三）独立责任、连带责任与替代责任

根据法律责任是由行为人本人承担还是由与行为人相关联的第三人承担，可以把法律责任分为独立责任、连带责任与替代责任。

独立责任是指行为人本人承担其行为引起的法律责任，即谁实施了违法行为或违约行为，谁就应当对自己的行为负责，并承担相应的法律责任。独立责任是现代法中的一种占主导地位的责任形式。

连带责任是指与行为人相关联的第三人要对行为人的行为承担一定的法律责任。在民法上，这种连带责任通常表现为连带债务，如合伙人对合伙债务承担连带清偿责任。在古代法中，连带责任曾经是一种占主导地位的责任形式，最典型的是刑法中"一人犯罪，株连九族"的规定。现代法之所以还保留某些形式的连带责任，主要是为了保护权利人的利益（如合伙人之间的连带责任）。

替代责任是指与行为人相关联的第三人代替行为人承担法律责任的情形，如监护人对被监护人的侵权行为承担民事责任。除了民事监护情形之外，第三人承担替代责任之后一般可向行为人行使追索权。在现代法中，连带责任和替代责任一般都由法律加以明确规定。凡是法律没有明确规定承担连带责任和替代责任的，应推定为承担直接责任。

（四）民事责任、行政责任、刑事责任与违宪责任

根据法律责任的性质的不同，可以把法律责任分为民事责任、行政责任、刑事责任与违宪责任四种。

民事责任是指民事主体因违反法律规定或合同约定而依法承担的法律责任。民事责任是现代社会常见的法律责任，主要表现为补偿性的财产责任。民事责任的承担者是具有民事责任能力的自然人和法人。民事责任主要是由民事违法行为或违约行为引起的，部分刑事违法行为和行政违法行为也可产生民事责任。

行政责任是指行为人因违反行政法的规定而应当承担的法律责任。行政责任既包括行政主体及其工作人员在行政管理中因违法失职、滥用职权或行政不当而产生的行政法律责任，也包括公民、法人等行政相对人违反行政法的规定而产生的行政责任。

刑事责任是指行为人因实施刑法所规定的犯罪行为而应当承担的法律责任。行为人的行为必须具备刑法所规定的犯罪构成要件，才应承担刑事责任。刑事责任的主体，不仅包括自然人，也包括法人。在所有法律责任中，刑事责

任涉及剥夺行为人的人身自由甚至生命权，因而是一种最严厉的法律责任。

违宪责任是指行为主体因违反宪法而应当承担的法律责任。我国《宪法》明确规定，"一切法律、行政法规和地方性法规都不得同宪法相抵触；一切国家机关和武装力量、各政党和各社会团体、各企业事业组织都必须遵守宪法和法律"；"任何组织或者个人都不得有超越宪法和法律的特权"。任何主体违宪，都必须依法承担责任。

第二节　法律责任的认定与归结

一、法律责任认定与归结的概念

法律责任认定与归结是国家机关或授权的组织依照法定职权和程序对违法或违约行为引起的法律责任，进行判断、追究以及减缓或免除的活动。它是一个复杂的法律事实分析和法律价值判断的过程。

作为法律实施行为，法律责任认定与归结只能由法律规定的专门国家机关作出，而且必须遵循法律所规定的程序。在我国，人民法院通过审理民事案件、行政案件、刑事案件，认定与归结当事人的民事法律责任、行政法律责任、刑事法律责任。其中，认定与归结刑事法律责任的权力专属于人民法院，其他国家机关不得行使。国家行政机关在行使行政职权过程中，依法认定和归结行政相对人的行政法律责任。此外，经法律法规授权，仲裁机构、调解组织以及行政机关委托的组织，也可以认定与归结某些形式的民事法律责任和行政法律责任。

"认定"与"归结"两个概念的使用表明，当特定的违法或违约行为发生后，法律责任的存在就是客观的，专门国家机关所能做的，只是通过法律程序把客观存在的责任权威性地归结于责任主体。国家机关既不能任意创造或扩大法律责任，也不能任意消灭或缩小法律责任。国家机关认定法律责任和在此基础上的归责与免责，是法律调整社会关系、维护社会秩序、保障公民权利的重要环节。

二、法律责任认定与归结的原则

法律责任的认定与归结必须遵循公认的原则，不能随意进行。根据现代法律精神和我国法律规定，认定与归结法律责任一般应遵循以下原则。

（一）责任法定原则

责任法定是一项萌芽于古代、确立于近代、通行于现代的法治原则。"法无明文规定不处罚""法无明文规定不为罪"等法律格言表达了这一原则的精神。责任法定原则包含三项基本要求：其一，法律责任的种类和形式应当由法律加以明文规定，任何机关或个人都不得在法律的明文规定之外随意创设法律责任；其二，各类违法行为的法律责任应当由法律预先加以规定，国家机关应当依照法律的事先规定认定和追究违法者的法律责任；其三，法律责任的减轻或免除的事由、幅度应当由法律预先加以规定，国家机关应当依据法律的事先规定减轻或免除违法者的法律责任。

尽管责任法定原则是所有法律领域都普遍适用的原则，但它在不同法律领域的具体表现形式和适用方式有所不同。在行政法、刑法等公法领域，责任法定原则是一项严格适用的原则。所有违法行为的法律责任都必须由法律事先规定，国家机关只能按照法律的事先规定认定和追究法律责任。在民商法等私法领域，责任法定原则主要体现在法律责任的种类和形式上，即民事法律责任的种类和形式由法律明文规定。按照契约自由的原则，违约行为的法律责任可以由当事人自由约定，这种关于法律责任的约定对于双方当事人具有法律约束力。

就其实质或精髓而言，责任法定原则主要是一个排除性、否定性原则。首先，它要排除和否定的是责任擅断。任何国家机关都不得在法律的明文规定之外随意创设新的法律责任，任意追究法律责任，恣意加重或减轻法律责任。其次，它要排除和否定的是非法责罚。任何国家机关都不能超越法定权限追究行为人的责任，都无权向行为人追究法律明文规定以外的责任，向公民、法人实施非法责罚。任何人都有权拒绝承担非法责罚，并有权在被非法责罚时要求国家赔偿。最后，它要排除和否定的是有害追溯。今天的法律对人们昨天的行为是否有追溯的效力，是一个事关民主与法治的重大问题。在这个问题上，根本的原则是不溯及既往，即国家不能用今天的法律来约束人们昨天的行为，也不能根据今天的法律去惩罚人们昨天的合法行为。当然，不溯及既往不是一个绝对的原则，有些情况下新法可以适用于先前的案件，但这样做的效果只能有利于当事人的利益，并且不损害他人的、公共的和社会的利益，即民法中的"保护追溯"和刑法中的"从轻追溯"。

（二）因果关系原则

在认定当事人有无法律责任时，必须确认因果关系之有无。如前所述，因果关系主要包括两类：一类是行为人的行为与损害结果之间的因果联系；另一类是行为人的心理活动和外在行为之间的因果联系。根据辩证唯物主义的基本原理，事物之间因果联系的表现形式多种多样，包括内在的、外在的联系，直接的、间接的联系，主要的、次要的联系等。认定法律责任所要求的因果联系应当是内在的、直接的、主要的因果联系，即行为人的行为与损害结果之间、行为人的心理活动与外在行动之间存在着内在的、直接的、主要的因果联系。

通常来说，认定法律责任所要求的因果联系应当是客观存在的联系，而不是主观臆想的联系。这种因果联系是可以用各种事实和证据加以证实的。按照举证责任规则的要求，当事人有义务提供各种证据证明这种因果联系的存在。不过，在民事法律责任认定的某些情形中，如医疗、环境等侵权案件中，由于科学技术等方面的原因，客观的因果关系无法查明，而受害人的损害又需要获得补偿。在这种情况下，法院可以用推定的因果关系来认定法律责任。当然，为了防止因果关系推定的滥用，必须从制度上加以约束和规制。

（三）责任相当原则

责任相当原则是指法律责任与违法行为相适应，其基本含义是法律责任的种类、轻重应与违法行为的种类、轻重相适应。按照这一原则，在刑法上要求做到"罪责均衡""罚当其罪"。轻罪重罚或重罪轻罚，都不利于发挥法律的教育和预防作用。

责任相当原则既是立法上设定和配置法律责任的基本原则，也是法律适用时认定和归结法律责任的基本原则。在不同的法律领域、在不同的法律案件中，责任相当原则的表现形式和具体要求各不相同。总的来说，责任相当原则包括以下几个基本要求：其一，法律责任的类型与违法行为的性质相适应。不同性质的违法行为具有不同的社会危害程度，因而应当适用不同类型的法律责任。例如，不能对民事违法行为适用刑事法律责任。其二，法律责任的种类和轻重与违法行为的具体情节相适应。违法行为的情节是指反映违法者主客观两方面的各种情状，从而影响违法行为的社会危害程度的各种事实情况。不同的情节反映了不同的社会危害程度，因而在法律责任的归结方面就应有所不同。其三，法律责任的种类和轻重与行为人的主观恶性相适应。行为人主观方面的故意、过失，以及初犯、累犯等因素，对法律责任的归结有一定影响。

（四）责任公正原则

公正是归责的道德基础和价值基础。在归责问题上，公正原则的要求是多方面的，至少包括下列几项具体的原则：其一，有责必究原则。任何违法行为从法律的观点来看都是对合法权益的侵害或剥夺。如果对这种侵权行为不予追究，就等于允许和鼓励人们从其违法行为中获利，那将导致是非不清、曲直错位、善恶颠倒。其二，责任平等原则。这个原则与责任相当原则具有密切的关系，它要求同样的违法行为应当适用同样的法律责任，不能因违法行为者的性别、民族等身份上的不同而区别对待。其三，责任自负原则。其含义包括：违法行为人应当对自己的违法行为负责；不能让没有违法行为的人承担法律责任；要保证责任主体受到法律追究，也要保证无责任者不受法律追究，做到不枉不纵。

第三节　法律责任的承担

一、法律责任的承担方式

法律责任的承担是树立法律权威、实现立法目的、维护社会公正的重要手段。承担法律责任主要有惩罚和补偿两种方式。

（一）惩罚

惩罚，又称制裁，是指以剥夺或限制责任主体的人身自由、财产利益和其他利益为内容的责任承担方式。相对于补偿而言，惩罚是一种更严厉的责任承担方式。特别是刑罚中的死刑，它直接剥夺责任主体的生命权，是一种最为严厉的责任承担方式。除死刑外，惩罚所指向的对象一般是责任主体的人身自由、财产利益和其他利益。惩罚的主要目的是通过使责任主体遭受损失，以恢复社会正义，预防违法犯罪。惩罚（制裁）包括刑事制裁、行政制裁和民事制裁。

刑事制裁即刑罚，是指对违反刑法规定、构成犯罪的责任主体依其所应承担的刑事法律责任而实施的法律制裁。我国刑法规定的刑罚分为主刑和附加刑两类，包括自由刑、生命刑、资格刑和财产刑。主刑包括管制、拘役、有期徒刑、无期徒刑、死刑。附加刑包括罚金、剥夺政治权利、没收财产。

行政制裁是指对违反行政法律规定的责任主体依其所应承担的行政法律

责任而实施的法律制裁。对行政相对人的制裁包括行政处罚和行政处分。行政处罚是由国家行政机关对违反行政法律规定的行政相对人所实施的法律制裁。行政处分是指国家行政机关对违反行政法律规定的行政人员所实施的惩罚措施。

民事制裁是指对民事违法行为的责任主体依其所应承担的民事法律责任而实施的法律制裁，如惩罚性赔偿金、惩罚性违约金。民事制裁与民事补偿的主要区别在于，前者的责任主体所承担的法律责任（如支付的赔偿金）超过了受害人所遭受的实际损害，而后者的责任主体所承担的法律责任是为了补偿受害人所遭受的实际损害。

（二）补偿

补偿是指以责任主体的某种作为或不作为形式弥补或赔偿损失的责任承担方式的总称，在这里也包括赔偿。补偿包括防止性的补偿、恢复性的补偿、补救性的补偿等不同功能的责任方式。补偿的作用在于制止对法律关系的侵害以及通过对被侵害的权利进行救济，使被侵害的社会关系恢复原态。补偿侧重强调事实，较少渗入道德评判，目的主要在于弥补受害人的损失。在我国，补偿主要包括民事补偿、行政补偿和国家赔偿。

民事补偿是指依照民事法律规定，责任主体承担的停止、弥补、赔偿等责任承担方式，具体包括停止侵害、排除妨碍、消除危险、返还财产、恢复原状、修理、重作、更换、继续履行、赔偿损失、支付违约金、消除影响、恢复名誉、赔礼道歉等。承担民事责任的主要方式是民事补偿。

行政补偿是指行政主体因为客观情况发生变化或出于社会发展的需要而改变或消灭行政法律关系，从而导致行政相对人的合法权益受到损害时，应当给予的补偿。

国家赔偿包括行政赔偿和司法赔偿。行政赔偿是国家因行政主体及其工作人员行使职权致使行政相对人受损害，而给予受害人赔偿的一种责任方式。司法赔偿是国家因司法机关及其工作人员行使职权致使当事人受到损害，而给予受害人赔偿的一种责任方式。

二、法律责任的实现形式

按照责任主体是主动地还是被迫地承担法律责任，法律责任的实现形式可以分为自觉履行和强制执行两种形式。

（一）自觉履行

自觉履行是指责任主体在法律责任认定之后主动向权利人履行应负的法律责任。例如，在法院作出损害赔偿的判决之后，责任主体主动向权利人支付判决书所规定的赔偿金。自觉履行主要适用于民事法律责任、行政法律责任和刑事法律责任中的财产责任。

（二）强制执行

强制执行是指国家机关运用国家强制力强制责任主体履行应负的法律责任，包括司法强制执行和行政强制执行两种形式。

司法强制执行可以分为两类，即依职权的强制执行和依申请的强制执行。所谓依职权的强制执行，是指司法机关根据法律授予的职权直接强制执行法律责任。例如，我国地方人民法院在接到最高人民法院执行死刑的命令后，对判处死刑立即执行的罪犯执行死刑。所谓依申请的强制执行，是指司法机关根据当事人的申请强制执行法律责任。也就是说，司法机关只有接到当事人的强制执行申请后，才能依法强制执行当事人提交的法律文书所确定的法律责任。根据我国诉讼法和有关法律的规定，下列涉及法律责任的有效法律文书可以向人民法院申请强制执行：民事、行政判决、裁定、调解书；刑事判决、裁定、调解书中有关财产责任的内容；仲裁裁决书、调解书；行政处罚决定、行政处理决定；公证机关依法赋予强制执行效力的债权文书；外国法院作出的判决、裁定，国外仲裁机构作出的仲裁裁决。

行政强制执行的适用通常需要明确的法律规定。我国《行政诉讼法》规定：公民、法人或者其他组织对行政行为在法定期限内不提起诉讼又不履行的，行政机关可以申请人民法院强制执行，或者依法强制执行。根据这一规定，行政机关必须依法采取强制执行措施。这里的"依法"，是指有法律的明确授权。例如，根据我国《税收征收管理法》规定，税务机关可以对未按期限缴纳税款的纳税人采取划拨银行存款、拍卖财产等强制措施。

三、法律责任的减轻与免除

（一）免责与无责任的区别

法律责任的减轻和免除，即通常所说的免责。"免责"同"无责任"或"不负责任"在内涵上是不同的。免责以法律责任的存在为前提，是指虽然违法者事实上违反了法律，并且具备承担法律责任的条件，但由于具备了法律规定的某些条件，其责任可以被部分或全部地免除的情形。"无责任"或"不负责任"则是指虽然行为人事实上或形式上违反了法律，但因其不具备法律上应负责任的条件，因而没有（即不承担）法律责任的情形。例如，我国《刑法》规定："又聋又哑的人或者盲人犯罪，可以从轻、减轻或者免除处罚。"又规定："精神病人在不能辨认或者不能控制自己行为的时候造成危害结果，经法定程序鉴定确认的，不负刑事责任"。这属于无责任的规定。

（二）免责的情形

免责的条件和情况是多种多样的，具体可以分为下列几种。

1. 时效免责

所谓时效免责，是指违法行为发生一定期限后，国家不再追究违法者的法律责任。例如，我国《刑法》规定："犯罪经过下列期限不再追诉：（一）法定最高刑为不满五年有期徒刑的，经过五年；（二）法定最高刑为五年以上不满十年有期徒刑的，经过十年；（三）法定最高刑为十年以上有期徒刑的，经过十五年；（四）法定最高刑为无期徒刑、死刑的，经过二十年。如果二十年以后认为必须追诉的，须报请最高人民检察院核准。"

2. 不诉免责

所谓不诉免责，是指对于那些"不告不理"的违法行为，受害人或利害关系人不提起诉讼，司法机关便不认定和追究违法者的法律责任。这意味着违法者实际上被免除了法律责任。在我国，绝大多数民事违法行为和某些轻微的犯罪都实行"不告不理"的原则。例如，根据我国《刑法》规定，以暴力干涉他人婚姻自由的犯罪、虐待家庭成员的犯罪、侮辱罪、诽谤罪等，都是告诉才处理的犯罪行为。在不诉免责的情形中，法律实际上把是否追究违法者的法律责任的主动权交给了受害人或利害关系人。但必须注意的是，作为免责形式的"不告诉"必须是出于受害人或利害关系人的自由意志。如果"不告诉"是在某种压力或强制环境下作出的，则不构成免责的条件和依据。

3. 不可抗力免责

不可抗力是指当事人不能预见、不能避免且不能克服的客观情况，包括自然灾害、意外事件等。因不可抗力所造成的损害，免除当事人的部分或全部的法律责任。我国《民法典》规定："因不可抗力不能履行民事义务的，不承担民事责任。法律另有规定的，依照其规定。"

4. 自首、立功免责

对那些违法之后自动投案或有立功表现的人，免除其部分或全部法律责任。例如，我国《刑法》规定："犯罪以后自动投案，如实供述自己的罪行的，是自首。对于自首的犯罪分子，可以从轻或者减轻处罚。其中，犯罪较轻的，可以免除处罚。"

5. 补救免责

对于那些已经实施违法行为，但在国家机关追究责任之前采取补救措施的人，免除其部分或全部法律责任。这种免责的理由是违法者在国家追究责任之前已经超前履行了第二性义务。

6. 协议免责

加害人和受害人在法律允许的范围内通过协商的方式减轻或免除法律责任，即所谓"私了"。这种免责一般不适用于犯罪行为和行政违法行为，即"公法"领域的违法行为，而仅适用于民事违法行为，即"私法"领域的违法行为。

7. 自助、助人免责

自助免责是对自助行为所引起的法律责任的减轻或免除。所谓自助行为，是指权利人为保护自己的权利，在情事紧迫而又不能及时请求国家机关予以救助的情况下，对他人的财产和自由施加限制，而为法律或社会公德所认可的行为。自助行为可以免除部分或全部法律责任。

助人免责是对善意救助他人所引起的法律责任的减轻或免除。例如，我国《民法典》规定："因自愿实施紧急救助行为造成受助人损害的，救助人不承担民事责任。""非营运机动车发生交通事故造成无偿搭乘人损害，属于该机动车一方责任的，应当减轻其赔偿责任，但是机动车使用人有故意或者重大过失的除外。"

8. 人道主义免责

人道主义免责主要适用于财产责任或对特殊群体的人道主义考虑。对于财产责任，其承担以责任主体的财产数额为基础，当责任主体没有能力履行全部或部分财产责任的情况下，有关的国家机关或权利主体可以出于人道主义考虑免除或部分免除责任主体的财产责任。例如在损害赔偿的民事案件中，人民法院在确定赔偿责任的范围和数额时，应当考虑到责任主体的财产状况、收入能力、借贷能力等，适当减轻或免除责任，而不应使责任主体及其家庭因赔偿损失而处于无家可归、难以生存的状态。对于特殊群体往往也给予特殊的考虑，我国《刑法》关于又聋又哑的人或者盲人犯罪，可以从轻、减轻或者免除处罚的规定就属于这种情况。

9. 赦免

赦免是指国家依法免除或减轻责任主体的罪责或刑罚的制度。赦免主要包括大赦和特赦两种形式。大赦是指对特定的或不特定的犯罪行为完全免除罪责与刑罚的赦免制度。大赦既免除犯罪的宣告，又免除刑罚的执行。特赦是指对已定罪服刑的犯罪人免除其剩余刑罚的赦免制度。特赦只能在罪行宣告后或刑罚执行期间适用。根据现行宪法规定，我国先后在 2015 年、2019 年对部分罪犯实行特赦。

思考题:

1. 简述法律责任的构成要件。

2. 论述法律责任认定与归结的原则。

3. 简述法律责任的分类。

4. 简述法律责任的实现形式。

5. 法律责任的减轻和免除包括哪些情形?

第八章 法 律 方 法

法律方法是认识、分析、解决法律问题的专门方法，是法律职业者必须学习、掌握、运用的专业利器。在人类法律发展的历史长河中，法律职业群体创造了一系列专业化、精细化的法律方法，形成了相当庞大复杂的法律方法体系。本章主要介绍现代法治实践中常用的三类法律方法，即法律解释、法律推理、法律论证。

第一节 法律方法与法学思维

一、法律方法释义

法律方法是指法律职业者思考、分析和解决法律问题的方式、技术、方法。法律方法一般是由法律职业者在解决各种实际法律问题的过程中创造和发展起来的，是法律职业者的实践理性和实践智慧的结晶。从法律文明史来看，早期的法律方法主要在法律职业者之间口耳相传，但也有一些富有理论素养的法律职业者以书面形式总结或概括法律方法。例如，中国古代一些记录当时司法智慧和经验的书籍就有古代司法方法的论述，如郑克的《折狱龟鉴》、宋慈的《洗冤集录》、王又槐的《办案要略》等。近代以来，法律方法问题逐渐成为法学研究对象，法学家成为推动法律方法发展的重要力量。

法律方法大体上可以分为三个层次：第一层次，法律思维方式或思维原则，即从法律角度思考、分析、解决社会问题的原则或规律。法律思维方式在法律方法体系中占有重要地位，构成了统率所有法律方法的总原则或总方法。第二层次，基本方法，如法律解释、法律推理、填补漏洞、认定事实、价值衡量等方法。第三层次，具体方法，如文义解释、类比推理、演绎推理等方法。

法律方法在法律实践中具有重要作用。首先，法律方法是影响法律工作之成效的重要因素。正如产品的生产方法对产品的质量具有直接的影响一样，法律方法对法律工作的成效也具有直接的影响。其次，法律方法是法律结论获得正当性、合法性的保障。法律方法不仅能指引人们沿着正确的方向思考、分析和解决法律问题，而且能使人们得出的法律结论具有正当性、合法性。再次，法律方法的先进性是法律文明发达程度的重要标尺。在法律文明形成的初期，法律方法往往较为简单和精糙。现代法律文明发达的重要标志是，法律方法越来越科学、先进和复杂，使人们能够更精准、更公正地分析和处理各种法律问题。

在现代法学领域，除了法律思维之外，还有法治思维、法理思维两种思维方式。法律思维、法治思维、法理思维三者之间，既有共同性，又有差异性。

二、法律思维

法律思维是指按照法律的逻辑（包括法律规则、原则和精神）来观察、分析和解决社会问题的思维方式。法律思维方式的重心在于合法性的分析，即围绕合法与非法来思考和判断一切有争议的诉求、利益、行为。法律思维具有以下几个基本特点：

第一，以法律为准绳。法律思维奉法律为中心，要求根据法律规则、原则和精神进行观察、思考和判断，确保个案的处理"一准乎法"。这是法律职业者最基本的职业思维。

第二，以权利义务为分析线索。一切法律问题，说到底都是权利与义务问题。法律思维是根据法律能够做什么、可以做什么、不能做什么、禁止做什么的思考和推理。

第三，在程序中进行思考。法律对利益和行为的调整是在程序中实现的。正如马克思强调的那样，程序是法律制度的生命形式。失去了程序，法律就失去了生命。法律思维把程序摆到重要位置，强调通过合法的程序来获得个案处理的实体合法结果。

第四，充分说理。法律思维的任务不仅是获得处理法律问题的结论，更重要的是提供能够支持所获结论的法律上的理由，特别是那些认同法律并依赖于法律的人们能够接受的理由。

三、法治思维

法治思维是指依法治理、依法办事的思维方式，是把对法律的敬畏、对规则的坚守、对程序的遵循转化成思维方式和行为方式。法治思维的内容十分丰富，包括人民民主思维、法律至上思维、依法行权思维、公平合理思维、法律责任思维、权力制约思维、利益平衡思维等。

法治思维是治国理政所应遵循的思维方式，是各级领导干部必须养成的思维方式。各级领导干部是党的执政权和国家立法权、行政权、监察权、司法权的行使者，必须带头尊崇法治、敬畏法律，了解法律、掌握法律，不断提高运用法治思维和法治方式深化改革、推动发展、化解矛盾、维护稳定、应对风险的能力，做尊法学法守法用法的模范。

四、法理思维

法理思维是指基于对法律、法治本质意义和美德的追求、对法律精神和法治精神的深刻理解，以及基于良法善治的实践理性而形成的思维方式。法理思维比法律思维和法治思维有着更多的想象力和更大的思维空间，它把民主、人权、公正、秩序、良善、和谐、自由等价值精神融入法律和法治之内，因而更具包容性、综合性、协调性和公共理性。法理思维具有反思性、规范性、实践性、整合性等鲜明特征。

第一，反思性。法理思维是典型的反思性思维，是对已经形成的法学原理、法治公理、法律原则等进行再认识，使之既经受语言的、逻辑的、修辞学的检验和校正，又受到文化传统、社会价值和时代精神的洗礼和考验。以反思的思维方法对待法律及其运行中的问题，不仅关注法律当中的具体规则、条文，而且更加关注这些规则、条文存在的根据问题，即深藏于这些规则背后的社会价值、发展目标、公共政策、道德公理等问题。这意味着，我们要在法律的有效性之上提升法律的合规律性、合目的性，在法治的程式性之上推进法治的体系性、生动性，在法理的法源性之上增强法理的说理性、论辩性。

第二，规范性。法理思维属于规范性思维的范畴。法理思维的重心是对法律制度、法律原则、法律政策、法律原理、法律秩序背后的目的论、正义论、合理论等因素的考量，以推动法律体系既保持开放性又避免任性恣意。

第三，实践性。作为实践性思维，法理思维是关于行为者"应当做什么"的思维，具有强烈的"目的指向"，即是以某种前置目的为起点、由一定目的驱动、选择实现目的之方法、力图实现这一目的的思维过程。比如，在以人民为中心的目的指向下，我国执法司法人员要讲清"法理"、讲明"事理"、讲透"情理"，让当事人心服口服。

第四，整合性。法理思维是借助综合因素进行的整合性思维。在面对疑难案件，法官找不到法律规则时，就可适用法律原则，无原则可循时还可诉诸更广泛的公共政策、公序良俗等因素。法理思维具有重要的社会整合功能。通过法理思维，无论是法律经验还是法律逻辑，无论是法律目的还是法律技术，无论是法律专家的专业意见还是普通公众的法律感受，都将尽可能得到整合并力争获得广泛共识，进而推动法学研究和法治实践的发展进步。

第二节　法律解释

一、法律解释的概念

法律解释是通过对法律、法规等法律文件条文、概念、术语的说明，揭示其中所表达的立法者的意志和法的精神，进一步明确法定权利和义务或补充现行法律规定不足的一种国家活动。只有被授权的国家机关才能进行法律解释，法律解释属于官方解释或有权（有效）解释。

在阶级社会，法律解释总是以统治阶级的立法政策和法律价值为指导进行的，并服务于统治阶级的根本利益。所以，法律解释具有阶级性。正如列宁所指出的，在资本主义国家，有成千上万的资产阶级律师和官吏，他们能把法律解释得使工人和普通农民永远逃不出法网。① 社会主义国家的法律解释则是为了正确说明国家的立法意图，更好地执行人民意志，便于人民群众明确自己的权利和义务，更好地行使权利和履行义务，便于国家机关执行和适用法律规范。

法律解释的必要性在于以下几方面。

第一，法律规范具有抽象性、概括性，只有经过解释才能适用于具体的行为和关系。在立法时，立法者舍弃了行为和关系的差别因素，仅按照它们的共性规定行为的界限和权利义务关系。但在执法和司法时，执法者和司法者所遇到的是具有个性的行为和关系，要把抽象的规范适用于具体的行为和关系，就需要正确地判断、理解和解释法律规范的含义及其适用范围。

第二，法律术语、概念经常具有多种含义，只有经过解释才能明确具体含义。在执法司法实践中，为了消除对法律含义理解上的分歧，需要有权威性的法律解释。特别是法律文件中大量使用的"公平""适当""合理""过错"等概念，更是需要通过解释使之具体化，从而确定其在具体情形下的含义。

第三，法律规范具有相对稳定性，只有经过解释才能适用于不断变化的现

---

① 参见《列宁选集》第 3 卷，人民出版社 2012 年版，第 632—633 页。

实。社会生活是不断发展变化的，新情况、新问题不断出现。有些新情况、新问题无须通过法律的立改废来应对，可以通过法律解释来解决。通过法律解释使法律及时适应新情况，有助于充分发挥既定法律规范的功能，增强法律的可预见性。

二、法律解释的分类

在我国，法律解释可以分为立法解释、司法解释、行政解释和监察解释。这种法律解释体制是在长期的法律实践中逐渐形成的。早在 1949 年 9 月，中国人民政治协商会议第一届全体会议通过的《中央人民政府组织法》中就规定由中央人民政府委员会制定并解释法律。1954 年，我国第一部《宪法》规定由全国人大常委会行使法律解释权。1955 年 6 月，第一届全国人大常委会第十七次会议根据《宪法》的规定，通过《关于解释法律问题的决议》，对法律解释的主体、范围等作出了明确规定。1981 年，第五届全国人大常委会第十九次会议通过《关于加强法律解释工作的决议》，对 1955 年全国人大常委会关于法律解释的决议作了修改和补充：一是凡属于法律、法令条文本身需要进一步明确界限或作补充规定的，由全国人大常委会进行解释。二是凡属于法院审判工作中具体应用法律、法令的问题，由最高人民法院进行解释；凡属于检察院检察工作中具体应用法律、法令的问题，由最高人民检察院进行解释。三是不属于审判和检察工作中的其他法律、法令如何具体应用的问题，由国务院及主管部门进行解释。四是凡属于地方性法规条文本身需要进一步明确界限或作补充规定的，由制定法规的省、自治区、直辖市人大常委会进行解释或作出规定；凡属于地方性法规如何具体应用的问题，由省、自治区、直辖市人民政府主管部门进行解释。这一决议对于我国法律的实施产生了积极的作用。1982 年《宪法》在前几部《宪法》规定由全国人大常委会行使法律解释权的基础上，又规定全国人大常委会拥有宪法解释权。赋予全国人大常委会宪法解释权，标志着法律解释制度的进一步完善，也突出了全国人大常委会在法律解释体系中的核心和主导地位。《立法法》《关于加强法律解释工作的决议》等法律法规，对法律的解释主体、解释程序、法律解释的效力作出了具体规定。根据法律解释机关的性质，我国的法律解释可以分为以下几类：

（一）立法解释

在我国，立法解释通常是指依法有权制定法律、法规的国家机关对其制定的法律、法规所进行的解释，主要包括：其一，全国人大常委会对宪法和全国人大及其常委会制定的法律所进行的解释。根据《宪法》和《立法法》的规定，全国人大常委会有权解释宪法和全国人大及其常委会制定的法律。其二，国务院及其部门对行政法规、规章所进行的解释。根据《行政法规制定程序条例》和《规章制定程序条例》的规定，国务院对其制定的行政法规进行解释，国务院部门对其制定的部门规章进行解释。其三，有立法权的地方人大常委会对本级人大及其常委会制定的地方性法规所进行的解释，有立法权的地方人民政府对其制定的规章所进行的解释。

（二）司法解释

司法解释是指国家司法机关在法律适用过程中，对具体应用法律规范的有关问题所进行的解释。与司法机关分为审判机关和检察机关相应，司法解释分为审判解释和检察解释。审判解释是最高人民法院对人民法院在审判过程中具体应用法律问题所作的解释，这种解释对全国的审判工作有指导意义和效力，可以作为法院办案的依据。检察解释是最高人民检察院对在检察工作中具体应用法律问题所作的解释，这种解释对全国的检察工作有指导意义和效力。有时最高人民法院和最高人民检察院对审判工作和检察工作中遇到的有共同性的应用法律问题所作出的联合解释，对全国法院和检察院有共同效力。

（三）行政解释

行政解释是国家行政机关在执法过程中就如何具体应用法律的问题所作的解释，包括国务院及其部门就法律、行政法规和部门规章如何具体应用的问题分别作的解释，省、自治区、直辖市人民政府及其部门就地方性法规和地方政府规章如何具体应用的问题分别作的解释。

（四）监察解释

监察解释是指国家监察委员会在执法过程中就如何具体应用法律和监察法规的问题所作的解释。这种解释对全国监察工作具有指导意义和效力。

一些法学著作将法学教学研究人员对有关法律或法律条文所进行的理论阐释或注释称为"学理解释"。这种解释具有学术性、理论性、相对自由性等特点，没有法律上的约束力。比如，一些专家、学者对法律所作的理论性分析，通过媒体对有关法律常识性问题所作的解释，对公众提供的法律咨询服务等。这些学理解释往往具有针对性和现实性，因而具有一定的社会影响力，但它们并不属于法律解释的范畴。

三、法律解释的原则

（一）合法性原则

这里所称的"法"既指宪法、法律、法规等法律文件关于解释主体及其解释权限和程序的规定，又指法之成为法的效力标准。贯彻合法性原则，首先，符合法定权限和程序。法律解释是严肃的国家活动，因此必须依照法定的权限和程序进行。我国宪法、立法法和其他有关规定分别就全国人大常委会、最高人民法院、最高人民检察院、国务院及其部门、有地方立法权的地方人大常委会和人民政府的解释权限和程序作了明确的规定。任何国家机关都不得越权解释。其次，符合上位法及其法律规范，并最终符合宪法规范、宪法原则和宪法精神。在法律规范体系中，低位阶的规范不得同高位阶的规范相抵触，对低位阶的规范的解释也不得同高位阶的规范相抵触。最后，与法律原则保持一致。法律原则是法律基本精神的体现，法律解释是对法律的补充性说明，必须符合被解释法律的本意。

（二）合理性原则

这里所说的"理"，包括情理、公理、道理。其一，符合社会现实和社会公理。法律解释必须解决现实问题，根据现实需要提出、确定解决办法。法律解释只有符合社会现实需要和社会公理要求，才会具有针对性和说服力。其二，尊重公序良俗。公序良俗是人们在长期的共同生活与生产过程中形成的具有广泛群众基础的行为规范，是经过长期的历史积淀才确立起来的。法律解释应尊重这些规范并要体现社会主义的价值观。其三，顺应客观规律和社会发展趋势。在充分尊重本国法律传统和现实的同时，法律解释应具有一定的超前性，能够对社会发展和法律进步起引导作用。同时，在法律原则的范围内，法律解释应有一定的变革性，从发展的角度解释法律。其四，坚持以党和国家政策为指导。与法律相比，政策更具有灵活性和针对性，更能够及时反映社会发展的实际情况和实际需要。因此，在解释法律时，将实践证明正确的政策性规定及时转化为具有法律效力的解释性文件，不仅是坚持合理性原则的体现，也是法治的内在要求。

（三）整体性原则

法是由众多规范构成的有机整体。每个规范的功能和价值都取决于法的整体功能和价值，每个概念、术语、条款都受制于法的整体意义。所以，无论对法律规范的解释，还是对概念、术语、条款的解释，都必须贯彻整体性原则。整体性原则既是准确理解法律规范的内在要求，也是维护法制统一性的题中应有之义。首先，要把法律规范置于它所处的规范性法律文件之中进行解释，根据该法律、法规总的指导思想和目标来把握其含义，而不能断章取义。其次，要把法律规范置于它所处的法律部门之中来理解。法律规范依其调整对象和方法被划归于不同的法律部门。每个法律部门都是法的一个子系统，有其总的原则和目标。这些原则和目标及该法律部门内各规范之间的关系决定着单个规范的目标和含义。因此，对单个规范的解释要与对该法律部门的理解联系起来。最后，要把法律规范置于它所处的单项制度之中来理解。法律体系内部存在着由很多数量不等的法律规范构成的单项制度，如选举制度、法人制度、审判监督制度、代理制度、破产制度等。这些单项制度内部各规范之间的关系是横向关系、纵向关系和交叉关系的复合体，往往跨越两个甚至多个法律部门，贯穿若干层次。因此，对单项制度内部的规范进行解释，就不能局限于它所处的法律、法规和法律部门。

（四）历史与现实相统一的原则

任何法律、法规都是立法者在某一时刻制定的，都有其特定的历史背景。法律解释不能脱离法律规范产生时的立法环境、立法政策、立法动机，甚至还要考虑当时的立法程序。为此，要研究法律、法规制定时的草案及其说明，审议过程中各有关方面的发言、社会舆论的反应以及表决结果，对被解释的法律规范与已废止的同类法律规范进行比较研究。

说明被解释的法律规范产生的历史背景是必要的，但这对法律解释的目的来说是不够的。法律解释不是为了说明过去，而是为了服务现在、指导未来。被解释的法律规范产生于过去的某一时刻，但其效力延伸到现在，直到将来被废止。因此，法律解释必须在考虑法律规范产生的历史背景的同时，充分考虑已经变化了的社会情况和现实的需要。

（五）国内法与国际法相协调的原则

在全球化时代，国内法与国际法的联系越来越密切。在处理国内法与国际法的关系问题时，一般有两种方式：一是按照法律规定，除了声明保留的条款之外，当国内法与我国缔结或参加的国际条约出现冲突时，适用国际条约的规定。二是通过将国际法转化为国内法的方法适用国际法。在这种情况下，如果国际法没有转化为国内法，那么即便两者出现冲突，也不直接适用国际法。但是，在进行法律解释时，既要考虑我国制定的国内法的背景、目的，也要考虑国际条约及其内容在国内的适用性，以保证法律解释既能与国内法保持一致，又能实现我国所缔结和参加的国际条约的目的。

四、法律解释的方法

（一）文义解释

文义解释，又称语义解释或文理解释，是指通过说明法律条文的字面含义确定法律规范含义的一种解释方法。这种方法旨在按照法律条文的语言表述的字义、语法、语言习惯以及逻辑对法律规范的含义进行解释。

一般情况下，立法者在立法时通常会以常人能够理解的方式表述法律规范的含义。解释者对法律含义进行解释时，只要从法律条文的字面意义出发，取其最自然和常用的含义即可。而且，法律条文的文字是表明立法者意图最好的方式，因此文义解释通常是法律解释的首选方法。但是，当语言模糊、含混或语义发生变化，文义解释方法不能为解释者适用法律提供有效的指导时，就需要运用其他解释方法。

（二）体系解释

体系解释又称系统解释，是根据法律规范与其他法律规范的关系以及其在所属的法律制度、部门乃至整个法律体系中的地位和作用，理解和阐明法律规范含义的解释方法。

体系解释意味着不能孤立地从个别法条的文义理解法律规范的含义，而是通过考察它与其他法律规范以及相关法律文件的关系确定法律规范含义。在法律中，除了法律规范外，还存在很多说明性、限制性以及参照性的法律条文，这些条文对于理解其他法律条文的含义至关重要。此外，还需要结合法律文件规定的法律原则以及整个法律部门的法律原则，来解释法律规范的含义。

（三）历史解释

历史解释是指通过研究法律规范制定时的历史背景、类似法律规范的历史演变等历史材料确定法律规范含义的解释方法。与体系解释从法律体系内部的整体性确定法律条文含义的方法不同，历史解释是通过法律体系之外的历史材料确定法律条文的含义。通过研究与法律规范制定有关的历史材料，可以更加准确地把握立法者所制定的法律规范的精神内涵、价值取向和立法目的。

（四）目的解释

目的解释是指根据制定某一法律规范的目的来确定法律规范含义的解释方法。这里所说的目的，既可能是立法者在制定法律规范时认可的目的，也可能是解释者认为法律规范应该具有的，符合现行法律价值、社会需要和道德观念的目的。在一般情况下，解释者应该尊重立法者制定法律时的最初目的，但在社会发生重大变动的情况下，就存在原来的法律目的是否符合当前需要的问题。因此，就目的解释方法而言，关键的问题是确定作为法律解释指引的目的本身。

第三节　法律推理

一、法律推理的概念

法律推理是从一个或几个已知的前提（法律事实、法律规范、法律原则、法律概念、司法判例等法律资料）得出某种法律结论的思维过程。无论是立法，还是执法、司法，甚至是守法，都离不开法律推理。特别是在法律适用阶段，法律推理几乎成为法官审判活动的核心内容。在法的适用阶段，司法人员把法律的规范或原则适用于具体的案件，使规避法定义务或侵害他人权利和社会利益的人受到制裁，使正确行使权利或权利受到不法侵害的人得到保护。这是一个查明案件事实、正确理解法律和适用法律于具体事例、具体人的过程，是司法人员不断进行法律推理的过程。

二、法律推理的原则

法律推理是一项具有创造性的法律实践活动。在这个过程中，应坚持一些基本的原则。

（一）权利保护原则

在法律推理的过程中，权利保护原则应是所有法律推理的出发点。尤其是在法律自身存在疑问和矛盾的场合，更应将是否有利于个人的权利保障、有利于保护社会弱势群体利益作为法律推理的出发点。

（二）私权利领域的法不禁止即自由原则

在私权利领域，法律推理要实行法不禁止即自由的自由推定，这是权利保护原则在私权利领域的具体体现。在私权利领域，凡是法律没有禁止的，都应属于个人的自由，不能因为法律没有规定就认为个人没有权利。每个人只要其行为不侵犯别人的自由和公共利益，就有权利按照自己的意志活动。

（三）公权力领域的法无授权即禁止原则

与私权利领域相反，公权力领域的法律推理应该以限制和规范公权力的行使为原则。在法治社会，公权力的行使必须有明确的法律依据，具有明确的法律授权，否则就不得行使。法律推理只有奉行这个原则，才能更好地达到制约公权力、保障公民权利的目的。

（四）无罪推定原则

在刑法领域，法律推理应奉行无罪推定的原则。无罪推定是指被控犯罪的人未被依法确定有罪之前，应当被视为无罪的人。这是权利保护原则在刑法领域的具体体现。

（五）类似案件类似处理原则

这是对法律推理提出的一个形式上的要求。这个原则是法律面前人人平等原则在法律推理过程中的具体体现，也是保障法律确定性和可预测性的客观要求。

三、法律推理的方法

（一）形式推理

形式推理，又称分析推理，是指运用演绎推理、归纳推理和类比推理解决法律问题的方法。

1. 演绎推理

演绎推理也可以称为三段论推理。它是一种从一般到特殊的推理形式，即从一般知识推出特殊知识的推理活动。它是一种必然性推理。在成文法国家，这是一种主要的法律推理方式。在法律推理中，演绎推理的特点是，法院有可以适用的法律规则和原则（大前提），也有通过审理确定的、可以归入该规则或原则的案件事实（小前提），由此法院可以作出一个确定的判决（结论）。

比如，我国《刑法》规定："隐匿、毁弃或者非法开拆他人信件，侵犯公民通信自由权利，情节严重的，处一年以下有期徒刑或者拘役。"法院审理查明，甲实施了隐匿、毁弃他人信件的行为，并且情节严重。法院由此可以判定，甲应判处一年以下有期徒刑或拘役。在法律适用过程中，运用的形式推理主要是指演绎推理。要保证演绎推理结论的正确，就必须具备两个条件：首先，作为大前提的法律必须已经确定，并且没有歧义；其次，作为小前提的案件事实必须已经查明清楚。离开了这两个条件，就无法进行演绎推理。

2. 归纳推理

归纳推理是从特殊到一般的推理，即从个别知识推出一般知识的推理活动。它是一种或然性推理。在法律推理中，归纳推理是在没有现成的对号入座的法律规则或原则的情况下，法院从以往的判例中总结出法律规则或原则的活动。它主要适用于判例法国家。在缺乏明确法律规则的情况下，法院可能会从一系列先前的法院判决实践中抽象出可以适用于类似案件的普遍规则或原则，然后再运用演绎法作出判决。由于归纳推理意味着确立新的规则，因此具有准立法的性质。

3. 类比推理

类比推理是一种从个别到个别的推理。它是根据两类对象的某些属性的相似性推出它们在另一些属性方面也具有相似性的推理活动，也是一种或然性推理。在法律推理中，法院有时可以在确定两个案件的事实存在相似性的情况下，推定两个案件适用的法律以及判决结果也应相似。这就是所谓的"类似案件，类似处理"。在判例法国家，这是一种基本的法律推理方法。这种方法要得到准确的运用，关键是要确定以前的案件事实与待处理的案件事实之间是否真的相似，如果两者之间确实存在实质性的相似性，就可以按照先例处理现在的案件。

（二）实质推理

实质推理又称辩证推理，是指在法律适用过程中，面临两个或两个以上相互矛盾的法律命题时所进行的选择和权衡过程。实质推理是在存在相互冲突的法律规范的情况下根据原则、价值、利益、政策进行的一种综合平衡和选择活动，它是法官在处理疑难案件时必不可少的一种实践推理。在处理疑难案件时，法官要对各种价值进行平衡和选择，适用在特定问题上价值优越的法律规范。在形式逻辑不能有效发挥作用的场合，法官必须借助辩证逻辑，本着灵活性和确定性相统一的原则来确定它们所反映的或应该反映的现实内容，以达到正确理解和适用法律规范的目的。

第四节 法 律 论 证

一、法律论证的概念

法律论证是运用一系列理由即法理证明某一种法律命题的正当性、合法性的思维过程。在法律实践中，人们往往会对一个法律问题存在多种不同的法律意见。例如，在立法实践中，对机动车撞上违章行人问题，机动车驾驶员应承担何种责任，普通公民乃至立法者可能会有不同的立法意见。在司法实践中，对吸烟被劝猝死问题，劝阻人是否应承担责任，双方当事人往往存在截然相反的意见。运用法治思维和法治方式处理问题的基本要求是，必须给一个问题提供一个唯一"正确"的答案。从法律专业角度来说，法律推理和法律论证是获得这一"正确"答案的主要方法。对大多数法律规定明确、事实证据清楚的案件，法律职业者运用法律推理方法就能找到人们都能接受的"正确"答案。但对于那些法律规定不明确、法律适用有争议的复杂案件，或者在立法价值选择上存在明显分歧的立法问题，法律推理方法往往无能为力，只能求助于法律论证方法。在价值观念日益多元多样多变的现代社会，法律论证方法的重要性更加凸显，在立法、执法、司法过程中得到广泛使用。

显然，当一个问题存在多种法律意见时，各方都会使用法律论证方法，想方设法提出各种支撑其意见的理由，让人们相信其意见就是问题的"正确"答案。这就需要有判断何种法律论证更可取、更充分、更有效的规则或标准。在各个时代、各个国家的法律实践中，都或多或少形成了一些公认的法律论证规则或标准，以防止法律论证陷入公说公有理、婆说婆有理的困境。在这方面，我们要深入总结我国法治实践经验，充分借鉴他国有益成果，提炼出更系统、更明晰的法律论证规则和标准，推动我国法律论证理论和方法走向成熟。

二、法律论证的理由

法律论证作为一种理性思维形式，其任务不仅是获得处理法律问题的结论，更重要的是提供能够支撑其结论的理由。法律职业者在法律论证中所使用的理由多种多样，既包括来自法律领域的理由，也包括法律领域之外的理由。在现代法治国家，法律论证的理由主要有以下五种。

（一）法律规定

这主要是指国家制定法以条文形式确立的法律规则、法律原则、法律标准等要素。在法律论证的理由位阶中，法律规定无疑居于优先地位，最具权威性和说服力。

（二）法律原理

这主要是指立法说明、执法文书、司法判例等权威性法律文本所阐述的法律原理，有时也包括法学家在法学著作中提出的法律学说。作为法律职业共同体集体智慧的结晶，法律原理往往是法律职业者进行法律论证时所偏好的理由。

（三）公共政策

这是指执政党和政府为解决经济社会问题或实现预定目标任务而确立的指导方针、行动准则、具体措施的总称。在现代民主社会，公共政策经由一定的民主程序而形成，具有深厚的民意基础，是法律论证中影响力、感召力强的理由。在解决很多新型法律问题上，由于找不到相关法律规定和法律原理，公共政策在法律论证上可以起到填补法律空白的作用。

（四）道德规范

自古以来，在所有文明社会，法律和道德的关系非常密切。中华法系素以礼法并重、德法共治为显著特色，大量援引道德规范是我国法律论证的重要传统。在当前坚持依法治国和以德治国相结合的背景下，社会主义核心价值观和社会公认的道德规范，同中国特色社会主义法律体系的精神是一致的，是法律论证的有力理由。

（五）公序良俗

公序良俗，或者称之为良善风俗、民间习惯，是指经过长期的生产生活活动而形成，具有调控社会关系、维护社会秩序概念的社会规范，是国家制定法的重要补充。很多国家都明确承认公序良俗或民间习惯为非正式法律渊源，要求立法、执法、司法必须尊重或吸纳公序良俗。

任何理性的论证形式都要用适当的理由来支持所获得的结论。法律论证不同于普通论证之处，在于对理由的要求有特殊之处。其一，理由必须是公开的，而不能是秘密的。某一行为之所以受到法律的保护或惩罚，完全是基于那些公开的理由。在法律问题上，如果允许基于秘密的理由而得出的结论，法治原则就容易被摧毁。其二，理由必须具有法律上的正当性。虽然法律论证可以使用法律之外的理由，但这些理由是法律上能够站得住脚的理由，或者是能与法律价值准则兼容的理由。通常而言，法律之外的理由不能违反法律的精神和原则，不得用来否定法律的明文规定。其三，理由必须具有法律上的说服力。它必须让"法律游戏"的参加者和旁观者相信，结论不是来自某一个人的主观好恶，而是从既定的法律或社会准则得出的必然结果。换言之，法律论证所使用的理由，必须是那些认同法律并依赖于法律的人们能够接受的理由。

三、法律论证的正当性标准

法律论证大量采用法律以外的因素，并在一定程度上超越了传统的逻辑思维模式，因此也容易受到质疑。为确保法律论证的正当性、公信力，各国法律实践中都形成了一些检验、评判法律论证的标准。概括起来，主要有以下几项标准。

（一）内容融贯性

融贯性既指法律论证要保持法律规则、原则、理念的一致性、协调性，也指构成法律论证之前提的各种价值和理由之间协调一致、融为一体，而不能互相抵触、互相冲突。融贯性标准是法律论证的基本指引。只有当法律论证的理由和结论同现有法律体系和各种前提保持融贯性时，该论证才具有正当性。特别是在援引法律之外的理由时，要注意其是否符合融贯性标准。

（二）逻辑有效性

尽管法律论证突破了形式逻辑的限制，并以非法律因素为论证的前提，但在整体上仍然要遵循逻辑规则。在法律论证中，既要遵守"三段论"等逻辑规则，也要符合公众的思维习惯，确保论证过程和结果能够为公众所理解、所接受。

（三）程序合理性

法律论证不同于其他论证的重要之处，就在于要在规定的场合和程序中进行。法律论证通常在听证会、论证会、司法审判、仲裁、调解等正式场合实施。不论在什么场合中进行，法律论证都要遵循相应的程序规则和标准，包括地位平等、程序公正、辩论公开、回避原则等。

（四）效果最优性

衡量法律论证的优劣，既要看形式、看过程，也要重结果、重实效。从中外法律发展史来看，一些法律职业者通过卓越的法律论证所获得的解决法律问题的方案，不仅取得了良好的法律效果，开启了法律发展的新方向、新路径，也取得了良好的社会效果，推动了人的发展和社会进步。当代中国法律论证，要跳出形式主义、教条主义的窠臼，充分考量方案所产生的实际效果，努力实现法律效果、政治效果、社会效果相统一。

思考题：

1. 如何理解法律思维、法治思维和法理思维？
2. 法律解释应当遵循哪些原则？
3. 法律推理的基本原则对建设社会主义法治国家有什么意义？
4. 法律推理和法律论证是什么关系？
5. 法律论证的正当性标准是什么？

第九章　中国社会主义法理学的历史文化基础

中国社会主义法理学的萌芽、发展与逐渐成熟，离不开中国近代社会发展的具体环境，离不开对中国传统法的创造性转化、创新性发展、批判性继承。中国古代数千年一脉相承、独树一帜的法文化以及近代仁人志士在救亡图存的民族危难时刻对法的理论的艰难探索，为中国社会主义法理学的形成奠定了历史文化基础。

第一节　中国传统法学思想的形成和发展

中国传统法学思想的形成和发展经历了从产生到夏商西周、春秋战国、秦至清这样几个阶段。从方法论的角度说，中国古代当然不存在我们现在所说的"法学"，但是古代社会中对法的理论研究，比如有关"法"的来源、概念、本质、体系、作用及法律与君权、法律与道德等关系的探讨并不缺位，而且自成体系，甚至在明末清初时也还出现了对"君权至上"提出质疑的启蒙思想家。中国古代法学思想的发展充分说明，不同文明社会的法律发展既有共同性，也有各自的特殊性。

一、法观念的产生

中国古代法观念的产生与法律的起源密切相连。法律是随着私有财产日益增多、贫富分化、阶级出现、国家形成而产生的。这是法律起源过程中的共同规律。中国法律的源头有二：一是部落联盟时期日益频繁的部落战争，导致了"刑"的出现；二是先民的祭祀，导致了"礼"的形成与发展。

（一）"刑"与"礼"的起源

人类社会伊始，由于生产工具落后，生产力低下，人们的劳动只能维持自身生存的需要，没有剩余产品，因而也就没有贫富差别和私有财产，没有等级和国家，同一血亲集团内部人与人之间的关系靠风俗习惯调整。随着社会的发展、生产力的提高，社会逐渐进入氏族时期。在氏族社会，尤其是氏族社会后期——父系氏族社会中，随着生产力的提高，剩余产品逐渐增加，氏族内部开始出现贫富差别和私有财产，于是等级出现了。而剩余产品的出现，使氏族间战争中的俘虏有了价值。俘虏不再被杀死，而是被作为奴隶使用，于是阶级出现了。随着私有财产、阶级的出现，氏族社会开始向国家过渡，于是法律产生了。

古人云："刑起于兵。""兵"，即战争，"黄帝以兵定天下，此刑之大者"①。"刑"起源于战争，这是中国古人的共识，也是法律起源的共同规律。距今大约五千年前，生活在中原大地上的人类进入了父系社会，也就是黄帝时代。这一时代的特点是：原本地广人稀、氏族间相安无事的宁静生活被打破，日益发展壮大的氏族及部落为抢占土地、掠夺财富和人口而不断进行战争，而"掠夺战争加强了最高军事首长以及下级军事首长的权力"②。这种产生于兵戎之中的权力，是"法"产生的温床。战争中的俘虏既然成为奴隶，也就成为"刑"所镇压的对象。

发端于部落战争中的"刑"，仅仅是中国传统法的一个组成部分。若要论述法的源头，又不能不论及"礼"。"礼"，最初是指部落中的祭祀活动。人类社会都经历过一个敬畏天地鬼神的时期，即认为世间万物、人间吉凶祸福都受冥冥之中的神明支配；部落的兴旺、繁衍也完全系于天地鬼神的庇护。因此，争取神明的欢喜与保佑是部落的头等大事。讨取神明欢喜的途径则是向神贡献最好的、最珍贵的礼品，这就是祭祀。祭祀须有仪式与程序，这就是"礼"的规范。祭祀中，人们必须按"礼"所规定的仪式程序去做才能表达出人们对天地鬼神的感激与敬畏。人们确信，只有举止合"礼"，神明才能接受供品；违"礼"者，必遭神的惩罚。"礼"不仅具有强制性，而且具有神秘性。这种以神权为后盾的"礼"，对当时的部落成员来说，无疑具有法的性质。"礼"与部落原有的风俗习惯也有着密切的关系。考古发现的大量部落时期的墓葬形制和随葬品证明，部落时期的社会正发生着巨变，部落成员之间已经贫富悬殊。在社会巨变面前，原有的风俗习惯已经难以完全适应社会的发展，"礼"在此时便担负起了新的使命，即建立新的规范以适应现实需要。正如恩格斯所说，"如果不是对财富的贪欲把氏族成员分裂成富人和穷人，如果不是'同一氏族内部

---

① （唐）杜佑撰：《通典》卷第一百六十三《刑法一》，王文锦、王永兴等点校，中华书局1998年版，第49页。

② 《马克思恩格斯选集》第4卷，人民出版社2012年版，第181页。

的财产差别把利益的一致变为氏族成员之间的对抗'"①，法与国家就不会产生。

由此可见，"礼"的规范，一部分直接源于风俗习惯并通过祭祀而获得更大的权威。风俗习惯主要是通过人们的"知耻之心"而加以维持的；"礼"则是通过人们的"敬畏之心"来贯彻的，已经达到了"习惯法"的程度。但"礼"毕竟是血缘社会的产物，是调整部落内部成员关系的规范，所以它远比针对外族的"刑"要温情。"礼"虽然也具有强制性，但却仍将人情放在了首位。后人论"礼"，也大都从人情伦理角度出发，认为"礼"的作用在于"以正君臣，以笃父子，以睦兄弟，以和夫妇"②。

（二）法观念的产生及中国古人对"法"的认识

远古时期人们对"法"的认识无确切史籍可考，我们只能从法律起源的途径对中国法观念产生时的特点作一点推测。由于中国古代法律产生于部落间的战争和部落的祭祀与风俗习惯，所以当时人们对"法"的认识应该有两方面的内容，即融残酷与温情于一体。对起于战争中的"刑"，人们注重它的镇压和威慑作用。而对于"礼"，人们更注重它所体现的神意和人情。所以，若从法律的起源和法观念的产生来看，中国古代的法并不是像近代一些法学家所认为的，仅仅指"刑"，"刑"只不过是中国古代法的一个方面而已。

古人所说的"法"，与我们现在所说的法既有联系，又有区别。从广义上说，古人所说的"法"的内涵远比我们现在所说的法宽泛：神意祖制、自然规律、风俗习惯、国家制度、乡规民约等，皆可以"法"统称。这个"法"的层次十分复杂，既包括理念意识，也包括制度规则。从狭义上说，古人所说的"法"专指"律"及"刑"。那么，如何沟通古代法与现代法的概念呢？严复"复案"这样写道："盖在中文，物有是非谓之理，国有禁令谓之法，而西文则通谓之法，故人意遂若理法同物，而人事本无所谓是非，专以法之所许所禁为是非者，此理想之累于文字者也。中国理想之累于文字者最多，独此则较西文有一节之长。西文'法'字，于中文有理、礼、法、制四者之异译，学者审之。"③

这一段话给我们的启示是：首先，中西"法"的语境存在着巨大的差异：

① 《马克思恩格斯选集》第4卷，人民出版社2012年版，第181页。
② 《礼记·礼运》。
③ ［法］孟德斯鸠：《孟德斯鸠法意》（上册），严复译，商务印书馆1981年版，第2—3页。

中国古人说到"法"时，大都指制度规章，也就是国家的禁令；而法所体现的精神、道理，即严复所言的"是非"问题，则用"礼""理"等字来表达。西方的"法"则融禁条、规范、制度、原理、精神于一体，一个"法"字包括了中文的理、礼、法、制所表达的内容。其次，由于思维方式的差异，中国人在理解西方"法"时，往往会产生两种误解：一是僵化地以中文"法"字对应西方之"法"，割裂了礼、理与法的关系，找不到中国古代"法"的精神之所在，片面地认为中国古代"法"只有制度条文，甚至只有刑罚，而法的精神匮乏；二是片面地用中国古代"法"去理解西方近代意义的法，认为法就是制度规章，忽略了西方"法"背后的精神。

二、夏商西周的法学思想

夏商西周时期，人们对法的认识主要有两点：一是法是神意的产物，且产生于神意的法是公正的。古代的"法"写作"灋"，就具有明显的神判色彩。二是统治者的权力来自"神意"。西周时，又有了"以德配天"之说，认为统治者权力合法必须具备天意和自身有德两个条件。有德者才有资格统治天下，也才能有天命。"有德"表现在法律上就是"明德慎罚"，也是后世礼治与德治思想的历史渊源。夏商西周的法学思想可以归纳为以下几点。

（一）"王权神授"

夏商西周时期是国家形成时期。与神权法观念相适应，当时的人们将"王"的权力看作天意或神意的产物。人世间的最高统治者也被称为"天子"，代天在人间行使统治权，也就是"王权神授"。

《史记·夏本纪》记载，夏王启在征讨有扈氏时说自己是"恭行天之罚"。商朝的统治者也是如此，深信自己的统治是天意所赐。从商人的甲骨文卜辞中可以看出，商朝的统治者几乎无事不卜，无日不祭。在行将灭亡之际，商纣王还要说："呜呼！我生不有命在天？"[①] 可见，在商朝的统治者看来，取得了天命，统治就有了合法性，也就不可动摇。

（二）"皇天无亲，惟德是辅"

周人代商之后，需要总结商亡的教训，也需要对自己统治的合法性进行解释。于是统治者提出了"天命转移"说，以补充夏商"天命"思想。所谓

---

① 《尚书·西伯戡黎》。

"天命转移"，是说上天对下界之民一视同仁，无偏无党。公正的"天"将统治民众的权力只交给有"德"之人。夏有"天命"而统治天下，是因为夏人祖先有"德"。商取代了夏，是因为夏人的子孙失"德"，而商祖先汤有"德"。周人代商，同样也是因为商纣王失"德"，而周文王、武王有"德"。这就是周人所说的"皇天无亲，惟德是辅"①。天命由夏转移到商，再由商转移到周，其依据是"德"。那么，统治者的"德"是什么呢？西周初期的统治者认为，"德"是怀着敬畏的心情，兢兢业业地治理国家，关心民众的疾苦，"保民"并得"民心"。"民之所欲，天必从之。"② 要获得天命并想长久地维持统治，不仅仅是要将最好的东西作为祭品奉献给上天，更重要的是要保护好民众，如周公告诫的"怀保小民，惠鲜鳏寡"③，即体贴民众，爱护孤苦无助的鳏寡弱势之人。

天命、有德和民心三位一体，构成了统治权合法性的基础。后人用"重民"概括西周初期统治者的这种思想。这也是孟子及中国古代"民本"思想的源头。

（三）"明德慎罚"

在重民思想的指导下，周公提出了"明德慎罚"④ 的主张。明德慎罚的思想为后世所传承，是中国古代"德治"的思想之源。所谓"明德"是要求统治者自身有德，以身作则，为民表率。"明德"还有一个重要的内容是以"礼"教化人民。这里的"德"是指人人都应该具有的"亲亲"（即亲爱自己的亲人，首先要孝敬自己的父母）、"尊尊"（即尊敬自己的上级，首先要忠于国君）、"长长"（即恭顺长者）、"男女有别"（即男尊女卑）之情。这些由人之常情派生出的忠孝节义的道德规范，也是周礼的根本所在。所谓"慎罚"是要求统治者在使用刑罚时要谨慎，要罚当其罪。西周初期的统治者看到了刑罚在维护社会秩序方面所具有的积极作用，但同时也深刻地认识到了刑罚作用的有限性以及易导致社会矛盾激化的负面作用。"明德慎罚"，说明西周初期的法律是以教化和刑罚构成的，而教化是这个体系的主导。在西周，教化的内容是人伦，教化的对象也是普遍的：君仁臣忠、父慈子孝、兄友弟恭、夫义妇顺。由于注重礼教，所以中国才有"礼仪之邦"的美誉。

---

① 《尚书·蔡仲之命》。
② 《尚书·泰誓上》。
③ 《尚书·无逸》。
④ 《尚书·康诰》。

西周统治者"重民"和"明德慎罚"的思想，体现了统治者的政治智慧和逐步成熟的统治经验，促进了社会政治、经济、文化的发展。这里需要说明，西周毕竟是宗法等级制的社会，尽管统治者的法律主张中有许多值得我们继承的优秀因素，但其本质在于使宗法等级秩序和制度合法化。西周时期的"民"也不是今天意义上的"人民"，它排除了当时被压迫者以及不服周人统治的异族。

三、春秋战国的法学思想

春秋战国是中国历史由分封制向集权制、由宗法制向官僚制过渡的时期。这一时期的法学思想十分丰富，呈现出"百家争鸣"的局面，儒、墨、道、法、名、兵、杂、阴阳等各家从不同的角度对法律进行了论述，因此学界认为这是中国古代法学思想的"黄金时代"。儒家思想和法家思想的对立与融合，为中国古代法律模式、中华法系的形成奠定了理论基础。

先秦儒家是孔子创立的一个学派。孔子死后，"儒分为八"，孔子的弟子、再传弟子从不同角度阐述孔子的思想，形成了不同的儒学分支，其中最有影响也最为人们熟知的儒学继承人是孟子和荀子。儒家思想体系以"仁"为核心，主张中庸之道。在法律方面，儒家主张礼治、德治与人治，反对法家激进的社会变革观和严刑峻法、"缘法而治"等治国主张。儒家的法律主张可以归纳为以下几点。

（一）礼治与法治

所谓礼治，就是儒家所说的"为国以礼"①。儒家主张改良社会，但反对抛弃传统。儒家认为，西周社会中的礼，一些具体的制度和条文随着社会的发展是可以被淘汰的，如人殉、厚葬等。但礼所体现的宗旨和精神——亲亲、尊尊、长长、男女有别是不能改变的。礼是法的指导。与具体法条相比，礼所体现的原则是首位的。法只有在与礼的精神一致时才具有价值，与礼相悖的法不仅毫无价值，而且是天下大乱的根源，即孔子所说的"礼乐不兴则刑罚不中，刑罚不中则民无所措手足"②。

有人认为，孔子强调礼治，不重视法律。其实，在孔子的思想体系中，

---

① 《论语·先进》。

② 《论语·子路》。

礼是高于具体法条的法律精神之所在。孔子重视礼治，并不是无视法的作用。他只是强调在具体法律条文与礼相悖时，法的精神也就是礼——应该高于具体的法条。儒家的继承者荀子更是提出了"隆礼至法，则国有常"① 的主张，即盛行礼治，重视法治，国家才能长治久安。荀子身处战国后期，看到法家所主张的法治在"富国强兵"中成效显著，所以他的思想体系有以儒为本、兼采各家之长的特点。荀子"隆礼至法，则国有常"的思想开儒法合流的先河。总之，儒家之礼，主张君臣父子，注重政治等级与伦理等级，要求君臣万民各安其位，各守其分。通过政治和伦理等级，实现国家稳定、家庭和谐。

（二）德治与法治

"德治"是先秦儒家法律思想的核心内容，主张为政以德，以上率下；以民为本，实施仁政；以德化民，教化天下；以礼导民，各安其分。它显然继承了西周"明德慎罚"的思想。德治的主要内容是反对法家主张的"以力服人"的"霸道"，反对统治者横征暴敛，严刑峻法，主张效法西周，兴礼教，实行"以理服人"的"王道"。

孔子说："道之以政，齐之以刑，民免而无耻；道之以德，齐之以礼，有耻且格。"② 这句话的意思是：用制度和刑罚去约束人，人可以避免犯罪，但却没有羞耻心；用礼与道德去教化人，人才会有羞耻之心而不去犯罪。孔子认为，虽然德、礼、政、刑都是治国的手段，但德、礼之教明显地优于政、刑之治，因为德与礼可以变人民被动地守法为自觉地守义，可以促使社会的根本治理。孔子并不否认刑罚或制度的作用，更不否定在一些特殊时期使用"猛"的措施，以法治民。《左传》记载：郑国执政子产死后，统治者实行宽政，致使郑国出现了许多盗贼。针对这样的态势，郑国统治者发兵镇压，而且"尽杀之"。孔子闻知此事，并不以为残暴，反而说："善哉！政宽则民慢，慢则纠之以猛。猛则民残，残则施之以宽。宽以济猛，猛以济宽，政是以和。"③ 这也是"宽猛相济""王霸并用"思想的来源和经典依据。

"德治"思想的核心在于强调法律的最终目的和社会的根本治理。孟子发展了孔子的思想，提出"制民之产"以预防犯罪、"以德服人"以行王道

---

① 《荀子·君道》。
② 《论语·为政》。
③ 《左传·昭公二十年》。

教化和"民贵君轻"的民本主张，这些思想成为近代中国社会变革的理论依据。

"制民之产"① 出自《孟子》。孟子认为人性本善，犯罪不是人固有的本性，而是环境影响所致。这个环境是指为政者所实施的政策，即战国时统治者采取的横征暴敛政策。孟子认为，横征暴敛使民"无恒产"，"无恒产"而不犯罪，只有君子才能做到，一般的人是难以做到的。由此可以看出，孟子继承了西周"怀保小民"的思想，认为社会犯罪的根源在于民"无恒产"。

"以德服人"是孟子对西周时期重民思想的发展。孟子总结历史的经验，认为夏商西周实行的是"以德服人"的王道教化，而春秋战国则是实行"以力服人"的霸道统治，王道和霸道有着不同的效果。孟子说："以力服人者，非心服也，力不赡也；以德服人者，中心悦而诚服也。如七十子之服孔子也。"②

孟子认为，天下应以"民"为本。《孟子》中涉及的民、国家、君主三者的关系是"民为贵，社稷次之，君为轻"③。这也就是人们通常说的"民贵君轻""以民为本"的思想。"民贵君轻"主张对民众要以礼教为主，使他们明白忠孝节义的道理而自觉地遵循礼。对待刑罚，则一定要谨慎使用，不可滥杀无辜。孟子反对战国时实施的连坐、族诛等法律制度，而赞扬周文王时实行的"罪人不孥"④，即不株连的原则。孟子还主张在判处死刑时，要反复斟酌，多方征询意见："左右皆曰可杀，勿听；诸大夫皆曰可杀，勿听；国人皆曰可杀，然后察之，见可杀焉，然后杀之。"⑤ 这种慎刑慎罚的主张正是民本思想的体现。

先秦儒家的"德治"思想是对西周初期"明德慎罚"思想的继承和发展。在汉武帝时，这一思想又成为正统法律思想的核心，并一直是中国古代立法的指导思想。在西周分封贵族制下的为政方式和思想在集权官僚制的社会中仍被继续沿用，大致有这样两个原因：一是儒家并不固守传统，而是对传统的思想进行了改良和更新；二是"德治"思想中有糟粕，也有精华，而其精华在人类

---

① 《孟子·梁惠王章句上》。
② 《孟子·公孙丑章句上》。
③ 《孟子·尽心章句下》。
④ 《孟子·梁惠王章句下》。
⑤ 《孟子·梁惠王章句下》。

社会的历史发展中具有普遍的意义。

德治和法治相结合的学说包括三个方面：一是法律与道德兼用并举，法调整人的行为、规范社会关系，德端正人心、引民向善；二是道德指导法律，根据道德原则制定与实施法律，通过道德教化培育人们对法律的尊重和敬畏；三是法律支持道德，将"忠国""孝亲""诚信"等道德准则纳入法律，以法律强制力保证其实行。

（三）人治与法治

先秦儒家认为，国家的安危取决于统治者，尤其是国君的道德和素质。人们现在用"人治"或"贤人政治"概括之。儒家的"人治"主张有两个内容：一是认为君主的言行表率作用较制度、法律的完善更为重要；二是认为在治理国家中选拔德才兼备的人比建立制度更为重要。后人托孔子之言将这种思想总结为："其人存，则其政举。其人亡，则其政息"或"为政在人"①。"人治"思想的核心论题是"人"与"法"的关系，即在治国中是统治者的道德品格更为重要，还是制度与法律更为重要。儒家对此的回答是"人"（主要指统治者）的品德与自律更为重要。

孔子说："其身正，不令而行；其身不正，虽令不从。"② 这句话的意思是：统治者若自律，即使没有法令，人们仍会效法统治者的榜样去做，国家照样可以得到很好的治理；相反，统治者自身不正，即使有严密的制度和严厉的法令，人们也不会去遵循，因此法令施行的最佳途径是统治者的自我表率作用。孟子则认为"惟仁者宜在高位"③。这就是说，在"君"与"法"的关系中，君是主要的、是核心，一个君主的品德，决定着一国的风气，所谓"君仁莫不仁，君义莫不义，君正莫不正。一正君而国定矣"④。

荀子对"人"重于"法"的观点的论述，较孔子和孟子更为系统。《君道》《王制》篇反映了他的基本观点：其一，法是由人制定的。荀子总结了历史经验，指出"有治人，无治法"⑤。其意思是治理好国家的关键在人而不在法。法对于治国虽然重要，是"治之端"，但法毕竟是人制定出来的，"君子

---

① 《礼记·中庸》。
② 《论语·子路》。
③ 《孟子·离娄章句上》。
④ 《孟子·离娄章句上》。
⑤ 《荀子·君道》。

者，法之原也"①。法的善恶取决于统治者的素质。其二，法是由人执行的。即使有了良法，也还要靠人来掌握和贯彻，否则便成为一纸空文，即"法不能独立，类不能自行。得其人则存，失其人则亡"②。其三，法不能包罗万象，世上没有无漏洞的法律。法律条文的漏洞只有德才兼备的"君子"才能弥补，即"有法者以法行，无法者以类举"③。如果没有"君子"，即使法律完备，也往往会在执行中失去要领，或被"小人"钻了空子，造成混乱，即"法虽具，失先后之施，不能应事之变，足以乱矣"④。荀子的结论是："固有良法而乱者有之矣；有君子而乱者，自古及今，未尝闻也。"⑤

无论是孔子、孟子还是荀子的人治思想，所强调的都不是"权力大于法律"，而是认为在治理国家中，统治者的素质较制度更为重要。这种人治思想推动了中国古代帝王教育和人才选拔制度的逐步完善。

法家是中国古代对制度和法律探讨最为深入的一个学派。其主要代表人物是战国中期的商鞅和战国后期的韩非。与儒家不同，法家主张君主实行"以法治国"的"法治"，即设计严密的制度和严厉的刑罚，对违背制度和法令者，罚；对遵守制度和法令者，赏。以此达到加强集权、富国强兵、统一天下的目的。法家的法律主张可以归纳为以下几点。

（一）"不务德而务法"的历史进化观

法家持有进化的历史观，对儒家的德治、礼治、人治主张不以为然，认为"法与时转则治，治与世宜则有功"⑥。在法家看来，儒家提倡的"以理服人"的"王道"时代已经结束，而现时代的特征是"以力服人"，"不务德而务法"⑦ 是历史发展的必然。韩非将历史的发展分为上古、中世和当今三个阶段。他总结各阶段的特点为："上古竞于道德，中世逐于智谋，当今争于气力。"⑧在"竞于道德"和"逐于智谋"的时代，德治、礼治、人治也许卓有成效，但在"争于气力"的当今"霸道"之世，唯有用强有力的法制来治理国家、制约

① 《荀子·君道》。
② 《荀子·君道》。
③ 《荀子·王制》。
④ 《荀子·君道》。
⑤ 《荀子·王制》。
⑥ 《韩非子·心度》。
⑦ 《韩非子·显学》。
⑧ 《韩非子·五蠹》。

民众，才能"富国强兵"，争雄天下。因此，法家强调法的权威性。与孔子主张的"非礼勿视，非礼勿听，非礼勿言，非礼勿动"① 相对，商鞅提出了"言不中法者不听也，行不中法者不高也，事不中法者不为也"②。

（二）"以法为本"的立法、执法主张

先秦诸子中，法家对制度和法律在强国、治国中的作用阐述得最为深刻。法家认为，制度与法令是君主治理国家的根本，如果说"道"是不可抗拒的客观规律，那么法就是人类社会必须遵循的准则。因此，韩非提出："以道为常，以法为本。"③ "以法为本"的核心内容是立法必须完备，执法必须公正。

法家的立法原则是：其一，法令须由国家统一制定；其二，法律必须体现国家的"公"意。韩非说："法者，编著之图籍，设之于官府，而布之于百姓者也。"④ 这就是说，法律应该是由国家制定、官府掌握、百姓普遍知晓的规范。他又指出："立法令者，以废私也。"⑤ "废私"是告诫君主立法必须以"富国强兵"为目的，立"公法"，而不能将个人的喜怒作为法令。法家将君主的长远利益和国家利益密切地结合，断言只有立"公法"才能"国治"而"兵强"："能去私曲就公法者，民安而国治；能去私行行公法者，则兵强而敌弱。"⑥

就执法而言，法家强调法的公正性，要求君主"缘法而治"⑦ 或"垂法而治"⑧。商鞅说："刑无等级，自卿相、将军以至大夫、庶人，有不从王令、犯国禁、乱上制者，罪死不赦。"⑨ 韩非将商鞅的思想总结为："法不阿贵，绳不挠曲。法之所加，智者弗能辞，勇者弗敢争。刑过不避大臣，赏善不遗匹夫。"⑩ 这就是说，法律一旦制定后，任何人都不得违反，即使贵族，违法也要依法予以惩处；即使平民，有功也要按制给予奖赏。当法律条文与风俗、习惯、道德、人情发生冲突时，与儒家不同，法家毫不犹豫地要求君主遵循法律。《韩非子·八说》中将八种传统礼教所赞美的有德之人斥责为国之大贼，

① 《论语·颜渊》。
② 《商君书·君臣》。
③ 《韩非子·饰邪》。
④ 《韩非子·难三》。
⑤ 《韩非子·诡使》。
⑥ 《韩非子·有度》。
⑦ 《商君书·君臣》。
⑧ 《商君书·壹言》。
⑨ 《商君书·赏刑》。
⑩ 《韩非子·有度》。

因为这些人的所作所为有损法律的权威。法家认为，国法必须具有绝对的权威，任何人，无论其才智、功勋、道德如何，都没有违背法律的权力。无论谁触犯了法律，都要受到法律严厉的制裁，而舆论的褒贬也应该与国家的法律保持一致。这种"法不阿贵""缘法而治"的主张，有利于法律权威的确立。

（三）君主"抱法处势"的治国主张

法家强调制度与法令对君主治理国家的重要性，告诫君主"奉法者强则国强，奉法者弱则国弱"①。法家还认为，法律也是维护君主权威最为有效的手段。韩非指出："以法为本，本治者名尊，本乱者名绝。"② 这就是说，有了法律这个治国的根本，君主才有至高无上的名位和权力。

当法律与君主的喜怒矛盾时，法家主张君主克制私欲，"释私任公"。法家对君主的告诫，说明法家认识到了制度、规范在治理国家中不可或缺的作用。在一般情况下，法家主张君主"抱法处势"。所谓"抱法"，就是要求君主从国家利益出发，设立完备的法律并遵守它。所谓"处势"，就是要君主牢牢掌握独尊的地位，掌握最高的立法权和司法权。由此可见，法家"以法为本"的最终目的是"以君为本"。

（四）"厚赏重罚"的治民主张

法家认为，法是国家、君主设立的规范，民众无权立法，也无权议法，他们只有遵守法律的义务。但君主在制定法律时，应该顺应人性。什么是人性？在法家看来，自私自利的"自为心"是每一个人都有的。③ "自为心"导致了人们对财产、名誉、地位等"利"的争夺和对贫穷、灾难、刑罚等"害"的回避，这就是"好利恶害"的人之本性。根据"好爵禄而恶刑罚"④ 的人之本性，君主可以设立法令，用"厚赏"充分调动人们的好利之性，使人们趋之若鹜；用"重罚"充分利用人们的"恶害"心理，使人们不敢越雷池一步。法因此而起到了统一民众言行和"兴功俱暴"的作用。法家的这一主张，使法律在凝聚民众力量、富国强兵方面发挥了巨大的作用。

四、秦至清的法学思想

自汉初至清灭亡，以儒家学说为主的法律思想始终占据主导地位，并与大

---

① 《韩非子·有度》。

② 《韩非子·饰邪》。

③ 参见《韩非子·外储说左上》。

④ 《商君书·错法》。

一统的思想主张相辅相成。以儒家学说为主的法律思想的发展经历了秦汉礼法合一（或称为儒法合流）的探索时期、魏晋礼法合一的发展时期、隋唐礼法合一的法典化时期、宋明清礼法合一由完善走向僵化的时期。以儒家学说为主的法律思想的特点是"以儒家思想为本，兼容并蓄"，其核心内容是"和谐"。

（一）以儒家思想为本，兼容并蓄的思想体系

强大的秦王朝的灭亡给汉朝统治者以深刻的印象和教训。以什么样的思想指导立国、立法，汉朝经过了七十余年的探索，至汉武帝时期形成了共识，即"罢黜百家，独尊儒术"。但是，所谓的"罢黜百家"，并不是像秦始皇"焚书坑儒"那样采取极端的文化专制主义，而只是将儒家学说确立为国家和社会的主流价值观，以统一人们的思想，对其他各家学说则采取开放的态度，其有益于主流思想的因素则纳入主流价值观。以儒家学说为主的法律思想也是在汉武帝时期形成的。

以儒家学说为主的法律思想的特点有二：一是强调儒家学说的主导，甚至是独尊的地位。汉儒董仲舒将儒家学说的法律观概括为"德主刑辅"，强调立法、司法必须以礼教为原则。这种以儒家学说为本的法律思想始终是中国古代立法、司法的主导思想。二是随着社会实践的发展，法律思想融合、吸收了先秦诸子思想中有利于现实社会治理的各种学说。比如：用阴阳家的学说解释"德主刑辅"；用法家的思想阐明"凡将立国，制度不可不察也"[1]，"德须威而久立"，"鞭扑不可弛于家，刑罚不可废于国，征伐不可偃于天下"[2]；用道家的哲学论证法的最高境界是"顺其自然"；等等。对诸子百家学说的融合，显示了以儒家学说为主的法律思想的兼容性，而这种兼容性也赋予了它强大的生命力，造就了博大精深的中华法系。

以儒家学说为主、兼容并蓄的法学思想，不仅统一了人们对法律的认识，而且将儒家的理念与法家的制度融成一个和谐统一的体系，使礼法合一的法律模式在法律的实践中不断发展完善，并出现了《唐律疏议》这样具有深远历史意义和国际影响的中华法系代表作，这就为"经国序民，正其制度"[3] 奠定了坚实的基础。

---

① 《商君书·壹言》。
② 《汉书·刑法志》。
③ 《资治通鉴·汉纪》。

（二）以"和谐"为核心理念的法律思想

先秦儒家的理想是"大同"之世。《礼记·礼运》对大同之世的描述就是人人自律、各得其所、社会和谐。儒家之所以不赞成法家的主张，是因为儒家认为法家的主张往往会导致"苛政"，激化社会矛盾。民众虽然不敢轻易触犯法律，但"免而无耻"却使社会积怨无法消除。在儒家看来，用法家的法制治理国家如扬汤止沸。儒家的法律主张，如礼治、德治、人治，都强调人们尤其是统治者的自我约束，强调民众自觉守法，即"有耻且格"。儒家认为，法律的目的在于促成而不是破坏社会的和谐。

以儒家为主的法律思想发展了先秦儒家的主张，并兼采道家、阴阳家之说，将和谐主张系统化。其主要内容如下。

第一，人类与自然的和谐。先秦儒道两家的"天道观"有着类似之处，即将人类社会看作自然社会的一部分，认为人类社会的活动必须符合自然之道（天道）。汉儒董仲舒杂糅了儒家"承天之道以治人之情"及道家"道法自然"的思想，提出了"天人合一"的理论。成书于汉时的儒家经典《礼记》，其中的《月令》篇更是详细地阐述了王朝的政治、法令应该如何效法自然。《月令》提出：帝王应该根据不同的节气行使不同的政令。春夏万物生长之际应行庆赏，而死刑等必须在秋后阴寒之时执行，即秋后处斩。这种被古人称为"司法时令说"的思想根植于靠天吃饭的农耕社会，表达了人们对上天（自然）的敬畏。① 效法自然思想体现于立法中，则是主张法律的宽简，强调法律的规律性和稳定性，反对朝令夕改。②

第二，民族间的和谐。儒家主张"王道"，即"以理服人"。民族无论大小强弱，都应该和睦友好地相处，而不应用武力对弱小国家民族进行征服或吞并。《礼记》阐述了处理中原地区与周边各民族间关系的原则：中央王朝应该宣扬自己的礼教，但要尊重不同民族和地区的风俗并帮助他们发展。③ 在两千余年的历史发展中，《礼记》所阐述的理念被不断地法律化。中央王朝的法律中基本没有民族歧视的规定，这在世界其他国家和地区的古代法律中是罕见的。比如：在经济往来上，中央王朝的法律允许边界地区开市进行物资交流；在家庭制度上，允许不同民族的人通婚。

---

① 参见《礼记·月令》。
② 参见丘汉平编著：《历代刑法志》，商务印书馆1938年版。
③ 参见《礼记·王制》。

第三，家庭与社会的和谐。鉴于秦法激化了社会矛盾，汉代以来，历代统治者都强调法律对弱者的"保护"作用。中国古代法的"正义观"就是抑强扶弱，对弱势群体给予充分的关注和体恤。1959 年及 1981 年，在甘肃磨嘴子出土的"王杖十简"和"王杖诏书令"册简 26 枚，被许多专家称为汉代的"养老法律"。它明确规定，对年七十以上的老人，全社会都要给予尊重。持王杖的老人，可以出入官府，可以在天子道上行走，做买卖可以不交税，触犯一般的刑律如不是首犯可以不起诉。唐代规定，年满八十或有严重疾病的人，官府给派侍丁一人照顾，九十岁给二人，百岁给三人。[1]《大清律例·吏律·收养孤老》明确规定："凡鳏寡孤独及笃废之人，贫穷无亲属依倚，不能自存，所在官司应收养而不收养者，杖六十。若应给衣粮而官吏克减者，以监守自盗论。"以强凌弱、以众暴寡在中国传统法理中被视为大罪恶，也是法律严惩的对象。

第四，以多种治理方式保障和谐，使社会矛盾通过多种渠道得到解决。《礼记·乐记》提出："礼以道其志，乐以和其声，政以一其行，刑以防其奸。礼乐政刑，其极一也，所以同民心而出治道也。"这就是后人总结的古代社会"礼乐政刑，综合为治"的理论基础。中国古代的法律制度有一个很大的特点，就是不仅有惩罚的条款，还有旌表的制度，即对孝子、烈女、忠臣、义士等道德卓著者赐匾建坊、树碑立传。这种旌表制度促成了"见贤思齐"的社会风尚，实际上也是对犯罪的有力预防。正如司马迁所说："礼禁未然之前，法施已然之后。"[2] 就法律制度本身而言，刑与礼、禁止与旌表、国家法度与乡规民约、家法族规，各有各的功能。综合治理的和谐理念，反映了中国古代法学对自然与法、道德教化与法、家庭社会与法、统治者与法的认识。

中国古代法律和谐理念中对法律的定位、对刑罚负作用的认识、对弱势群体的关注和救助以及对教化的重视，都可以为当今所借鉴；但也不应忽视其中与现代法治的冲突之处。比如：过于强调道德自律，主张忍让、顺从，无视个人的权利；在强调和谐秩序时，将家族伦理、社会尊卑及官僚等级制度置于首位，将"君为臣纲，父为子纲，夫为妻纲"作为立法指导思想，缺乏平等的意识。明末清初时的启蒙思想家曾对主流法律中的等级观念尤其是君权至上的观念提出过尖锐批判。

---

[1] 参见《唐六典·尚书户部》："凡庶人年八十及笃疾，给侍丁一人；九十，给二人；百岁，三人。"

[2] 《史记·太史公自序》。

（三）明末清初以"天下之法"取代"一家之法"的主张

明末清初是中国古代社会"天崩地解"的时期，延续了数千年的古代社会经济、政治出现了不同于以往的动摇迹象。就经济而言，明中叶以后，江浙一带手工业空前发达，出现了新的生产经营方式——"机户出资，机工出力"①。资本主义萌芽动摇了传统社会自给自足的经济基础。就政治而言，延续了两千余年的专制主义体制受到挑战，代表新兴市民阶层的东林党人在与朝中宦官势力斗争的同时，也对专制制度的腐朽有了前所未有的认识。

时代造就了明末清初的启蒙思想家。他们对自秦以来的政治制度和法律制度进行了大胆的怀疑和批判，并提出了一些解决的方法。这一时期对传统的反省不同于1840年后的洋务运动、戊戌变法和辛亥革命，这是一场发自内部的，不依赖外界推动力的传统更新。启蒙思想家在批判传统的同时，更注意汲取传统的营养，弘扬传统的精华。

明末清初启蒙思想家的代表人物有黄宗羲、顾炎武、王夫之、唐甄等人。他们直接继承了先秦儒家，尤其是继承了孟子"民贵君轻"的民本思想，质疑秦以来皇权至上的制度以及法律对这种不合理制度的维护。启蒙思想家对法的正当性的追问，弘扬了中国传统法律文化中的优秀成分。其中，最具启蒙意义并最具挑战性的是黄宗羲在《明夷待访录》中提出的以维护天下人利益的"天下之法"取代维护帝王一家一姓利益的"一家之法"的主张。黄宗羲认为，传统法理中最应该被否定的就是将法律视为维护君主权力的工具。他认为以维护君权为首务的"一家之法"是恶法，是不可称之为"法"的"非法之法"。君主的至上权力没有正当性的法律作为基础，因而是不合法的。黄宗羲在《明夷待访录》中还提出了下列主张：其一，恢复被明太祖废除了的宰相制度，以相权制约君权。其二，改善地方与中央的关系，以便去"郡县制"和"分封制"两者之弊，而收其利。其三，"学校议政"，充分发扬中国的重教传统，将学校变为议论政治得失的舆论场所。天子、朝臣每月初一应到太学听祭酒讲论时政，"政有缺失，祭酒直言无讳"②。地方也应设郡县学，郡县官员每月初一、十五应到学校听学官讲学。对郡县官的缺失，学官有权"小则纠绳，大则伐鼓号于众"③。更为重要的是，黄宗羲设计的学校与传统的官学又有不同，它是独

---

① 《明神宗实录》卷三六一。
② 《明夷待访录·学校》。
③ 《明夷待访录·学校》。

立于朝廷的机构，对朝政起监督作用。

　　显然，启蒙思想家对未来社会的设计带有很多空想的色彩，比如将"天下之法"又誉为"无法之法"，对人们的自律寄予了不切实际的期望。但是，启蒙思想家在批判秦以来的传统时，更注重汲取先秦诸子思想的营养，从而准确地把握了传统的精华。启蒙思想家对未来法治的设计也有别于西方的法治模式，比如：在法的精神上更注重和谐，在法的内容上更注重与道德的统一，在法的形式上更注重简约易行，在法的实施上更注重人们的自律，等等。

第二节　近代法理学的探索与变革

　　自 1840 年始，中国逐步沦为半殖民地半封建社会。山河破碎、积贫积弱的近代中国，不只是在物质财富上受到西方列强的掠夺，在文化上也失去了"话语权"。毛泽东说："自从一八四〇年鸦片战争失败那时起，先进的中国人，经过千辛万苦，向西方国家寻找真理。洪秀全、康有为、严复和孙中山，代表了在中国共产党出世以前向西方寻找真理的一派人物"[1]，但"帝国主义的侵略打破了中国人学西方的迷梦"[2]。在"救亡图存"、效法西方的努力一次又一次的失败中，在民族危难日益加剧的情况下，中国人经过艰难的探索，选择了马克思主义。

一、法律理念与法权意识的萌生

　　鸦片战争后，在中西文化的碰撞中，中国的有识之士开始敏锐地感到了中西法律制度和理念的巨大差异。他们一方面开始对中国的法律制度和法律文化进行反思，另一方面又开始引入有利于富国强兵的西方法律制度和理念。

　　（一）西方法律理念的引入

　　1839 年，奉命至广州查禁鸦片的清廷钦差大臣林则徐在频繁的外事公务处理中，得出了"西夷"有"长技"可师的结论，于是精心组织翻译人员翻译西方的新闻和学术著作，成为近代中国睁眼看世界的第一人。《各国律例》是林

---

① 《毛泽东选集》第四卷，人民出版社 1991 年版，第 1469 页。
② 《毛泽东选集》第四卷，人民出版社 1991 年版，第 1470 页。

则徐随员翻译的中国第一部西方法律著作。1842年，在林则徐的支持下，魏源完成了划时代的巨著《海国图志》的编纂。魏源总结鸦片战争失败的经验教训，明确提出了"师夷长技以制夷"的主张。他认为，中国要富国强兵，必须了解西方的情况，学习西方的知识，否则就只能受制于人。为此，他以赞赏的态度简要介绍了美国等国的政治和法律制度，从而为中国人了解西方的法律制度和观念开启了一个窗口。

此后，随着西方列强侵略的加剧以及中国人对西方了解的加深，以郑观应、康有为、梁启超、严复等为代表的维新派开始主张全面引进西方的政治、法律制度和观念。比如，1884年，郑观应就上书要求清政府开国会。郑观应认为，"西国以公议堂为政事之根本"，"自有议院，而昏暴之君无所施其虐，跋扈之臣无所擅其权，大小官司无所卸其责，草野小民无所积其怨"，因此他主张"欲借公法以维大局，必先设议院以固民心"。他认为，只有设立议院，才能改变中国"有公不公、法不法，环起交攻之势"①。

甲午战争失败后，以康有为、梁启超为首的维新派开始倡导以学习西方君主立宪制为目标的变法运动。

第一，维新派鼓吹变法维新，主张法律应因时而变。1896年，梁启超在《论不变法之害》一文中称："法者，天下之公器也；变者，天下之公理也。"他认为，不仅中国已经有无数的历史事实可以证明法律必须因时而易，而且日本等国的变法实践也证明"不及十年，法之盛强，转逾畴昔"。更重要的是，变法图强已是形势所迫，不得不为，"大势相迫，非可阏制。变亦变，不变亦变。变而变者，变之权操诸己，可以保国，可以保种，可以保教；不变而变者，变之权让诸人"②。

第二，维新派反对君主专制，主张开国会、立宪法。康有为认为，东西方强国之所以强，原因就在于它们立宪法、开国会。他认为，理想的国家形式就是西方的三权分立模式："立宪法以同受其治，有国会以会合其议，有司法以保护其民，有责任政府以推行其政"③。梁启超认为，世界上最优良的政体是"君主立宪"，因此也极力主张立宪。他认为，宪法是一国的根本大法，一旦制

① 夏东元编：《郑观应集》上册，上海人民出版社1982年版，第318、312、311页。
② 梁启超：《论不变法之害》，载梁启超：《饮冰室合集》第1册，中华书局1989年版，第8页。
③ 康有为：《请君民合治满汉不分折》，载《康有为全集》第4集，姜义华、张荣华编校，中国人民大学出版社2007年版，第425页。

定宪法，包括君主在内的所有人就必须一体遵守。"宪法者何物也？立万世不易之宪典，而一国之人，无论为君主、为官吏、为人民，皆共守之者也，为国家一切法度之根源。此后无论出何令，更何法，百变而不许离其宗者也。"①

第三，改革旧律，制定"为民而立"之法。严复批判君主专制制度下的法律是"为上而立"，因此成了君主防止臣民反抗的工具。在这种法律制度中，帝王可以"超乎法之上，可以意用法易法，而不为法所拘"②。他认为，这种束缚人民的旧法只会坏民之才，散民之力，离民之德，因此必须制定为民而立之法而代之。无论是康有为还是梁启超，变法的目标就是废除旧法，学习西法，并且通过设立国会，保证法律符合"天下之公意"，成为"天下之公器"。

为了变法图强，维新派主张全面引进西方的法律制度和理念，从而开启了中国法律近代化的历程。尽管后来孙中山领导的资产阶级革命派与君主立宪派在是否废除君主这一点上存在分歧，但在引入西方的法律观念和制度这个问题上并不存在本质的异见。从此以后，主权在民、宪法至上、权利平等等近代西方法律观念开始逐渐在中国深入人心。无论是清末修律，还是此后不断更迭的民国政府立法，在法律形式上都是以这种法律观念为指导思想的。

（二）权利概念的出现与发展

近代法权思想以"天赋人权"为基础，其核心内容是：人生来就享有天赐的自由、平等权利，这种权利是不可剥夺的，受到法律的保护和确认。戊戌变法前后，随着西学的涌入，在维新派的极力倡导下，这种以"权利"为核心的法权意识得到社会的认可。

"权利"一词最早出现在儒家典籍《荀子》中。荀子曾说过"权利不能倾也"③。这里的"权利"主要是指"权力和利益"。在古代儒家的语境中，"权利"往往是与"仁义"相对立的贬义词。近代法权意义上的"权利"一词，最早出现于1864年美国传教士丁韪良翻译的《万国公法》中。在该书中，西方的"right"概念一般都被翻译为"权"或"权利"。比如，书中有大量诸如"民人之私权""自主之权""交战之权"等表达方式。同时，书中也出现了"疆内因人民权利等争端审权可及"之类的表达。据学者考证，这是中国历史

① 梁启超：《立宪法议》，载梁启超：《饮冰室合集》第1册，中华书局1989年版，第1页。
② ［法］孟德斯鸠：《孟德斯鸠法意》（上册），严复译，商务印书馆1981年版，第26页。
③ 《荀子·劝学篇》。

上首次出现现代意义的"权利"一词。① 该书出版后，"权利"一词逐渐成为汉语中表达"正当利益"或"正当资格"的专门词汇。该书传入日本后，"权利"一词也成为日语的通用词汇。

对于权利思想的阐述，梁启超作出了巨大的贡献。梁启超很早就开始使用"权利"一词并通过一系列文章阐述了西方的权利思想。他于 1902 年还专门写了《论权利思想》一文。他认为，是否享有权利是人区别于动物的特征之一，是人作为人就应该享有的。他说："而人之所以贵于万物者，则以其不徒有'形而下'之生存，而更有'形而上'之生存。形而上之生存，其条件不一端，而权利其最要也。故禽兽以保生命为对我独一无二之责任，而号称人类者，则以保生命、权利两者相倚，然后此责任乃完。苟不尔者，则忽丧其所以为人之资格，而与禽兽立于同等之地位。"② 他认为，中国古代仁政思想的缺陷就在于治人者有权，治于人者无权。"吾中国人惟日望仁政于其君上也，故遇仁焉者，则为之婴儿；遇不仁焉者，则为之鱼肉。古今仁君少而暴君多，故吾民自数千年来祖宗之遗传，即以受人鱼肉为天经地义，而权利二字之识想，断绝于吾人脑质中者，固已久矣。"③ 他认为，权利要获得保障必须依靠法律，"故有权利思想者，必以争立法权为第一要义。凡一群之有法律，无论为良为恶，而皆由操立法权之人制定之以自护其权利者也"。梁启超认为，只有人民具有强烈的权利意识，个人才能有力量，法律才能不断得到完善："强于权利思想之国民，其法律必屡屡变更，而日进于善……权利思想愈发达，则人人务为强者。强与强相遇，权与权相衡，于是平和善美之新法律乃成。"④

19 世纪 70 年代后，"民权"一词开始从日本传入中国。"民权"一词一般都是在"人民的权威"和"人民的权利"这两个意义上使用的。梁启超也在大量的文章中使用"民权"一词，如他在 1901 年写的《立宪法议》一文中说道："各国宪法，既明君与官之权限，而又必明民之权限者何也？民权者，所以拥护宪法而不使败坏者也……是故欲君权之有限也，不可不用民权；欲官权之有限也，更不可不用民权。宪法与民权，二者不可相离，此实不易之理，而万国

① 参见［美］惠顿：《万国公法》，［美］丁韪良译，何勤华点校，中国政法大学出版社 2003 年版，目次第 8 页。
② 梁启超：《新民说》，商务印书馆 2016 年版，第 88 页。
③ 梁启超：《新民说》，商务印书馆 2016 年版，第 93 页。
④ 梁启超：《新民说》，商务印书馆 2016 年版，第 95 页。

所经验而得之也。"① 后来，孙中山倡导的三民主义更是将民权视为其中的一个核心概念，"何谓民权？即近来瑞士国所行之制：民有选举官吏之权，民有罢免官吏之权，民有创制法案之权，民有复决法案之权，此之谓四大民权也"②。

戊戌变法和辛亥革命后，西方的权利和民权思想逐步得到中国人的广泛接受，权利思想成了批判封建专制思想和反思传统法律文化的强有力的理论武器。从此以后，无论掌权者是谁，对权利的罗列都成了宪法和法律的必需内容，《中华民国临时约法》及以后的民国各宪法自不必说，即便清政府的《钦定宪法大纲》也概莫能外。

二、对传统法学思想的扬弃

中国古代具有非常丰富的法学思想，这些思想是中国历史上特定政治、经济、社会和文化条件的产物，蕴含着十分丰富的智慧和资源。近代以来，随着中西文化的接触，中国的有识之士认识到很多传统法学思想已经不能适应社会发展的需要，由此开始了近代引入西方法学思想的浪潮。但是，中国传统法学思想作为优秀的文化遗产对于今天的法治建设和中国特色法学体系构建仍然具有重要的意义。

（一）传统法学思想的局限性

从现代的视角看，中国传统法学思想的最大问题在于它的核心是维护君主专制制度。无论是倡导德治的儒家还是倡导法治的法家，在这一点上都是根本一致的。法家尽管主张严厉实行"以法治国"，但却极少主张限制君主的权力，韩非甚至主张实行极端的君主专制主义；儒家尽管主张用道德制约君主的权力，但对可能滥用权力的无道君主却没有提出有效的解决办法，其主张的"三纲五常"更是将君主置于不容挑战的地位。从现在的观点看，传统法学思想的局限性就在于缺乏权利思想。正如梁启超所说："言仁政者，只能论其当如是，而无术以使之必如是。虽以孔孟之至圣大贤哓音瘏口以道之，而不能禁二千年来暴君贼臣之继出踵起，鱼肉我民。何也？治人者有权，而治于人者无权。其施仁也，常有鞭长莫及有名无实之忧，且不移时而熄焉。其行暴也，则穷凶极恶，无从限制，流毒及全国，亘百年而未有艾也。"③ 只有在引入现代权利观念

---

① 梁启超：《立宪法议》，载梁启超：《饮冰室合集》第1册，中华书局1989年版，第2页。
② 《孙中山全集》第6卷，中华书局1985年版，第412—413页。
③ 梁启超：《饮冰室合集·文集》第四册，中华书局2015年版，第863页。

之后，有关人民与政府之间关系的理论才焕然一新。

近代法学思想的革新首先就是从引入西方的民权、民主观念开始的。戊戌变法中的维新派主张"伸民权"，设议院、开国会，实行"君民共治"天下，用君主立宪制取代君主独裁制。虽然戊戌变法最后以光绪皇帝被囚而宣告失败，但变法全面地启动了中国法律理念和法权意识的近代化进程，几千年的君权思想在民权思想的冲击下，很快就土崩瓦解了。孙中山领导的辛亥革命主张废除封建君主专制，实行民主共和。1912 年，他创立了具有民主共和国性质的"中华民国"，后来发布的具有宪法性质的《中华民国临时约法》确认中华民国主权"属于国民全体"，"中华民国人民，一律平等"，"人民有选举及被选举权"等权利。尽管此后中国的民主道路非常曲折，但民主与民权等理念是中国法律的基本价值取向。

从现代的角度看，中国以儒家为主体的古代法学思想是一种伦理法思想，它以确认、巩固"君君、臣臣、父父、子子"以及"三纲五常"为核心内容。这种反映封建等级制度的伦理法显然与西方法学思想传入后人们对平等和自由的价值追求不相符合。谭嗣同就曾对这种伦理法提出过严厉的批判。他说："独夫民贼，固甚乐三纲之名，一切刑律制度皆依此为率，取便已故也。"[1]"今中外皆侈谈变法，而五伦不变，则举凡至理要道，悉无从起点，又况于三纲哉！"[2] 清末修律或废除或改革了传统法制中的很多有关伦理纲常的内容，从而为中国法律的近代化奠定了基础。

除此之外，中国传统法学思想中还有很多不适合现代社会的内容，比如：诸法合体，重刑轻民，普遍的重刑主义，行政与司法不分，等等。这些传统后来都在清末沈家本主持的修律活动中得到了很大程度的纠正。沈家本本着"会同中西"的精神，先后完成了刑律、民律、商律、刑事诉讼律、民事诉讼律、法院审判编制法等法律或法律草案的修订。从此，在中国实行了数千年的礼法合一、诸法合体的法律模式被西方部门法体系所取代，一些残酷的刑罚也随之被废除。

（二）作为优秀文化遗产的传统法学思想

尽管传统法学思想中的很多内容已经不能满足时代发展的需要，但也有不

---

① 谭嗣同：《仁学》，吴海兰评注，华夏出版社 2002 年版，第 125 页。

② 谭嗣同：《仁学》，吴海兰评注，华夏出版社 2002 年版，第 128 页。

少内容仍然值得现在借鉴乃至发扬，这些内容对于今天的法治建设和中国特色法学体系构建仍然具有一定的积极意义。概括来说，主要体现在以下几个方面。

1. 民本思想与民权和民主

正如前文所述，中国传统法学思想最大的局限性就在于它总是致力于维护君主专制制度，总是把法律当成君主进行统治的工具，极少主张法律应该限制君主本身，更少谈对于君主和政府而言个人所拥有的权利。换言之，与现代的法学思想相比，中国传统法学思想缺少民权和民主的思想。但这并不是说，中国传统法学思想就不具有与民权和民主思想相契合的内容，其中的民本思想就具有积极意义。

民本思想在中国有着悠久的历史。中国有无数的历史典籍阐述过这一思想，如"民惟邦本，本固邦宁"①，"民之所欲，天必从之"②，"天之生民，非为君也；天之立君，以为民也"③。孟子提出的"民贵君轻"更是深刻概括了这种理念。这种强调"以民为本"的民本思想在一定程度上对统治者的统治提出了正当性要求。这种思想与强调人民至上的现代民权和民主思想有很多暗通之处。因此，尽管古代的民本思想并没有发展出民权和民主思想，但这种思想完全可以成为现代民权和民主思想的传统思想基础之一。

2. 古代法治思想与现代法治

中国古代的法治思想，尤其是法家的法治思想与现代法治并不完全相同：现代法治以民主、人权作为其价值基础，以法律至上作为其基本原则；古代法家的法治并非如此，但其对法的性质的认识及其主张的某些执法、守法观念却与现代法治的要求基本相似。先秦法家非常重视法律在治国中的重要作用，要求君主"以法为本"④，"缘法而治"⑤；也在很大程度上要求严格执法，要求"刑无等级"⑥，"法不阿贵"⑦，"君臣上下贵贱皆从法"⑧。这些观点实际上都

---

① 《尚书·五子之歌》。
② 《尚书·泰誓上》。
③ 《荀子·大略》。
④ 《韩非子·饰邪》。
⑤ 《商君书·君臣》。
⑥ 《商君书·赏刑》。
⑦ 《韩非子·有度》。
⑧ 《管子·任法》。

包含有法律面前一律平等的因素。这些思想至今仍然闪烁着智慧的光芒。法家主张的严格执法和守法的思想即便在儒家"德主刑辅"思想占统治地位之后仍然得到了很大程度的坚持,历代都不乏以"法不阿贵""一断于法"著称的执法官员。

3. 儒家德治思想与现代法治

从现代法治的角度出发,儒家主张的"德治"存在很多问题,因为它对道德能起到的引导和制约统治者的作用寄予了过高的期望,而对统治者可能失德的现实却缺乏应有的关注。尽管如此,它所倡导的多种治理模式相结合、综合治理的治国方式还是值得肯定的。儒家主张"道之以德,齐之以礼,有耻且格"①,因此特别强调道德在劝导人从善不为恶方面所具有的作用。这一思想对于法治社会中发挥道德教育在促使人们遵纪守法、预防犯罪方面的作用仍然具有积极意义。儒家主张的"为政在人""惟仁者宜在高位"也启示我们,即便在法治社会,有权力的人(包括执法者)的道德素质也是至关重要的,毕竟法律要依靠诚实而廉洁的人才能得到正确的执行,否则,"纵有良法美意,非其人而行之,反成弊政"②。古代法治、德治以及二者兼顾的思想是当代中国依法治国和以德治国相结合的治国理念的文化源泉。

4. 和谐思想与现代法治

中国儒家重视人与自然的和谐、民族之间的和谐、家庭与社会的和谐以及治理手段之间的和谐,并以这种和谐思想指导法律的制定和执行,在立法和执法时注重"天理、国法和人情",注重尊老爱幼、抚恤贫弱,注重司法的教化功能以及社会效果。和谐思想作为一种社会价值值得肯定,其注重司法的法律效果与社会效果统一的观念也值得现代法治社会借鉴。我们今天倡导的和谐社会思想正是汲取了古代传统的和谐思想,只不过我们现在讲的和谐社会追求的是建立在依法治国、尊重和保障人权基础上的社会和谐。

在古代传统法学思想中,还有很多值得现代法治借鉴的思想。例如,天下为公、公平正义、慎刑慎罚等。今天,对于这些合理的传统法学思想,我们要

---

① 《论语·为政》。
② (明)胡居仁撰:《胡居仁文集》,冯会明点校,江西人民出版社2013年版,第65页。

挖掘和传承其精华，而且还应发扬光大。它们都是我们今天法治建设的宝贵文
化资源。

思考题：

1. 简述春秋战国时期儒家法律思想的主要表现。

2. 简述春秋战国时期法家法律思想的主要内容。

3. 简述清朝末年维新派主张的变法运动的理论依据和主要内容。

4. 近代中国权利概念的出现与发展的过程对我国当代的权利观念有什么
   影响？

5. 在建设社会主义现代化进程中，如何实现对中国传统法学思想的"扬弃"？

第十章 中国社会主义法的产生、本质和作用

第一节 中国社会主义法的产生

1949 年，中华人民共和国成立，结束了中国半殖民地半封建社会的历史，建立了工人阶级领导的、以工农联盟为基础的人民民主专政的国家。这一中国历史上从来没有过的人民当家作主的新型政权，必须和旧的法律观念、旧的法律制度做彻底的决裂，建立与自己的政权性质相适应的新的法律观念和法律制度。对于深受封建法律制度和半殖民地半封建法律制度压迫的中国人民来说，在新的法律观念指导下建立人民自己的法律制度是他们梦寐以求的理想。

对于什么是法律、法律的功能是什么、人为什么要守法等法理学基本问题的思考，构成了中国传统法律文化的重要部分。从夏商西周时期的"王权神授""明德慎罚"，到春秋战国时期的"因时立法""缘法而治"，都是对法律本质和功能的探讨。清末变法后，民主、自由、权利等观念传入中国，与中国传统法律文化中的"民贵君轻"等理念相遇，促进了近代法律理念的产生。新中国成立后，一方面，新生的人民民主政权的法律观念与即将建立的法律制度必然同历史上形形色色的法律制度有着根本的区别；另一方面，作为人类历史上最先进的政权，它又必然要吸收和借鉴人类法治文明的成果。特别是在马克思主义传入中国之后，马克思主义法治理论成为建立新中国法律制度的指导理念和原则。

一、中央苏区和革命根据地的法是社会主义法的重要来源

中央苏区和革命根据地的法律制度，是指新民主主义革命时期中国共产党领导下的区域性人民民主政权所创立的法律制度。习近平指出："土地革命时期，我们党在江西中央苏区建立了中华苏维埃共和国，开始了国家制度和法律制度建设的探索。"[①] 在新民主主义革命过程中，中央苏区和根据地政权积累了

---

① 习近平：《坚持、完善和发展中国特色社会主义国家制度与法律制度》，《求是》2019 年第 23 期。

很多法制建设的经验，这些经验成为社会主义法的重要来源。

中华人民共和国成立以后，政治上需要用法律制度确立国家的国体、政体，规定各国家机关的组织和活动原则，确立各国家机关之间的权力关系以及中央和地方的关系，需要迫使反动势力服从新的国家政权和社会秩序，也需要调整不同阶级、阶层之间的关系，维护社会稳定；经济上需要用法律制度废除半殖民地半封建社会中旧的生产关系，建立新民主主义社会的新的生产关系。在这样重大和急迫的政治任务面前，制度建设的最直接经验无疑就是中央苏区和革命根据地的法制建设经验。

中央苏区和革命根据地的民主建设为新中国的民主政治制度建设提供了经验。在近代中国，人民群众反抗剥削阶级压迫、要求民主自由人权的运动一直没有间断过。中国共产党在中央苏区和革命根据地建立的政权顺应了这一历史潮流，在新民主主义的不同阶段都制定了一系列宪法性文件，保障根据地人民的民主和人权。1931年第二次国内革命战争时期，在江西中央苏区通过了《中华苏维埃共和国宪法大纲》，确立了中华苏维埃共和国的性质和政治制度，规定中华苏维埃所建设的是工人和农民的民主专政的国家。1941年，陕甘宁边区通过了《陕甘宁边区施政纲领》，在边区政权中实行"三三制"原则，即在民意机关和政府机构的工作人员中，共产党员、非党的左派进步分子和不左不右的中间派各占三分之一；明确规定保护人民的民主自由权利，保护财产权及言论、出版、集会、结社、信仰、居住、迁徙等自由。解放战争时期，陕甘宁边区制定了《陕甘宁边区宪法原则》，确定人民代表会议制度是人民民主政权的基本政治制度。1948年解放战争后期，华北临时人民代表大会通过了《华北人民政府施政方针》，对解放区的政治制度作了规定，明确要求建立民主制度，建立各级人民代表大会，由各级人民代表大会选举各级人民政府，并明确规定了人民的各项民主权利。新中国成立前夕召开的中国人民政治协商会议第一届全体会议一致通过的《中国人民政治协商会议共同纲领》规定了中华人民共和国的性质和政权形式，规定了经济建设的基本方针，规定了人民的基本权利。从《共同纲领》的很多规定中可以看到革命根据地法律制度的影子。这次政治协商会议第一届全体会议还制定了《中华人民共和国中央人民政府组织法》，规定了国家机关的分工和组织原则，国家机构的设置在很多方面以根据地的制度建设为蓝本。

中央苏区和革命根据地的土地制度为确立新中国的土地制度提供了经验。

中国新民主主义革命的核心问题是土地问题。在封建土地制度下，劳动人民在经济上受到封建地主的经济剥削和政治压迫，因此中央苏区和革命根据地建立的民主政权都把关于土地改革的立法置于法制建设的突出位置。当时，中央苏区和革命根据地颁布的有关土地改革的立法主要有《井冈山土地法》《兴国土地法》《中华苏维埃共和国土地法》《陕甘宁边区土地租佃条例》《中国土地法大纲》等。新中国成立后颁布的《中华人民共和国土地改革法》，旨在废除地主阶级封建剥削的土地所有制，实行农民的土地所有制，借以解放农村生产力，发展农业生产，为新中国的工业化开辟道路。新中国在对农村各阶级实行不同的土地政策、实行耕者有其田等重要问题上都吸取了中央苏区和根据地土地立法的经验。

中央苏区和革命根据地的刑事、婚姻和劳动法律制度为新中国的刑事、婚姻和劳动立法提供了经验。中央苏区和革命根据地的刑事立法主要有《中华苏维埃共和国惩治反革命条例》《陕甘宁边区抗战时期惩治汉奸条例》等，这些刑事立法确立了刑事法律的基本原则和刑罚制度。中央苏区和革命根据地的婚姻立法主要有《中华苏维埃共和国婚姻法》《陕甘宁边区婚姻条例》《晋察冀边区婚姻条例》等，这些婚姻立法废除封建婚姻家庭制度，确立了新的婚姻制度的基本原则。中央苏区和革命根据地的劳动立法主要有《中华苏维埃共和国劳动法》《陕甘宁边区劳动保护条例》等，这些劳动立法确立了保障工人权利的基本原则。为了应对新中国成立初期复杂的社会治安状况，为国民经济的恢复创造一个良好的社会环境，中央人民政府制定了《惩治反革命条例》等一系列法律法令，这些法律法令沿袭了中央苏区和革命根据地刑事立法中体现党的政策主张而又行之有效的规定。通过立法废除旧的婚姻家庭制度、建立新的婚姻家庭制度是新中国成立后的一项重大社会改革。中央苏区和革命根据地婚姻立法为新中国第一部婚姻法的制定提供了丰富的材料。婚姻法确定的婚姻自由、男女权利平等、一夫一妻制、保护妇女和儿童合法权益等基本原则都曾经在中央苏区和革命根据地实行，中央苏区和革命根据地婚姻立法为构建新中国的婚姻制度积累了经验。劳动关系是一个社会基本的社会关系，它的性质是由社会性质决定的。在旧中国，劳动关系是压迫性的。新中国成立之初，很多行业仍然由封建把头控制，工人仍然受到残酷的经济剥削和压迫。对劳动关系进行彻底的民主改革是摆在新生的人民政权面前的艰巨任务。从1950年开始，中央人民政府开始进行劳动关系改革，加强工人的主人翁地位，同时加强劳动立法，保护劳动者合法权益。这个时期的劳动立法主要是政务院颁布的法规和规章，它们以中央苏区和革命根据地的劳动立法为基础，继承和发展了中央苏区和革命根据地劳动立法的基本原则和成功做法。

中央苏区和革命根据地的司法制度为新中国的司法制度提供了经验。中央苏区和革命根据地都成立了人民司法机关，建立了人民司法制度。土地革命时期，从中央到地方都设立了法院，实行四级两审制；红军中设有军事裁判所。抗日战争时期，各边区设有高等法院和县司法处，实行二级二审制。解放战争时期，设立了解放区、省、县三级人民法院，实行三级三审制。根据《中华苏维埃共和国裁判部暂行组织及裁判条例》《中华苏维埃共和国司法程序》《陕甘宁边区军民诉讼暂行条例》等法律规定，确立了以群众公审制度、调解制度、人民陪审制度、公开审判制度、回避制度、辩护制度、上诉制度等为内容的诉讼制度。陕甘宁边区司法实践所创立的"马锡五审判方式"，具有深入基层、就地审理，手续简便、便利群众，依靠群众、审判与调解相结合等特点，奠定了新中国的司法传统。1951年，中央人民政府通过了《中华人民共和国人民法院暂行组织条例》《中央人民政府最高人民检察署暂行组织条例》《各级地方人民检察署组织通则》，吸收了中央苏区和革命根据地司法制度建设的内容。这些制度符合我国的国情和文化，为人民群众所欢迎，其中有些内容直到现在仍然是我国司法制度的重要组成部分。

二、废除旧法是社会主义法产生的前提

建立新的法律制度是一项艰巨而复杂的任务。首先遇到的是如何对待旧法律制度的问题。两千多年的封建社会统治、一百多年的帝国主义侵略、二十二年的国民党专制，封建的、殖民主义的法律制度在中国的土地上留下了深深的烙印。国民党在其执政的二十二年中颁布了宪法、民法、民事诉讼法、刑法、刑事诉讼法和大批行政法规，辅之以判例、法律解释和一些单行法规，经过编纂形成了以"六法全书"为主要内容的法律体系，在国民党统治的地区施行。这个法律体系形成于半殖民地半封建社会，其中有些内容完全照抄照搬西方国家的法律内容，虽然具有调整社会公共事务的功能，但在性质上仍然是压迫人民的法律。为了维护新生的人民民主政权，建立新的社会秩序，为建设新民主主义和实现从新民主主义向社会主义转变创造社会条件，新中国迫切需要建立新的法律制度。废除旧的法律制度是建立新的法律制度的前提。

1949 年 2 月，中共中央发布了《关于废除国民党的六法全书与确定解放区的司法原则的指示》（以下简称《指示》）。《指示》明确了马克思主义的国家观和法律观：其一，法律是维护统治阶级利益的工具。国民党的"六法全书"以在法律面前人人平等的面目出现，但是实际上在统治阶级与被统治阶级之间、剥削阶级与被剥削阶级之间、有产者与无产者之间并没有真正的平等权。因此，国民党的全部法律只能是保护地主与买办官僚资产阶级反动统治的工具，是镇压与束缚广大人民群众的武器。其二，新的国家政权不能接受旧政权的法律制度。《指示》指出，"六法全书"中有些条款似乎保护全体人民的利益，这是出于反动统治阶级为保障其基本的阶级利益的安全起见，不得不在法律的某些条文中照顾它的同盟者或它试图争取的同盟者的某些利益，而不得不敷衍一下劳动人民，但是它的本质并不因此而改变。在抗日根据地适用国民党的某些法律，是为了利用法律中个别有利于群众的条款来保护和争取群众的利益，不能由此认为在新民主主义政权下能够基本上采用国民党的反动旧法律。其三，人民的新政权应该建立人民的新的法律制度。《指示》要求，在人民民主专政的政权下，人民的司法工作不能再以国民党的"六法全书"为依据，而应该以人民的新的法律为依据。目前在人民的法律还不完备的情况下，司法机关的办事原则应该是：有纲领、法律、命令、条例、决议之规定者，从纲领、法律、命令、条例、决议之规定；无纲领、法律、命令、条例、决议之规定者，从新民主主义的政策。对旧法的废除是中华人民共和国法律制度的起点，在当时的历史条件下这一行动具有革命性意义。

废除旧法并不是完全否定法的继承性。法的继承性是指新法律对旧法律的扬弃，其表现形式既可以是对法律技术和概念的继承，也可以是对有关社会公共事务管理方式的继承。马克思主义的唯物史观认为，一个社会的物质生活条件具有历史延续性，一个新的社会形态取代旧的社会形态之后，社会物质生活条件不会随之发生变化，法的相对独立性也使得法律术语、法律技术、法律形式，以及法律中关于公共事务的规定、反映经济规律的规范等保留下来，这也是不同历史类型的法律制度演变和进步的基础。

三、借鉴人类法治文明成果是社会主义法产生的重要条件

社会主义法不是凭空产生的。它首先要符合社会发展的内在需求，同时也要借鉴和吸收人类法治文明的成果。在人类历史上曾经辉煌过的古埃及、古巴

比伦、古印度和古代中国四大文明古国，前三个文明都因种种原因中断了，中国是唯一文明传统未曾中断的国家。对其他先进文明成果持包容态度，消化、鉴别吸收并为我所用，是中华文明具有顽强的适应性和强大生命力的重要原因。社会主义从空想到科学、从理论到实践、从社会运动到社会制度的过程，也是社会主义法理学和法律制度的发展过程。

对社会主义法律进行描述的，最早可以追溯到莫尔、圣西门、傅立叶和欧文等空想社会主义思想家的著作。这些思想家在批判资本主义法律制度的同时，也描绘了未来社会主义法律制度。

巴黎公社的经验是找到了无产阶级获得社会解放的政治形式。列宁总结俄国社会主义革命和建设的经验，提出了社会主义法律制度的一系列重大理论问题，发展了马克思恩格斯的法学思想。比如，列宁认为社会主义民主"是比资产阶级议会制高得多和进步得多的民主形式"[1]，是大多数人民的政权。社会主义国家的本质必然要求其自身成为真正的法治国家。社会主义苏联成立之后，世界上出现了第一个新型的人民政权和新型的法律制度，苏联民主法制建设的经验教训成为其他社会主义国家的宝贵财富。

学习其他国家的经验，探讨救国救民的真理，是近代以来中国先进分子的不懈追求。在法学理论和法律制度领域，洋务运动、戊戌变法的失败和清末修律都刺激了对外国法律制度和理论进行研究和学习的需要。国外的法学著作和法律文本不断被翻译成中文，《论法的精神》《社会契约论》《论自由》等学理著作和《万国公法》《拿破仑法典》等法律文本大批出版。在清末法律修订工作中，翻译各国的法典，研究借鉴西方法律制度，成为一项主要工作。辛亥革命推翻了两千多年的封建统治，实现了国家政体的转型，民主共和成为人民的政治信念，成为政权合法性的基础。以孙中山先生为代表的先进分子为了挽救中华民族于危亡，努力在西方的法律制度和理论中寻找救国良方。尽管从辛亥革命到中华人民共和国成立的这个历史时期战乱不断，但研究和传播现代法律理念的努力一直在持续。科学、民主、自由、人权等学说被引入中国，成为反对帝国主义侵略、反对封建势力复辟的强大的思想武器。据统计，从清末到1949年中华人民共和国诞生，中国共出版法理学方面的著作 424 种，这些著作对法理学

---

[1] 《列宁选集》第 3 卷，人民出版社 2012 年版，第 720 页。

的一些基本问题都有充分阐述，而且建立了比较完整的法律概念体系。①

对于图民族复兴、求人民解放的目标来说，法学积累固然重要，更重要的是探求新的科学世界观和方法论，寻求新的思想武器。在中国人民前赴后继地寻求真理和寻找新的解放道路的时候，俄国的十月革命取得了历史性的伟大胜利，这对中国具有特殊重要的意义。俄国无产阶级和劳动人民突破世界资本主义体系，建立无产阶级政权，为中国树立了一个民族解放的榜样，马克思列宁主义在中国迅速传播。毛泽东指出："十月革命一声炮响，给我们送来了马克思列宁主义"②，也送来了马克思列宁主义的国家观、民主观、法律观。

第二节　中国社会主义法的本质和作用

一、坚持中国共产党的领导

宪法是国家的根本法，是治国安邦的总章程。从 1954 年第一届全国人民代表大会第一次会议通过的《中华人民共和国宪法》到现行宪法，都以国家根本法的形式，确认了近代一百多年来中国人民为反对内外敌人、争取民族独立和人民自由幸福进行的英勇斗争，确认了中国共产党领导中国人民夺取新民主主义革命胜利、中国人民掌握国家权力的历史变革。宪法序言从国家历史、现实、未来的角度，明确了中国共产党是国家一切事业的领导核心的宪法地位。从历史角度看，中国共产党领导中国人民推翻了帝国主义、封建主义、官僚资本主义三座大山，建立了中华人民共和国，实现了从几千年的封建专制政治向人民民主的伟大飞跃。从现实的角度看，中国共产党领导人民推进社会主义革命、建设和改革，为国家发展富强、人民富裕安定奠定了坚实的基础。从未来的角度看，中国共产党将领导全国人民不忘初心、砥砺前行，实现"两个一百年"奋斗目标，全面建成小康社会，在基本实现现代化的基础上，把我国建设成为富强民主文明和谐美丽的社会主义现代化强国。

我国现行《宪法》第一条第二款明确规定："社会主义制度是中华人民共和国的根本制度。中国共产党领导是中国特色社会主义最本质的特征。"党领

---

① 参见何勤华：《中国近代法理学的诞生与成长》，《中国法学》2005 年第 3 期。
② 《毛泽东选集》第四卷，人民出版社 1991 年版，第 1471 页。

导人民制定宪法法律，也领导人民执行宪法法律，党自身必须在宪法法律范围内活动。在政党政治中，执政党的政策通过立法程序转化为法律是实现执政目标的重要手段。实践表明，现代国家立法的绝大部分是以执政党的主张为基点或是由执政党动议的。在我国的政治制度中，中国共产党的治国主张集中了全体人民的意志和智慧，通过立法程序，进一步吸收社会各方面的意见，上升为国家意志，实现党的领导、人民当家作主和依法治国的有机统一。我国现行宪法的前四次修订，分别是在党的十三大、十四大、十五大、十六大之后，适应发展社会主义民主政治的要求，以宪法修正案的方式把党的代表大会提出的重大理论观点和重大方针政策宪法化。2018 年 1 月，中国共产党十九届二中全会审议通过了《中共中央关于修改宪法部分内容的建议》，十二届全国人大常委会第三十二次会议对中共中央修宪建议进行了审议，形成了《宪法修正案（草案）》。十三届全国人大第一次会议通过了《宪法修正案》。法的制定、修改、补充也经常是以先通过政策指导的方式进行探索试验，取得经验，在法所调整的社会关系大体定型化之后形成具有普遍约束力的法律。广大人民群众在党的领导下，依照宪法和法律的规定，通过各种途径和形式管理国家事务，管理经济和文化事业，管理社会事务，保证国家各项工作都依法进行，逐步实现社会主义民主的制度化、法律化。

二、反映和维护广大人民的共同意志和根本利益

统治阶级通过法定程序，把自己的意志上升为国家意志，形成法律，从而实现对社会的调整。国家性质不同，法律的性质也不同。我国是工人阶级领导的、以工农联盟为基础的人民民主专政的社会主义国家。我国社会主义法是广大人民的共同意志和根本利益的体现。

任何法律都是统治阶级意志的体现，都是为了实现统治阶级预期的目标。我国法律是广大人民共同意志的体现，它反映了广大人民的社会理想、根本利益和价值追求。例如，我国《宪法》序言规定："国家的根本任务是，沿着中国特色社会主义道路，集中力量进行社会主义现代化建设。中国各族人民将继续在中国共产党领导下，在马克思列宁主义、毛泽东思想、邓小平理论、'三个代表'重要思想、科学发展观、习近平新时代中国特色社会主义思想指引下，坚持人民民主专政，坚持社会主义道路，坚持改革开放，不断完善社会主义的各项制度，发展社会主义市场经济，发展社会主义民主，健全社会主义法

治，贯彻新发展理念，自力更生，艰苦奋斗，逐步实现工业、农业、国防和科学技术的现代化，推动物质文明、政治文明、精神文明、社会文明、生态文明协调发展，把我国建设成为富强民主文明和谐美丽的社会主义现代化强国，实现中华民族伟大复兴。"宪法规定的国家的根本任务就是实现以根本法形式表达的全体中国人民的共同意志和根本利益。

意志和利益有密切联系。意志是实现某种目标的愿望。为了实现既定的目标，必须进行利益关系的调整。利益关系在法律上表现为权利义务关系。法律对利益关系的调整是通过设定公民的法律权利和义务实现的。比如，为了实现社会公平的目标，需要通过社会领域立法对社会财富进行再分配，需要确定国家调整劳动关系的基本原则，以保护广大劳动者和社会弱势群体的利益。为了实现科学发展的目标，需要通过法律手段在促进经济发展的同时保护自然资源和环境，促进生态文明。

法律体现广大人民的共同意志和根本利益，与不同社会群体具有不同的意志和特殊利益并不矛盾。多元的社会利益导致人们对法律的不同诉求，不同的社会群体都希望自己的利益得到法律的认可和保护。我国社会主义立法制度的功能之一就是通过法定程序，准确把握和妥善处理最广大人民的根本利益、现阶段群众的共同利益和不同群体的特殊利益的关系，调节好人民内部的各种利益关系。在立法过程中就要充分发扬民主，广泛听取不同的意见和要求。人民群众对立法享有知情权、参与权、表达权和监督权。通过制度化的渠道，把不同的甚至对立的意见和要求整合起来，整合为广大人民群众的整体利益，最大限度地凝聚社会共识，确定共同的行为准则，使个别利益服从整体利益，个别主张服从统一意志，以维护广大人民的共同意志和根本利益。

我国法律反映和维护广大人民的共同意志和根本利益与法律的科学性是一致的。"立法者应该把自己看作一个自然科学家。他不是在创造法律，不是在发明法律，而仅仅是在表述法律"①。法律在调整社会利益关系时要尊重相关领域的客观规律，如市场经济关系中的价值规律等。法律如果违背客观规律，实施的结果必然是事与愿违。

三、确立和维护人民民主专政的国家制度

法与国家是紧密相连的。一方面，国家的存在是法产生和发展的前提，国

---

① 《马克思恩格斯全集》第 1 卷，人民出版社 1995 年版，第 347 页。

家的性质决定法的性质；另一方面，国家政权需要用法来确认自身的合法性，以实现自己的政治统治。我国社会主义法确立和维护人民民主专政的国家制度，确立国家的性质，确立国家政权结构形式和组织形式，为国家不同权力部门的运行提供法律根据，同时执行社会职能，维护政治统治所需要的社会秩序。

国家性质问题，实质上是哪个阶级在国家中居于统治地位的问题。它是一个国家的本质所在，国家的其他制度都是由国家性质所决定的。我国宪法规定，中华人民共和国的一切权力属于人民，人民行使国家权力的机关是全国人民代表大会和地方各级人民代表大会。在人民代表大会制度下，人大代表由人民选举产生，对人民负责，受人民监督；党的主张和人民意志通过立法程序上升为国家意志，由国家强制力来保障实施，实现人民当家作主。

具体说来，我国社会主义法维护人民民主专政的国家制度的作用，可以分为两个方面。

第一，社会作用，主要表现在维护阶级统治。随着社会的发展和进步，人民的范围不断扩大，这是我国社会主义制度优越性的表现。在社会主义市场经济条件下，统治阶级内部不同群体、不同阶层和不同成员的意志和利益是有差异的。把这些差异统一到统治阶级整体利益之下，规定他们的权利和义务，确定共同的行为准则，使个别利益服从整体利益，个别主张服从统一意志，以维护统治阶级整体的政治统治和经济利益，是我国社会主义法的重要功能。统治阶级和其他同盟者的关系也需要以法律形式加以确定。比如，我国宪法规定了包括全体社会主义劳动者、社会主义事业的建设者、拥护社会主义的爱国者、拥护祖国统一和致力于中华民族伟大复兴的爱国者的广泛的爱国统一战线。

为了维护人民民主专政的国家制度，我国社会主义法确定国家权力机关、行政机关、监察机关、审判机关、检察机关的产生、权力范围和责任。各级人民代表大会及其常务委员会依法集体行使职权，集体决定国家的和地方的重大问题。行政机关、监察机关、审判机关和检察机关都由人民代表大会产生，依法行使各自的职权，对人民代表大会负责，受人民代表大会监督，以保证国家制度的运作符合人民的意志和利益。

对人民实行民主，对少数破坏社会主义制度的敌对势力和敌对分子实行专政，是一个问题的两个方面。社会主义法具有其他类型法律所不可比拟的广泛的代表性，能够得到广大社会成员的认同和遵守，是人类法律文明发展的新阶段。但是，我国将长期处于社会主义初级阶段，社会结构、社会组织形式、社会利益格局的深刻变化必然带来社会治理的诸多问题；社会矛盾仍然存在，有些矛盾在一定条件下还可能激化；国际上敌对势力和国内敌对分子相勾结，还会利用民族、宗教和社会矛盾，甚至利用恐怖主义，破坏国家安全。因此，我国社会主义法必须坚持镇压叛国和其他危害国家安全的犯罪活动，制裁危害社会治安、破坏社会主义经济的犯罪活动和其他的犯罪活动，惩办和改造犯罪分子。

我国社会主义法还具有履行社会公共事务的职能。这部分职能表面看来与维护政治统治没有直接关系，实际上则是维护统治所必需的，如维护社会公平、管理社会生产、提供社会服务、维护公共秩序等。

第二，规范作用，主要表现在：其一，引导和评价人们的行为。建设社会主义法治国家的基础是社会的法治秩序，这一秩序要求公民从事法律允许、鼓励或要求的行为，避免法律禁止的行为。一部法律的核心是法律规范。法律规范明确地告诉人们法律允许什么，反对什么，禁止什么，从事禁止的行为要承担什么样的法律后果。法的评价作用主要表现在法作为行为准则，确定了衡量人的行为合法还是违法的标准。行为如果合法，就会得到社会的肯定。行为如果违法，除要承担法律后果外，还要受到社会的谴责。其二，预测行为的法律后果，使人们能够在法律许可的范围内安排自己的生活，追求利益，回避风险。比如，民法典保护公民私有财产不受侵犯，任何侵犯公民财产的行为都是法律所禁止的。这样的法律规范会鼓励公民通过法律提供的各种方式创造积累个人财富。其三，对违法犯罪行为进行惩戒。惩戒作用具有两重含义：一为"惩"，二为"戒"。惩罚是法基于国家强制力的特性而产生的，它是法这种社会调整方式特有的属性。对违法犯罪行为进行惩罚，维护社会秩序，是社会管理所必需的。"戒"具有警示性，通过对违法犯罪行为的惩罚，明确社会行为的界限和后果，给公民和组织以明确的信号，防止违法犯罪行为的发生。

四、确立和维护社会主义的经济制度

任何社会的法都把维护一定的经济制度作为重要任务。我国社会主义法确认和维护社会主义经济制度，确认和维护人民民主专政的国家政权赖以存在的经济基础。

我国《宪法》总纲规定："中华人民共和国的社会主义经济制度的基础是

生产资料的社会主义公有制，即全民所有制和劳动群众集体所有制。""国家在社会主义初级阶段，坚持公有制为主体、多种所有制经济共同发展的基本经济制度，坚持按劳分配为主体、多种分配方式并存的分配制度。""国家实行社会主义市场经济。"

所有制是经济制度的核心，它对作为上层建筑的法具有决定性作用。反过来，任何制度中的法都必须确认和保护作为自身基石的所有制。在我国社会主义制度下，公有制是社会主义制度的根基，公有制经济是国民经济的主导力量，它对于保证国家经济发展的社会主义方向和国民经济的健康稳定发展具有重要意义，因此必须毫不动摇地巩固和发展公有制经济。我国宪法明确规定了社会主义公有制的宪法地位，民法典、刑法等法律规定了对公有制的保护和对侵犯公有制的违法犯罪行为的制裁。

在我国社会主义初级阶段的经济制度中，法律规定范围内的个体经济、私营经济等非公有制经济是社会主义市场经济的重要组成部分。国家鼓励、支持和引导非公有制经济的发展，坚持平等保护物权，形成各种所有制经济平等竞争、相互促进、充满活力的格局，是广大人民群众的根本利益所在。对不同所有制经济实行平等保护是我国社会主义市场经济发展的内在要求。市场经济要求市场主体享有相同的权利，遵守相同的规则，承担同等的法律责任。民法典明确规定了对国家、集体、私人和其他权利人的物权给予平等保护的原则。法律平等保护多种所有制经济，可以营造平等竞争、优胜劣汰的市场环境，促进经济的繁荣。

分配制度是经济制度的重要内容。社会主义制度从诞生之日起就把消灭人民在经济上的不平等，使全体社会成员都有平等的劳动机会，都能够分享社会物质和文化发展的成果作为自己的目标。中国共产党领导人民进行社会主义革命和建设的目标就是要解放生产力，发展生产力，消灭剥削，消除两极分化，实现共同富裕。新中国成立以来，建立和完善与我国社会主义性质相适应的合理的收入分配制度一直是法制建设的重要方面。在全面建成小康社会的过程中，坚持和完善按劳分配为主体、多种分配方式并存的分配制度，健全劳动、资本、技术、管理等生产要素按贡献参与分配的机制，是促进社会公平的主要途径。初次分配和再分配都要注重公平和效率，再分配更要注重公平。

随着我国政治、经济、文化发展和社会全面进步，分配制度在正确调节利益关系、妥善解决利益冲突、构建利益和谐方面的作用越来越重要。改革开放以来，我国社会财富迅速增加，人民群众的物质文化需求不断提高，分配公平实现的范围也在扩大。在构建社会主义和谐社会的进程中，分配公平不仅仅意味着收入分配公平，也意味着社会公共服务分配公平。要继续加强和完善分配公平的法律制度建设，保障全体人民共享改革发展的成果。

社会主义市场经济是我国基本经济制度。我国社会主义法对市场经济的作用主要表现在：一是引导作用。以法律形式调整与经济制度相关的社会关系，改变旧的制度，引导建立符合生产力发展要求的新的经济制度。生产力是经济结构中最活跃的因素，法通过调整社会关系促进生产力的发展。改革开放以来，我国经济持续中高速发展的一个很重要的原因就是法律制度对经济发展的需求积极回应，适时调整生产关系，变革不适应经济发展的法律制度，解放生产力。1993年《宪法修正案》明确规定"国家实行社会主义市场经济"。之后，国家立法机关相继制定和完善了一大批有关资源配置、财产权保护、市场主体权利义务的法律，为生产力的发展开辟了广阔的空间。生产力的发展也是检验法的社会效果的重要标准。二是规范作用。市场经济在一定意义上就是法治经济，从生产要素的配置到商品的生产、交换和分配的有序、安全、公正和效率，都需要用法来规范。从法的发展历史可以看出，市场经济的很多规则最初表现为习惯，随着商品交换的发展，这些习惯上升成为法，以普遍规则的形式调整日益复杂的经济关系。社会主义市场经济除具有市场经济的一般特征外，还具有社会主义制度所要求的其他特征，如公有制和按劳分配。国家需要通过法律手段对市场经济进行调控以达到市场机制本身不能够实现的社会目标。三是促进作用。我国社会主义法通过保护市场经济中的自由竞争、维护交易安全、限制行政权力对市场的干预、推动市场的开放、保护市场主体的法律地位及权利等方面的法律规定，促进社会主义市场经济的发展。我国社会主义市场经济是从计划经济体制转型而来的。从国家统一市场的培育到符合市场经济规律的生产要素的配置，法律制度的变革成为市场经济发展的动力。四是保障作用。法通过设定权利、义务和责任，鼓励、支持符合法定经济制度的行为，惩治违反和破坏法定经济制度的行为，保障社会主义市场经济的顺利发展。法的保障作用首先体现在保障市场经济主体的合法权利，使市场经济主体能够平等地参与市场竞争和其他经济活动；其次体现在维护市场经济秩序，处理经济领域中的矛盾和纠纷，打击经济领域中的违法犯罪活动，为社会主义市场经济的发展创造良好的法律环境。

五、确立和维护和谐稳定的社会秩序

社会和谐是中国特色社会主义的本质属性，维护社会的和谐稳定是我国社会主义法的重要职能。我国的社会主义制度以社会主义公有制为基础，法律体现全体人民的共同意志，反映广大人民的利益和要求，这是社会和谐的前提和基础。

我国处于并将长期处于社会主义初级阶段，人民日益增长的美好生活需要和不平衡不充分的发展之间的矛盾是我国社会的主要矛盾。发展机遇和社会矛盾凸显共存，公共权力和公民权利、公共权力和政府责任、公民权利和义务之间仍然存在着矛盾和冲突。这些矛盾和冲突都需要法律予以调整和解决。

我国社会主义法在确认和维护和谐稳定的社会秩序方面的作用主要表现在以下几方面。

第一，以法律手段保障人民群众享有广泛的权利，把人民主权的宪法原则落到实处。保障权利是维护和谐稳定的社会秩序的根本。我国《宪法》明确规定："国家尊重和保障人权。"我国公民的政治权利得到法律保障。人民当家作主的权利是中国人民最根本的人权。我国社会主义法把社会主义民主制度化法律化，通过制度化法律化的渠道反映大多数人的意志和要求，创造和谐稳定的社会政治秩序。在我国社会主义制度下，凡年满十八周岁的公民，除依法被剥夺政治权利的人以外，不分民族、种族、性别、职业、家庭出身、宗教信仰、教育程度、财产状况、居住期限，都有选举权和被选举权。人民依照法律的规定，通过各种途径和形式，管理国家事务，管理经济和文化事业，管理社会事务。广大人民群众通过民主程序直接或间接参与国家政治与社会生活的管理，对国家重大事务享有知情权并表达自己的意见，对国家立法和公共政策制定表达自己的要求和愿望，使国家的立法和公共政策制定能够反映广大人民群众的意志和利益。

第二，通过法律制度协调社会利益关系。利益关系和谐是和谐社会的基础。民主权利和经济权益是紧密联系的。主权在民的价值在于人民在民主制度下共同享有社会发展的成果。我国社会的利益关系基本上是和谐的，广大人民群众从改革开放带来的经济社会发展中获得了利益。但是，我们也必须看到，城乡发展不平衡、地区发展不平衡、经济社会发展不平衡的问题依然存在，在

有些领域还有扩大的趋势；城乡居民收入分配差距过大，垄断行业和其他行业收入分配差距过大，资本和劳动的收入分配差距过大，部分社会成员为改革所付出的代价和获得的补偿不对称等问题在有些地方成为影响政治稳定和经济社会发展的主要因素。为了从制度上解决这些问题，近年来，我国制定了一大批保障民生的法律和政策，逐步建立和完善与社会经济发展水平相适应的社会保障制度，并通过专门立法保障社会弱势群体如妇女、未成年人、老年人、残疾人的权利，通过法律制度的力量协调利益分配，保障社会弱势群体的权益，维护社会公平。

第三，通过法律制度维护人与自然的和谐。自然是人类赖以生存的物质条件，人与自然的和谐是和谐稳定的社会秩序不可或缺的内容。生态文明关系人民福祉和民族未来，是实现中华民族伟大复兴的重要战略任务。十三届全国人大第一次会议通过的《宪法修正案》，将这一目标载入国家根本法。保护环境和资源的法律是我国法律制度的重要组成部分，《环境保护法》《环境影响评价法》《水污染防治法》《大气污染防治法》《土壤污染防治法》《清洁生产法》《节约能源法》《可再生能源法》等都是调节人与自然关系、建设生态文明的重要法律。党的十八大以来，统筹推进"五位一体"总体布局，环境保护领域中的立法和法律修改工作，以实行最严格的生态环境保护制度为目标，为生态文明建设提供了可靠的法律保障。

六、通过法的立、改、废、释，推动社会变革与进步

社会变革与进步应该有秩序地进行。我国改革的实践证明，通过法律的立、改、废、释，推动社会变革与进步，既是我国社会主义法的一项重要职能，也是实现社会改革和进步的有效途径。

改革开放以来，社会主义法治建设成为改革开放与社会进步的先导。中国共产党把自己的先进理念制度化法律化，运用法律的力量引领社会主义现代化建设。邓小平在20世纪70年代末期提出了"有法可依，有法必依，执法必严，违法必究"的方针，为社会主义法治建设提出了宏伟的蓝图。通过执政党有目的、有组织的行为，把法治建设作为建设社会主义现代化国家的一项重要任务，由执政党提出目标并以执政党的权威推进。党的十五大报告明确提出到2010年形成中国特色社会主义法律体系。全国人民代表大会常务委员会每五年都要制订立法规划，把最需要通过法律调整的领域确定下来，作为政治任务来

落实。这体现了中国的政治制度优势：运用执政党的权威和动员能力，把建设社会主义法治国家纳入建设中国特色社会主义的宏伟蓝图。到 2019 年 11 月 15 日，我国现行有效的法律 275 部，① 国家经济建设、政治建设、文化建设、社会建设、生态文明建设各个领域实现有法可依。

另外，法律不是静止不变的，它必须随着社会的发展而发展，以适应社会发展的需求。改革在历史上被称为"变法"，其含义就是对现有法律中阻碍改革和社会进步的法律制度及时修改或废除，把改革的成功经验及时地用法律的形式固定下来。在中国特色社会主义法律体系基本形成、社会生活的各个方面基本做到了有法可依的情况下，更要通过对现行法律的修改和完善来推动社会改革和进步。

一个法律制度的活力不仅表现在根据社会需求及时立法和修法，还表现在及时废除那些已经不符合发展了的社会现实的法律。社会是不断发展的，而法律则具有相对稳定性。改革开放以来，我国成功实现了从高度集中的计划经济体制到充满活力的社会主义市场经济体制、从封闭半封闭到全方位开放的转变，这就要求我们对那些已经落后于社会现实的法律进行清理。从其他国家的经验看，一个成熟的法律体系不是法律数量越来越多，而是经过不断的清理，法律门类越来越清晰，法律数量相对稳定、质量不断提高。

法律是具有普遍性的社会行为规范。把普遍规范适用于现实生活必然涉及对规范含义的理解，法律解释是保证法律正确适用的重要方式。随着依法治国基本方略的深入贯彻实施，法律解释的地位和作用也日益显现出来。近年来，全国人大常委会运用法律解释的方式，针对社会生活中对具体法律规范含义具有不同理解的特定问题，或者司法案件中对法律条文的含义理解歧义的不同诉求，对相关法律规范进行解释，阐释立法原意，解疑释惑，去伪存真，彰显国家法律的权威和尊严。例如，十二届全国人大常委会 2014 年对《民法通则》第九十九条第一款、《婚姻法》第二十二条有关姓名权的规定作了解释，2016 年对《香港特别行政区基本法》第一百零四条关于相关公职人员就职时必须依法宣誓的规定的具体含义作出解释，都取得良好的社会效果、法律效果和政治效果。

———————

① 参见《目前我国现行有效的法律 275 部》，新华网：http://www.xinhuanet.com/legal/2019-11/15c_1125238010.htm，最后访问时间为 2020 年 7 月 20 日。

第三节　中国社会主义法发展的历史经验

中华人民共和国成立以来，我国社会主义法与社会主义事业的发展相适应，经历了发展、挫折、进步，在不断探索中找到了符合国情的发展道路。我国社会主义法的发展道路是中国特色社会主义道路的一个组成部分。回顾改革开放四十多年我国社会主义法发展的历史，我们可以从中总结出很多宝贵的历史经验：坚持党的领导、人民当家作主、依法治国三者有机统一，确保党总揽全局、协调各方的领导核心地位；法治发展和民主发展的相互促进，形成了国家政治和社会生活生动活泼、欣欣向荣的局面，维护了国家政治和社会稳定；经济发展和法律发展相互促进，实现了从计划经济向社会主义市场经济的有序过渡，社会主义市场经济法律制度的不断完善，创造了四十多年经济快速发展的奇迹。

一、党的领导、人民当家作主、依法治国三者有机统一

我国宪法以根本法的形式反映了党带领人民进行革命、建设、改革取得的成果，确立了在历史和人民选择中形成的中国共产党的领导地位。我国社会主义法必须体现党总揽全局、协调各方的领导核心作用，保证党的路线方针政策和决策部署通过国家法律制度在国家工作和社会生活中得到全面贯彻和有效执行。我国历次宪法修改，都是由党中央提出建议，再进入宪法修改程序。国家五年立法规划，一般也都是根据党的代表大会提出的经济社会发展目标制定，根据轻重缓急，进入立法程序。

人民当家作主是社会主义的生命，没有民主就没有社会主义，就没有社会主义的现代化，就没有中华民族伟大复兴。国家一切权力属于人民的一个重要方面，是我国社会主义法必须体现人民意愿，维护人民利益，保障人民各项权利。人民通过人民代表大会行使国家立法权。根据宪法，全国人民代表大会修改宪法，制定和修改刑事、民事、国家机构和其他的基本法律。宪法是国家的根本法，规定国家政治制度、经济制度、分配制度和其他方面基本制度，这些方面的立法权属于人民选举产生的全国人民代表大会。全国人民代表大会常务委员会制定和修改除应当由全国人民代表大会制定的法律之外的其他法律，在全国人民代表大会闭会期间，对全国人民代表大会制定的法律进行部分补充和修改，但是不得同该法律的基本原则相抵触。

党的领导、人民当家作主是我国社会主义法的精神实质和内容，依法治国则要求我们尊重法律发展的内在规律和逻辑，形成完备的法律规范体系、高效的法治实施体系、严密的法治监督体系、有力的法治保障体系。推进科学立法、民主立法、依法立法，提高立法质量。法律是实践的基础，法律要随着实践发展而发展。转变经济发展方式，扩大社会主义民主，推进行政体制改革，保障和改善民生，加强和创新社会治理，保护生态环境，都会对立法提出新的要求。

要建立科学的立法体制和立法工作程序，在法律立项、起草、审议、修改、表决各个环节都要发挥人大及其常委会的主导作用，有效防止部门利益和地方保护主义法律化。

二、法治与民主相互促进

"法治"和"民主"是现代国家政治制度的两个关键词。民主的基本含义是，社会政治生活的主体是人民。民主保障公民能够享有充分的权利，能够依据表达自己意志的规则生活，能够选择自己满意的公职人员从事公共事务。然而，历史经验表明，如果没有法治的规范和保障，民主也可能产生"多数人的暴政"。法治崇尚理性，能够约束民主进程中的非理性行为。法治所追求的平等、正义、自由等价值也是民主所追求的价值。

我国社会主义法治发展的历史经验证明，法治和民主是不可分割的，二者互为条件，互相支持、互相促进。民主一旦受到挫折，法治也必然遭受挫折。坚持发扬社会主义民主，形成社会政治生活充满活力、安定有序的局面，是我国社会主义法发展的重要经验之一。

1954 年《宪法》的制定，标志着我国人民代表大会制度正式建立。从此，定期召开全国人民代表大会和地方各级人民代表大会，动员和发挥全国人民的智慧和力量，讨论和决定国家政治、经济和社会生活中的重大问题，成为社会主义民主的重要形式。在此后的三年多时间里，全国人民代表大会制定了一批重要的法律，行使国家重大事项的决定权，如审议国民经济发展的第一个五年计划、通过全国农业发展纲要等。在这段时间里，全国人大每年开一次大会，常委会的次数达到了 80 次。[①] 1957 年之后，国家指导思想上"左"的错误导

---

① 参见全国人大常委会办公厅研究室编：《中华人民共和国人民代表大会文献资料汇编（1949—1990）》，中国民主法制出版社 1991 年版，第 924 页。

致了民主的挫折，全国人民代表大会不能正常召开，有些重要的议题不能提上人民代表大会的日程，代表议案的数量大幅度减少。与之相伴，法制建设陷入停顿，宪法和法律规定的一些正确原则被当作错误的东西遭到批判，人民代表大会制度建立之后先后成立的一些法律机构如司法部、监察部、国务院法制局先后被撤销。"文革"开始后，地方各级人民代表大会被虚置，检察院被撤销，党、政、军大权完全集中于"革命委员会"。1976 年以后，人民代表大会制度开始逐渐恢复。党的十一届三中全会总结历史经验教训，提出了发扬社会主义民主、健全社会主义法制的任务，人民民主得到加强，主要表现在：人民代表大会代表直接选举的范围由乡级扩大到县级，县级以上地方各级人民代表大会设立常务委员会。1982 年《宪法》进一步完善了人民民主的各项制度，如扩大全国人大常委会的职权，增设专门委员会，扩大地方人大的权力，等等，强化了人民代表大会行使国家权力的经常性机制。

社会主义民主的发扬促进了法治建设的进步。立法体制逐步完善，统一而又多层次的立法体制适应了我国单一制国家体制下发挥地方积极性的需要。2015 年 3 月，十二届全国人大常委会第三次会议修改了《立法法》，赋予所有设区的市地方立法权，适应了人民群众积极参与经济、文化事业和社会事务管理与治理的要求。依照《立法法》的规定，行使地方立法权的主体有 354 个，有力地推进了社会主义民主的制度化和法律化。法治是积极稳妥地推进政治体制改革的手段。通过法律制度的完善来推进民主政治的进程，使我国社会主义民主政治展现出旺盛的生命力。为适应我国经济基础发生的深刻变化和人民民主意识不断增强的要求，近年来，我国不断完善党和国家领导制度、人民代表大会制度、中国共产党领导的多党合作和政治协商制度、民族区域自治制度、基层民主制度、行政管理体制、司法制度、决策机制、权力制约监督制度，社会主义民主的深度和广度都在向纵深发展。例如，政治体制改革的一个重要方面是发展民主。民主制度包括三个重要方面：一是自由选举，二是政府决策的民主程序，三是公众对公共事务的参与程度。有些国家搞民主化改革，先从根本上否定原有法律框架，导致了国家的解体和社会的长期混乱。我国则选择了通过法律推进政治改革的方式，加强民主制度建设，为政治体制改革提供制度化保障。1979 年制定的《选举法》，把人大代表直接选举从乡一级扩大到县一级；2010 年修改《选举法》，规定城乡按相同人口比例选举人大代表，实现了选举权平等。1982 年《宪法》确立了城乡基层群众性自治组织的宪法地位，规定县、乡基层人大代表由直接选举产生。之后，又制定了《城市居民委员会组织法》《村民委员会组织法》《全国人民代表大会和地方各级人民代表大会代表法》等，为丰富的民主实践形式提供了广阔的空间。在民主程序和公众参与方面，立法和决策都有听证和公开征求意见的程序。公众的意见，特别是基层群众的意见得到充分采纳。正是这些制度化的手段使社会主义民主在法治的轨道上健康发展。发展社会主义民主政治是我们党始终不渝的奋斗目标。要切实保证国家的一切权力属于人民，扩大人民民主，保证人民当家作主，从各个层次、各个领域扩大公民有序政治参与，保证人民依法管理国家和社会事务、管理经济和文化事业，发展基层民主，推进社会主义民主政治制度化、规范化、程序化。这些任务都要求我们运用法治和民主的手段不断完善相关法律制度，从法律制度上保障人民当家作主。

三、经济发展和法律发展相互促进

经济是社会的基础。经济活动是人类最基本的实践活动。法作为社会行为规则，最初产生于经济活动和经济发展的需要。新中国成立后的头三十年实行计划经济，与之相适应的是改革开放之前我国法对经济的作用主要体现在制定国民经济计划和保障计划的实施。在计划经济体制下，政府和经济主体高度同一，经济主体的权利义务和经济行为基本上是由行政手段调整的，没有对法律调整手段的需求。改革开放以后，经济领域的立法逐步成为建立和完善市场经济的先导，市场经济主体的平等权利需要得到法律确认和保障。市场经济主体依据市场规则形成各种经济关系以获得预期的利益，需要法律规范保障其确定性。市场经济运行的基本规则如信用制度、争议处理制度等也需要法律确定。从 1979 年到 1988 年，全国人大及其常委会制定的法律、国务院制定的行政法规、各省（区、市）制定的地方性法规中，有 71% 是经济方面的。[①]

实践证明，经济发展和法律发展是改革开放以来我国社会全面进步的两条主线。一方面，经济发展为法律发展提供了原动力。社会物质条件是第一性的，法律是第二性的。举例来说，我国现行宪法先后进行了五次修改，其中三次都修改了第十一条关于非公有制经济的规定，根本原因就在于非公有制经济

---

① 参见《中国法律年鉴（1989）》，法律出版社 1990 年版。

发展迅速，从 1978 年在国民经济中所占比例不到 2%，经过二十多年的发展，达到 60% 左右。非公有制经济的迅速发展要求与其相适应的宪法地位。2007 年，我国颁布了《物权法》，2020 年颁布的《民法典》第二编为"物权"。《物权法》和《民法典》是规范财产关系的重要法律。在计划经济条件下，不可能也没有必要制定物权法；而在社会主义市场经济条件下，多种所有制经济共同发展，社会财富大大增加，迫切需要法律明确物权归属的规则，加强对物权的保护。

另一方面，法律发展反过来为经济发展提供良好的法律环境，保障和促进经济发展。改革开放四十多年来，社会主义法治建设为我国的现代化进程起到了保驾护航的作用，保障了我国国民经济的持续快速发展。2010 年开始至今我国 GDP 稳居世界第二位，货物进出口和服务贸易总额均居于世界第二位，高速路总里程和港口吞吐量均居世界第一位。人均 GDP 从 1978 年的 156 美元增长至 2017 年的 8000 多美元，到 2020 年实现全面建成小康社会的目标。法治在引导、规范、保障经济发展方面的作用功不可没。

四、社会发展和法律发展相互促进

我国的发展不仅是经济发展的过程，同时也是社会全面进步的过程，是促进人的全面发展的过程。与经济发展相适应，我国社会全面进步：公民政治参与有序扩大，依法治国方略深入落实；全民族文化素质明显提高，覆盖全社会的公共文化服务体系基本建立起来；人民生活大幅度改善；全民教育程度普遍提高；覆盖城乡居民的社会保障体系基本建立；合理有序的收入分配格局基本形成；共建共治共享的社会治理格局正在形成。

社会全面进步推动了法律发展。人民群众民主意识的增强要求我们继续完善社会主义民主政治方面的法律；人民日益增长的物质文化需要和经济、文化建设事业要求我们继续完善保障民生的法律；人民对法治型服务型社会的期待要求我们继续完善保障公民权利、规范公共权力、推进社会事业、规范社会组织、加强社会治理方面的法律。法律发展又为社会全面发展提供了有力保障。社会主义法以人民为中心、以人民为主体、尊重和保障人民权利，极大地激励了人民群众的主体性、创新性，增强了社会发展的强大动力；社会主义法以构建和谐社会为目标，促进人与人的和谐、群体与群体的和谐、阶层与阶层的和谐、民族与民族的和谐，使社会主义社会既充满活力又安定有序；社会主义法以社会主义核心价值观为其精神内核，坚持依法治国和以德治国相结合，不断提高公民的法治观念和道德素质，促进人的全面发展。

思考题：

1. 简述中国社会主义法的产生。
2. 简述中国社会主义法的本质。
3. 试述中国社会主义法的作用。
4. 试述经济发展与法律发展的关系。

第十一章 中国社会主义法与民主政治

第一节 法与民主政治的一般关系

一、民主与民主政治

从词源上说，"民主"一词起源于古希腊，本意是指多数人掌管政权的政治统治形式。在现代社会，民主是一个含义很广的概念，可以从广义和狭义两个层次上来理解。

广义上的民主，泛指在社会生活的各个领域中按照多数人的意志，由多数人进行决定的社会活动机制。它既适用于国家形态的领域，也适用于非国家形态的领域，如原始社会没有国家，但有民主。恩格斯曾说过原始社会是"古代自然形成的民主制"。它既包括国家政治制度层面的民主，也包括社会层面的民主。人们经常在社会的不同层面和不同领域使用民主概念：在人民权利层面上，指广义的民主权利；在管理层面上，指组织管理的民主原则、民主体制；在思想层面上，指民主观念、民主精神；在行为方式层面上，指民主作风、民主的工作方法。把民主概念扩展到政治领域以外的经济、文化和社会生活等领域，则形成了经济民主、文化民主和基层自治民主等。

狭义上的民主即民主政治，主要表现为国家政治制度层面的民主。列宁在谈到民主问题时指出："民主是国家形式，是国家形态的一种。"[①] 在这里，民主首先是指一种特殊的国家形态或国家制度。建设中国特色社会主义民主，既包括国家形态的民主，也包括非国家形态的民主，而最重要的是在国家制度层面上发展社会主义民主政治。

马克思主义认为，民主属于上层建筑。作为政治上层建筑的民主，是随着阶级和国家的产生而产生的，也是随着其变化而变化的。民主是一个历史范畴，世界上的民主都是具体的、相对的，而不是抽象的、绝对的。

第一，民主具有阶级性。民主作为一种国家形态，是有阶级性的。任何民主制度都是巩固统治阶级的政治统治和维护其经济利益的，总是一定阶级用来

---

① 《列宁选集》第3卷，人民出版社2012年版，第201页。

实现其统治地位的形式和手段。社会主义民主是阶级性和人民性的统一，是全体人民共同享有的民主。只有具体的、阶级的民主，而没有抽象的、超阶级的民主。中国的民主是中国共产党领导的人民民主，这是我国政治制度的本质和优势。中国的民主是社会主义民主，与西方国家的资产阶级民主有本质的区别。发展我国的社会主义民主要吸收西方国家民主的有益经验，特别是体现人类政治文明和市场经济要求的某些理念和形式，但决不能照搬资产阶级民主。

第二，民主具有历史性。由经济基础所决定的社会结构、社会形态是具体地、历史地存在的，因而作为上层建筑的民主也是具体的、历史的，不存在超越具体历史阶段的"一般民主"。任何一种民主的本质、内容和形式都是由本国具体的社会制度所决定的，并随着本国经济文化的发展而发展。"民主"是一个历史范畴，不存在永恒不变的绝对民主。人类历史上先后存在的各种民主制度，形成了人类发展过程中民主的不同历史形态，这就是民主的历史性。当然，各种不同历史形态的民主之间也存在历史的继承性。

第三，民主具有手段性与目的性。民主属于上层建筑，归根到底，是由经济基础决定并反过来为经济基础服务的。作为国家政治制度，民主不过是统治阶级组织国家政权的一种形式，是统治阶级管理社会的一种手段。这是民主的手段性。同时，争得民主权利，建立人民当家作主的政治制度并通过发展民主制度实现自身解放是工人阶级和劳动人民长期奋斗的目标，这体现了民主的目的性。民主的目的性和手段性是辩证统一。

第四，民主具有普遍性与特殊性。一方面，民主政治是近代政治文明的产物，是与专制相对立的政治体系。民主政治作为与专制政治相对立的统治形式和政治形态，具体体现了现代政治文明的基本特征和要求，具有共同性和普遍性。列宁指出："民主意味着在形式上承认公民一律平等，承认大家都有决定国家制度和管理国家的平等权利。"[①] 不同的民主政治制度在实现阶级统治时必须遵循民主政治的一般原则，如主权在民原则、多数决定原则、确认和保护公民权利原则、代议制原则、有限权力原则、法治原则等。这些都是民主政治普遍性和共同性的体现。另一方面，在实行不同社会制度的国家，这些原则的具体内容和实施方式又有着本质的差别。民主政治反映国家的阶级本质和社会经济文化的差异，不同阶级统治的国家，民主政治的性质是不同的。而且，实现

---

① 《列宁选集》第3卷，人民出版社2012年版，第201页。

民主需要一定的经济、政治、文化条件，这些条件在不同国家和同一国家的不同时期也不同，由此表现出民主的特殊性和差异性。

我国的社会主义民主与资本主义民主具有本质区别。我国的社会主义民主是全过程的民主，我国社会主义法与民主政治具有紧密的联系，从二者的逻辑关系来说，社会主义民主政治以社会主义法为主要内容之一，社会主义法是社会主义民主政治的重要部分；从二者的作用关系来说，社会主义民主政治是社会主义法的政治基础和必要前提，社会主义法是社会主义民主政治的实现路径与重要保障。正如党的十九届四中全会通过的《中共中央关于坚持和完善中国特色社会主义制度、推进国家治理体系和治理能力现代化若干重大问题的决定》所指出："我国是工人阶级领导的、以工农联盟为基础的人民民主专政的社会主义国家，国家的一切权力属于人民。必须坚持人民主体地位，坚定不移走中国特色社会主义政治发展道路，健全民主制度，丰富民主形式，拓宽民主渠道，依法实行民主选举、民主协商、民主决策、民主管理、民主监督，使各方面制度和国家治理更好体现人民意志、保障人民权益、激发人民创造，确保人民依法通过各种途径和形式管理国家事务，管理经济文化事业，管理社会事务。"

二、民主是法治的基础

法治并不简单地是指法律制度，还意味着健全完备的法制和严格依法办事，尊重和维护法律的权威，尊重和保障人权，坚持法律至上的原则。这样的法治，只有在民主的条件下才能真正实行。近现代的法治发展史证明，法治与民主有内在的联系和共生性，法治生存、发展和真正实现的政治条件和政治框架，只能是民主政治。民主是法治的基础，没有民主就没有法治。

第一，民主决定法治的基本价值取向和基本要求。法治与人治的区别并不是法律制度的完备与不完备，也不是对法律的重视与不重视，法治的真谛在于对人民民主权利的确认和维护，尊重和保障人权。在专制主义政治体制下，可能制定完备的法律制度，但无论法律怎么完备，都不可能把维护人民的民主权利作为法律的价值取向。民主政治为法治目标的实现提供了条件。社会主义民主具有了更大的优越性，坚持民主集中制的根本原则，具有广泛性、平等性、真实性的特点。因此，社会主义民主为社会主义法治的实现提供了更充分的条件。

第二，民主决定法治的权威性。法治的一个基本要求，是宪法和法律在公共生活中具有最高权威。法律面前人人平等，任何个人和组织都必须在宪法和法律的范围内活动，服从法律的权威。在专制主义政治体制下，法律只是维护无限专制权力的工具，不可能具有真正的权威。在民主政治条件下，一方面，对国家权力的制约在制度上成为可能，它要求国家权力必须以法律为依据，源于法律并依法行使；另一方面，立法的民主化和法律对民主权利的确认和维护，使广大社会成员对法律具有价值上的认同，而不是视法律为异己力量并加以排斥和反对。只有建立在民主政治基础上的法律才能有真正的权威性。法治建立和实施必须有坚实的民主制度基础。

社会主义法治的根本出发点和最终目的是确认和保障人民的民主权利。发扬民主不仅可以使立法真正做到集思广益，保障立法的科学性，保障立法充分反映最广大人民的根本利益，还对法的正确、有效实施具有重要意义。因此，社会主义法治必须坚持民主立法，坚持执法为民、司法民主。

第三，民主的类型和模式决定法治的类型和模式。在资本主义民主政治的基础上产生了资本主义法治。与社会主义民主政治相适应，产生了社会主义法治。民主政治的模式，特别是国家制度和政党制度模式直接决定和影响着一个国家的法治模式。在这个意义上，法治是民主政治的表现形式。民主决定着法治的性质和发展模式。

社会主义越发展，民主也越发展；民主的范围越扩大，民主的内容越丰富，法治也就越可能健全。政治制度民主化的程度越高，法治在社会生活中的地位和作用也就越高、越强。

三、法治是民主的保障

民主的本质内涵是主权在民。社会主义民主政治的本质是人民当家作主。民主作为一种国家制度，需要通过法治来体现和保障，必须经由法治来加以确认和巩固。民主不是独立于法治之外的政治运作，而是通过法治实现和运作的一种制度体系或制度结构。法治既是民主的存在形式，也是民主的实现条件。没有法治，民主就无法制度化法律化，民主就只能是一种理想，甚至会演变为无政府主义，引发社会动乱。

第一，法治确认和保障人民的民主权利和自由。实行法治，通过宪法和法律确认和保障人民的民主权利和自由，是民主政治的基本前提。没有宪法和法律对人民民主权利和自由的确认和保障，人民当家作主的地位就可能虚置，人民的民主权利就可能随时受到侵害甚至被剥夺。法治不仅确认人民民主权利和自由的内容和范围，而且规范权利行使的方式以及受侵害权利的救济途径。没有法治，权利可能被滥用，权利义务就可能失衡，权利之间的冲突就可能使民主遭到破坏。

第二，法治是对民主制度的确认和保障。民主是一种国家制度，民主制度必须通过法治来体现和保障。任何性质的民主都必须存在于一定的形式之中。也只有在法治的框架内，民主才能成为一种可操作的制度。民主政治，包括民主的政治决策、民主选举，都必须有法定的、可遵循的程序和规则，这些程序和规则又通常由宪法和法律加以规定。人民的意志只有通过法定程序才能得到体现和确认，对权力的制约和平衡也只有通过法定程序来实现。对法治的违背和破坏，就是对民主制度的违背和破坏。制度化法律化的民主，才是有保障的民主。没有法治保障，民主就只能是抽象的理论原则。

第三，法治是对民主政治运行的规范，是民主政治发展的保障。民主政治建设只有纳入法治的轨道才能有序运行。在社会转型的关键时期，特别是社会矛盾的凸显期，民主政治发展更需要法治的规范和保障。没有法治，民主政治的运行和发展必然导致秩序失控，危及政治稳定和社会和谐。

第二节　中国的民主政治制度是符合国情的选择

一、中国人民选择民主政治制度的艰难探索

民主政治作为现代政治文明有其普遍性的要求，但是，民主政治的具体形式、发展过程，总是受到一定社会的经济、政治、文化及历史传统、民族心理等各种因素的制约。各国的国情不同，民主的发展道路和制度模式也是多样化的。民主政治制度不可能只有一种模式，也不能照搬别国制度模式。中国的民主政治制度有着深厚的历史渊源和现实基础，是符合中国国情的选择。

中国的民主政治制度是近代以来中国人民长期奋斗的结果。中国古代社会在政治制度上长期是专制政治。1840年鸦片战争之后，中国沦为半殖民地半封建社会。发展民主、实现法治，是一百多年以来多少仁人志士的理想和追求。中国人民在求得民族独立、人民解放和实现国家繁荣富强、人民共同富裕的进

程中，也为在中国建立民主政治制度进行了艰苦卓绝的斗争和探索。

从 19 世纪末开始，中国的一批先进分子力图按照西方资本主义民主政治制度的模式来改变中国的专制政治，建立资本主义的民主政治制度。1898 年，维新派企图推行西方式的"君主立宪制"，仅仅 100 多天就夭折了。1911 年，孙中山领导的辛亥革命推翻了清王朝，结束了封建专制制度，在形式上建立了资产阶级共和国。但是，由于中国社会的半殖民地半封建性质没有彻底改变，民主政治也就没有随着资产阶级共和国的建立而出现。尽管开了国会、立了宪法、选了总统，但都是帝国主义、官僚资本主义和封建军阀在中国实行专制政治的装饰品，结果是军阀混战、民不聊生，中国并没有真正建立民主政治制度。毛泽东对此评论道，"他们和专制皇帝有什么分别呢？他们的宪法也好，总统也好，都是假东西"[①]。从 20 世纪 20 年代末开始，国民党政府实行赤裸裸的法西斯独裁，民主共和国实际上已经名存实亡。

近代中国半殖民地半封建社会的历史条件，决定了中国资产阶级的软弱性和革命的不彻底性。资产阶级没有能力领导中国人民改变半殖民地半封建的社会性质，也决定了西方资本主义民主政治制度在中国没有生存的空间，在中国建立资本主义民主政治制度只不过是一个幻想。中国人民从艰难曲折的探索和斗争中终于认识到，改变半殖民地半封建的社会性质，建立民主政治制度，是近代中国政治发展进程中统一的、不可分割的两个方面。在中国，照搬西方资本主义民主政治制度是一条走不通的路，必须开创中国民主的新道路，建立全新的民主政治制度。近代中国的社会性质和资产阶级领导的民主主义革命的失败，决定了中国只能在共产党领导下走社会主义道路，在社会主义条件下坚持人民民主的民主政治道路。领导中国人民找到民主新道路和建立人民民主新制度的重任，历史性地落在了中国共产党人身上。

中国共产党人将马克思列宁主义的普遍原理与中国的实际相结合，在进行艰苦卓绝的革命斗争的同时，不断丰富和发展马克思主义的民主政治理论，并通过民主实践，不断探索符合我国国情的民主政治制度。在新民主主义革命时期，中国共产党先后提出工农民主、人民民主、新民主主义等政治主张，创造了农民协会、罢工工人代表大会、工农兵代表大会、参议会、各界人民代表会议等民主形式，不仅取得了新民主主义革命的胜利，也从理论和实践上为建立

[①] 《毛泽东选集》第二卷，人民出版社 1991 年版，第 736 页。

人民当家作主的民主政治制度奠定了基础。中华人民共和国的成立和社会主义制度的建立，为中国真正实现民主奠定了新的基础，开辟了更为广阔的前景。1949 年 10 月 1 日，中华人民共和国成立，开辟了人民当家作主的新纪元。历史的事实证明，我国的社会主义民主政治制度，是在近代以来中国社会特定的历史条件下，在长期的革命和建设实践中，中国共产党领导人民群众不断探索的伟大创造，是符合中国国情的必然选择。

党的十一届三中全会之后，中国共产党深刻总结正反两方面的历史经验，坚持从中国国情出发，领导人民开辟了中国特色社会主义道路。改革开放以来，中国社会主义民主政治制度不断完善，人民民主的内容不断扩展，民主形式不断丰富，社会主义民主政治展现出旺盛的生命力。从党的十七大以来，历次党的代表大会都强调指出，坚持中国特色社会主义政治发展道路，最根本的是要坚持党的领导、人民当家作主和依法治国的有机统一，坚持和完善中国特色社会主义民主政治的制度，包括人民代表大会制度、中国共产党领导的多党合作和政治协商制度、民族区域自治制度、基层群众自治制度等基本政治制度，不断推进社会主义政治制度自我完善和发展。坚持中国特色社会主义政治发展道路，既是中国特色社会主义民主政治的根本特征，也是发展社会主义民主政治必须把握的基本要求。

中国的民主政治制度是经过不断探索而建立的，是中国共产党领导中国人民争取和发展人民民主的成果。坚持中国特色社会主义政治发展道路，符合我国各族人民的根本利益。

中国特色社会主义民主政治制度，始终坚持以马克思主义民主理论为指导，从中国的国情出发，借鉴人类政治文明的有益成果，吸收中国传统文化和制度文明中的民主性因素，是人民当家作主的民主制度。

二、党的领导是社会主义民主政治发展的根本保证

"中国共产党领导是中国特色社会主义最本质的特征"，"中国特色社会主义制度的最大优势是中国共产党的领导"，"党是最高政治领导力量"。习近平提出的这些科学命题深刻阐明了党的领导与保证和发展社会主义民主政治之间的内在逻辑。中国共产党是建设中国特色社会主义事业的领导核心。社会主义民主政治建设作为中国特色社会主义事业的重要组成部分，必须旗帜鲜明地坚持党的领导。坚持中国共产党的领导是我国宪法确定的一项基本原则。这是由

中国共产党的先进性决定的，是由中国发展的前途和方向决定的。党的领导和人民当家作主是一致的，党的领导是社会主义民主政治发展的根本保证。坚持党的领导是中国民主政治制度的本质和优势，是中国社会主义民主政治制度的基本原则，不可动摇，不可转向。

（一）坚持党的领导是由社会主义民主政治的性质和发展要求决定的

近代以来，中国社会发展的一个基本结论就是，在中国共产党的领导下，走社会主义道路。只有在社会主义条件下，才能真正实现人民当家作主，实现和发展民主政治。我国民主政治的社会主义性质决定了只有在中国共产党领导下，才能实现和发展民主。必须坚持中国共产党的领导，是从中国近代史中得出的基本结论，是中国人民为了实现当家作主而作出的决定性选择。没有中国共产党，就没有新中国，也就没有人民民主制度。中国人民当家作主，是在中国共产党领导下经过艰苦卓绝的斗争实现的。中国的民主政治制度，是中国共产党领导中国人民创建的。中国民主政治制度的发展和完善，是在中国共产党领导下进行的。中国只能实行社会主义民主政治，而不能实行资本主义民主政治。发展社会主义民主政治是中国特色社会主义道路的重要内容，也是当代中国共产党人的历史使命。

（二）坚持党的领导是由党的先进性决定的

中国共产党是中国工人阶级的先锋队，同时也是中国人民和中华民族的先锋队。中国共产党代表中国先进生产力的发展要求，代表中国先进文化的前进方向，代表中国最广大人民的根本利益。党的路线、方针、政策的出发点和归宿都是维护最广大人民的根本利益。发展社会主义民主政治、实现人民当家作主，是中国共产党始终不渝的奋斗目标。中国共产党自诞生以来，就一直领导着人民不断争取民主权利、不懈探索民主制度。中国共产党的宗旨是全心全意为人民服务，无论是过去现在还是将来，无论是对国家的领导还是对社会的领导，都始终如一地坚持这个宗旨。中国共产党是执政党。党的执政目的就是领导、支持、保证人民当家作主，最广泛地动员和组织人民群众依法管理国家事务，管理经济和文化事业，管理社会事务，实现好、维护好、发展好最广大人民的根本利益。党的领导的实质是保证和巩固人民当家作主的地位。因此，只有坚持党的领导，才能真正地实现人民当家作主。如果照抄照搬西方的多党制，其后果只能是损害人民的根本利益，甚至造成混乱，人民当家作主也就无从谈起。历史和现实充分证明，在中国，是中国共产党把广大人民团结起来，使人民的积极性、主动性和创造性不断得到充分的发挥，是中国共产党的领导从根本上保证了人民当家作主。

（三）坚持党的领导是由我国民主政治建设的艰巨性、复杂性决定的

在中国这样一个封建专制传统影响很深、人口众多、情况复杂的多民族大国，发展社会主义民主政治是一项极为艰巨而复杂的任务。现阶段，我国正处于社会主义现代化建设和中华民族伟大复兴的关键阶段，也处于发展的战略机遇期和社会矛盾的凸显期。社会主义民主政治建设面临复杂的环境，呈现出新的特点。中国共产党作为中国最广大人民根本利益的代表，能够正确把握中国社会发展的客观条件和要求，正确把握中国人民的根本利益，正确把握社会主义民主政治的发展方向和步骤。只有坚持党的领导，才能确保我国社会主义民主政治建设沿着正确的道路前进。

在发展中国特色社会主义民主政治的整个历史进程中，必须始终坚持党的领导、完善和发展党的领导制度，包括：完善坚定维护党中央权威和集中统一领导的各项制度；健全党的全面领导制度；健全为人民执政、靠人民执政各项制度；坚持和完善党对人民军队的绝对领导制度；坚持健全提高党的执政能力和领导水平制度；完善全面从严治党制度等。在制度上和法律上维护和保证中国共产党在国家中的执政地位，保证党始终发挥总揽全局、协调各方的领导核心作用。

三、社会主义民主政治的本质要求是人民当家作主

人民当家作主是社会主义民主政治的本质要求，这是由社会主义国家的性质决定的。资本主义民主制度与封建专制制度相比，是人类政治文明的一大进步。但是，资本主义国家的性质决定，资本主义民主是资产阶级利益集团通过金钱支配的民主，其性质只能是资产阶级对国家权力的垄断，只能是资产阶级内部的、少数人的民主。社会主义民主是一种新型的民主，是为最广大人民享有的民主，而不是为少数人所享有的民主。社会主义国家从根本上否定了阶级压迫和阶级剥削的社会制度，真正实现了人民当家作主。我国《宪法》明确规定："中华人民共和国的一切权力属于人民。"社会主义的优越性在政治上的突出表现就是充分发扬人民民主，切实保证人民当家作主的地位。我国的宪法和法律确认和保证了全体人民通过各种途径来管理国家和社会的权利。在经济制度上，宪法和法律确立了以生产资料的社会主义公有制为基础的社会主义经济

制度，在社会主义初级阶段实行公有制为主体、多种所有制经济共同发展等基本经济制度，从经济基础上保证了人民当家作主的地位。在政治制度上，宪法和法律确立了我国的国体是工人阶级领导的、以工农联盟为基础的人民民主专政的社会主义国家；确立了与这一国体相适应的人民代表大会制度、中国共产党领导的多党合作和政治协商制度、民族区域自治制度和基层群众自治制度，从政治制度上保证了人民当家作主的地位。实践证明，这些制度符合中国国情、体现了中国特色社会主义民主的特点和优势、反映了人民的意愿，具有强大的生命力。

保证人民当家作主是社会主义民主政治的根本目的。人民民主是社会主义的生命，人民当家作主是社会主义民主政治的本质和核心。因此，社会主义民主政治的根本目的就是保证人民当家作主。我国的民主政治制度从根本上保证了人民当家作主的地位，但由于我国将长期处于社会主义初级阶段，经济文化比较落后，民主法治传统比较缺乏，民主政治制度还有待进一步完善，民主法制建设的现状与扩大人民民主的要求还不完全适应，还需要继续深化政治体制改革，扩大人民民主，切实保证人民当家作主。

坚定不移地发展社会主义民主政治，必须以保证人民当家作主为根本，坚持国家一切权力属于人民，最广泛地动员和组织人民依法管理国家事务和社会事务、管理经济和文化事业。保证人民当家作主，关键在于制度建设：其一，尊重和保障人权，并将这种原则和精神贯彻到制度建设的所有领域。其二，从各个层次、各个领域扩大公民有序政治参与，保障人民享有更多更切实的权利。其三，坚持和完善中国特色社会主义民主政治的基本制度，不断完善人民掌握国家政权、行使国家权力的途径、形式和程序。要健全民主制度、丰富民主形式、拓宽民主渠道，依法实行民主选举、民主协商、民主决策、民主管理、民主监督，保障人民的知情权、参与权、表达权、监督权。

坚持和发展中国特色社会主义民主政治，最根本的是要坚持和发展人民代表大会制度。人民代表大会制度是我国的根本政治制度，是支撑中国国家治理体系和治理能力的根本制度，是坚持党的领导、人民当家作主、依法治国有机统一的根本制度安排。党的十九届四中全会《决定》立足人民当家作主的主体地位，强调坚定不移走中国特色社会主义政治发展道路，提出健全民主制度、丰富民主形式、拓宽民主渠道，依法实行民主选举、民主协商、民主决策、民主管理、民主监督，使各方面制度和国家治理更好体现人民意志、保障人民权益、激发人民创造，确保人民依法通过各种途径和形式管理国家事务，管理经济文化事业，管理社会事务。坚持和完善人民代表大会制度的重点在于：支持和保证人民通过人民代表大会行使国家权力，保证各级人大都由民主选举产生、对人民负责、受人民监督，保证各级国家机关都由人大产生、对人大负责、受人大监督；支持和保证人大及其常委会依法行使职权，健全人大对"一府一委两院"监督制度；密切人大代表同人民群众的联系，健全代表联络机制，更好发挥人大代表作用；健全人大组织制度、选举制度和议事规则，完善立法论证、评估、评议、听证制度等。

坚持和发展社会主义民主政治，必须坚持和完善中国共产党领导的多党合作和政治协商制度，发展社会主义协商民主。我国的政党制度是中国共产党领导的多党合作和政治协商制度，它是我国基本的政治制度之一。人民政协作为统一战线的组织、多党合作和政治协商的机构、人民民主的重要实现形式，是社会主义协商民主的重要渠道和专门协商机构，是国家治理体系的重要组成部分，是具有中国特色的制度安排。从人民政协发端，进而发展形成的更为广泛的协商民主制度，极大地丰富了社会主义民主政治的内涵和实现形式。我们要坚持社会主义协商民主的独特优势，统筹推进政党协商、人大协商、政府协商、政协协商、人民团体协商、基层协商以及社会组织协商，构建程序合理、环节完整的协商民主体系，完善协商于决策之前和决策实施之中的落实机制，丰富有事好商量、众人的事情由众人商量的制度化实践。

四、社会稳定是社会主义民主政治发展的重要条件

民主是社会上层建筑的重要组成部分，民主政治发展必须与经济、文化和社会条件相适应。其中，社会稳定是民主政治发展的重要条件。任何国家的民主都不可能在社会动荡中实现和发展。民主需要安定平稳的社会局面。在中国，没有国家的统一和社会的稳定，就没有国家的繁荣富强和人民的安居乐业，也就没有民主政治的发展。回顾中国社会主义民主政治发展的道路，我们可以更清楚地认识到这一点。

中国幅员辽阔、人口众多，城乡之间、地区之间发展不平衡，差异较大。只有保持社会的稳定，才能聚精会神搞建设，一心一意谋发展；才能最大限度地调动一切积极因素，集中一切资源、力量和智慧，解决关系国计民生的重大问题，保证经济社会的可持续发展；才能为社会主义民主政治的发展创造良好

的社会环境和秩序氛围。邓小平指出："中国的主要目标是发展，是摆脱落后，使国家的力量增强起来，人民的生活逐步得到改善。要做这样的事，必须有安定的政治环境。没有安定的政治环境，什么事情都干不成。"[①] 因此，保持稳定有序的社会局面，是社会主义民主政治发展必不可少的重要条件。

在保持社会稳定的条件下发展民主，需要通过法律程序来进行。通过法律程序来发展民主，这是在现代法治社会中发展民主政治的必然要求。法律具有内在的稳定性和确定性，这是法律规范的重要特征。在现代法治社会中，法律的这种特性更能有效地保障社会秩序的正常维系和延续。因此，通过法律对公民的民主表达途径和渠道作出合理的规定，将在促进民主发展的同时，保持社会稳定。与此同时，法律所具有的权威性和强制性，又会对那些破坏民主程序的行为进行制裁和制止，从而保障民主政治的稳步发展。

民主政治的发展是一个过程。民主政治发展是当代中国社会发展的重要组成部分，不可能脱离中国社会发展的整体和全局。我国的民主政治发展不能脱离社会主义初级阶段的基本国情和要求。民主政治发展如果脱离国情，就会造成社会动荡，最终影响民主政治发展进程。

社会主义民主是渐进发展的，同时也应是全过程的。在认识民主发展过程性的同时，必须深刻认识社会主义民主本身所应有的全过程性，确保社会主义民主逐步地、切实地得以全面实现。

第三节　发展社会主义民主，建设社会主义政治文明

一、社会主义政治文明的内涵

文明是相对于愚昧、野蛮而言的。在中国，早在《周易·乾卦》中就有"见龙在田，天下文明"的说法。这里的"文明"，指的是自然界的进化现象。《周易·贲卦》中有"文明以止，人文也"的说法，这是将文明作文治、教化来理解的。在西方，早在公元前4世纪，修昔底德在《伯罗奔尼撒战争史》中就使用了"文明"一词。英国启蒙思想家托马斯·霍布斯于1651年在《利维坦》一书中提出"文明社会"的概念，将文明与社会联系起来，首次提出了现

---

① 《邓小平文选》第三卷，人民出版社1993年版，第244页。

代意义上的文明概念。马克思主义从人类社会历史发展的角度考察了文明的起源和发展。恩格斯指出，"文明是实践的事情，是社会的素质"①。作为人类实践活动的产物，文明不仅包括人类实践活动的积极成果，也包含着实践的过程，是静态和动态的统一。作为一种社会的品质，文明是由社会各种要素构成的有机整体所呈现的进步状态。因此，从广义上说，文明是人类各要素的发展和进步状态，是人类在社会历史进程中所创造的各种成果和财富的总和。

在政治思想史上，马克思首次提出了"政治文明"这一概念。1844 年，在《关于现代国家的著作的计划草稿》中，马克思不仅把政治文明看作与集权制相对立的范畴，而且把现代国家与政治文明直接联系起来。他指出："执行权力。集权制和等级制。集权制和政治文明。联邦制和工业化主义。国家管理和公共管理。"② 政治文明是社会文明的有机组成部分，是人类社会政治生活的进步状态，是人类政治实践活动中形成的文明成果，包括政治思想、政治文化、政治传统、政治结构、政治活动和政治制度等方面的有益成果。

从政治文明的价值取向看，政治文明应是人类政治生活取得的积极成果和进步状态。从政治文明的外部表现看，在静态方面，政治文明表现为人类在政治生活方面所取得的积极政治成果；在动态方面，政治文明则表现为人类社会政治进化发展的具体过程，一个不断趋向文明、逐步发展的过程。从政治文明的内容看，政治文明包括政治意识文明、政治制度文明、政治行为文明三个组成部分，三者缺一不可。政治意识文明不仅包括公平、正义、理性、权利、义务、责任、自由、自主、平等、民主、法治等政治理念，而且包括文明的或进步的政治意识形态、文明的政治心理、文明的政治思想和文明的政治道德等方面。政治制度文明是指国家各项政治法律制度和政治体制要体现民主、平等、公开、公正、法治的精神，能够适应生产力发展和经济基础变革进步的要求，呈现出合理性和先进性。政治行为文明是指政党、政府、社会集团以及公民个人的实际政治活动的文明程度。民主的政治意识、合理的政治制度、规范的政治行为构成了政治文明的主要内容，其中：政治意识文明是政治行为文明和政治制度文明的精神引导，政治行为文明则是政治意识文明和政治制度文明的具体体现，而政治制度文明既承载着政治意识文明，同时又以其规范化、强制性

---

① 《马克思恩格斯文集》第 1 卷，人民出版社 2009 年版，第 97 页。
② 《马克思恩格斯全集》第 42 卷，人民出版社 1979 年版，第 238 页。

等为政治行为文明设定边界。

党的十八大报告指出："社会主义民主政治建设取得重大进展，成功开辟和坚持了中国特色社会主义政治发展道路，为实现最广泛的人民民主确立了正确方向。"①"中国特色社会主义政治发展道路是团结亿万人民共同奋斗的正确道路。我们一定要坚定不移沿着这条道路前进，使我国社会主义民主政治展现出更加旺盛的生命力。"② 党的十九大报告进一步指出："我国社会主义民主是维护人民根本利益的最广泛、最真实、最管用的民主。发展社会主义民主政治就是要体现人民意志、保障人民权益、激发人民创造活力，用制度体系保证人民当家作主。"③ 建设社会主义政治文明，是我国社会主义现代化建设的重要目标。

社会主义政治文明作为一种新型的政治文明，是人类文明的普遍性和特殊性的统一。社会主义政治文明具有现代政治文明的一般特征，体现了人类政治文明发展的时代要求。近代以来，人们在反对封建主义斗争中形成的追求自由、平等、人权等价值目标，奉行民主和法治的精神以及与此相关的先进政治文化和法治文化，是人类政治文明的共同成果。因此，建设社会主义政治文明应该认真研究和合理借鉴世界上所有推行民主和法治国家的成功经验和有效做法。同时，社会主义政治文明本质上是人民民主的政治文明，同历史上任何剥削阶级占统治地位的社会的政治文明相比有着本质的区别。

二、推进社会主义政治文明建设

发展社会主义民主政治，建设社会主义政治文明，是一项长期而艰巨的重大任务，也是一个不断探索的实践过程。社会主义政治文明建设是一个内容广泛的系统工程，涉及政治文化、政治制度、政治行为、政治主体等诸多方面，其核心在于制度建设。要有效推进社会主义政治文明建设，必须随着经济社会发展，不断深化政治体制改革。作为建设社会主义政治文明的重要途径，政治体制改革必须坚持社会主义方向，推进社会主义政治制度自我完善和发展，推进社会主义民主政治的制度化、规范化和程序化。

① 胡锦涛：《坚定不移沿着中国特色社会主义道路前进　为全面建成小康社会而奋斗——在中国共产党第十八次全国代表大会上的报告》，人民出版社 2012 年版，第 25 页。
② 胡锦涛：《坚定不移沿着中国特色社会主义道路前进　为全面建成小康社会而奋斗——在中国共产党第十八次全国代表大会上的报告》，人民出版社 2012 年版，第 30 页。
③ 习近平：《决胜全面建成小康社会　夺取新时代中国特色社会主义伟大胜利——在中国共产党第十九次全国代表大会上的报告》，人民出版社 2017 年版，第 35—36 页。

（一）改革和完善党的领导方式和执政方式

党的领导是社会主义民主政治发展的根本保证。改革和完善党的领导方式和执政方式，对于推进社会主义民主政治建设、建设社会主义政治文明，具有全局性作用。以什么样的方式执政，既反映了执政党的执政能力和水平，也体现了社会主义政治文明的发展水平。

加强党的执政能力建设，改革和完善党的领导方式和执政方式，必须坚持科学执政、民主执政、依法执政。科学执政是基本前提，民主执政是本质要求，依法执政是基本方式，三者有机统一，互相联系，相辅相成，缺一不可。科学执政强调执政的科学性，民主执政强调执政的民主性，依法执政强调执政的法治性。科学执政、民主执政、依法执政三者结合在一起，共同构成了我们党执政方式的鲜明特点和基本要求，体现了社会主义民主法治的基本价值趋向。

科学执政，就是党要按照科学的思想理论和科学的制度、方法来执政，进一步认识和把握共产党执政规律、社会主义建设规律和人类社会发展规律，使党的执政过程、执政行为建立在更加自觉地运用客观规律的基础之上，这是科学执政的基本要求。首先，科学执政必须以科学的思想理论为指导。马克思主义是我们立党立国的根本指导思想，必须坚持以马克思列宁主义、毛泽东思想、邓小平理论、"三个代表"重要思想、科学发展观、习近平新时代中国特色社会主义思想为指导，树立科学的执政理念。其次，科学执政必须建立在科学的制度基础上。科学地设置党的组织机构和国家机构，建立科学的执政体制和机制，正确认识新时代党与国家的关系、党与社会的关系，探索和实行有利于坚持和加强党的全面领导、有利于治国理政的党政机构"合设合署"新体制。最后，科学执政必须确立科学的执政方式、运用科学的方法，提高党在执政过程中的科学决策水平。要以最低的执政成本、最高的执政效率，最大限度地实现党的执政目的。

民主执政，就是党要坚持为人民执政、靠人民执政，支持和保证人民当家作主。坚持民主执政，首先必须坚持立党为公、执政为民，坚持权为民所用、情为民所系、利为民所谋，实现好、维护好、发展好最广大人民的根本利益。执政为民是我们党必须始终坚持的执政理念。其次，我们党执政就是领导和支持人民当家作主，以实现和发展人民民主为己任。发展社会主义民主政治，建设社会主义政治文明，是社会主义建设规律和共产党执政规律的客观要求，是我们党领导人民建设中国特色社会主义的重要目标。我们党的执政地位和执政权来自人民，人民是国家一切权力的主人。因此，行使执政权必须动员和依靠人民。坚持民主执政，就是要遵循民主原则，要通过社会主义民主制度来执政，按照民主程序行使执政权。

依法执政，就是党要坚持依法治国，领导立法、保证执法、支持司法、带头守法，不断推进国家经济、政治、文化、社会生活的制度化、规范化、程序化，从制度上法律上保证党的路线方针政策的贯彻实施，使这种制度和法律不因领导人的改变而改变，不因领导人的看法和注意力的改变而改变。具体来说，依法执政就是党依照宪法、法律的规定，行使领导权和执政权，实施对国家和社会的全面领导。依法执政要求党要维护宪法和法律在国家政治生活、经济生活和社会生活中的权威，党自己带头在宪法和法律的范围内活动。

（二）深化全面依法治国实践，加快建设社会主义法治国家

推进社会主义政治文明建设，要根据实现全面建成小康社会奋斗目标的新要求，深刻认识新时代我国经济社会发展呈现的新特征，全面落实依法治国基本方略，深化依法治国实践，加快建设中国特色社会主义法治体系，加快建设社会主义法治国家。

第一，全面落实依法治国基本方略，加快建设中国特色社会主义法治体系，建设社会主义法治国家，要体现以人民为主体的新要求。一是扩大社会主义民主。通过法治的方式，进一步健全民主制度、丰富民主形式、拓展民主渠道，使人民的知情权、参与权、表达权和监督权得到更充分的法律保障，从各个层次、各个领域扩大公民有序政治参与，使人民享有更多更切实的民主权利。二是改善民生。加强劳动就业、社会保障、收入分配、教育卫生、居民住房、安全生产、生态良好等方面的法律，着力保障和改善民生，促进社会公平正义，为社会建设提供法律和制度保障。三是尊重和保障人权，依法保证全体社会成员平等参与、平等发展的权利。

第二，全面落实依法治国基本方略，加快建设社会主义法治国家，要体现全面协调可持续发展的新要求。强调"全面落实"，就是要在依法治国的各个环节全面体现法治的要求，从立法、执法、司法、守法、法律监督各个方面整体推进，促进法治建设各个环节、各个方面相协调；就是要全面推进依法治国的进程，以提高依法执政的能力和水平为目标，改革和完善党的领导方式和执政方式，提高党的领导制度化、法治化水平；以坚持和完善人民代表大会制度、确保人民当家作主为目标，加快建设法治国家；以提高依法行政、服务人

民的水平为目标，加快建设法治政府；以构建和谐社会为目标，加快建设法治社会。全面落实，就是要在经济建设、政治建设、文化建设、社会建设、生态文明建设中全面落实依法治国的要求。

（三）加强公民意识教育，培养公民的民主法治观念，建设社会主义政治文化

发展社会主义民主政治、建设社会主义政治文明，要加强公民意识教育，树立社会主义民主法治、自由平等、公平正义理念，加强社会主义政治文化建设。制度和观念在发展进程中相互影响、不可或缺。社会主义民主法治观念的培养，对于社会主义民主政治制度建设具有至关重要的意义。没有正确的公民意识和民主法治观念，不可能建立真正的民主制度；即使有了好的制度安排和设计，如果没有正确的公民意识和民主法治观念，民主法治也不可能得到真正有效的实行。社会主义民主法治观念的培养，对于提高公民的政治素质、弘扬法治精神、创造积极的政治文化氛围，具有十分重要的作用。

社会主义政治文化建设是社会主义政治文明的重要组成部分。建设社会主义民主政治，既是建设社会主义政治文明的价值取向和根本目标，也是社会主义政治文化的重要内容和内在要求。在人民群众已实现当家作主的制度中，发展社会主义政治文化有利于进一步提高人民的政治素质，践行社会主义核心价值观，调动人民群众政治参与的积极性和主动性。同时，社会主义政治文化建设对社会主义政治文明建设具有指导意义。政治文化是政治民主和社会稳定的思想基础，是国家和民族生存和发展的精神支柱。建设社会主义政治文化，一要借鉴人类历史上的一切文明成果，形成与社会主义相适应、能为人们所认同并具有整合能力的社会主义政治文化体系；二要健全政治参与机制，在民主实践中提高公民政治参与的水平和能力，形成参与型的政治文化；三要进一步完善社会主义政治价值体系，培养与社会主义民主政治相适应的政治信仰和政治情感。

思考题：

1. 简述民主与法治的关系。
2. 简述党的领导与社会主义民主政治的关系。
3. 简述社会主义民主政治的本质。
4. 试述社会主义政治文明。

第十二章　中国社会主义法与经济、科技、文化、社会、生态

法是社会现象的组成部分，与经济、科技、文化、社会、生态等其他组成部分相互依存、相互影响、相互作用。弄清它们之间的关系，有助于全面理解法的性质，充分发挥社会主义法的作用。

第一节　中国社会主义法与经济

一、法与经济的一般原理

马克思主义认为，经济基础与上层建筑矛盾运动的规律，是人类社会发展的一个基本规律。经济基础决定上层建筑，上层建筑对经济基础具有反作用。在法与经济的关系中，最根本的是法作为上层建筑由经济基础决定并为经济基础服务。经济基础对法的决定作用，具体体现为：一是经济决定法律的性质，有什么性质的经济基础，就有什么性质的法律上层建筑。二是经济决定法律的内容，法律只是经济关系的一般性和制度性记载。三是经济决定法律的发展变化趋势，经济的发展与变革总会引起法律的发展与变革。四是经济决定法律作用的实现程度，法律的有用性是以满足人们的经济生活需要为衡量尺度的。需要强调的是，法律决定于经济要求，法律应当体现经济生活的要求并按照经济生活的要求发挥作用，但这并不意味着法律总是会自动地体现经济生活的客观要求，也不意味着不会出现违反经济生活规律的法律。从历史上看，仅仅体现个人意志或集团意志的、违反经济生活要求的法律可能会在一定时期内存在，但最终必然会被淘汰。

法律服务于经济，具体表现为法律对经济具有能动的反作用：一是维护经济制度。法律通过对社会基本经济关系的确认，使得经济制度得以制度形式合法存在。二是规范经济生活，保障经济有序运行。法律严格保护经过确认的经济制度，通过对经济行为的调控和规范，维护正常的经济秩序不受侵扰，确保经济在法律的轨道上运行。三是通过规制、维护和保障经济关系，最终对生产力发展起到促进作用。法律通过对经济秩序的规范，维护经济的稳定和持续增

长。总之，良好的法律可以维护经济基础，促进经济的发展；僵化过时的法律会成为经济发展的障碍。

上述马克思主义法学关于法与经济关系的基本理论，对于我们更好地理解中国社会主义法与经济的关系，理解社会主义法对维护社会主义经济制度、发展社会主义市场经济、推动社会生产力发展方面的作用，具有直接的指导意义。

二、社会主义法与法治经济建设

党的十八大以来，以习近平同志为核心的党中央围绕中国特色社会主义经济建设提出了习近平新时代中国特色社会主义经济思想，创造性地发展了中国特色社会主义政治经济学原理，为经济发展和法治经济建设培植了更加深厚、更加科学的理论基础，为"社会主义市场经济本质上是法治经济"① "厉行法治是发展社会主义市场经济的内在要求"② "适应新常态、把握新常态、引领新常态"③ "法治是最好的营商环境"④ 等科学命题提供了学理支撑。这些思想阐明了法与经济的内在联系，说明了法对经济发展的重大意义。根据"社会主义市场经济本质上是法治经济"这一科学定位，党的十八届五中全会通过的《中共中央关于制定国民经济和社会发展第十三个五年规划的建议》和第十二届全国人民代表大会第四次会议通过的《中华人民共和国国民经济和社会发展第十三个五年规划纲要》（以下简称"十三五"规划纲要）提出要"加快建设法治经济和法治社会，把经济社会发展纳入法治轨道"⑤。党的十九届四中全会就"坚持和完善社会主义基本经济制度，推动经济高质量发展"作出了新的决策部署。党的十九届五中全会通过的《中共中央关于制定国民经济和社会发展第十四个五年规划和二〇三五年远景目标的建议》（以下简称十九届五中全会《建议》）进一步提出，"加快建设现代化经济体系，加快构建以国内大循环为

---

① 中共中央文献研究室编：《习近平关于全面依法治国论述摘编》，中央文献出版社 2015 年版，第 115 页。
② 中共中央文献研究室编：《十八大以来重要文献选编》（中），中央文献出版社 2016 年版，第 819 页。
③ 中共中央文献研究室编：《习近平关于协调进行"四个全面"战略布局论述摘编》，中央文献出版社 2015 年版，第 46 页。
④ 《习近平主持召开中央全面依法治国委员会第二次会议强调完善法治建设规划提高立法工作质量效率 为推进改革发展稳定工作营造良好法治环境》，《人民日报》2019 年 2 月 26 日。
⑤ 《〈中共中央关于制定国民经济和社会发展第十三个五年规划的建议〉辅导读本》，人民出版社 2015 年版，第 7 页。

主体、国内国际双循环相互促进的新发展格局，推进国家治理体系和治理能力现代化，实现经济行稳致远、社会安定和谐"①，极大地丰富了法治经济的理论、制度和实践。建设社会主义法治经济的核心内涵和要求主要包括以下几点。

（一）坚持和完善社会主义基本经济制度

法治经济以基本经济制度为基石。要始终坚持"公有制为主体、多种所有制经济共同发展，按劳分配为主体、多种分配方式并存，社会主义市场经济体制等社会主义基本经济制度"②。党的十九届四中全会《决定》指出，我国社会主义基本经济制度既体现了社会主义制度优越性，又同我国社会主义初级阶段社会生产力发展水平相适应，是党和人民的伟大创造。因而，坚持和完善社会主义基本经济制度是建设社会主义法治经济的根本遵循。建设法治经济的第一要务是以宪法和其他法律确认和巩固社会主义基本经济制度，引领经济体制改革的社会主义方向，完善和发展社会主义基本经济制度。要激发各类市场主体活力。毫不动摇巩固和发展公有制经济，毫不动摇鼓励、支持、引导非公有制经济发展。完善宏观经济治理。建立现代财税金融体制。建设高标准市场体系。加快转变政府职能。

十九届五中全会《建议》提出："坚持和完善社会主义基本经济制度，充分发挥市场在资源配置中的决定性作用，更好发挥政府作用，推动有效市场和有为政府更好结合。"政府和市场的关系是经济学永恒的主题。政府是一只"看得见的手"，市场是一只"看不见的手"。如何处理好政府这只"看得见的手"与市场这只"看不见的手"的关系，是时代给出的重大课题。以法治方式适应、引领发展新格局，要进一步转变政府职能，妥善处理好政府与市场的关系。市场经济就是法治经济，离开了法治就没有市场经济。解决市场和政府的关系问题只能靠法治。这"两只手"只有在法治之下才能交互作用，只有通过法治才能处理好这"两只手"的关系。理论和实践证明，市场配置资源是最有效率的形式。市场决定资源配置是市场经济的一般规律，市场经济本质上就是市场决定资源配置的经济。但同时必须看到，市场在资源配置中起决定性作用，并不是起全部作用。我国实行的是社会主义市场经济体制，我们仍然要坚持发挥

① 《中共中央关于制定国民经济和社会发展第十四个五年规划和二〇三五年远景目标的建议》，人民出版社2020年版，第6页。
② 《中共中央关于坚持和完善中国特色社会主义制度、推进国家治理体系和治理能力现代化若干重大问题的决定》，人民出版社2019年版，第18页。

我国社会主义制度的优越性、发挥党和政府的积极作用。因此，问题的关键在于加快转变政府职能，该放给市场和社会的权一定要放足、放到位，该政府管的事一定要管好、管到位。正确处理市场与政府的关系，发挥市场作用，关键是遵循市场规律、善用市场机制解决问题。要给市场这只"看不见的手"设立市场准入负面清单，法不禁止即自由，负面清单以外的事项市场主体均可为，充分发挥市场在资源配置中的决定性作用。打破行业垄断、进入壁垒、地方保护，增强企业对市场需求变化的反应和调整能力，提高企业资源要素配置效率和竞争力。发挥政府作用，关键是让政府干好自己该干的事。要给政府这只"看得见的手"设立正面清单，即划定政府的权力界限和罗列政府的责任清单，法无授权不可为，正面清单之外的领域政府不得干预。用改革激发市场活力，用政策引导市场预期，用规划明确投资方向，用法治规范市场行为。发挥市场在资源配置中的决定性作用和更好地发挥政府调控作用，加快构建市场开放公平、规范有序，企业自主决策、平等竞争，政府权责清晰、监管有力的市场准入管理新体制。

（二）完善社会主义市场经济法律制度

社会主义市场经济本质上是法治经济。"法治经济的本质要求就是把握规律、尊重规律。"[1] 法治经济建设的基础性工作是坚持社会主义市场经济改革方向，遵循社会主义基本制度与市场经济有机结合的规律，以保护产权、维护契约、统一市场、平等交换、公平竞争、有效监管为基本导向，不断完善社会主义经济法律制度。

完善社会主义市场经济法律制度，要加快建设和完善现代产权制度。党的十八届四中全会《决定》就曾明确指出："健全以公平为核心原则的产权保护制度，加强对各种所有制经济组织和自然人财产权的保护，清理有违公平的法律法规条款。创新适应公有制多种实现形式的产权保护制度，加强对国有、集体资产所有权、经营权和各类企业法人财产权的保护。"[2] "十三五"规划纲要提出："健全归属清晰、权责明确、保护严格、流转顺畅的现代产权制度。推进产权保护法治化，依法保护各种所有制经济权益。"[3] 十九届五中全会《建

---

① 中共中央文献研究室编：《习近平关于全面依法治国论述摘编》，中央文献出版社 2015 年版，第 115 页。

② 中共中央文献研究室编：《十八大以来重要文献选编》（中），中央文献出版社 2016 年版，第 162 页。

③ 《中华人民共和国国民经济和社会发展第十三个五年规划纲要》，人民出版社 2016 年版，第 29 页。

议》将"产权制度改革和要素市场化配置改革取得重大进展"列为"十四五"时期经济社会发展主要目标之一。推进现代产权制度建设，要加强知识产权保护，大幅提高科技成果转移转化成效。要建立数据资源产权、交易流通、跨境传输和安全保护等基础制度和标准规范，推动数据资源开发利用。要健全产权执法司法保护制度。要深化农村集体产权制度改革，发展新型农村集体经济。确保和维护好广大农民的土地权益。始终把维护好、实现好、发展好农民权益作为土地制度改革的出发点和落脚点。在坚持农村土地集体所有的前提下，促进承包权和经营权分离，形成所有权、承包权、经营权"三权"分置，经营权合理流转的格局。让农民成为土地适度规模经营的积极参与者和真正受益者。

完善社会主义市场经济法律制度，要加快建设市场经济法律体系。法治经济是经济与法治高度融合的经济类型。市场主体的确立及其活动，财产权的界定和财产关系、产权关系的有效保护，市场交易的正常进行和市场秩序的有效维护，政府对市场的调控、监管、引导和服务，市场竞争下的社会保障和社会发展，对外开放和国际经济交往等，这些都需要完备的法治规范和保障。在社会主义经济体系的建设过程中，从中华人民共和国第一部宪法到现行宪法的五次修订，从《民法通则》的制定到《物权法》的出台再到《民法典》的颁布，我国立法机关始终跟进基本经济制度的完善和发展，适时立法、修法，巩固和发展社会主义基本经济制度，确认各类经济主体的法律地位，明确经济建设的方针和原则，使市场经济具有合法性、合理性，从而推进市场经济的健康发展，为法治经济建设铺就了制度基石。要形成充分体现法治精神的经济体系，需要尽快完善和创新市场经济法律体系，培育更加公平的市场经济法治环境。要依法平等保护民营企业产权和企业家权益，破除制约民营企业发展的各种壁垒，完善促进中小微企业和个体工商户发展的法律环境和政策体系。

（三）营造公平竞争、规范有序的经济法治环境

党的十八大以来，中国共产党致力于为经济发展营造良好的法治环境。习近平强调指出："全面深化改革，关键是要进一步形成公平竞争的发展环境"[①]，"要积极推进全面依法治国，营造公平有序的经济发展法治环境"[②]，"持续优

[①] 中共中央文献研究室编：《习近平关于全面深化改革论述摘编》，中央文献出版社2014年版，第16页。

[②] 《参加十二届全国人大三次会议广西代表团审议时的讲话》，《人民日报》2015年3月9日。

化市场化法治化国际化营商环境"①。营造良好的经济法治环境的任务，包括：

保障各类市场主体享有公平竞争的权利，特别是确认和保障非公有制经济的平等主体地位和平等权利。交换和竞争是市场经济的基本机制，而市场主体地位的平等是自愿交换和公平竞争的前提。公有制经济和非公有制经济都是社会主义市场经济的重要组成部分，都是我国经济社会发展的重要基础。

维护统一市场和公平竞争，建设高标准市场体系。健全市场体系基础制度，坚持平等准入、公正监管、开放有序、诚信守法，形成高效规范、公平竞争的国内统一市场。实施高标准市场体系建设行动。健全产权执法司法保护制度。实施统一的市场准入负面清单制度。继续放宽准入限制。健全公平竞争审查机制，加强反垄断和反不正当竞争执法司法，提升市场综合监管能力，消除所有制歧视和地域歧视，排除特权干扰和身份差异。深化土地管理制度改革。推进土地、劳动力、资本、技术、数据等要素市场化改革。健全要素市场运行机制，完善要素交易规则和服务体系。毫不动摇鼓励、支持和引导非公有制经济的发展，废除对非公有制经济各种形式的不合理规定，消除各种隐性壁垒，坚持权利、规则和机会平等的原则，为其公平参与市场竞争营造良好的环境。

打造市场化、法治化、国际化、便利化的营商环境。以开放促改革、促发展，是我国改革发展的成功经验。党的十八届三中、四中、五中全会和十九届四中、五中全会为完善平等化、法治化、国际化、便利化的营商环境提出了一系列改革措施，"十三五"规划纲要、《优化营商环境条例》进行了合理的制度安排。《中华人民共和国外商投资法》立足于进一步扩大对外开放，积极促进外商投资、保护外商投资合法权益、规范外商投资管理、推动形成全面开放新格局、促进社会主义市场经济健康发展的立法目的，着眼于实行高水平投资自由化便利化政策，建立和完善外商投资促进机制，营造稳定、透明、可预期和公平竞争的市场环境，对外商投资涉及的基本政策和法律问题作出了明确规定。营造市场化、法治化、国际化的营商环境需要国际关系的法治化保障，促进国际关系民主化和全球治理平等化，创造公平竞争的市场环境，提高我国在

---

① 《〈中共中央关于制定国民经济和社会发展第十四个五年规划和二〇三五年远景目标的建议〉辅导读本》，人民出版社 2020 年版，第 36 页。

全球经济治理中的制度性话语权。建立公平、开放、透明的市场规则，提高我国服务业国际竞争力。对在中国注册的企业要一视同仁，完善公平竞争环境。反对任何形式的歧视性政策，积极推动建立均衡、共赢、关注发展的多边经贸体制。破除一切阻碍对外开放的体制机制障碍，形成有利于培育新的比较优势和竞争优势的制度安排。从制度和规则层面进行改革，完善市场准入和监管、产权保护、信用体系等方面的法律制度。要实施好《民法典》和相关法律法规，依法平等保护国有、民营、外资等各种所有制企业产权和自主经营权，完善各类市场主体公平竞争的法治环境。要依法保护企业家合法权益，加强产权和知识产权保护，形成长期稳定发展预期，鼓励创新、宽容失败，营造激励企业家干事创业的浓厚氛围。要推进简政放权，全面实施市场准入负面清单制度，支持企业更好参与市场合作和竞争。要实施好《外商投资法》，放宽市场准入，推动贸易和投资便利化。尽快实现养老保险全国统筹。养老保险全国统筹对维护全国统一大市场、促进企业间公平竞争和劳动力自由流动具有重要意义。

积极推进和完善自贸区和经济法治示范区的建设。自贸区是新时代法治经济的试验田和示范区，为法治经济的形成提供重要的制度创新来源。加快实施自由贸易区战略，是我国新一轮对外开放的重要内容，是适应经济全球化新趋势的客观要求，是全面深化改革、构建开放型经济新体制的必然选择，也是我国积极运筹对外关系、实现对外战略目标的重要手段。截至2020年4月，我国政府先后批准成立了包括上海、广东、天津、浙江、海南等18个自由贸易试验区。自贸区建设的核心任务就是制度创新，深化完善基本体系，突破瓶颈，聚焦商事制度、贸易监管制度、金融开放创新制度、事中事后监管制度等，率先形成法治化、国际化、便利化的营商环境，形成公平、统一、高效的市场环境。

（四）把握新发展阶段、贯彻新发展理念、构建新发展格局

完善社会主义市场经济法律制度，要积极适应把握新发展阶段、贯彻新发展理念、构建新发展格局的要求。以法治方式领导和管理经济需要按照新发展阶段、新发展理念、新发展格局的要求，加快完善引领和保障经济发展的法律规范体系。

党的十八届五中全会提出了以"创新、协调、绿色、开放、共享"为主要内容的新发展理念，党的十九届五中全会提出"坚定不移贯彻创新、协调、绿

色、开放、共享的新发展理念"。新时代新阶段的发展必须贯彻新发展理念，必须是高质量发展。当前，我国社会主要矛盾已经转化为人民日益增长的美好生活需要和不平衡不充分的发展之间的矛盾，发展中的矛盾和问题集中体现在发展质量上。这就要求我们必须把发展质量问题摆在更为突出的位置，着力提升发展质量和效益。因此，以推动高质量发展为主题，必须坚定不移贯彻新发展理念，以深化供给侧结构性改革为主线，坚持质量第一、效益优先，切实转变发展方式，推动质量变革、效率变革、动力变革，使发展成果更好惠及全体人民，不断实现人民对美好生活的向往。我国现行宪法第五次修正案、《民法典》和其他新制定新修改的法律遵循新发展理念，为建设体现创新、协调、绿色、开放、共享发展理念的市场经济法律体系奠定了良好基础，必将有效地引领和保障我国经济高质量发展。

党的十九届五中全会《建议》提出，要加快构建以国内大循环为主体、国内国际双循环相互促进的新发展格局。新发展格局决不是封闭的国内循环，而是开放的国内国际双循环。构建新发展格局，要坚持扩大内需这个战略基点，使生产、分配、流通、消费更多依托国内市场，形成国民经济良性循环。要坚持供给侧结构性改革的战略方向，提升供给体系对国内需求的适配性，打通经济循环堵点，提升产业链、供应链的完整性，使国内市场成为最终需求的主要来源，形成需求牵引供给、供给创造需求的更高水平动态平衡。推动形成宏大顺畅的国内经济循环，就能更好吸引全球资源要素，既满足国内需求，又提升我国产业技术发展水平，形成参与国际经济合作和竞争新优势。[1] 经济格局决定政治格局，也决定法治使命。构建以国内大循环为主体、国内国际双循环相互促进的新发展格局，对法治提出了新要求。国内大循环，不是一省内循环，更不是一市一县内循环，而是要以全国为范围进行循环，这实际上就是要构建全国统一市场。这种格局既为法治提供了机会，也向法治提出更高的要求。法治特别是民法典和商事类法律所具有的统一适用、普遍适用、平等适用特征，决定了只有法治才能消除诸侯经济、垄断经济，才能建立国内统一市场，才能建立公平竞争制度，最终才能建成市场经济。要坚持问题导向，加强重点领域、新兴领域、涉外领域立法，推动社会主义市场经济法律制度不断完善。

---

[1] 参见《〈中共中央关于制定国民经济和社会发展第十四个五年规划和二○三五年远景目标的建议〉辅导读本》，人民出版社 2020 年版，第 71 页。

第二节　中国社会主义法与科技

科学技术是第一生产力。在人类历史上，科学上的重大发现和发明，技术上的重大更新、创新和突破，都会引起生产力的巨大进步和发展，都会使人类利用和改造自然的能力大幅度提高，从而产生出更多的财富，提高人们的物质生活水平。因此，科技是国之利器，国家赖之以强，企业赖之以赢，人民生活赖之以好。中国要强，中国人民生活要好，必须有强大科技。

一、法与科技的一般原理

20世纪以来，特别是第二次世界大战以后，由于以电子信息技术、生物技术和新材料为支柱的一系列高新技术日新月异，科技成果转化为现实生产力和实际经济效益的时间大大缩短，科学技术在经济增长中所占的比重迅速提高，逐渐对国民经济的发展起主导作用。据国家有关部门提供的资料，20世纪50年代以来，一些发达国家经济增长约四分之三是靠科学技术的进步实现的，而依靠自然资源和大量劳动力投入促进经济发展的作用日益缩小。产品中科技、知识含量日益提高，经济发展中科技的贡献率显著提高。大量的事实充分证明，在同样的经济体制下，哪个国家能够掌握先进的科学技术，并善于把科学技术转化为实在的生产力，哪个国家就能够实现经济的较快增长，其产品就能够赢得国际市场。进入21世纪以来，全球科技创新进入空前密集活跃的时期，新一轮科技革命和产业变革正在重构全球创新版图、重塑全球经济结构。科学技术从来没有像今天这样深刻影响着国家前途命运，从来没有像今天这样深刻影响着人民生活福祉。

科学技术进步的意义绝不限于生产力的发展、财富的增加和物质生活水平的提高，而且还在于它从根本上提高了人们的身心素质，改进了人们的生活方式。例如，生物学和遗传科学的发展使人类懂得近亲繁殖容易导致后代低能、畸形、残疾，以致人种退化，所以有了禁止近亲结婚和生育的法律，提高了整个人类的体能和智能。再如，计算机技术的广泛使用，使得信息的交流快捷、方便，消解了人们之间的时间距离和空间距离，减少了语言上和文化上的障碍，加强了人们之间的交往和理解。科学技术还推动着整个社会的进步和发展。纵观人类社会的历史，科学技术的重大突破往往引起社会的变革或变迁。种植、养殖等农业技术的发明催生了私有制，使得一家一户的农业生产取代了原来的集体生产方式，使人类从野蛮社会跨入文明社会。蒸汽机和织布机的发明，引发了机器大工业的生产革命，引导自然经济迈向商品经济和市场经济，促使封建社会解体，推动资本主义社会制度出现，因此奴役被自由代替，专制被民主代替，特权被普遍的人权代替，人治被法治代替。21世纪初开始出现的以信息技术为代表的新技术潮流，正在彻底改变传统生产方式、生活方式和社会联系方式，使人类步入更加高效、开放、自由、互信的知识经济时代。

（一）科技进步对法治的影响

第一，现代科学技术活动和科学技术的发展，不再像中世纪以前仅仅是发明家个人的事情或科学家私人的爱好，许多重大的科学技术攻关需要众多个人和组织的积极参与和合作，需要不同部门、不同单位在严密分工基础上的通力协作、协同创新，需要大量的资金投入和物资投入。科学技术的这一发展规律客观上要求有效的组织和协调，并调整好科学技术活动中的社会关系，因而需要国家以法律的形式明确科学技术发展在国家经济和社会发展中的战略地位、科技发展规划和组织、科技管理体制、科技奖励制度、科技活动主体之间的权利和义务等。科学技术的价值关键在于运用，在于转化为现实的生产力，而科学技术成果的合理使用和推广，需要建立科技成果的交换推广制度，技术合同与技术市场的管理制度等。为了适应科学技术发展的需要，我国《宪法》把实现科学技术现代化同工业、农业、国防现代化一起作为社会主义现代化的战略目标，并且规定："国家发展自然科学和社会科学事业，普及科学和技术知识，奖励科学研究成果和技术发明创造"，制定了一系列有关组织科学技术发展、科教兴国、规范技术合同、加强科技活动管理的法律和法规。其中，1993年7月2日第八届全国人民代表大会常务委员会第二次会议通过的《中华人民共和国科学技术进步法》（2007年12月29日第十届全国人民代表大会常务委员会第三十一次会议修订）是科技领域的基本法。

第二，推动了法律进步。随着科学技术的发展，大量的技术规范需要转化为法律规范。技术规范调整的是人与自然的关系。它们规定人们如何使用自然力、生产工具，以有效地利用生产工具，开发自然资源，创造财富。有相当一部分科学技术在运用于生产领域时，具有潜在的有害结果，例如核设施运行、激光、农药、剧毒化工，易燃易爆化工产品的生产、储存、运输等，都具有很大的危险性。美国三里岛核电站泄漏事故和苏联切尔诺贝利核电站的爆炸事故严重地危害了人们的身体健康和生命，给人类敲响了警钟。为了防止和及时消除科学技术运用中出现的危害，不仅必须有严密的技术规范，而且为了保证这些技术规范的实施，必须把它们上升为法律规范，以国家的强制力作保障要求人们遵守和执行。在现代国家，科学技术应用方面的技术规范，如机械制造、生产操作、交通安全、环境保护、卫生保健、互联网运行等的技术规范，大量地法律化，既保障了科学技术在生产和生活中的运用，也有效地维护了人民群众的生命安全和公共利益。

第三，扩大了法律的调整范围。现代科学技术发展大大扩展了人类活动的空间，也相应扩大了法律的调整空间。人类所到之处，利益问题必然出现。例如，随着气象科学、地理学、海洋学的发展，造船技术、无线电导航技术的提高，人类能够进入公海开采石油，进入深海区域捕鱼，引起了关于海洋资源的利益争议。再如，航空航天和太空科学技术的发展使人类进入了外层空间，由此出现了和平利用空间与空间军事化之间的利益冲突。自苏联1957年把第一颗人造地球卫星发射到太空、美国1969年宇宙飞船载人登月成功以来，有关宇宙空间占有、航空安全、空间干净的矛盾持续不断，2001年俄罗斯太空站的销毁过程更使人类现实地遭遇了一次严重的安全危机。科学技术的运用在提高劳动生产率的同时造成机器排斥了人，导致劳动者失业，特别是传统工业领域的工人失业，加剧了社会矛盾。这些问题和矛盾都需要有新的法律规范予以调整，因之，海洋法、国际环境资源法、航空法、太空法、职业保障法等相继出现。

（二）法治对科技进步的作用

法治在科学技术进步和发展中、在实施科教兴国战略中，已经发挥并将继续发挥巨大的、全方位的作用。

第一，推动科技体制改革。为适应建立社会主义市场经济体制和符合科技自身发展规律，必须对我国的科学技术体制进行改革。科技体制改革的目的是建立科技与经济密切结合的新型体制，促进科技进步，攀登科技高峰，以实现经济、科技和社会的综合协调发展。科技体制改革的主要内容包括加大科技投入，逐渐形成结构优化、布局合理、精干高效的研究开发体系，推动开发研究、高新技术及其产业和基础性研究的发展，促进科技成果向现实生产力的转化；改变部门分割的状况，推动科技系统的结构调整和人才的合理分流；实行

"稳住一头，放开一片"的方针，加强基础性研究，开展高新技术研究，放开技术开发和科技服务机构的研究开发经营活动；积极发展各种所有制形式和经营方式的科技企业；应用研究和开发研究机构以及科技咨询和信息服务机构要面向市场，逐步实行企业化经营，增强自我发展和市场竞争能力。科技体制的改革一方面需要法律的指引和推动，另一方面需要法律将科技体制改革的成果法律化、制度化、法治化。科技经济一体化更是需要一系列法律规范去调整、去协调、去推动。

第二，保护知识产权，推动科技进步。科学技术活动是需要付出脑力的劳动，为了激发科技工作者的积极性，使他们尽其所能地从事科学研究、技术发明和创造，推动科学技术进步，必须确认知识的精神和物质价值，保护知识产权和无形财产权，建立和完善利益机制，即把脑力劳动及其成果与脑力劳动者的利益挂钩，而利益必须通过法律的确认、肯定和保护。一百多年前，律师出身的美国总统林肯深刻地指出，专利法的功能是"给智慧的火焰加上利益的燃料"。在他的这一思想指导下，美国在世界上较早地制定了各种旨在确认和保护知识产权的法律。加强知识产权保护，是完善产权保护制度最重要的内容，也是提高我国经济竞争力的最大激励。法律可以有力地保护知识产权，规范无形资产的评估价值。科技成果的专利权、版权、商标权、技术秘密等知识产权，是促进科技成果转化的驱动力量，有助于激发权利人科技创新的动力。当今世界各国也都详略不同地制定了专利法、商标法、著作权法（版权法）以及其他关于发现、发明、技术改进和合理化建议的法律，鼓励科技发明创造，激发和保护人们从事发明创造和技术改进的积极性，同时制止那些在科技领域不劳而获、侵犯他人科学技术成果的不道德行为和犯罪行为。这也有效地促进了科学道德。法律不仅在物质利益方面促进科学技术进步，而且通过其他奖励手段，如自然科学奖、科技进步奖、国家发明奖等，来鼓励和激发科技工作者的积极性和创造性。

第三，防止科技及其运用的异化，排除科技伦理风险。科技是把双刃剑，在造福人类社会的同时也制造诸多风险。例如，原子能技术的开发利用形成了核战争的风险；基因技术的泛滥使人类面临异化、变异的困境以至于生存的危机；互联网、人工智能等信息科技的发明运用，很可能使芯片代替肉体成为承载人类灵魂的物质，那将导致人类精神世界的空虚，并颠覆主体与客体的关系；更可怕的是，大数据、区块链技术的使用正在严重侵袭公民的信息权利，个人的隐私、尊严、安宁面临危机；人工智能算法天然的歧视性、封闭性、暗箱性、选择性本质必然造成有违公平正义、有悖公序良俗的消极后果。除了上述技术风险，公共风险和管理风险也是很大的。例如，在传统社会，很多风险属于个别性、局部性，而在信息社会和智能社会，大多数风险具有广泛性、快速蔓延性、急剧增强性，而个人甚至群体对于风险的识别能力、预防能力、控制能力严重不足，这就很容易演变为大规模公共风险；人工智能数据管理方面的安全风险越来越大，研发和企业内部人员违规使用数据，外包人员数据泄露，互联网数据导入和导出缺乏有效监管，给国家安全、公共安全和公民信息安全带来严重危险等。面对科学技术的双刃剑及由信息技术引发的风险社会，必须把互联网、大数据、人工智能等的开发运用置于法治的规制之中，使之在法治的轨道上运行，将其对人类有利的一面发挥到极限，而将其对人类有害的另一面及时拦截于外。这是法学界、科技界和信息科技企业的共同使命和责任。法学界、科技界、企业界有识之士已经意识到问题的严重性，正在以人类利益为目标，以人的主体性为本位，以构建智能时代的伦理道德秩序和法律秩序为己任，加强对大数据、互联网、人工智能、无人驾驶技术、基因技术等的创新发展及风险挑战的前瞻性研究和约束性引导，确保新技术更加公正、安全、诚信地运用，更加有效地预防风险、控制风险、应对风险。总之，要以法治的理性、德性和力量引领和规制新一轮科技革命，使之成为促进社会普惠发展的生产力基础，让科技发展和运用符合伦理，让智能化系统更加安全可控，让人们在网络泛在的数字时代对自己的隐私保护、生活安宁、身心自由充分信任；让人们在算法决策、机器决策中真正获得规则公平、权利公平、机会公平；让各种智能在线教育、智能远程医疗、智能无障碍设施、远程法律服务、互联网法院等充分释放正能量，发挥积极的社会作用，助力缩小人与人之间的差距，弥补各类优质资源供给不足、分享不均的现状，更好地实现教育公平、医疗公平、司法公平及残障人士等社会弱势群体权益保障，使全体人民共享科技成果。我国立法机关、执法机关和司法机关正在加强立法、执法和司法，以法治的机制防治科学技术的非道德使用，为科学技术成果的健康发展保驾护航。

二、社会主义法与科技创新

党的十八大以来，党中央总结我国科技事业发展实践，观察大势，谋划全局，深化改革，全面发力，坚持党对科技事业的领导、坚持建设世界科技强国的奋斗目标、坚持走中国特色自主创新道路、坚持以深化改革激发创新活力、坚持创新驱动实质是人才驱动、坚持融入全球科技创新网络，我国科技事业密集发力、加速跨越，实现了历史性、整体性、格局性重大变化，重大创新成果竞相涌现，一些前沿方向开始进入并行、领跑阶段，科技实力正处于从量的积累向质的飞跃、点的突破向系统能力提升的重要时期。党的十八届三中全会以来，我们系统布局和整体推进科技体制改革，通过破除体制性障碍、打通机制性梗阻、推出政策性创新，显著增强了各类主体创新动力，优化了创新要素配置，提升了国家创新体系整体效能，推动我国科技事业取得了新突破。同时，也要看到，科技体制改革任务落实还不平衡不到位，一些重大改革推进步伐不够快，相关领域改革协同不足，一些深层次制度障碍还没有根本破除。科学技术是第一生产力，法律通过设立科技管理、投入、评价、奖励等制度，促进科技进步，为生产力发展提供动力。

（一）大力弘扬科技文化

一个国家要成为创新型国家，须要有发达的科技文化。追求创新与追求真理是科技文化的灵魂。科技文化伴随着英国的工业革命而逐步兴起。英国因科技而成为日不落帝国，德国因在化学和机械等领域超越英国而敢于发动两次世界大战，美国因科技而称霸世界。向往创新和科技进步成为现代化国家人人共同稳定的生活方式。科技文化涉及对既有科技结论和科学权威的挑战和超越。科技文化推动了人与人之间关系的平等。科技文化弘扬不够就会制约科技进步，就难以建成科技强国。科技文化在我们日常生活当中表现为崇尚科学、崇尚科学家精神、尊重科技工作者和有创新能力的人。弘扬科技文化就要崇尚真理、崇尚创造、崇尚规律，在全社会形成人人皆可创新的良好氛围。

（二）深化科技体制改革

创新决胜未来，改革关乎国运。科技管理体制应该解放科技人员、保障科技创新。如果科技管理方式束缚科技人员，就会束缚科技创新能力。因此，科技管理方式的设计不应首先有利于管理者，而应当首先有利于科学家。科技评价体制是保障科技创新的重要支撑。最好的评价应该是世界同领域科学家的评价，它向突破看齐；最实效的评价应是知识产权评价，它向应用看齐。前者坚持了世界标准与科学标准，后者坚持了有用性与有效性标准。要全面深化科技体制改革，提升创新体系效能，着力激发创新活力。科技领域是最需要不断改革的领域。科技体制改革要敢于啃硬骨头，敢于涉险滩、闯难关，破除一切制约科技创新的思想障碍和制度藩篱。要坚持科技创新和制度创新"双轮驱动"，以问题为导向，以需求为牵引，在实践载体、制度安排、政策保障、环境营造上下功夫，在创新主体、创新基础、创新资源、创新环境等方面持续用力，强化国家战略科技力量，提升国家创新体系整体效能。要优化和强化技术创新体系顶层设计，明确企业、高校、科研院所创新主体在创新链不同环节的功能定位，激发各类主体创新激情和活力。要加快转变政府科技管理职能，发挥好组织优势。要着力改革和创新科研经费使用和管理方式，把人的创造性活动从不合理的经费管理体制中解放出来。要改革科技评价制度，正确评价科技创新成果的科学价值、技术价值、经济价值、社会价值、文化价值。

（三）强化知识产权保护

创新是引领发展的第一动力，保护知识产权就是保护创新。党的十九届五中全会通过的十九届五中全会《建议》对加强知识产权保护工作提出明确要求。当前，我国正在从知识产权引进大国向知识产权创造大国转变，知识产权工作正在从追求数量向提高质量转变。全面建设社会主义现代化国家，必须从国家战略高度和进入新发展阶段要求出发，全面加强知识产权保护工作，促进建设现代化经济体系，激发全社会创新活力，推动构建新发展格局。要提高知识产权保护工作法治化水平。要在严格执行《民法典》相关规定的同时，加快完善相关法律法规，统筹推进《专利法》《商标法》《著作权法》《反垄断法》《科学技术进步法》等修订工作，增强法律之间的一致性。要加强地理标志、商业秘密等领域立法。要强化民事司法保护，研究制定符合知识产权案件规律的诉讼规范。要提高知识产权审判质量和效率，提升公信力。要完善刑事法律和司法解释，加大刑事打击力度。要深化知识产权审判领域改革创新，健全知识产权诉讼制度，完善技术类知识产权审判，抓紧落实知识产权惩罚性赔偿制度。要促进知识产权行政执法标准和司法裁判标准统一，完善行政执法和司法衔接机制。要加大行政执法力度，对群众反映强烈、社会舆论关注、侵权假冒多发的重点领域和区域，要重拳出击、整治到底、震慑到位。要健全知识产权评估体系，改进知识产权归属制度，研究制定防止知识产权滥用相关制度。要完善知识产权反垄断、公平竞争相关法律法规和政策措施，形成正当有力的制约手段。要推进我国知识产权有关法律规定域外适用，完善跨境司法协作安排。要形成高效的国际知识产权风险预警和应急机制，建设知识产权涉外风险防控体系。

（四）加强创新型人才培养

科教兴国与人才强国是我国的国家战略，建设创新型国家是我国的奋斗目标。尊重劳动、尊重知识、尊重人才、尊重创造，已是我国科技法领域的基本价值选择。要牢固确立人才引领发展的战略地位，全面聚集人才，着力夯实创新发展人才基础。要创新人才评价机制，建立健全以创新能力、质量、贡献为导向的科技人才评价体系，形成并实施有利于科技人才潜心研究和创新的评价制度。要完善知识产权制度。将科技人员的科技成果以权利的形式设定为发明权、发现权、专利权、商标专用权、著作权等，赋予这些权利以财产权和人身权的属性，使它们可以被独占、转让、使用、处分和收益，由此而形成科技成果转化应用过程中的法律关系。要完善科技奖励制度，让优秀科技创新人才得到合理回报，释放各类人才创新活力。要通过改革，改变片面将论文、专利、资金数量作为人才评价标准的做法，不能让繁文缛节把科学家的手脚捆死了，不能让无穷的报表和审批把科学家的精力耽误了。要营造良好创新环境，加快形成有利于人才成长的培养机制、有利于人尽其才的使用机制、有利于竞相成长各展其能的激励机制、有利于各类人才脱颖而出的竞争机制，培植好人才成长的沃土，让人才根系更加发达，形成天下英才聚神州、万类霜天竞自由的创新局面。

（五）健全科技伦理制度规范

科技伦理是科技活动必须遵守的价值准则。组建国家科技伦理委员会，目的就是加强统筹规范和指导协调，推动构建覆盖全面、导向明确、规范有序、协调一致的科技伦理治理体系。对社会的管理，只有法治才可以达到人与人、人与自然的和谐；对经济的管理，法治是实现效率的最可靠方式；对科学技术活动的管理，法律是防止科技走向反面以及科技保持伦理的判断标准。而和谐、效率与科学伦理是生产力发展必不可少的社会条件，这三者只有法治才可以有效供给。要抓紧完善制度规范，健全治理机制，强化伦理监管，细化相关法律法规和伦理审查规则，规范各类科学研究活动。通过提供科学有效的管理，为生产力的发展创造条件。

第三节　中国社会主义法与文化

法律与包括道德、宗教、文化在内的社会文化，不仅共同受社会经济基础的根本制约，它们之间也相互交叉重叠、相互影响。正确理解法律，需要从法律与道德、宗教、文化建设等其他文化现象之间的关系来认识。

一、社会主义法与文化建设

文化是经济和政治的反映。文化是一个内涵丰富、外延宽广的多维概念。每一文化体的各个构成部分之间往往是彼此相关、互相渗透的，它们共同源自并蕴含着该文化体的特征与底蕴。"中国特色社会主义文化，源自于中华民族五千多年文明历史所孕育的中华优秀传统文化，熔铸于党领导人民在革命、建设、改革中创造的革命文化和社会主义先进文化，植根于中国特色社会主义伟大实践。"[1]

（一）法与文化的一般原理

"文化是一个国家、一个民族的灵魂。文化兴国运兴，文化强民族强。"[2]在当代社会，对"文化"的定义很多，其中最广义的定义是指人们所创造的不同于自在自然和自身生物本能的东西，包括物质文化、精神文化和制度文化。[3]从法律与文化关系的角度考察，文化具有以下特征。

第一，文化具有综合性。文化在内容上是多因素有机联系的综合体。文化可分解为精神和制度两大部分，每一部分还可进一步分解。比如精神文化，包含着信仰、价值、知识、态度等因素；制度文化，又可分解为习惯、道德、宗教、法律、社团规约等规范内容。文化因素间相互关联、相互影响，法律在其中与这些因素相辅相成。

第二，文化具有民族性。文化产生于人类的实践活动，而人类的实践都是以一定的社群为基础的。由此，文化具有社群特点并且是某一社群的标志。当这种社群被称为民族时，文化的社群特点就是民族性。正因为如此，文化能标志或象征一个民族，也是民族划分的根据。文化的民族性，必然使法律呈现出民族特点。

第三，文化具有历史性。文化的历史性指文化的内容和形式随人类实践活

---

① 习近平：《决胜全面建成小康社会　夺取新时代中国特色社会主义伟大胜利——在中国共产党第十九次全国代表大会上的报告》，人民出版社 2017 年版，第 41 页。

② 习近平：《决胜全面建成小康社会　夺取新时代中国特色社会主义伟大胜利——在中国共产党第十九次全国代表大会上的报告》，人民出版社 2017 年版，第 40—41 页。

③ 参见《马克思主义哲学》编写组：《马克思主义哲学》，高等教育出版社、人民出版社 2009 年版，第 234 页。

动的发展而发展。由此，文化的特定内容或形式，又标志了人类社会的历史阶段。文化的历史性使法的观念、法律制度等呈现出历史性特点。

第四，文化具有传递性。文化传递指文化在人与人之间传播和接受。文化传递包含着由一代人传递到下一代人的纵向传递和不同社群、民族之间的横向传递。前者能够促进文化民族特征的形成和保留，后者能够促进民族间的互相了解与融合。文化的传递性规律制约着法律文化传统的传承以及不同民族间法律观念和法律制度的相互影响。

法是文化的一个部分，社会主义法是社会主义先进文化的重要组成部分。因此，在讨论法与文化的一般关系时，所指的是法与文化其他部分的关系。对于社会主义法与文化的关系，可以从它们的相互作用角度来考察。

文化对于法律发展具有深刻影响。任何国家的法都只能在其文化基础上产生和存在，不能脱离自己的文化而自立自足。"法律应该和国家的自然状态有关系；和寒、热、温的气候有关系；和土地的质量、形势与面积有关系；和农、猎、牧各种人民的生活方式有关系。法律应该和政制所能容忍的自由程度有关系；和居民的宗教、性癖、财富、人口、贸易、风俗、习惯相适应。最后，法律和法律之间也有关系，法律和它们的渊源，和立法者的目的，以及和作为法律建立的基础的事物的秩序也有关系。"① 文化对法的这种决定性影响可以从以下几方面理解。

第一，法所包含的基本价值标准，是社会中居于主导地位的文化所包含的价值标准。任何法都包含着一定的价值标准。这些标准既是法追求的标准、方向，又是法律制度正当性的根据。法的这些标准来源于社会的主文化，即社会中居于支配地位的文化，它们通常存在于大多数人所接受的道德、宗教或信念当中，是社会中多数人评价制度和行为是否具有正当性的标准。一项立法要在正当性上得到认可，就必须符合社会主文化的价值标准；如果与其冲突，就会被人们认为是不正当的、应被废止的恶法。法的历史类型的变更，从文化演进的角度来看，就是一种否定旧制度的新价值标准逐步成为社会的主价值标准，进而引发社会革命和法律革命。

第二，法的规则通常是社会中通行的重要规则的重述。在法产生之前及在法之外，存在着其他的规则体系（包括道德、宗教、习惯等），这些体系中的

---

① ［法］孟德斯鸠：《论法的精神》（上册），张雁深译，商务印书馆 1961 年版，第 7 页。

规则对社会秩序的构成发挥着重要作用。但这些规则的普遍性和强制力在适应社会管理的广泛性和刚性要求方面存在局限性，为强化社会的管理，人们就通过制定法律或认可法律的方式"重述"这些体系中的重要规则。在各民族的法律制度中我们可以看到，法律制裁的许多犯罪行为都是其道德、宗教或习惯所禁止和严厉谴责的行为，如杀人、放火、强奸、抢劫等。法的规定如果与社会规则体系中的这些重要规则冲突，社会就会出现混乱。

第三，社会中的亚文化对法也有重要影响。法律通常会认可或接受亚文化中的合理内容。比如，民族亚文化、职业亚文化中的合理内容，都会对法律的制定和实施产生积极影响，法律也会认可其作用的空间。文化对法的深刻作用是任何立法者都不能抗拒的。如果立法与社会主文化的价值及规则体系相冲突，与人们普遍的科学知识水平相抵触，就会造成混乱和遭到抵制。

社会主义法对社会主义文化具有保障和规范作用。"对过去来说，法律是文明的一种产物；对现在来说，法律是维系文明的一种工具；对未来来说，法律是增进文明的一种工具"①。在现阶段，推动社会主义文化大发展大繁荣是我国经济社会发展进入新阶段的客观要求，是提高国家文化软实力的战略举措。法律在推动社会主义文化大繁荣、提高国家文化软实力、建设文化强国方面起着重要的促进和保障作用，主要表现为以下几点。

第一，支持文化事业的发展。法通过对文化事业建设管理等活动的规制，为文化事业组织的设立、文化企业法人地位的取得、国家的财政性投入等提供保障，保证和促进文化事业的发展。文化事业是精神文化发展的物质条件，文化事业的加强能够促进精神文化和制度文化的发展。特别是法对文化中所包含的科学文化知识具有保护和推广的作用。

第二，繁荣哲学社会科学。繁荣哲学社会科学是我国文化事业发展的重要组成部分，宪法法律保护社会科学工作者从事科学研究的自由和权利，发展有中国风格、中国气派和中国特色的哲学社会科学，为经济社会发展和国家治理提供学理支撑和智力服务。

第三，强化社会主义核心价值观。社会主义核心价值观是兴国之魂，是文化软实力的基石。以"富强、民主、文明、和谐，自由、平等、公正、法治，爱国、敬业、诚信、友善"为主要内容的社会主义核心价值观是当代中国社会

_____

① ［美］罗斯科·庞德：《法律史解释》，邓正来译，中国法制出版社2002年版，第212页。

主义价值体系的内核，我国宪法和诸多法律法规明确提出国家倡导社会主义核心价值观，并在法治建设的各个领域各个环节贯彻落实。宪法法律将社会主义核心价值观融入中国特色社会主义法律体系，必将为社会主义价值体系建设提供强大的制度支持，为社会主义核心价值观落地生根创造良好的法治环境。

从社会主义法与文化的关系可以看到，法需要文化基础的支撑和涵养。对这种文化基础，可以从一般性的文化基础和专门性的文化基础两个方面作简要的考察。一般性的文化基础是整个社会主文化中的重要构成部分，如道德、宗教、习惯、风俗等，是与法的要求相和谐或至少不抵触的文化构成要素。在主文化崇尚神治、人治的文化生态中，是无法建立起法治的。专门性的文化基础即法治文化。法治文化是法律现象的精神部分。

（二）社会主义法与法治文化

法治文化是由社会的经济基础和政治结构决定的、在历史进程中积累下来并不断创新的有关法与法律生活特别是权利义务的群体性认知评价、心态和行为模式的总汇。

法治文化是人类文明中与法律有关的物质性要素、精神性要素与制度性要素的总称，其侧重的内容是法律现象中的精神部分。法治文化中的物质性要素是指与法律相关的物质设施、技术手段及支持法律运行的各种资源条件；精神性要素是指法律背后的指导思想、文化观念、思维模式及态度、习惯、情感等因素；制度性要素是指承载或表达法律内容的规则、规则体系和规则技术等内容。不同的法治文化源于不同国家或民族的不同生活方式。在当代中国社会主义法治国家建设和法治文化成长的过程中，法治正在成为一种新的生活方式。所谓法治的生活方式，是指人们建立在对法律的信任基础之上的某种思想态度、相应的行为模式以及由此构成的生活模式，法律在其中起着主导性作用，具体是指：人们在日常生活中信赖法律，理解法治精神，能够在生活中自觉地运用法律实现权利，遵守法律履行义务；法律以人民意志、人民利益为内容，成为每一个人平等自由发展的良好条件，为个人或组织规划未来活动提供稳定的预期；当出现个人利益与社会、他人的利益冲突的时候，人们愿意自觉地用法律来裁量自己言行的正确性，并信任法律能够为自己与他人的行为正确与否作出公正的裁决；在权力和法律的冲突中，相信法律最终能够取得至高权威地位。

第一，法治文化是法律现象的组成部分。法律现象不只是狭义上的法律规范、法律技术和法律设施的总和，也包括把法律规范凝聚为一个整体，决定法律技术之运用和驱动法律设施的思想和观念。如果可以把法律现象划分为客观（外在）方面和主观（内在）方面，则法律规范、法律技术、法律设施等属于客观（外在）方面，而人们的法律认识、法律评价、法律心态和行为模式属于主观（内在）方面。

第二，法治文化是由社会的经济基础和政治结构决定的。每个社会、每个民族、每个阶层、每个群体的法治文化只能从其赖以存在的经济基础和政治结构并最终从其经济基础中得到说明，也只能随着经济和政治的发展而进化。不顾经济和政治基础及其发展进程，空谈法治文化的变革和进步是无意义的。

第三，法治文化具有历史性，即法治文化是历史地形成和传输下来的，又是历史地变化和不断更新的，没有从来就有、永恒不变、自我绝对、僵化的法治文化。

第四，法治文化具有群体性。当我们说到法治文化时，总是指广泛见于一个社会民族阶层或集团等群体的共同文化现象，而不是某种个人特有的或纯属私人性的东西。就是说，法治文化具有为整个群体或在一定时期为群体的特定部分所接受的特征。

第五，法治文化的内核是法律意识和法治精神。法律意识是人们关于法律的思想、观念、知识、心理的总称，包括对法律本质、作用的看法，对法律的态度和评价，以及对人们行为的法律评价，等等。社会物质生活条件是法律意识得以产生、存在和发展的现实基础。法律意识可以分为初级阶段的法律意识和高级阶段的法律意识。初级阶段的法律意识主要指法律心理，即人们在日常生活中形成的关于法律的零星的感觉、情绪等心理活动，如对法律的信任或不信任，对法院判决公平与否的评价。由于法律心理来源于日常生活，是自发产生的，所以对法律的认识和评价是表面的、直观的，缺乏理论概括的高度。高级阶段的法律意识即法律思想体系，是指对法律思想观点的理论概括，是理论化、系统化的法律意识。法律心理和法律思想体系是法律意识两个不可分割的组成部分，两者是相互影响和相互转化的。法律心理是构筑法律思想体系的基础，人们只有从法律心理中积累丰富的感性知识才能升华为法律思想体系，法律思想体系所营造的法文化氛围对法律心理的内容又会产生重大影响。

法律现象是法律意识形成的前提和基础，但法律意识一经形成，又会对法律的创制和实施产生重要影响。换言之，法律意识不仅是法治文化的组成部分，也影响着法律实践活动，进而影响着法治文化的发展。

第一，在法律的创制过程中，法律意识决定人们对立法的必要性、目的及价值取向的认识。在具体的立法活动中，立法者的法律意识水平决定着立法的质量。历史上任何一部优秀法律的诞生都离不开具有较高法律思想水平的专家学者的努力，因为法律的创制必须借助立法者的法律理论、法律理念、法律知识以及立法技巧。

第二，在法律的实施过程中，法律意识直接影响着法律的实现。对于法律职业者而言，从事法律实务的工作人员的法律意识水平决定着其处理具体法律事务的质量。司法人员的法律意识也决定了他们的裁判质量，同时也决定着法律权威能否树立与司法公正能否实现。

第三，人们的法律意识水平反映着国家的法治化程度，决定了他们在面临法律问题时的心理预期和行为方式。缺乏法律意识或法律意识低下，会使人规避法律，转而迷信权力，法治文化将无从形成。法律意识水平较高，则会使人积极诉求法律，进而推进和提升法治文化的层次。由于法律意识对法治文化发展有着根本性影响，因此提高公民的法律意识，引导他们树立正确的人权观念、自由平等观念、公平正义观念、民主法治观念、义务自律观念、契约观念、诉讼观念，是建设社会主义法治文化的重要途径。

法治精神包括三个层次，即法治信仰、法治理念和法治意志。对于法治工作者来说，筑牢法治精神尤为重要。

法治信仰是对法治发自内心的认同和尊崇。每一位法律职业人员、执法者都应当养成对于法治的信仰。习近平指出："做到严格执法、公正司法，就要信仰法治、坚守法治。""如果不信仰法治，没有坚守法治的定力，面对权势、金钱、人情、关系，是抵不住诱惑、扛不住干扰的。""任何国家任何制度都不可能把执法司法人员与社会完全隔离开来，对执法司法的干扰在一定程度上讲是客观存在的，关键是遇到这种情况时要坚守法治不动摇，要能排除各种干扰。"[①] 法治如果不能被信仰，法律就无法深入到人的内心，进而转化为人的行为。信仰法治，坚守法治，是对法律职业人的职业要求。只有具有法治信仰才能具备法治思维，才能学会法治方式。

---

① 中共中央文献研究室编：《习近平关于全面依法治国论述摘编》，中央文献出版社 2015 年版，第 98 页。

法治理念是法治精神的表征。"法不阿贵，绳不挠曲"就是法治精神的真谛。习近平指出："要把法治精神作为主心骨……站稳脚跟，挺直脊梁，只服从事实，只服从法律"①。这两个"只服从"其实就是法律职业人精神上的钙，不畏权贵、不阿财势是法律职业人特有的品格，特有的高贵。要把法治精神作为主心骨，做知法、懂法、守法的执法者，不偏不倚、不枉不纵，坚定地秉公执法。要以事实为依据，以法律为准绳。忠实于宪法和法律，维护宪法和法律的尊严。维护宪法权威，就是维护党和人民共同意志的权威。捍卫宪法尊严，就是捍卫党和人民共同意志的尊严。保证宪法实施，就是保证人民根本利益的实现。只有切实尊重和有效实施宪法，才能保证法治事业得以顺利发展。

法治意志是宝贵的法治品质。法治意志的形成，需要长期的训练。它遵循的不是知识的路径，也不是对各种誓词的背诵，而是通过经历一次次发生在自己身上冲击法治的事件，在一次次对法治有益而对自己不利后果的选择中，才最终养成的一种决心和不可改变的恒心。经得住各方诱惑、抵得住各方压力，经过各种磨炼，才能养成捍卫法治的勇气、坚守法治的决心。坚守法治的定力，揭示的就是法治意志的本质，是对法治精神的升华。

法治信仰、法治理念再加法治意志，才最终形成法律职业者的"法治能力"。在这个意义上，从事法律职业的人如果出现司法腐败或故意的司法不公，其问题不仅仅是出在法治思维和法治方式上，而首先出在法治信仰和法治意志上。因此，加强社会主义法治文化建设对于建设社会主义法治国家意义重大。

（三）社会主义法与文化建设

发展社会主义先进文化、广泛凝聚人民精神力量，是国家治理体系和治理能力现代化的深厚支撑。必须坚定文化自信，牢牢把握社会主义先进文化前进方向，围绕举旗帜、聚民心、育新人、兴文化、展形象的使命任务，坚持为人民服务、为社会主义服务，坚持百花齐放、百家争鸣，坚持创造性转化、创新性发展，激发全民族文化创造活力，更好构筑中国精神、中国价值、中国力量。

---

① 中共中央文献研究室编：《习近平关于全面依法治国论述摘编》，中央文献出版社 2015 年版，第 98 页。

第一，坚持马克思主义在意识形态领域指导地位的根本制度。全面贯彻落实习近平新时代中国特色社会主义思想，健全用党的创新理论武装全党、教育人民工作体系，完善党委（党组）理论学习中心组等各层级学习制度，建设和用好网络学习平台。深入实施马克思主义理论研究和建设工程，把坚持以马克思主义为指导全面落实到思想理论建设、哲学社会科学研究、教育教学各方面。加强和改进学校思想政治教育，建立全员、全程、全方位育人体制机制。落实意识形态工作责任制，注意区分政治原则问题、思想认识问题、学术观点问题，旗帜鲜明反对和抵制各种错误观点。

第二，坚持以社会主义核心价值观引领文化建设制度。推动理想信念教育常态化、制度化，弘扬民族精神和时代精神，加强党史、新中国史、改革开放史教育，加强爱国主义、集体主义、社会主义教育，实施公民道德建设工程，推进新时代文明实践中心建设。坚持依法治国和以德治国相结合，完善弘扬社会主义核心价值观的法律政策体系，把社会主义核心价值观要求融入法治建设和社会治理，体现到国民教育、精神文明创建、文化产品创作生产全过程。推进中华优秀传统文化传承发展工程；完善青少年理想信念教育齐抓共管机制；健全志愿服务体系；完善诚信建设长效机制，健全覆盖全社会的征信体系，加强失信惩戒力度。

第三，健全人民文化权益保障制度。推进全面依法治国，根本目的是依法保障人民权益。坚持以人民为中心，积极回应人民群众文化权益方面新要求新期待，系统研究谋划和解决文化权益法治保障领域人民群众反映强烈的突出问题。完善文化产品创作生产传播的引导激励机制，推出更多群众喜爱的文化精品。完善城乡公共文化服务体系，优化城乡文化资源配置，推动基层文化惠民工程扩大覆盖面、增强实效性，健全支持开展群众性文化活动机制，鼓励社会力量参与公共文化服务体系建设。

第四，完善坚持正确导向的舆论引导工作机制。坚持党管媒体原则，唱响主旋律、弘扬正能量。构建网上网下一体、内宣外宣联动的主流舆论格局，建立以内容建设为根本、先进技术为支撑、创新管理为保障的全媒体传播体系。改进和创新正面宣传，完善舆论监督制度，健全重大舆情和突发事件舆论引导机制，坚持依法应对重大挑战、抵御重大风险、克服重大阻力、解决重大矛盾。建立健全网络综合治理体系，更加重视法治、厉行法治，更好发挥法治固根本、稳预期、利长远的重要作用。加强和创新互联网内容建设，落实互联网企业信息管理主体责任，全面提高网络治理能力，营造清朗的网络空间。

第五，建立健全把社会效益放在首位、社会效益和经济效益相统一的文化创作生产体制机制。深化文化体制改革，加快完善遵循社会主义先进文化发展规律、体现社会主义市场经济要求、有利于激发文化创新创造活力的文化管理体制和生产经营机制。健全现代文化产业体系和市场体系，完善以高质量发展为导向的文化经济政策。完善文化企业履行社会责任制度，健全引导新型文化业态健康发展机制。完善文化和旅游融合发展体制机制。加强文艺创作引导，完善倡导讲品位讲格调讲责任、抵制低俗庸俗媚俗的工作机制。

二、社会主义法与道德

法与道德作为上层建筑中最为典型又最具规范性的要素，既存在着千丝万缕的联系，又有明显区别。对二者关系的探讨，构成了法律思想史的主流话题之一，也是坚持依法治国和以德治国相结合的当代中国法学的重大课题。

（一）道德的内涵

道德是一种靠社会舆论、社会习俗和人们的内心信念来保证实施的社会行为规范。它是人们关于善与恶、美与丑、正义与邪恶、光荣与耻辱、公正与偏私的感觉、观点和规范的总和。道德并非自然的产物，也不是由抽象的人性先天决定的，它根源于社会的物质生活条件以及在此基础上形成的社会关系。作为在一定经济基础之上形成的社会行为规范，道德具有以下特点。

第一，道德是特定社会历史文化的产物。道德观念是人们在认识自然、社会的过程中逐渐形成的。作为上层建筑的组成部分，道德观念的形成还受到宗教、习惯、风俗等其他文化现象的影响。由此可以说，道德是特定社会历史文化的产物，道德也因此具有历史传承性和民族性。过去时代道德的合理内容往往能被新时代的道德所吸收，这种历史传承性也保证了各个民族独特的道德观念能够得以延续，从而体现出道德的民族性。

第二，道德具有阶级性。在阶级社会中，不同的阶级有着不同的道德观，因为"人们自觉地或不自觉地，归根到底总是从他们阶级地位所依据的实际关系中——从他们进行生产和交换的经济关系中，获得自己的伦理观念"[1]。

---

[1] 《马克思恩格斯文集》第9卷，人民出版社2009年版，第99页。

第三，道德具有一定的普遍化内容。尽管道德作为特定社会历史文化的产物具有民族性，但在全球经济、政治、文化等领域交流日益频繁的今天，人类文化中共同存在的道德原则得到了确认，一些先进的道德理念如扶危济困、尊老爱幼、见义勇为、拾金不昧等也得到了推广，它们作为共同的道德观念得到了许多国家人民的普遍接受。

第四，道德具有多元性。不仅不同阶级具有不同的道德，而且同一阶级或同一阶层的人们由于社会地位、知识水平、职业差异、生活状况等方面原因的影响，在道德观上也会存在差异。另外，每个人的道德意识还与个人的成长环境、个人禀赋及个人经历等多种复杂因素密切相关。

（二）法与道德的联系和区别

作为人类社会中两种主要的行为规范，法与道德有着十分密切的联系。

一方面，法律和道德相辅相成、相得益彰。法律是成文的道德，道德是内心的法律。法安天下，德润人心。法律调整人的行为，道德调整人的心灵。法律通过确立特定的道德原则和规范，为道德理念的贯彻提供法律支持，同时也影响着道德观念的发展。

另一方面，法与道德相互制约。法律可以剔除道德观念中不合时宜的成分，道德可以通过对法律的实质内容进行公正与否的评价，推动法律的制定、修改甚至废除，使法律与主流道德相一致。

作为两种不同的行为规范，法与道德的区别主要表现在以下六个方面。

第一，产生方式不同。道德是人们在长期的共同生产和生活中逐渐产生的，依赖教育培养而积累形成。就此而言，道德是自发的，有时是无形的，一般不需要通过专门的公共机构和人员来制定，也不一定非要通过专门的组织和制度来实现。法律是自觉的、确定的、有形的，一般是通过特定的机构、程序、方式而形成和实现的。在时间上，道德具有先在性，它的产生早于法律，是法律产生、形成、发展、运作和实现的基础。

第二，表现形式不同。在现代文明社会中，法律通常是以成文的方式表现出来的，它的存在形式主要是法典、单行法律法规、判例、条约等规范性文件或国家认可的习惯法。而道德则不同，它主要体现在人们的意识、信念和心理之中，通过人们的言论、行为、内心信念、社会舆论、风俗习惯等形式表现出来，一般是不成文的。

第三，实现方式不同。法律和道德作为人们的行为准则，都具有一定的约束性和强制性，然而两者间约束性和强制性的方式、程度有极大的差别。法律具有较强的约束性，它往往以国家的强制力为坚强后盾，主要表现为一种外在的强制力。道德没有设定明确的行为模式，它主要依靠社会舆论、社会评价的力量，依靠人们的内心信念、内在修养和社会教育的力量来维持。

第四，调整对象不完全相同。道德所调整的对象、内容、范围远比法律广泛得多，它几乎涉及人们在社会生产、生活中的一切领域，涉及人的外在行为和内在思想、动机。法律所调整的对象、内容和范围主要是人的外在行为，而且通常都是与建立和维护正常的社会秩序息息相关的人的行为。法律所调整的绝大多数对象、内容、范围，同样也可以由道德来调整，而道德所调整的对象、内容和范围并不完全能够通过法律来调整。

第五，评价尺度和标准不同。道德评价人的行为的尺度和标准主要是一定社会的价值观念体系，是一定社会、一定人群集合体的善恶观、公正观、是非观、美丑观、荣辱观。人们的行为只要符合一定的道德标准，就是正当的、有效的和合理的。法律评价人的行为的尺度和标准是合法与不合法、罪与非罪、有效与无效、正当与不正当。行为只要符合法律，就是合法的、有效的和正当的。法律标准比道德标准狭窄，是道德的底线，但更加明确和规范。

第六，权利和义务的特点不同。道德的内容主要是以义务为主的。道德体系主要是义务体系，其中虽有权利的内容，但其在同一主体身上不具有对称性。在法律的内容中，权利和义务是对等的。道德的权利和义务具有应然性，是一种应有的权利和义务。法律的权利和义务是法定的，是以法律规范为根据和基础的，是法律化、制度化、规范化的权利和义务，在社会中主要体现为一种实在形态，具有确定性、可预测性的特征。

（三）社会主义法与道德

社会主义法与道德存在着密不可分的联系。社会主义法与道德在很多方面存在高度的契合。社会主义法具有广泛的道德基础，社会主义道德需要社会主义法的有力支持和保障。

第一，社会主义法与社会主义道德之间可以达到高度统一。社会主义社会为法与道德的有机结合提供了良法善治的广泛社会基础。一方面，社会主义法治追求的是良法之治、善法之治，法律中已包含了道德的标准，没有道德价值的法律被视为恶法，而恶法非法；另一方面，社会主义道德又是代表了最大多数人的、人类历史上最先进的道德，它作为法的标准，又体现为社会主义法的精神追求。

第二，社会主义法对社会主义道德具有积极的促进和保障作用。法律通过对社会基本道德原则的确认，使道德义务转化为法律义务，从而为道德的遵守提供法律支持。社会主义法对道德的促进作用，最鲜明地体现为法律对社会主义核心价值体系的促进和保障作用。社会主义核心价值体系是社会主义意识形态的本质体现，在所有社会主义价值目标中处于统领和支配的地位，其基本内容包括马克思主义指导思想、中国特色社会主义共同理想、以爱国主义为核心的民族精神和以改革创新为核心的时代精神、社会主义荣辱观以及社会主义公平正义观等。

第三，社会主义道德为法的制定提供价值导引并促进法的实施。具体表现为：其一，社会主义道德是社会主义法制定的价值导引。社会主义道德是社会关系和人的行为的正义与非正义的衡量标准，是社会主义法律正义性与合法性的基础。其二，社会主义道德促进社会主义法的实施。其三，社会主义道德可弥补社会主义法在调整社会关系方面的不足。由于法律本身的局限性，对不需要由法律调整的社会关系，可以由社会主义道德加以调整以形成全面的社会秩序，从而与法律一起促进良好的社会秩序的形成。

三、社会主义法与宗教

宗教与道德、法律等同属于社会现象。宗教产生于人们对社会活动的超自然和超社会力量的信仰，反映了人们对制约着他们活动的自然力量和社会力量的认知局限和不理解。

（一）宗教的内涵

宗教是一种社会意识形态。马克思主义经典作家认为，宗教与哲学、文学、艺术一样，其产生和发展都是由人类社会的生产力和经济基础决定的。正如恩格斯在《反杜林论》中指出的："一切宗教都不过是支配着人们日常生活的外部力量在人们头脑中的幻想的反映，在这种反映中，人间的力量采取了超人间的力量的形式。"[1] 由于人类认识能力的有限性，不可能对所有自然、社会

---

[1] 《马克思恩格斯文集》第 9 卷，人民出版社 2009 年版，第 333 页。

现象都作出完全客观、科学的解释，这就为宗教的存续提供了基础。在人们还不能完全认识外部世界和完全主宰自己命运时，人们相信有一种超自然的力量并对之加以崇拜，这就很容易产生宗教。

（二）法与宗教的联系和区别

第一，法与宗教是两种有着历史联系的社会现象。法与宗教虽然是两种不同的文化现象，但在人类发展的早期及中世纪，法与宗教曾经合二为一。在中世纪的个别国家，教会法的地位甚至高于世俗法。二者在历史上曾是紧密联系的两种社会现象。进入近代以来，政教逐步走向分离，美国早于《独立宣言》的《弗吉尼亚权利法案》第一次规定了宗教信仰自由。由此，宗教与法律日趋成为区别明显的两种规则和文化现象。法律规范和宗教规范之间具有某些共同的要素，均包含着仪式、权利和普遍性等要素。法律规范与宗教规范的执行机制也有相似之处，二者的执行都需要借助于解释机制。

第二，法与宗教又有着明显的区别。二者的主要区别是：法是国家依程序制定的产物，宗教是人类精神意识的产物；法主要调整人的物质世界，宗教主要调整人的精神世界；法由国家机器以强制力为后盾规范人们的行为，宗教以教义规范信众；法一般宣称保护宗教自由，宗教行为有时也成为法调整的对象等。

（三）社会主义法与宗教

在我国，宗教信仰自由既是公民的一项基本权利，也是国家的一项基本政策。我国《宪法》规定："中华人民共和国公民有宗教信仰自由。任何国家机关、社会团体和个人不得强制公民信仰宗教或者不信仰宗教，不得歧视信仰宗教的公民和不信仰宗教的公民。国家保护正常的宗教活动。任何人不得利用宗教进行破坏社会秩序、损害公民身体健康、妨碍国家教育制度的活动。宗教团体和宗教事务不受外国势力的支配。"宗教信仰自由属于精神自由的范畴，具有不受强制、不受歧视的特征。是否信仰宗教、信仰何种宗教以及是否改换宗教信仰都属于公民自主的事情。国家对正常的宗教活动给予切实保护是理所当然的。至于宪法禁止有人利用宗教从事非法活动，正是为了把他们与广大信教群众严格区分开来，真正保护宗教信仰自由。要保障信教自由就必须反对邪教。邪教经常冒用宗教、气功或其他名义采用各种非法手段扰乱社会秩序，危害人民群众生命财产安全和经济发展，必须依法取缔，坚决惩治。依法取缔邪教组织，惩治邪教活动，有利于保护正常的宗教活动和公民的宗教信仰自由。

为此，要在全体公民中深入持久地开展宪法和法律的宣传教育，普及科学文化知识，使广大人民群众充分认识邪教组织严重危害人类、危害社会的实质，自觉反对和抵制邪教组织的影响，进一步增强法治观念，遵守国家法律。

第四节　中国社会主义法与社会

这里的"社会"是狭义的社会，是与经济、文化等相对应的社会治理和社会建设意义上的概念，是"小社会"，是以民生为主要内容的社会。社会主义法与社会治理和社会建设有着广泛而深刻的联系。

一、法与社会的一般原理

改革开放以来，特别是党的十六大以来，党中央全面阐述了构建社会主义和谐社会的时代背景、重大意义、科学内涵、基本特征、重要原则和主要任务，明确指出，"我们所要建设的社会主义和谐社会，是民主法治、公平正义、诚信友爱、充满活力、安定有序、人与自然和谐相处的社会"①。2006年10月，党的十六届六中全会作出了《中共中央关于构建社会主义和谐社会若干重大问题的决定》，进一步阐述了构建社会主义和谐社会的重要性和紧迫性，进一步明确了构建社会主义和谐社会的指导思想、目标任务和基本原则，进一步部署了构建社会主义和谐社会的工作任务。社会和谐是中国特色社会主义的本质特征和要求。党的十七大、十八大报告都强调加快构建社会主义和谐社会，并作出相应的部署。党的十九大报告明确提出建设富强民主文明和谐美丽的社会主义现代化强国。宪法第五次修正案也将"把我国建设成为富强民主文明和谐美丽的社会主义现代化强国，实现中华民族伟大复兴"写进了宪法。这意味着在建设"和谐社会"的基础上，提出了建设"和谐中国"的历史任务。和谐社会与法治社会是互为表征的，和谐社会必然是法治社会，法治社会当然是和谐社会。法治在构建社会主义和谐社会中发挥着十分重要的作用。法治是国家治理体系和治理能力的重要依托。只有全面依法治国才能有效保障国家治理体系的

---

① 中共中央文献研究室编：《改革开放三十年重要文献选编》（下），中央文献出版社2008年版，第1607页。

系统性、规范性、协调性，才能最大限度凝聚社会共识。

（一）引导和维护人与人的和谐

人是社会的细胞，人与人的和谐是社会和谐的根基。没有人与人的和谐，就不可能存在作为人之集合的社会的和谐。

这里所说的人是作为自然个体和社会个体的人，因此这里讲的人与人的和谐就是个体与个体的和谐，诸如，父子之间、母女之间、夫妻之间、师生之间、上下级之间、雇主与雇员之间、契约当事人之间等各种人际的和谐。历史表明，社会公平正义是个体和谐与社会和谐的基本条件，而制度是社会公平正义的根本保证，因此必须加强引导和维护人与人和谐的法律机制的建设。

引导和维护人与人和谐的法律机制很多。诸如：

第一，明确个体身份及其权利和义务的法律机制。通过涵盖社会生活各个领域的法律规范明晰社会成员的权利和义务及其界限，引导全体公民在法定范围内行使权利、履行义务，防范侵权行为发生。这是实行法治的第一要务，也是构建和谐人际关系的制度基础。民法典、教育法、公务员法等法律法规，都明确地规定了作为具有不同身份的个体的权利和义务，为每个人行使与身份（社会角色）相联系的权利、履行与身份（社会角色）相联系的义务作出了明确的指引。如果每个个体都能够做到正确行使权利、忠实履行义务，社会和谐的状态就能够实现。

第二，确保人与人之间诚实信用的法律机制。诚实信用是任何一个社会最低限度的道德要求，是为人处世最为基本的准则，被称为"金科玉律"。但在社会转型时期，由于市场经济和市场文化负面影响的冲击，我国社会面临着诚信缺失的困扰。诚信缺失集中表现为违约、偷税漏税、贷款不还、假冒伪劣、制贩假证件等。诚信缺失不仅严重损害他人的经济利益，而且导致社会道德失范，人与人之间缺少基本信任和合理预期。

鉴于诚信既是一个道德问题，也是一个法律问题，因此解决诚信缺失和信用危机需要综合治理，除了道德教育、舆论监督之外，更主要的是从制度上解决问题，依靠法律的规范、引导、制约和监督重建诚信社会。当前，要以完善信贷、纳税、产品质量、履行合同、执行法律裁决等方面的信用记录为重点，加快建设社会信用体系，健全失信惩治制度，把法律上的制约和监督机制作为保证社会成员信用的长效机制，进而"形成促进和谐人人有责、和谐社会人人共享的生动局面"。

第三，化解矛盾和纠纷的法律机制。构建和谐社会必须注重及时有效地化解矛盾和纠纷，而法律正是化解矛盾和纠纷的第一机制。为了使法律真正起到定分止争、化解矛盾的社会作用，除了加强立法，从立法上保证每个社会成员各尽其能、各得其所之外，必须在综合运用法律、政策、经济、行政等手段和教育、协商、疏导等办法的基础上，充分发挥司法在化解矛盾和纠纷方面的主导作用，把矛盾化解在基层，解决在萌芽状态。在现代法治社会，人们往往诉诸司法途径解决各种矛盾，特别是在其他方法都不能解决冲突的情况下，一般最终都要选择司法途径。司法机关为及时消解矛盾、减少冲突、稳定社会发挥了重要作用。化解社会矛盾依赖公正的司法和权威。大量事实表明，只有司法公正，才能规范、有效地解决各种社会矛盾；相反，司法不公，不仅不能化解矛盾，还会加剧矛盾、增添矛盾。

（二）引导和维护人与社会的和谐

人与社会的和谐包括公民与国家的和谐，个体与集体的和谐，居民与社区的和谐，群体（阶层）与群体（阶层）的和谐等。

第一，公民与国家的和谐。公民与国家都是政治范畴，公民与国家的关系属于社会的政治关系。运用法律在权利与权力之间形成理性平衡，特别需要建立公民权利对国家权力的制约关系。国家的权力来自人民，或者是由人民让渡，或者是由人民代表大会授予。应当扩大公民有序地参与政治程序和公共生活的机会和渠道，以便行使管理国家事务和公共事务的权利，或表达利益诉求，或维护自身利益；把公民与国家的关系建立在人民民主的基础上，依法保障公民的知情权、参与权、表达权、监督权；进一步加强对权力的制约监督。

和谐社会是以人为本的社会。用法律语言表述，以人为本，就是以人的权利为本，尊重和保障人权是和谐社会的基本特征，也是构建和谐社会的前提。只有充分尊重和保护公民权利，使人民群众意识到自己在国家和社会中的主体地位，才能增强对国家的认同，才能满腔热情、扎扎实实地去学习、工作和创造，为构建和谐社会作出贡献。当前，尊重和保障人权的一个现实问题是对社会弱者的权利保护。在经济改革和社会转型过程中，不可避免地出现了社会弱者以及由他们构成的弱势群体。如何对待和改善弱势群体的生存状况和发展环境，是构建和谐社会必须解决的紧迫问题。弱势群体的利益本质上属于人权范畴。尊重和保障人权首先想到的应该是社会弱势群体的人权。

当前，维护公民与国家和谐的另一个重要方面是合理地协调公民利益与国家利益的关系。各级政府必须从广大人民群众的根本利益和长远利益出发，建立公共财政优先投入教育、医疗、社保、国家和社会安全的法律机制，建立维护各阶层公平正义的法律机制。

引导和维护公民与国家的和谐，还要求建立健全权利救济制度，使被忽视的权利、被稀释的权利、被侵害的权利均能得到救济。要加强法律援助和司法救助，法律援助和司法救助是帮助弱势群体获得权利救济的方式之一。

第二，个体与集体的和谐。在自然和社会中，每个人既是个体，具有个体性，同时又作为集体的成员而存在，因此具有集体性。既然集体是由个体构成的，那么，每个个体相对于集体而言具有优先性，集体应当为个体提供足够的独立而自由的活动空间，保障个体的物质利益和精神利益；然而，由于个体归根到底只是集体的一部分，是作为类存在的，他（她）的利益是集体利益的一部分，因此他（她）的独立、自由和利益总是要受到集体共同规则的制约。不顾集体所固有的规则，个体就不能生活于集体之中，而不能生活于集体之中，也就等于丧失了独立和自由，最终也会失去个体的利益。正如马克思所说："只有在共同体中，个人才能获得全面发展其才能的手段，也就是说，只有在共同体中才可能有个人自由。"[1]

进入 21 世纪后，各种思想文化相互激荡，人们受各种思想观念影响的渠道明显增多，程度明显加深，人们思想活动的独立性、选择性、多变性、差异性明显增强。在这种情况下，如何调节个人独立和自由与集体统一和整合、个体利益与集体利益的关系尤为重要。比较可行的方法是在集体主义（社群主义）哲学观和社会观的指导下，从实现个体与集体和谐的价值目标与工作目标出发，从法律上合理划分个体与集体的权利和义务，通过权利和义务机制来调整个体与集体的利益，寻找个体利益与集体利益的最佳契合。在当代中国社会，集体是个人工作、学习的单位，诸如工厂、公司、学校、机关、乡村、个人所在的团体或政党以及其他组织。各集体应当根据法律的一般规定，制定本单位的章程，科学界定个体与集体的身份，公正合理地调整利益关系。一般来说，集体应当提高凝聚力、亲和力，个体则要提高对集体的认同感和贡献率。在集体内部，要平等地对待和尊重所有的个体，实现集体正义。集体正义是个

---

① 《马克思恩格斯文集》第 1 卷，人民出版社 2009 年版，第 571 页。

体认同集体、与集体融为一体、实现个体与集体和谐的前提。

第三，居民与社区的和谐。社区是居民生活的场所，人们"八小时"之外的大部分时间是在社区度过的。因而，社区和谐对于所有居民来说都是极其重要的。构建和谐社区，使居民相安无事、友爱互助、人身财产安全，是实现和谐社会的基础。而良好的社会治安环境是和谐社区的关键因素。必须依法打击各类违法犯罪活动，遏制犯罪的发展态势。在打击犯罪的同时，更要注重预防、疏导、化解人民内部矛盾，努力减少社会对立，防范矛盾激化，要切实做好维护稳定的工作，及时排查和处理群体性事件和突发性事件，防止这两类事件对社会秩序的冲击和破坏。要加强对流动人口的服务和管理，促进流动人口同当地居民和睦相处，努力减少流动人口对社区生活秩序的冲击。要加强社区建设，发挥政府行政管理与社区自我管理、居民依法自治的积极作用，促使社区成为管理有序、服务完善、文明祥和的社会生活共同体。

第四，群体（阶层）与群体（阶层）的和谐。改革开放以来，随着我国经济从单一的国有经济和集体经济转变为公有制为主体、多种所有制经济成分共同存在和共同发展，不同的利益群体和社会阶层开始出现；同时，随着社会治理模式和管理方式的多样化以及社会自治领域和事务的扩大，各种各样全国性、地方性、行业性的非政府组织纷纷出现。可以说，我国社会已经进入了利益多样化和利益主体多元化的时代。如果各种利益关系和矛盾不能得到及时有效的公正调整和解决，就会在各个社会阶层和群体之间造成对立，甚至引发社会不稳定。面对利益多样化和利益主体多元化的格局，首先要建立正确、及时反映各方利益的法律机制，让不同社会利益群体和社会阶层都能有平等的机会和渠道充分表达自己的利益诉求。在利益表达方面，弱势群体的利益表达已经成为一个无法回避的问题。我们应当以中国共产党领导的多党合作和政治协商制度为基本制度，建立健全各利益群体和社会阶层的利益表达和协商机制，为各个利益群体和社会阶层提供以理性、合法的形式表达利益诉求和政策博弈的制度性平台，使多元社会的各种利益诉求能够通过公正、规范、有效的渠道输入公共决策过程中，供决策者整合和选择，从而制定出得到社会普遍认可的公共政策。要通过在民主基础上制定的法律法规，确定利益主体、界定利益范围、指导利益分配、协调利益关系，并对社会弱势群体给予救助，才能维护社会公正。避免社会利益之争的激化，才能使各个阶层实现共赢共荣，公平合理地分享社会发展和进步的成果。

二、法与社会治理

"立善法于天下，则天下治；立善法于一国，则一国治。"① 社会治理不是孤立的环节，是治理体系的重要组成部分。治理体系指的是制度体系，国家治理体系也就是国家的制度体系。社会治理是国家治理的重要方面。

（一）社会治理的目标

社会治理的目标是实现社会治理现代化。具体而言，有三大任务。

第一，保障人民安居乐业。社会治理的目标最后要落到人民福祉上，特别是保障人民安居乐业。人民安居乐业，是社会治理的最高境界。其一，要让人民有获得感。改革要让人民有获得感，社会治理整个过程也都要让人民有获得感。其二，要让人民有安全感。人民对国家安全、制度安全、公共安全、人身安全有合理预期，有切实感受。其三，要让人民有幸福感。社会越公平，人们对这个社会的感觉就越幸福。创新社会治理，就是要让人民不断地有获得感、安全感、幸福感，不断地有自由感、目标感、预期感。

第二，维护社会安定有序。稳定是经济社会发展的前提，没有稳定的局面，什么事情都做不成。维护社会大局稳定的表现形式应该是社会平安。社会治理的首要任务就是要建设平安中国。建设平安中国要以总体国家安全观为指导，以政治安全为根本，以经济安全为基础，以军事安全、文化安全、社会安全为保障，还要以促进国际安全为依托。

第三，促进社会公平正义。社会治理以促进社会公平正义为目标。立法是在分配正义，执法活动是在落实正义，守法活动是在实现正义，司法活动是在矫正正义。从这个意义上看，社会治理的活动实质上就是一个设计正义、分配正义、守护正义、矫正正义的过程。社会治理就是要促进正义的实现。

（二）社会治理的理念

20 世纪 90 年代，我们党提出了"社会管理"概念。2006 年 10 月 11 日，党的十六届六中全会通过《中共中央关于构建社会主义和谐社会若干重大问题的决定》，明确提出了"社会管理"概念，并强调"必须创新社会管理体制，整合社会管理资源，提高社会管理水平，健全党委领导、政府负责、社

---

① 《王安石集》，张富祥、李玉成注说，河南大学出版社 2016 年版，第 162 页。

会协同、公众参与的社会管理格局，在服务中实施管理，在管理中体现服务"。同时提出，坚持科学立法、民主立法，完善"推进社会事业、健全社会保障、规范社会组织、加强社会管理等方面的法律法规"。社会管理虽然是以国家为本位的权力管理，但却实现了从管制到管理的重大转变，释放了社会活力。

党的十八大之后，依据推进国家治理体系和治理能力现代化的总目标和总体部署，党中央在一系列重要文件中用"社会治理"概念取代了"社会管理"概念。党的十八届三中全会通过的《中共中央关于全面深化改革若干重大问题的决定》提出创新社会治理体制，进一步凸显法治在社会治理中的作用。习近平指出："治理和管理一字之差，体现的是系统治理、依法治理、源头治理、综合施策。"[1] 党的十八届四中全会通过的《中共中央关于全面推进依法治国若干重大问题的决定》提出："推进多层次多领域依法治理。坚持系统治理、依法治理、综合治理、源头治理，提高社会治理法治化水平。"

党的十九大报告提出，"加强社会治理制度建设，完善党委领导、政府负责、社会协同、公众参与、法治保障的社会治理体制"。党的十九届四中全会提出了"社会治理体系"的概念，进一步指出："必须加强和创新社会治理，完善党委领导、政府负责、民主协商、社会协同、公众参与、法治保障、科技支撑的社会治理体系，建设人人有责、人人尽责、人人享有的社会治理共同体，确保人民安居乐业、社会安定有序，建设更高水平的平安中国。"[2] 以"社会治理"代替"社会管理"、从"社会治理体制"到"社会治理体系"，是以习近平同志为核心的党中央治国理政的重大理论创新和实践创新，表明国家的社会治理制度更加成熟、更加定型。

社会治理的理念变化，可以概括为"四民意识"。第一个"民"，社会治理要站稳人民的政治立场。人民的政治立场是中国共产党的出发点，讲政治首要的就是要站稳政治立场，这个政治立场就是人民的立场。中国共产党没有自己的特殊利益，而是时刻站在人民的立场上。第二个"民"，要始终坚持以人民为中心。全面依法治国最广泛、最深厚的基础是人民，必须坚持为了人民、依靠人民。从

---

[1] 中共中央文献研究室编：《习近平关于社会主义社会建设论述摘编》，中央文献出版社 2017 年版，第 127 页。

[2] 《中共中央关于坚持和完善中国特色社会主义制度、推进国家治理体系和治理能力现代化若干重大问题的决定》，人民出版社 2019 年版，第 28 页。

人民出发，再回到人民中去，人民是最终目的。第三个"民"，要始终坚持制度上的人民的主体地位。中国特色社会主义所有制度的主体是人民，这个制度最核心的、最根本的就是人民代表大会制度。第四个"民"，要始终坚持以人民的权利为目的的社会主义法治，我国法治的最终目的就是实现人民的权利。我们坚持的是以实现人民的权利为目的的中国特色社会主义法治。这四个"民"实现了，中国的社会治理就会充满活力，人民美好生活需要就能实现。

（三）社会治理的体系

党的十九大报告提出的"社会治理体制"和十九届四中全会提出的"社会治理体系"的概念，进一步明确了我国社会治理体系，其核心内容是：

党委领导。我国社会治理的有效性是得到了世界承认的，中国被认为是社会治理最好的国家之一。在我国，党是社会治理的领导者和组织者。中国社会治理之所以能够获得人民的认可，获得世界的承认，其根本优势在于中国特色社会主义制度，而党的领导是我国社会主义制度最本质的特征，是我们最大的制度优势。社会治理的实践证明，只有实现党委统一领导，社会治理才能坚持正确的政治方向，才能统揽全局、协调各方攻坚克难。

政府负责。政府是社会治理的主要实施者。政府负责意味着社会治理的主导力量是各级政府，政府要统筹各方面的力量，整合政治、法律、行政、经济、文化等各种资源，共同实施社会治理。

民主协商。民主协商是在人民内部围绕共同问题进行广泛商量的过程。将民主协商纳入社会治理体系，就是要充分发挥民主协商在推动人民有序政治参与、促进决策科学化民主化、密切党同人民群众的血肉联系过程中的独特优势，增强社会各方参与社会治理的积极性，完善共建共治共享的社会治理制度，凝聚社会治理的最大共识，形成社会治理的最大合力。

社会协同。社会组织有它独特的作用，要发挥社会组织的作用，政府做不了的事情社会组织可以做。以人民的幸福、以人民的安康、以人民的利益为目的而组织起来的社会组织，应该是多多益善。最简单的就像小区治理，如果这全靠政府来做的话，这个小区通常是治理不好的。凡是小区治理得比较好的，一定是发挥了像业主委员会这类的自治组织的作用。社会组织能够让同一个行业的人都自律起来，社会协同就要求社会组织特别是每个行业里的自治组织把本行业规范起来，建立自己的权威性。

公众参与。社会治理创新要求每个人都成为治理的主体。实现公众参与，就是让人民成为治理的主体，每个人都参与社会治理；要充分发挥协商民主，集中民意民智；要充分发挥村民委员会、居民委员会这种法定的基层群众自治组织的制度优势；要充分发挥社团、企业、事业单位在社会治理中的独特作用。

法治保障。"人类社会发展的事实证明，依法治理是最可靠、最稳定的治理。"[1] 为了保证社会治理于法有据，以习近平同志为核心的党中央强调把社会立法作为立法的重点领域，强调加快完善教育、就业、收入分配、社会保障、医疗卫生、食品安全、扶贫、慈善、社会救助和妇女儿童、老年人、残疾人合法权益保护等方面的法律法规。加强社会组织立法，规范和引导各类社会组织健康发展。法治保障就是要把法治作为社会治理的基本方式，运用法治思维和法治方式进行社会治理，善用法律调节社会关系、规范人们的行为、强化法律在权利救济和解决纠纷中的权威性作用；依法化解社会矛盾、维护社会稳定、促进社会和谐，保障人民安居乐业；加快形成科学有效的社会治理体系，建立健全依法维权和化解纠纷机制、利益表达机制、救济救助机制；畅通群众利益协调、权益保障法律渠道；正确认识和处理维稳与维权的关系，把维稳建立在维权的基础上，促进社会公平正义。

科技支撑。随着我国经济社会快速发展，社会利益关系日趋复杂，社会问题的专业性、隐蔽性、潜伏性不断增强，社会治理面临的形势和环境更为复杂多变。与此同时，新一代信息技术日新月异，以互联网、大数据、人工智能等为代表的现代信息技术，大大丰富了社会治理的内涵、方式和手段，为全面感知和掌握社会运行动态提供了便利，对社会治理产生了深刻影响。将科技支撑作为完善社会治理体系的重要内容，就是要把握以数字化、网络化、智能化为标志的信息技术革命带来的机遇，充分发挥现代科技对社会治理的支撑作用，加强和创新社会治理，更好地维护社会稳定和国家安全。

三、社会主义法与社会建设

中国特色社会主义进入新时代之后，在实践的基础上，形成了经济建设、政治建设、文化建设、社会建设和生态文明建设"五位一体"的总体布局。其

---

[1] 中共中央文献研究室编：《习近平关于全面依法治国论述摘编》，中央文献出版社 2015 年版，第 63 页。

中，社会建设的目标是建设社会主义和谐社会。追求社会和谐的思想在中国历史上源远流长。道家提出"道法自然"，主张天人和谐；儒家提出"仁者爱人""推己及人""和而不同"，主张人际和谐；墨家提出"爱无等差""兼相爱，交相利"，主张平等和谐；法家提出"因功授爵，因能授官""刑无等级"，主张制度和谐。从社会学角度看，和谐指的是社会秩序的最高稳定状态。从哲学角度看，和谐是指矛盾和有差异的事物既对立又统一，它们相互依存，在矛盾中获得共同发展。从法学角度看，和谐则是基于制度保障的公平正义。

建设更高水平的平安中国对于实现社会和谐意义重大。让民众享有一个安全稳定的生存生活环境，是中国治国理政的重要目标。近年来，在不断推进经济建设、提高人民生活水平的进程中，我们不断推进平安中国、法治中国建设，紧紧围绕影响人民群众安全感的突出治安问题，严厉打击、严密防范各类违法犯罪活动，全面加强社会治安防控体系建设，推进社会治理体系和治理能力现代化。当前，中国社会安定有序，人民安居乐业，越来越多的人认为中国是世界上最安全的国家之一。

要建设平安中国，加强和创新社会治理，维护社会和谐稳定，确保国家长治久安、人民安居乐业。党的十九届五中全会提出，统筹发展和安全，建设更高水平的平安中国。坚持总体国家安全观，实施国家安全战略，维护和塑造国家安全，统筹传统安全和非传统安全，把安全发展贯穿国家发展各领域和全过程，防范和化解影响我国现代化进程的各种风险，筑牢国家安全屏障。要加强国家安全体系和能力建设，确保国家经济安全，保障人民生命安全，维护社会稳定和安全。坚持共建共治共享方向，聚焦影响国家安全、社会安定、人民安宁的突出问题，深入推进市域社会治理现代化，深化平安创建活动，加强基层组织、基础工作、基本能力建设，全面提升平安中国建设科学化、社会化、法治化、智能化水平，不断增强人民群众获得感、幸福感、安全感。要充分认识"枫桥经验"的重大意义，从坚持和发展中国特色社会主义的战略高度，继承和发扬优良传统，以与时俱进的精神，研究新情况、把握新规律，创新群众工作方法，加大依法治理力度，完善工作制度机制，不断提高新形势下群众工作能力和水平，切实解决好涉及群众切身利益的突出问题，确保人民安居乐业、社会安定有序、国家长治久安。正确处理新形势下人民内部矛盾，坚持和发展新时代"枫桥经验"，畅通和规范群众诉求表达、利益协调、权益保障通道，完善信访制度，完善各类调解联动工作体系，构建源头防控、排查梳理、纠纷化解、应急处置的社会矛盾综合治理机制。健全社会心理服务体系和危机干预机制。坚持打防结合、整体防控，善于运用法治思维和法治方式解决涉及群众切身利益的矛盾和问题，专群结合、群防群治，把"枫桥经验"坚持好、发展好，把党的群众路线坚持好、贯彻好，充分发动群众、组织群众、依靠群众。加强社会治安防控体系建设，推进基层社会治理创新，坚决防范和打击暴力恐怖、黑恶势力、新型网络犯罪和跨国犯罪，保持社会和谐稳定，努力建设更高水平的平安中国。

法律是治国之重器，法治是国家治理体系和治理能力的重要依托。全面推进依法治国，是解决党和国家事业发展面临的一系列重大问题，解放和增强社会活力、促进社会公平正义、维护社会和谐稳定、确保党和国家长治久安的根本要求。要推动我国经济社会持续健康发展，不断开拓中国特色社会主义事业更加广阔的发展前景，就必须全面推进社会主义法治国家建设。党的十八大提出，法治是治国理政的基本方式，要加快建设社会主义法治国家，全面推进依法治国。党的十八届三中全会进一步提出，建设法治中国，必须坚持依法治国、依法执政、依法行政共同推进，坚持法治国家、法治政府、法治社会一体建设。

第五节   中国社会主义法与生态

生态兴则文明兴，生态衰则文明衰。生态环境是人类生存和发展的根基，生态环境变化直接影响文明兴衰演替。良好生态环境是实现中华民族永续发展的内在要求，是增进民生福祉的优先领域。

一、社会主义法与生态的一般原理

党的十八大以来，在习近平新时代中国特色社会主义思想及习近平生态文明思想的指引下，生态文明建设成为统筹推进"五位一体"总体布局和协调推进"四个全面"战略布局的重要内容，经过一系列根本性、长远性、开创性的工作，生态文明建设和生态环境保护从认识到实践都发生了历史性、转折性、全局性变化。加快推进生态文明顶层设计和制度体系建设，相继出台《关于加快推进生态文明建设的意见》《生态文明体制改革总体方案》，制定了40多项涉及生态文明建设的改革方案，从总体目标、基本理念、主要原则、重点任务、制度保障等方面对生态文明建设进行全面系统部署安排。生态文明建设目标评价考核、自然资源资产离任审计、生态环境损害责任追究等制度出台实施，主体功能区制度逐步健全，省以下环保机构监测监察执法垂直管理、生态环境监测数据质量管理、排污许可、河（湖）长制、禁止洋垃圾入境等环境治理制度加快推进，绿色金融改革、自然资源资产负债表编制、环境保护税开征、生态保护补偿等环境经济政策制定和实施进展顺利。京津冀大气污染治理、长江经济带生态环境保护取得阶段性成效。制定和修改环境保护法、环境保护税法以及大气、水污染防治法和核安全法等法律。全国人大常委会、最高人民法院、最高人民检察院对环境污染和生态破坏界定入罪标准，加大惩治力度，形成高压态势。

通过全面深化改革，生态文明建设和生态环境保护制度体系加快形成，全面节约资源有效推进，大气、水、土壤污染防治行动计划深入实施，生态系统保护和修复重大工程进展顺利，核与辐射安全得到有效保障，生态文明建设成效显著，美丽中国建设迈出重要步伐，我国成为全球生态文明建设的重要参与者、贡献者、引领者。同时，我国生态文明建设和生态环境保护面临不少困难和挑战，存在许多不足。一些地方和部门对生态环境保护认识不到位，责任落实不到位；经济社会发展同生态环境保护的矛盾仍然突出，资源环境承载能力已经达到或接近上限；城乡区域统筹不够，新老环境问题交织，区域性、布局性、结构性环境风险凸显。这些问题，成为重要的民生之患、民心之痛，成为经济社会可持续发展的"瓶颈"制约。

社会主义生态文明观，传承中华民族传统文化、顺应时代潮流和人民意愿，站在坚持和发展中国特色社会主义、实现中华民族伟大复兴中国梦的战略高度，深刻回答为什么建设生态文明、建设什么样的生态文明、怎样建设生态文明等重大理论和实践问题，有力指导生态文明建设和生态环境保护取得历史性成就、发生历史性变革。

第一，坚持生态兴则文明兴。作为人类理想形态的共产主义，"它是人和自然界之间、人和人之间的矛盾的真正解决，是存在和本质、对象化和自我确证、自由和必然、个体和类之间的斗争的真正解决"[①]。建设生态文明是关系中

---

① 《马克思恩格斯文集》第 1 卷，人民出版社 2009 年版，第 185 页。

华民族永续发展的根本大计，功在当代、利在千秋，关系人民福祉，关乎民族未来。

第二，坚持人与自然和谐共生。在人与自然关系方面，恩格斯告诫人们："我们不要过分陶醉于我们人类对自然界的胜利。对于每一次这样的胜利，自然界都对我们进行报复。每一次胜利，起初确实取得了我们预期的结果，但是往后和再往后却发生完全不同的、出乎预料的影响，常常把最初的结果又消除了。"① 保护自然就是保护人类，建设生态文明就是造福人类。必须尊重自然、顺应自然、保护自然，像保护眼睛一样保护生态环境，像对待生命一样对待生态环境，推动形成人与自然和谐发展现代化建设新格局，还自然以宁静、和谐、美丽。

第三，坚持绿水青山就是金山银山。绿水青山既是自然财富、生态财富，又是社会财富、经济财富。保护生态环境就是保护生产力，改善生态环境就是发展生产力。必须坚持和贯彻绿色发展理念，平衡和处理好发展与保护的关系，推动形成绿色发展方式和生活方式，坚定不移走生产发展、生活富裕、生态良好的文明发展道路。

第四，坚持良好生态环境是最普惠的民生福祉。生态文明建设同每个人息息相关。环境就是民生，青山就是美丽，蓝天也是幸福。必须坚持以人民为中心，要把体现人民利益、反映人民愿望、维护人民权益、增进人民福祉落实到生态环境保护全过程，重点系统研究谋划和解决损害群众健康的突出环境问题，提供更多优质生态产品。

第五，坚持山水林田湖草生命共同体的全方位保护。生态环境是统一的有机整体。必须按照系统工程的思路，构建生态环境治理体系，着力扩大环境容量和生态空间，全方位、全地域、全过程开展生态环境保护。

第六，坚持用最严格制度、最严密法治保护生态环境。保护生态环境必须依靠制度、依靠法治。必须构建产权清晰、多元参与、激励约束并重、系统完整的生态文明制度体系，让制度成为刚性约束和不可触碰的"高压线"。

第七，坚持建设美丽中国全民行动。美丽中国是人民群众共同参与共同建设共同享有的事业。必须加强生态文明宣传教育，牢固树立生态文明价值观念和行为准则，把建设美丽中国化为全民自觉行动。

---

① 《马克思恩格斯文集》第 9 卷，人民出版社 2009 年版，第 559—560 页。

第八，坚持共谋全球生态文明建设。生态文明建设是构建人类命运共同体的重要内容。必须同舟共济、共同努力，构筑尊崇自然、绿色发展的生态体系，推动全球生态环境治理，建设清洁美丽世界。

社会主义生态文明观是推进美丽中国建设、实现人与自然和谐共生的现代化的方向指引和根本遵循，必须用以武装头脑、指导实践、推动工作。要把生态文明建设重大部署和重要任务落到实处，让良好生态环境成为人民幸福生活的增长点、成为经济社会持续健康发展的支撑点、成为展现我国良好形象的发力点。

二、社会主义法与生态文明建设

生态文明建设是关系中华民族永续发展的根本大计。中华民族向来尊重自然、热爱自然，绵延5000多年的中华文明孕育着丰富的生态文化。保护生态环境，促进生态文明，建设美丽中国，要积极推进生态文明领域立法，健全国家治理急需的法律制度、满足人民日益增长的美好生活需要必备的法律制度，以良法善治保障生态环境健康发展，形成中国特色生态环境法治体系。

（一）完善生态文明建设的基本制度

生态文明建设是中国特色社会主义事业的重要内容，要加快形成系统完备的生态文明制度体系。

第一，健全法律法规。全面清理现行法律法规中与加快推进生态文明建设不相适应的内容，加强法律法规间的衔接。研究制定节能评估审查、节水、应对气候变化、生态补偿、湿地保护、生物多样性保护、土壤环境保护等方面的法律法规，修订完善大气污染防治法、水污染防治法、节约能源法、矿产资源法、草原法、野生动物保护法等。

第二，完善标准体系。加快制定修订一批能耗、水耗、地耗、污染物排放、环境质量等方面的标准，实施能效和排污强度"领跑者"制度，加快标准升级步伐。提高建筑物、道路、桥梁等建设标准。环境容量较小、生态环境脆弱、环境风险高的地区要执行污染物特别排放限值。鼓励各地区依法制定更加严格的地方标准。建立与国际接轨、适应我国国情的能效和环保标识认证制度。

第三，健全自然资源资产产权制度和用途管制制度。对矿藏、水流、森林、山岭、草原、荒地、滩涂等自然生态空间进行统一确权登记，推进自然资源统一确权登记法治化、规范化、标准化、信息化，健全自然资源产权制度。明确国土空间的自然资源资产所有者、监管者及其责任。完善自然资源资产用途管制制度，明确各类国土空间开发、利用、保护边界，实现能源、水资源、矿产资源按质量分级、梯级利用。落实资源有偿使用制度，实行资源总量管理和全面节约制度。严格节能评估审查、水资源论证和取水许可制度。坚持并完善最严格的耕地保护和节约用地制度，强化土地利用总体规划和年度计划管控，加强土地用途转用许可管理。完善矿产资源规划制度，强化矿产开发准入管理。有序推进国家自然资源资产管理体制改革。

第四，完善生态环境监管制度。建立严格监管所有污染物排放的环境保护管理制度。完善污染物排放许可证制度，禁止无证排污和超标准、超总量排污。违法排放污染物，造成或可能造成严重污染的，要依法查封扣押排放污染物的设施设备。对严重污染环境的工艺、设备和产品实行淘汰制度。实行企事业单位污染物排放总量控制制度，适时调整主要污染物指标种类，纳入约束性指标。健全环境影响评价、清洁生产审核、环境信息公开等制度。建立生态保护修复和污染防治区域联动机制。加快建立自然资源统一调查、评价、监测制度，健全自然资源监管体制。

第五，严守资源环境生态红线。树立底线思维，设定并严守资源消耗上限、环境质量底线、生态保护红线，将各类开发活动限制在资源环境承载能力之内。合理设定资源消耗"天花板"，加强能源、水、土地等战略性资源管控，强化能源消耗强度控制，做好能源消费总量管理。继续实施水资源开发利用控制、用水效率控制、水功能区限制纳污"三条红线"管理。划定永久基本农田，严格实施永久保护，对新增建设用地占用耕地规模实行总量控制，落实耕地占补平衡，确保耕地数量不下降、质量不降低。严守环境质量底线，将大气、水、土壤等环境质量"只能更好、不能变坏"作为地方各级政府环保责任红线，相应确定污染物排放总量限值和环境风险防控措施。在重点生态功能区、生态环境敏感区和脆弱区等区域划定生态红线，确保生态功能不降低、面积不减少、性质不改变；科学划定森林、草原、湿地、海洋等领域生态红线，严格自然生态空间征（占）用管理，有效遏制生态系统退化的趋势。探索建立资源环境承载能力监测预警机制，对资源消耗和环境容量接近或超过承载能力的地区，及时采取区域限批等限制性措施。实行资源总量管理和全面节约制度。推进能源革命，构建清洁低碳、安全高效的能源体系。

　　第六，完善经济政策。健全价格、财税、金融等政策，激励、引导各类主体积极投身生态文明建设。深化自然资源及其产品价格改革，凡是能由市场形成价格的都交给市场，政府定价要体现基本需求与非基本需求以及资源利用效率高低的差异，体现生态环境损害成本和修复效益。进一步深化矿产资源有偿使用制度改革，调整矿业权使用费征收标准。加大财政资金投入，统筹有关资金，对资源节约和循环利用、新能源和可再生能源开发利用、环境基础设施建设、生态修复与建设、先进适用技术研发示范等给予支持。将高耗能、高污染产品纳入消费税征收范围。推动环境保护费改税。加快资源税从价计征改革，清理取消相关收费基金，逐步将资源税征收范围扩展到占用各种自然生态空间。完善节能环保、新能源、生态建设的税收优惠政策。推广绿色信贷，支持符合条件的项目通过资本市场融资。探索排污权抵押等融资模式。深化环境污染责任保险试点，研究建立巨灾保险制度。

　　第七，推行市场化机制。加快推行合同能源管理、节能低碳产品和有机产品认证、能效标识管理等机制。推进节能发电调度，优先调度可再生能源发电资源。建立节能量、碳排放权交易制度，深化交易试点，推动建立全国碳排放权交易市场。加快水权交易试点，培育和规范水权市场。全面推进矿业权市场建设。扩大排污权有偿使用和交易试点范围，发展排污权交易市场。积极推进环境污染第三方治理，引入社会力量投入环境污染治理。健全资源节约集约循环利用政策体系。普遍实行垃圾分类和资源化利用制度。

　　第八，健全生态保护补偿机制。科学界定生态保护者与受益者权利义务，加快形成生态损害者赔偿、受益者付费、保护者得到合理补偿的运行机制。结合深化财税体制改革，完善转移支付制度，归并和规范现有生态保护补偿渠道，加大对重点生态功能区的转移支付力度，逐步提高其基本公共服务水平。建立地区间横向生态保护补偿机制，引导生态受益地区与保护地区之间、流域上游与下游之间，通过资金补助、产业转移、人才培训、共建园区等方式实施补偿。建立独立公正的生态环境损害评估制度。

　　第九，健全政绩考核制度。建立体现生态文明要求的目标体系、考核办法、奖惩机制。把资源消耗、环境损害、生态效益等指标纳入经济社会发展综合评价体系，大幅增加考核权重，强化指标约束，不唯经济增长论英雄。完善政绩考核办法，根据区域主体功能定位，实行差别化的考核制度。对限制开发区域、禁止开发区域和生态脆弱的国家扶贫开发工作重点县，取消地区生产总值考核；对农产品主产区和重点生态功能区，分别实行农业优先和生态保护优先的绩效评价；对禁止开发的重点生态功能区，重点评价其自然文化资源的原真性、完整性。根据考核评价结果，对生态文明建设成绩突出的地区、单位和个人给予表彰奖励。探索编制自然资源资产负债表，对领导干部实行自然资源资产和环境责任离任审计。

第十，严明责任追究制度。建立生态文明建设目标评价考核制度，强化环境保护、自然资源管控、节能减排等约束性指标管理，严格落实企业主体责任和政府监管责任。建立领导干部任期生态文明建设责任制，完善节能减排目标责任考核及问责制度。开展领导干部自然资源资产离任审计。严格责任追究，对违背科学发展要求、造成资源环境生态严重破坏的要记录在案，实行终身追责，不得转任重要职务或提拔使用，已经调离的也要问责。对推动生态文明建设工作不力的，要及时诚勉谈话；对不顾资源和生态环境盲目决策、造成严重后果的，要严肃追究有关人员的领导责任；对履职不力、监管不严、失职渎职的，要依纪依法追究有关人员的监管责任。健全生态环境监测和评价制度，完善生态环境公益诉讼制度，落实生态补偿和生态环境损害赔偿制度，实行生态环境损害责任终身追究制。

（二）健全生态环境保护法治体系

生态环境保护法治体系是我国法治体系不可或缺的组成部分。要从以下四个方面统筹推进，加快形成健全的生态环境保护法治体系。

第一，完善生态环境保护法律体系。加快建立绿色生产和消费的法律制度和政策导向。用严格的法律制度保护生态环境，加快建立有效约束开发行为和促进绿色发展、循环发展、低碳发展的生态文明法律制度，强化生产者环境保护的法律责任，大幅度提高违法成本。建立健全自然资源产权法律制度，完善国土空间开发保护方面的法律制度，加快制定和修改长江生态环境保护、海洋环境保护、国家公园、湿地、生态环境监测、排污许可、资源综合利用、空间规划、碳排放权交易管理等方面的法律法规，促进生态文明建设。鼓励地方在生态环境保护领域先于国家进行立法。对不适应生态环境保护和美丽中国建设的法律法规，要及时修改和废止。

第二，健全生态文明建设执法体制。整合组建生态环境保护综合执法队伍，统一实行生态环境保护执法。推进生态环境保护综合行政执法，落实中央生态环境保护督察制度。将生态环境保护综合执法机构列入政府行政执法机构序列，推进执法规范化建设，统一着装、统一标识、统一证件、统一保障执法用车和装备。强化执法监督，加强法律监督、行政监察，对各类环境违法违规行为实行"零容忍"，加大查处力度，严厉惩处违法违规行为。强化对浪费能源资源、违法排污、破坏生态环境等行为的执法监察和专项督察。资源环境监管机构独立开展行政执法，禁止领导干部违法违规干预执法活动。健全行政执法与刑事司法的衔接机制，建立生态环境保护综合执法机关、公安机关、检察机关、审判机关信息共享、案情通报、案件移送制度，加强基层执法队伍、环境应急处置救援队伍建设。强化对资源开发和交通建设、旅游开发等活动的生态环境监管。

第三，强化生态文明建设的司法保障。加强涉生态环境保护的司法力量建设。依法审理环境资源保护民事案件，充分保障环境资源保护行政案件当事人的诉权，完善生态环境保护领域民事、行政公益诉讼制度，加大对生态环境违法犯罪行为的制裁和惩处力度，推进环境资源保护方面的司法改革。通过充分发挥人民法院、人民检察院纠纷解决功能，及时出台环境资源保护的司法政策、司法解释，通过建立专门环境资源司法机构、提起环境公益诉讼、发布典型案例，促进生态文明建设。

第四，依法鼓励公众积极参与生态文明建设。依靠法治保护生态环境，增强全社会生态环境保护法治意识。完善公众参与制度，及时准确披露各类环境信息，扩大公开范围，保障公众知情权，维护公众环境权益。健全举报、听证、舆论和公众监督等制度，构建全民参与的社会行动体系。完善环境公益诉讼制度，对污染环境、破坏生态的行为，有关组织可提起公益诉讼。在建设项目立项、实施、后评价等环节，有序增强公众参与程度。引导生态文明建设领域各类社会组织健康有序发展，发挥民间组织和志愿者的积极作用。

生态文明建设是关系中华民族永续发展的千年大计。必须践行"绿水青山就是金山银山"的理念，坚持节约资源和保护环境的基本国策，坚持节约优先、保护优先、自然恢复为主的方针，坚定走生产发展、生活富裕、生态良好的文明发展道路，建设美丽中国。

思考题：

1. 如何理解法与经济基础的关系？

2. 如何建设社会主义法治经济?

3. 简述社会主义法与道德之间的联系与区别。

4. 简述法与科技的关系。

5. 如何理解"党委领导、政府负责、民主协商、社会协同、公众参与、法治保障、科技支撑"的社会治理体制?

6. 如何建立健全生态环境保护的制度体系和法治体系?

第十三章　中国社会主义立法和法律体系

立法也称法的制定，是指有关国家机关制定、修改、废止规范性法律文件的活动。立法概念有狭义和广义之分。在我国，狭义的立法是指最高国家权力机关即全国人民代表大会及其常委会依照法定权限和程序制定、修改、废止法律的专门活动。广义的立法则还包括其他有关国家机关依照法定权限，制定、修改、废止具有不同效力的规范性文件的活动，包括行政法规、监察法规、地方性法规、民族自治条例和单行条例以及规章等。

第一节　中国社会主义立法的指导原则

立法指导原则是用以指导立法实践活动的，带有根本性、全局性和规律性的理性认识。总结我国立法实践，我国的立法活动要坚持党领导立法、科学立法、民主立法、依法立法的指导原则。

一、党领导立法

加强党对立法工作的领导，完善党对立法工作中重大问题决策的程序。凡立法涉及重大体制和重大政策调整的，必须报党中央讨论决定。党中央向全国人大常委会提出宪法修改建议，依照宪法规定的程序进行宪法修订。法律制定和修订的重大问题由全国人大常委会党组向党中央报告。

做好党领导立法工作，要坚持主要实行政治领导的原则。党通过确定立法工作方针、批准立法规划、提出立法工作建议、明确立法工作的重大问题、加强立法队伍建设等，把握正确的政治方向。

要坚持民主决策集体领导，善于统筹协调不同主张和利益关系，遵循党内重大决策程序规定，集体研究决定立法中的重大问题。要落实党委领导责任。有立法权的地方党委要建立健全立法工作责任制，党委主要负责同志要履行领导立法工作第一责任人职责。要建立健全立法机关党组向党委请示报告制度。立法机关党组要认真履行政治领导责任，在立法工作中发挥好把方向、管大局、保落实的重要作用。

党领导立法必须依靠社会主义法治。要善于把党的主张通过法定程序变为国家意志。要充分发挥立法机关作用，要符合依法执政的要求，正确处理加强党的领导和支持保证立法机关充分行使立法权的关系。除政治方面的立法和重大经济社会方面的立法外，其他立法由立法机关根据法定权限组织起草审议活动。

要坚持依法依规开展工作。党领导立法工作必须在宪法法律范围内进行，不得随意干预甚至替代立法活动。要做好党领导立法工作程序与立法程序的对接，不允许以党内程序代替立法程序。

二、科学立法

科学立法的核心在于尊重和体现客观规律，使法律准确适应改革发展稳定安全需要，公正合理地协调利益关系；同时，要坚持问题导向，切实提高法律的针对性、及时性、系统性、协调性，增强法律的可执行性，使每一部法律法规都切实管用。

法属于社会上层建筑，法的产生和发展是由调整社会关系的客观需要决定的。因此，立法应从一国的基本国情出发，从经济、政治、文化和社会发展的实际情况出发。我们的立法必须坚持从我国社会主义初级阶段的基本国情出发，始终把我国改革开放和社会主义现代化建设的伟大实践作为立法的基础，不断总结实践经验，确立体现中国特色社会主义特征要求、符合我国经济社会发展实际的法律制度。正确认识国情是立法的前提和基础。我国仍处于并将长期处于社会主义初级阶段。我国是一个发展中国家，人口众多，各地经济、政治、文化和社会发展不平衡，生产力水平还比较落后，实现现代化还有很长的路要走，深化改革、扩大开放、促进发展、保持稳定等诸方面都面临极其繁重而艰巨的任务。立法要从社会主义初级阶段这个最大的实际出发，以人民为中心，科学合理地规定公民、法人和其他组织的权利与义务，科学合理地规定国家机关的权力与责任，正确处理好各种利益关系，促进经济、政治、文化和社会的协调发展。要特别注重深入实际，加强调查研究，分析社会生活各方面提出的具体问题。要使制定出来的法律规范，既符合全局的需要，又考虑不同地区的实际情况；既符合长远的发展方向，又切合当前的实际。要坚持立法与经济社会发展进程相适应，区别不同情况作出相应规定，正确处理法律的现实性与前瞻性、原则性与可操作性之间的关系。既要及时把改革的成功经验用法律形式固定下来，又要注意为深化改革留下空间，以发挥法律对于改革开放和社会主义现代化建设的规范、保障、促进和指引作用。

当然，立法也需要研究和借鉴国外的有益经验和人类共同创造的文明成果，但在学习、借鉴国外立法经验时，不能脱离我国的国情和实际，应采取分析、鉴别的态度，从中汲取一些有益、有用的东西，而不能照抄照搬国外的法律制度。

三、民主立法

民主立法的核心在于一切为了人民、一切依靠人民。立法要坚持人民主体原则，以人民为中心，完善立法工作机制，通过座谈、听证、评估、公布法律草案等拓宽公民有序参与立法途径，健全法律法规规章草案公开征求意见和公众意见采纳情况反馈机制，广泛凝聚社会共识。健全立法机关和社会公众沟通机制，开展立法协商。探索建立有关国家机关、社会团体、专家学者等对立法中涉及的重大利益调整论证咨询机制。发挥立法凝聚共识、统一意志、引领公众、推动发展的作用。要努力使每一项立法都符合宪法精神、反映人民意志、得到人民拥护。

充分表达人民的共同意志和利益诉求，是我国社会主义立法的本质特征，也是我国立法必须坚持的基本原则。我国是人民当家作主的社会主义国家。人民当家作主的一个重要方面，就是人民通过各种途径参与国家立法活动。人民群众参与国家立法活动，主要是通过以下两个方面来实现的：一方面，人民群众通过民主选举各级人大代表，由人大代表在参与国家权力机关的立法工作中，反映人民的意见和要求；另一方面，人民群众通过多种途径参与立法活动，直接表达自己的意愿。因此，有关国家机关在立法活动中，要保障人民群众的积极参与，采取各种有效措施，广泛听取人民群众的意见，保证各类法律规范真正体现人民的共同意志、反映人民的根本利益。

立法表达人民的意志和利益，其一，必须坚持全心全意为人民服务的根本宗旨，始终把维护最广大人民的根本利益作为出发点和落脚点；其二，必须坚持以人民为中心，关注民生，注重社会公平，妥善处理好不同利益群体之间的关系，认真解决涉及群众切身利益的矛盾和问题；其三，必须正确处理公共权力与公民权利的关系，切实维护和保障公民、法人和其他组织的正当权益，同时保证公共权力的有效运行；其四，必须坚持走群众路线，充分发扬民主，积极主动地逐步扩大公民的有序参与，通过座谈会、论证会、听证会、公布法律法规草案等多种形式，广泛听取社会各方面尤其是基层群众的意见，使制定的法律法规充分体现人民群众的共同意愿，切实维护最大多数人的利益。

四、依法立法

依法立法体现了立法过程中的法治原则，要求立法必须严格依照立法权限、立法程序，受到立法监督，维护宪法秩序和法制统一。

我国宪法和立法法规定了不同层级的国家机关的立法权限，各有关机关都必须在各自立法权限范围内行使立法权，不能超越法定的权限范围，越权立法。国家机关超越法定权限的越权行为是违法的、无效的。立法必须严格按照宪法、立法法和其他法律所规定的立法程序，不按照立法程序的立法是无效的。为了保证依法立法，必须有严格的立法监督程序，拥有立法监督权的不同国家机关要在自己权限范围内切实履行职权，使备案审查和改变撤销机制在立法监督中发挥重要作用。依法立法要维护宪法的权威和尊严，维护国家法制的统一。宪法是国家的根本法，是一切法律规范的立法基础。宪法确立的基本原则是一切法律规范必须遵循的基本原则。维护宪法秩序，是一切立法活动的最高准则，也是一切立法活动的根本任务。要坚持以宪法为核心和统帅，任何法律、行政法规和地方性法规都不得同宪法相抵触，行政法规不得同法律相抵触，地方性法规不得同法律、行政法规相抵触。在制定各类法律规范时，要从国家整体利益出发，从人民长远、根本利益出发，防止只从地方、部门利益出发的倾向，防止各自为政。

第二节 中国的立法体制

一、统一而又分层次的立法体制

（一）立法体制概述

立法体制主要是指对立法权限进行划分的制度，涉及哪些国家机关，具有什么性质、多大范围的立法权限，以及享有不同性质、不同范围的立法权限的各国家机关之间是一种什么样的关系。立法权限划分包括两个方面：一是中央与地方之间立法权限的划分，二是中央各国家机关之间立法权限的划分。划分立法权限的原则，一般都是由宪法规定的。

由于国情不同，各国的立法体制不尽相同。就中央与地方之间的立法权限划分看，大致可以分为三类：一是一级立法体制，即立法权由中央统一行使，地方不享有立法权。实行一级立法体制的国家，一般都是单一制的国家。二是两级立法体制，即立法权由中央和地方共同行使。实行两级立法体制的国家，一般都是联邦制国家。实行两级立法体制的国家，一般都在宪法中对联邦和州（成员邦）的立法权限作出明确划分。三是一元两级立法体制，即立法权主要掌握在中央；同时，在保证国家法制统一的前提下，允许地方有一定的立法权。实行这种立法体制的，既有联邦制国家，也有单一制国家。一个国家采取什么样的立法体制，是由这个国家的国体、政体、国家结构形式、历史传统以及民族情况等一系列客观因素决定的。

（二）我国现行统一而又分层次的立法体制

我国是统一的、单一制的多民族国家，各地方经济、社会发展很不平衡。与这一国情相适应，在最高国家权力机关集中行使立法权的前提下，为了使法律既能通行全国又能适应各地方千差万别的不同情况，我国确立了统一而又分层次的立法体制，具体包括以下内容。

1. 全国人大及其常委会行使国家立法权，制定法律。

2. 国务院根据宪法和法律制定行政法规。

3. 国家监察委员会根据宪法和法律制定监察法规。

4. 省、自治区、直辖市人大及其常委会在不同宪法、法律、行政法规相抵触的前提下，可以制定地方性法规。设区的市的人大及其常委会根据本市的具体情况和实际需要，在不同宪法、法律、行政法规和本省、自治区的地方性法规相抵触的前提下，可以制定地方性法规，报省、自治区的人大常委会批准后施行。省、自治区的人大常委会对报请批准的地方性法规，应当对其合法性进行审查，同宪法、法律、行政法规和本省、自治区的地方性法规不抵触的，应当在四个月内予以批准。

5. 除自治区人大及其常委会可以制定地方性法规外，民族自治地方（自治区、自治州、自治县）的人大有权依照当地民族的政治、经济和文化的特点，制定自治条例和单行条例，对法律、行政法规的规定作出变通规定。自治区的自治条例和单行条例报全国人大常委会批准后生效，自治州、自治县的自治条例和单行条例报省、自治区、直辖市的人大常委会批准后生效。

6. 经济特区所在地的省、市的人大及其常委会根据全国人大的授权决定，制定法规，在经济特区范围内施行。

7. 国务院各部门可以根据法律和国务院的行政法规、决定、命令，在本部门的权限范围内制定规章。省级人民政府可以根据法律和国务院的行政法规、地方性法规制定规章。设区的市的人民政府，可以根据法律、行政法规和本省、自治区、直辖市的地方性法规，制定规章。

此外，根据"一国两制"的方针，香港、澳门特别行政区基本法规定，香港和澳门两个特别行政区的立法会有权制定法律，报全国人大常委会备案。香港、澳门特别行政区除外交、国防以及其他属于中央政府管理范围的事务不能立法外，有权对特别行政区高度自治范围内的相关事务立法。但特别行政区的立法权是全国人大通过基本法授予的，特别行政区行使此项权力，必须符合基本法的规定，不能超越国家的授权。因此，特别行政区制定的法律必须报全国人大及其常委会备案。

我国的立法体制既是统一的，又是分层次的。从性质上讲，行政法规是对国家法律的补充，地方立法是对中央立法（法律、行政法规）的补充，都是国家法律体系的组成部分。我国之所以实行统一而又分层次的立法体制，是因为：其一，我国是单一制国家，不是联邦制。这就决定我国的立法权必须相对集中于中央。其二，我国实行人民代表大会制度，各级人民代表大会是人民行使国家权力的根本途径。这就决定我国的立法权必须相对集中于国家权力机关。其三，我国地域辽阔，人口众多，各地经济、政治、文化、社会情况不尽相同，特别是少数民族众多，在少数民族聚居的地方实行民族区域自治。这就决定我国的立法不能全部集中在中央，必须给地方、民族自治地方以一定的立法权，以适应各地的不同情况。其四，我国正在实行改革开放，法律尚待进一步完善。这就决定我国的立法权不能完全集中在国家权力机关手中，必须给行政机关一定的立法权，以适应体制改革和对外开放的实际需要。总之，我国现行的立法体制是由各种因素决定的，是适应我国国情和客观实际需要的。

二、立法权限的划分

立法权限是立法机关行使立法权的界限范围。一般来说，立法权是相对于行政权、司法权而言的国家权力，是指有权立法的机关制定、修改、补充、解释或废止法律规范的权力。根据我国的国情并借鉴国外的有益经验，我国立法权限划分采取的做法是，明确列举全国人大及其常委会的专属立法权，同时对其他立法主体的立法权限范围作原则性规定。

党的十八大以来，特别强调立法机制的建设，加快完善法律、行政法规、地方性法规体系，为全面推进依法治国提供基本遵循。要发挥人大及其常委会在立法工作中的主导作用，建立由全国人大相关专门委员会、全国人大宪法和法律委员会参与起草综合性、全局性、基础性等重要法律草案制度；增加有法治实践经验的专职常委的比例；依法建立健全专门委员会、工作委员会立法专家顾问制度；完善法律草案表决程序，对重要条款可以单独表决。要加强和改进政府立法制度建设，完善行政法规、规章制定程序，完善公众参与政府立法机制；重要行政管理法律法规由政府法制机构组织起草；明确立法权力边界，从体制机制和工作程序上有效防止部门利益法律化。对部门间争议较大的重要立法事项，由决策机关引入第三方评估，充分听取各方意见，协调决定，不能久拖不决。要发挥地方立法的积极性，按照"不抵触、有特色、可操作"的要求，从本地的实际出发，在增强地方特色上下功夫；加强对设区的市立法工作的指导和立法工作队伍的建设；明确地方立法权限和范围，保证国家法制的统一。

（一）全国人大及其常委会制定法律的权限

我国是单一制国家，实行人民代表大会制度，全国人大及其常委会在国家立法体制中处于核心地位。《宪法》第五十八条规定："全国人民代表大会和全国人民代表大会常务委员会行使国家立法权。"

1. 国家立法权

全国人大及其常委会的立法权，从性质上讲是国家立法权。国家立法权是立法机关以国家名义制定法律的权力，是独立、完整和最高的国家权力，它集中体现了全体人民的共同意志和根本利益，是维护国家法制统一的根本保障。在单一制国家里，国家立法权只有一个。国家立法权与国务院行政法规制定权不同，后者属于行政立法权，从权力归属上讲，仍是一种行政权，而不是国家立法权。国家立法权与地方性法规制定权也不同，后者属于地方立法权。我国所采用的人民代表大会制度决定了只有全国人大及其常委会有权力、有条件将全体人民的意志和利益集中起来，并通过法定程序上升为法律，成为各级国家机关和全社会共同遵守的规范。全国人大及其常委会以行使国家立法权为基础，在国家政权机关中处于核心地位。

2. 专属立法权

专属立法权是指由特定国家机关行使的、针对特定社会关系制定法律的权力。对属于特定国家机关专属立法权限的事项，其他任何机关非经授权，不得自行立法。为了有利于保证人民当家作主的地位，有利于维护国家统一，有利于建立和维护国内统一市场，根据宪法规定，《立法法》确立了全国人大及其常委会的专属立法权，对只能由全国人大及其常委会制定法律的范围列举了 11 项内容：

（1）国家主权的事项；

（2）各级人民代表大会、人民政府、人民法院和人民检察院的产生、组织和职权；

（3）民族区域自治制度、特别行政区制度、基层群众自治制度；

（4）犯罪和刑罚；

（5）对公民政治权利的剥夺、限制人身自由的强制措施和处罚；

（6）税种的设立、税率的确定和税收征收管理等税收基本制度；

（7）对非国有财产的征收、征用；

（8）民事基本制度；

（9）基本经济制度以及财政、海关、金融和外贸的基本制度；

（10）诉讼和仲裁制度；

（11）必须由全国人民代表大会及其常务委员会制定法律的其他事项。

必须明确的是，划出专属立法事项，只是说明，这些专属事项只能由全国人大及其常委会制定法律，其他国家机关非经授权不得对上述专属事项予以规范。但这并不意味着全国人大及其常委会只能在专属立法权范围内开展立法，对专属立法权之外的其他事项，比如有关教育、科学、文化、卫生、体育、环境保护等社会生活各个方面的事项，全国人大及其常委会仍然可以制定法律。在专属立法权之外，法规先作了规定的，不妨碍制定法律；法律制定后，法规应以法律为准，与法律相抵触的无效。

3. 全国人大立法权限与其常委会立法权限的划分

《宪法》第六十二条、第六十七条对全国人大立法权限与其常委会的立法权限作了划分。

（1）全国人大制定和修改刑事、民事、国家机构的和其他的基本法律。从法律的性质上看，基本法律是对某一类社会关系的调整和规范，它在国家和社会生活中具有全局的、长远的、普遍的和根本的指导意义。从调整的内容看，基本法律所涉及的事项应是公民的基本权利和义务关系、国家经济和社会生活中某一方面的基本关系、国家政治生活各个方面的基本制度、事关国家主权和国内市场统一的重大事项，以及其他基本的和重大的事项。由此可见，基本法律在国家的经济、政治、文化和社会生活中，在社会主义法律体系中都占有特别重要的位置，对基本法律的制定和修改权是最高国家权力，应由全国人大行使。需要说明的是，宪法规定全国人大制定基本法律，并不意味着全国人大不能制定其他法律。《宪法》第六十二条规定，全国人大可以行使"应当由最高国家权力机关行使的其他职权"。这当然包括可以制定非基本法律。

（2）全国人大常委会制定和修改除应当由全国人大制定的法律以外的其他法律。全国人大常委会是全国人大的常设机关，在全国人大闭会期间行使国家立法权。除基本法律以及涉及全国人大权限和工作程序的其他法律外，凡应由法律规定的事项，全国人大常委会都有权立法。

（3）在全国人大闭会期间，全国人大常委会对全国人大制定的法律进行部分补充和修改。由于社会生活的发展变化很快，新情况、新问题不断出现，需要适时对法律进行补充和修改，全国人大因受会期限制而难以做到，因此赋予全国人大常委会该项权力。全国人大常委会对全国人大制定的法律进行补充和修改，必须受到一定限制：其一，只能在全国人大闭会期间进行补充和修改；其二，这种补充和修改必须限于"部分"范围内，即在原有法律的基础上增加部分内容，或对原有法律的部分内容进行修改；其三，这种补充和修改不得同该法律的基本原则相抵触。全国人大如果认为其常委会的补充和修改不适当，有权予以改变或撤销。

（二）国务院制定行政法规的权限

国务院根据宪法和法律，制定行政法规，对执行法律的事项和国务院行政管理职权范围内的事项作出规定。此外，国务院还可以根据全国人大及其常委会的授权决定，对应当制定法律而尚未制定法律的部分事项先制定行政法规，但有关犯罪和刑罚、剥夺公民政治权利和限制人身自由的强制措施和处罚、司法制度等事项除外。具体来说，国务院可以就下列事项制定行政法规。

1. 为执行法律的规定需要制定行政法规的事项

这方面的行政法规主要有三类：一是综合性的实施细则、实施条例和实施办法。二是为实施法律中的某一项规定和制度而制定的专门规定。有些法律中涉及的某些制度或是比较复杂，或是缺少经验，或是发展变化较快，法律只作原则规定，而由国务院作具体规定。三是就法律实施的过渡、衔接问题和相关问题作出的规定。

2.《宪法》第八十九条规定的国务院行政管理职权的事项

《宪法》第八十九条规定了国务院行政管理职权，在此范围内，国务院可以制定行政法规。但并不是《宪法》第八十九条所规定的事项都能制定行政法规，它必须以不侵犯全国人大及其常委会的专属立法权为前提。

3. 全国人大及其常委会授权的事项

根据实际需要，全国人大及其常委会可以决定将其专属立法权领域的部分事项授权国务院制定行政法规，但有关犯罪和刑罚、对公民政治权利的剥夺和限制人身自由的强制措施和处罚、司法制度等事项除外。

授权决定应当明确授权的目的、事项、范围、期限以及被授权机关实施授权决定应当遵循的原则等。

授权的期限不得超过五年，但是授权决定另有规定的除外。被授权机关应当在授权期限届满的六个月以前，向授权机关报告授权决定实施的情况，并提出是否需要制定有关法律的意见；需要继续授权的，可以提出相关意见，由全国人大及其常委会决定。

授权立法事项，经过实践检验，制定法律的条件成熟时，由全国人大及其常委会及时制定法律。法律制定后，相应立法事项的授权终止。

被授权机关应当严格按照授权决定行使被授予的权力。

被授权机关不得将被授予的权力转授给其他机关。

全国人大及其常委会可以根据改革发展的需要，决定就行政管理等领域的特定事项授权在一定期限内在部分地方暂时调整或者暂时停止适用法律的部分规定。

（三）国家监察委员会制定监察法规的权限

根据 2019 年 10 月 26 日第十三届全国人大常委会第十四次会议通过的《全国人民代表大会常务委员会关于国家监察委员会制定监察法规的决定》，国家监察委员会根据宪法和法律，制定监察法规。监察法规的权限包括：

1. 为执行法律的规定需要制定监察法规的事项；

2. 为履行领导地方各级监察委员会工作的职责需要制定监察法规的事项。

（四）制定地方性法规、自治条例和单行条例的权限

1. 地方性法规

地方性法规主要包括三个方面的内容：一是为执行法律、行政法规的规定，需要根据本行政区域的实际情况作具体规定的事项，即实施性立法。二是属于地方性事务需要制定地方性法规的事项，即自主性立法。在坚持国家法制统一的前提下，突出地方特色，对本行政区域内特定的经济、文化、社会管理事项作出规定，如城市管理，本行政区域特有自然环境、文化遗产的保护等。三是对国家尚未制定法律、行政法规的一些事项（上述只能制定法律的事项除外），根据本地区经济社会发展的实际需要，可以先制定地方性法规，即先行性立法。在国家制定的有关法律或行政法规生效后，相关地方性法规同法律或行政法规相抵触的规定无效，制定机关应当及时予以修改或废止。此外，经济特区所在地的省、市的人民代表大会及其常务委员会根据全国人民代表大会的授权决定，可以制定法规，在经济特区范围内实施。设区的市的人民代表大会及其常务委员会根据本市的具体情况和实际需要，在不同宪法、法律、行政法规和本省、自治区的地方性法规相抵触的前提下，可以对城乡建设与管理、环境保护、历史文化保护等方面的事项制定地方性法规，法律对设区的市制定地方性法规的事项另有规定的，从其规定。

2. 自治条例和单行条例

民族自治地方包括自治区、自治州、自治县。根据《宪法》《民族区域自治法》《立法法》的规定，一方面，民族自治地方的人民代表大会有权依照当地民族的政治、经济和文化的特点，制定自治条例和单行条例；另一方面，自治条例和单行条例可以依照当地民族的特点，对法律和行政法规的规定作出变通规定，但不得违背法律或行政法规的基本原则，不得对《宪法》和《民族区域自治法》的规定以及其他有关法律、行政法规专门就民族自治地方所作的规定作出变通规定。

（五）制定部门规章和地方政府规章的权限

1. 部门规章

根据我国《立法法》规定，国务院各部、委员会、中国人民银行、审计署和具有行政管理职能的直属机构，可以根据法律和国务院的行政法规、决定、命令，在本部门的权限范围内，制定规章。部门规章规定的事项应当属于执行法律或者国务院的行政法规、决定、命令的事项。没有法律或者国务院的行政

法规、决定、命令的依据，部门规章不得设定减损公民、法人和其他组织权利或者增加其义务的规范，不得增加本部门的权力或者减少本部门的法定职责。涉及两个以上国务院部门职权范围的事项，应当提请国务院制定行政法规或者由国务院有关部门联合制定规章。

2. 地方政府规章

省、自治区、直辖市和设区的市、自治州的人民政府，可以根据法律、行政法规和本省、自治区、直辖市的地方性法规，制定地方政府规章。设区的市、自治州的人民政府制定地方政府规章，限于城乡建设与管理、环境保护、历史文化保护等方面的事项。没有法律、行政法规、地方性法规的依据，地方政府规章不得设定减损公民、法人和其他组织权利或者增加其义务的规范。

总之，我国立法体制和立法权限的划分，涉及中央与有立法权的地方，党委、人大和政府等方方面面的关系，必须从我国的基本国情出发，充分发挥国家制度和国家治理体系的优势，完善党委领导、人大主导、政府依托、各方参与的立法工作格局，不断提高立法质量和效率，以良法保障善治。

第三节　中国的立法程序

立法程序是指有关国家机关制定、修改和废止法律和其他规范性文件的步骤和方式。立法程序对于正确开展立法活动至关重要。一方面，立法依据法定程序进行，才能保证立法具有严肃性、权威性和稳定性；另一方面，立法程序科学合理与否，直接关系到立法质量的高低。在一个国家内，不同立法主体的立法程序也有所不同。在我国，全国人大及其常委会的立法程序主要分为四个阶段：法律案的提出、法律案的审议、法律案的表决、法律的公布。

一、法律案提出

在我国，依据宪法和有关法律规定，有权向全国人大及其常委会提出法律案的主体包括两个方面：一是国务院、中央军事委员会、最高人民法院、最高人民检察院、全国人民代表大会各专门委员会可以向全国人大及其常委会提出法律案；全国人民代表大会主席团、全国人大常委会可以向全国人大提出法律案，委员长会议可以向常委会提出法律案。二是一个代表团或 30 名以上的代表联名可以向全国人大提出法律案，10 名以上常委会组成人员联名可以向常委会提出法律案。法律案向立法机关提出后，必须经过一定的程序，才能列入会议议程，获得在立法机关进行审议的机会。

二、法律案审议

法律案的审议程序，是立法程序的主体部分，是立法程序中最重要的阶段。依据宪法和有关法律规定，列入全国人大会议议程的法律案，大会全体会议听取提案人关于法律草案的说明后，由代表团审议，并由有关专门委员会进行审议。由于全国人大会议时间较短，法律案在列入全国人大会议议程前，一般都是先由全国人大常委会进行审议、修改，再由全国人大常委会提请全国人大审议。

（一）全国人大常委会审议法律案的方式

根据全国人大常委会议事规则的规定，常委会审议法律案一般采取全体会议、分组会议、联组会议的方式。全体会议是由常委会全体组成人员参加的会议，它是常委会行使职权的基本形式。对法律案的说明、修改意见的汇报、审议结果报告和法律案的表决都是在全体会议上进行的。分组会议是常委会审议法律案的主要形式。分组会议是将常委会组成人员分成若干个小组开会，对法律案的具体审议主要是在分组会议上进行的，所以，分组审议是常委会审议法律案的基础。分组审议时，提案人要派人到会，听取意见，回答询问。常委会根据需要，可以召开联组会议或全体会议，对法律草案的主要问题进行讨论。

（二）审议制度

世界各国审议法律案的制度各有不同。根据《立法法》，我国审议法律案实行三审制。即凡列入常委会会议议程的法律案，一般要经三次常委会会议审议后再交付常委会全体会议表决。需要说明的是，三审制只是一般规定，并不是所有法律草案都必须经过三次审议才能交付表决。各方面意见比较一致的，可以经两次审议后交付表决。只作部分修改的法律案，各方面意见比较一致的，也可以经一次会议审议即交付表决。但是，对于新制定的法律案，即使意见再一致，也至少要经两次审议才能交付表决。此外，在某些特殊情况下，法律案经三次审议后，仍有重大问题需要进一步研究的，可以暂不交付表决，交法律委员会和有关的专门委员会进一步审议，从而使法律案处于搁置状态。经过一段时间的研究、修改后，如果在规定的时间内法律案成熟了，允许继续进入正常审议程序直至法律通过；如果在规定的时间内没有再次提交常委会审议或交付表决的可能，则终止审议。考虑到我国的实际情况，法律案搁置审议满两年的，或因暂不交付表决经过两年没有再次列入常委会会议议程审议的，该法律案终止审议。三审制的建立，有利于提高常委会组成人员审议法律案的质量和水平；同时，由于有了具体审次的规定，也有利于防止法律案的久审不决。

（三）专门委员会审议与统一审议制度

《立法法》规定，列入常委会会议议程的法律案，由宪法和法律委员会或有关专门委员会进行审议。到目前为止，全国人大共设有十个专门委员会，它们在全国人大及其常委会的领导下，研究、审议、拟定有关议案，开展立法、监督等经常性工作。由专门委员会协助常委会对法律案进行审议，这是适应立法活动日益复杂化、专业化需要而建立的制度，对于提高审议质量具有重要意义。我国的具体做法是，向全国人大常委会提出的法律案经常委会会议初次审议后，交由专门委员会审议。我国专门委员会审议法律案的分工是，宪法和法律委员会负责统一审议，有关的专门委员会就有关法律进行审议。具体来说，其他有关的专门委员会只对与之有关的法律案进行审议、提出意见、印发常委会会议；由宪法和法律委员会根据常委会组成人员、有关的专门委员会的审议意见和各方面提出的意见，对法律案进行统一审议，向常委会提出法律草案修改稿和修改意见的汇报、审议结果的报告。

三、法律案表决

法律案经过审议程序后，则进入了表决程序。法律案的表决，就是立法机关组成人员对法律案进行赞成、反对或弃权表态的活动。表决的结果是法律案通过或不通过。可见，表决程序是决定法律案命运的一个至关重要的程序。表决以表决者的立场是否为他人所知，分为公开表决和秘密表决；以表决对象是否完整，分为整体表决和部分表决。此外，有些国家还有全民公决，即由公民直接投票表示对法律案的态度。

按照我国《立法法》规定，全国人大常委会就审议的法律草案的部分条款进行表决，对多部法律中涉及同类事项的个别条款进行修改，一并提出法律案的，经委员长会议决定，可以合并表决，也可以分别表决。法律草案表决稿交付常务委员会会议表决前，委员长会议根据常务委员会会议审议的情况，可以决定将个别意见分歧较大的重要条款提请常务委员会会议单独表决。单独表决的条款经常务委员会会议表决后，委员长会议根据单独表决的情况，可以决定将法律草案表决稿交付表决，也可以决定暂不付表决，交宪法和法律委员会与有关的专门委员会进一步审议。列入常务委员会会议审议的法律案，因各方面对制定该法律的必要性、可行性等重大问题存在较大意见分歧搁置审议满两年的，或者因暂不交付表决经过两年没有再次列入常务委员会会议议程审议的，由委员长会议向常务委员会报告，该法律案终止审议。

我国法律案表决遵循多数原则。法律案经全国人大或全国人大常委会审议后，分别由全国人大会议主席团或委员长会议决定提交全体会议表决，以全体代表或常委会组成人员的过半数通过。对于宪法修正案草案的表决，由全国人大会议以全体代表三分之二以上的多数通过，表决结果由会议主持人当场宣布。在大会或常委会进行表决时，每一代表或常委会组成人员，都只有一票表决权。表决采用投票方式、举手方式或其他方式。

四、法律公布

法律案经立法机关表决通过后便成为法律，但法律的生效还应经过法律的公布程序。若未按法定程序和法定形式予以公布，该法律不具有法律效力。依据宪法和有关法律规定，全国人大及其常委会通过的法律，由国家主席以主席令予以公布。签署公布法律的主席令一般应当具备三项内容：一是制定机关，指全国人大或全国人大常委会；二是通过日期，指全国人大或全国人大常委会表决通过法律的日期；三是施行时间，指法律生效时间。在我国，国家主席签署公布法律，是必经的步骤，以证明该法律已经履行完法定程序，并证明该项法律与立法机关所通过的完全一致。国家主席签署公布法律，是履行宪法赋予的职责。法律一经全国人大或全国人大常委会表决通过，国家主席立即签署公布。与法律的公布不同，全国人大通过的宪法修正案则由大会主席团发布公告予以公布。宪法修正案、法律公布后，要及时在全国人大常委会公报、官网和在全国范围内发行的报纸上刊登。

第四节 中国特色社会主义法律体系

一、法律体系的概念

所谓法律体系，是指一个国家的全部现行法律规范，按照一定的原则和要求，根据法律规范调整对象和调整方法的不同，划分为若干法律门类，并由这些法律门类及其所包括的不同法律规范形成相互有机联系的统一整体。一个国家只有一个法律体系。法律体系的建立与完善，是实行依法治国的前提和基础。

法律体系具有以下特征：

第一，法律体系的性质是由社会制度的性质决定的。一国的法律体系通常是由一个国家在一定的历史发展阶段所形成的。由于各国的政治制度、经济制度、历史文化传统等的不同，它们各自的法律体系必然各具特点，尤其是不同社会制度国家的法律制度必然有本质的不同。当代中国的法律体系属于社会主义的法律体系，是产生于社会主义经济基础并为之服务的上层建筑。我们要建立的是中国特色社会主义法律体系，以体现人民共同意志、维护人民根本利益、保障人民当家作主为根本特征，这是社会主义法律体系与资本主义法律体系的本质区别。

第二，法律体系的内容是由国家的国情决定的。不同社会形态的法律体系并不相同，同一社会形态的法律体系、同一国家同一社会制度在不同历史时期的法律体系也不完全相同。之所以有这些不同，主要原因在于国情的差异。中国社会主义法制建设的现实基础，就是中国仍处于并将长期处于社会主义初级阶段的基本国情没有变。我们要建立的是中国特色社会主义法律体系，必须从我国社会主义初级阶段的实际出发，从我国的基本经济、政治、文化、社会和生态文明及历史传统出发，而不能从主观愿望出发，也不能照搬外国模式。

第三，法律体系的发展是由社会实践的发展决定的。社会实践是法律的基础，法律是实践经验的总结，并随着社会实践的发展而不断发展。生产力发展了，生产关系发展了，社会发展了，法律也要发展，法律体系也要发展。由此可以看出，实践没有止境，法律体系也要与时俱进、不断创新，它必然是动态的、开放的、发展的，而不是静止的、封闭的、固定的，一定阶段所称"法律体系"只能是相对的而不是绝对的。我国社会主义制度和市场经济体制还处于自我完善和不断发展的过程中，因而反映和规范这种制度和体制的法律体系就必然具有稳定性与变动性、阶段性与前瞻性相统一的特点。

二、中国特色社会主义法律体系的基本框架

中国特色社会主义法律体系的形成是中华人民共和国成立以来，特别是改

革开放以来中国共产党带领全党全国各族人民为之奋斗的目标。党的十五大、十六大明确提出，到 2010 年形成中国特色社会主义法律体系，党的十七大进一步提出完善中国特色社会主义法律体系的任务。党的十八大以来，以习近平同志为核心的党中央充分肯定中国特色社会主义法律体系形成是一件了不起的大事，标志着国家生活和社会生活各方面总体上实现了有法可依，为依法治国、建设社会主义法治国家提供了基本遵循。党的十九大再次提出完善以宪法为核心的中国特色社会主义法律体系的任务。

中国特色社会主义法律体系按照调整对象和调整方法的不同，可分为宪法及其相关法、民法商法等法律部门。

（一）宪法及其相关法

宪法是国家的根本法，它规定国家的根本制度和根本任务、公民的基本权利和义务、国家生活的基本原则和社会生活的根本准则，在法律体系中居于核心和统帅的地位，具有最高的法律效力。我国现行宪法是 1982 年颁布施行的。这部宪法是中国共产党正确主张和全国人民共同意志的统一，反映了最广大人民群众的根本利益，适应了改革开放和现代化建设发展的需要，是一部适合我国国情的好宪法。1982 年宪法实施以后，根据国家经济社会的不断发展变化，以及改革开放过程中一些新的经验，采取宪法修正案的形式，先后于 1988 年、1993 年、1999 年、2004 年和 2018 年对宪法作了五次修正，充分体现了解放思想、实事求是的思想路线，以及与时俱进的时代要求，对引领和保障我国社会主义现代化建设具有十分重要的意义。宪法相关法是与宪法相配套、直接保障宪法实施的宪法性法律规范的总和，主要包括四个方面的法律：有关国家机构的产生、组织、职权和基本工作制度的法律；有关民族区域自治制度、特别行政区制度、基层群众自治制度的法律；有关维护国家主权、领土完整和国家安全的法律；有关保障公民基本政治权利的法律。

（二）民法商法

民法商法是规范民事、商事活动的法律规范的总称，调整的是自然人、法人和其他组织之间以平等地位而发生的各种社会关系，可以称为横向关系。近代民法商法的发展，除了运用横向平权的方法之外，当事人的意思自治不得违背法律、公序良俗和绿色标准等国家干预措施起到越来越大的作用。民法商法部门大体可分为民法、商法和知识产权法三个方面的法律。民法是一个传统的法律门类，它所调整的是平等主体的自然人之间、法人之间、自然人与法人之间的财产关系与人身关系，主要包括物权、债权、人格权、婚姻家庭、继承、侵权责任等方面的法律规范。商法是在民法基本原则的基础上适应现代商事活动的需要逐渐发展起来的，主要包括公司、破产、证券、期货、保险、票据、海商等方面的法律规范。知识产权法是调整知识产权的取得、使用、管理和保护所产生的社会关系的法律规范，由于其调整对象不同于物权，而属于智力成果权，属于民事特别法，包括著作权、专利权、商标权、反不正当竞争等方面的法律规范。

编纂民法典是党的十八届四中全会确定的一项重大政治任务和立法任务，是以习近平同志为核心的党中央作出的重大法治建设部署。2020 年 5 月 28 日，十三届全国人大三次会议通过了《中华人民共和国民法典》，这是新中国成立以来第一部以"法典"命名的法律，是一部固根本、稳预期、利长远的基础性法律，在中国特色社会主义法律体系中具有重要地位，是新时代我国社会主义法治建设的重大成果。民法典系统整合了新中国成立七十多年来长期实践形成的民事法律规范，汲取了中华民族五千多年优秀法律文化，借鉴了人类法治文明建设有益成果，是一部体现我国社会主义性质、符合人民利益和愿望、顺应时代发展要求的民法典，是一部体现对生命健康、财产安全、交易便利、生活幸福、人格尊严等各方面权利平等保护的民法典，是一部具有鲜明中国特色、实践特色、时代特色的民法典。

（三）行政法

行政法是规范行政管理活动的法律规范的总称，包括有关行政主体、行政行为、行政程序、行政监督以及国家公务员制度等方面的法律规范。行政法调整的是行政主体与行政管理相对人（公民、法人和其他组织）之间因行政管理活动而发生的法律关系，总体上可以称为纵向关系。在这种管理与被管理的纵向法律关系中，行政主体与行政管理相对人处于不平等的地位，行政行为由行政主体单方面依法作出，不需要双方平等协商。因此，为了正确处理二者关系，保持行政权力与行政管理相对人合法权利的平衡，行政法必须遵循职权法定、程序法定、公开公正、有效监督的基本原则。近代行政法的发展除了运用纵向命令式的方法之外，横向协商的方法也起到越来越大的作用。

（四）经济法

经济法是调整因国家从社会整体利益出发对市场经济活动实行干预、管理、调控所产生的社会关系的法律规范的总称。经济法是在国家干预市场活动过程中逐渐发展起来的一个法律门类，一方面与行政法的联系很密切；另一方面又与民法商法的联系很密切。往往在同一个经济法中既有调整纵向关系的法律规范，又有调整横向关系的法律规范，这些法律规范具有相对的独立性，可以单列为一个法律部门。我国经济法部门可分为行业经济管理法和综合职能管理法两方面法律。行业经济管理法包括农业、林业、畜牧业、工业、贸易、交通等各个产业的法律规范。综合职能管理法包括宏观调控的各个领域，如预算、审计、统计、会计、价格、反垄断、银行、反洗钱、税收、产品质量、计量、标准化等方面的法律规范。

（五）环境资源法

环境资源法是关于保护、治理和合理开发自然资源，保护环境、防止污染和其他公害，维护生态平衡的法律规范的总称。它包括环境污染防治法和资源法两方面法律。环境污染防治法防治噪声污染、大气污染、水污染、土壤污染、放射物污染、固体废弃物污染等，包括防沙治沙、清洁生产促进、气象、野生动物保护等领域的法律规范；资源法包括森林、草原、土地、矿山、能源、水等资源的保护。过去，环境资源法属于经济法和行政法的领域，由于调整对象的特殊性和调整方法的综合性，环境对经济和社会发展的重要性日益突出，环境资源法形成一个独立的法律部门的时机已经成熟。

（六）社会法

社会法是规范劳动关系、社会保障、社会福利和特殊群体权益保障等方面社会关系的法律规范的总称。社会法是在国家干预社会生活过程中逐渐发展起来的一个法律门类，所调整的是政府与社会之间、社会不同部分之间的法律关系。我国社会法部门包括劳动保障法、社会保障法、社会公益与慈善法三个方面的法律。劳动保障法主要包括劳动、劳动合同、工会、就业促进、职业病防治、安全生产等方面的法律规范；社会保障法主要包括社会保险和特殊利益群体权益保障，如残疾人、未成年人、老年人、妇女权利保障等方面的法律规范；社会公益与慈善法包括公益事业捐赠、红十字会、社会救助等方面的法律规范。

（七）军事法

军事法是有关国防和军队建设的法律规范的总称。军事法是中国特色社会主义法律体系的重要组成部分，依法治军、从严治军是强军之基，是建军、治军的基本方略。军事法律部门的形成，对于构建系统完备、严密高效的军事法规制度体系和提高国防和军队建设法治化水平，推进依法治军、依法强军，推动国防管理的科学化、法治化有着重要的作用。我国法律体系中，现行有效的军事法包括以下主要法律文件和规范：《国防法》《兵役法》《现役军官法》《预备役军官法》《军官军衔条例》《军事设施保护法》等，国务院和中央军委联合制定的军事行政法规，以及中央军委制定的军事法规等。

（八）刑法

刑法是规范犯罪、刑事责任和刑事处罚的法律规范的总称。刑法是一个传统的法律门类，与其他法律门类相比，具有两个显著特点：一是所调整的社会关系最广泛。不论哪一方面的社会关系，只要发生了构成犯罪的行为，都受刑法调整。二是强制性最突出。所有法律都有强制性，但都没有刑法严厉。从广义上说，刑法部门不仅包括规范犯罪和刑罚的刑法，还包括预防犯罪、改造犯罪方面的法律规范，如《预防未成年人犯罪法》《监狱法》《社区矫正法》等。

（九）诉讼与非诉讼程序法

诉讼与非诉讼程序法是规范解决社会纠纷的诉讼活动与非诉讼活动的法律规范的总称。我国已经制定了《刑事诉讼法》《民事诉讼法》《行政诉讼法》，分别对三种诉讼活动进行规范。此外，针对海事诉讼的特殊性，制定了《海事诉讼特别程序法》，作为对民事诉讼法的补充。为了处理国与国之间的犯罪引渡问题，制定了《引渡法》，作为对刑事诉讼法的补充。此外，我国还制定了《仲裁法》《劳动争议调解仲裁法》《人民调解法等非诉讼程序法》。

应该指出的是，法律部门的划分是发展的、历史的，不应该也不可能固定不变。适应于一个历史时期的法律部门划分不一定适应于另一个时代，原有的一些部门在新的时代可能失去原有的意义，可能混合了其他部门的调整方法或调整对象，新出现的部门对社会生活的意义可能更大。随着新的科学技术革命，互联网技术、大数据的发展，新的生活方式和思维方式以及调整它们的行为规范正在兴起，这必然对新时代法律部门划分产生深远的影响。法律部门的划分是一个科学研究问题。中国特色社会主义法律体系的形成为研究这一问题奠定了立法基础，也为进一步深入研究创造了条件。只要贯彻百花齐放、百家争鸣的方针，汲取人类法律文化的成果，一定会就这一问题提出符合时代特点、适合中国国情的法律部门划分的理论。

三、完善中国特色社会主义法律体系

中国特色社会主义法律体系的形成并不意味着立法任务已经结束，而是要

不断完善发展。完善中国特色社会主义法律体系，要贯彻立法先行、立改废释并举的方针。一方面，要把握轻重缓急，抓紧研究制定基本的、急需的、条件成熟的法律，特别是在中国特色社会主义法律体系中起支架作用、必不可少的重要法律。对于制定法律的条件尚不够成熟的立法项目，可由国务院先行制定行政法规，待条件成熟时再制定为法律。国务院和有立法权的地方人大及其常委会，要抓紧制定与法律相配套的有关行政法规和地方性法规。另一方面，要坚持立、改、废、释并重，及时修改那些与改革发展形势不相适应的法律法规，并适时进行法律解释，有计划、有重点、有步骤地开展法律的清理和编纂工作，不断拓展法律规范覆盖社会生活的广度，强化法律规范调整社会关系的力度，使法律规范更好地适应经济、政治、文化和社会协调发展的需要。总之，要通过不懈努力，最终建立起门类齐全、结构严谨、内部协调、体例科学的完备的中国特色社会主义法律体系。

当前，完善我国法律体系，要加快重要领域、新兴领域和涉外领域立法，包括：

（一）完善社会主义市场经济法律制度

社会主义市场经济本质上是法治经济。为了使市场在资源配置中起决定性作用和更好发挥政府作用，必须以保护产权、维护契约、统一市场、平等交换、公平竞争、有效监管为基本导向，完善社会主义市场经济法律制度。健全以公平为核心原则的产权保护制度，加强对各种所有制经济组织和自然人财产权的保护，清理有违公平的法律法规条款。创新适应公有制多种实现形式的产权保护制度，加强对国有、集体资产所有权、经营权和各类企业法人财产权的保护。国家保护企业以法人财产权依法自主经营、自负盈亏，企业有权拒绝任何组织和个人无法律依据的要求。加强企业社会责任立法，完善激励创新的产权制度、知识产权保护制度和促进科技成果转化的体制机制。加强市场法律制度建设，加强同民法典相关联、相配套的法律法规制度建设，制定和完善发展规划、投资管理、土地管理、能源和矿产资源、农业、财政税收、金融等方面的法律法规，促进商品和要素自由流动、公平交易、平等使用。依法加强和改善宏观调控、市场监管，反对垄断，促进合理竞争，维护公平竞争的市场秩序。

（二）完善社会主义民主政治法律制度

制度化、规范化、程序化是社会主义民主政治的根本保障。以保障人民当家作主为核心，坚持和完善人民代表大会制度，坚持和完善中国共产党领导的多党合作和政治协商制度、民族区域自治制度以及基层群众自治制度，推进社会主义民主政治法治化。加强社会主义协商民主制度建设，推进协商民主广泛多层制度化发展，构建程序合理、环节完整的协商民主体系。完善和发展基层民主制度，依法推进基层民主和行业自律，实行自我管理、自我服务、自我教育、自我监督。完善国家机构组织法，完善选举制度和工作机制。加快推进反腐败国家立法，完善惩治和预防腐败体系，形成不敢腐、不能腐、不想腐的有效机制，坚决遏制和预防腐败现象。完善惩治贪污贿赂犯罪法律制度，把贿赂犯罪对象由财物扩大为财物和其他财产性利益。

（三）完善社会主义文化建设法律制度

建立健全坚持社会主义先进文化前进方向、遵循文化发展规律、有利于激发文化创造活力、保障人民基本文化权益的文化法律制度。制定文化产业促进法，把行之有效的文化经济政策法定化，健全促进社会效益和经济效益有机统一的制度规范。加强互联网领域立法，完善网络信息服务、网络安全保护、网络社会管理等方面的法律法规，依法规范网络行为。

（四）完善社会主义社会建设法律制度

加快保障和改善民生、推进社会治理体制创新法律制度建设。依法加强和规范公共服务，完善教育、就业、收入分配、社会保障、医疗卫生、食品安全、扶贫、慈善、社会救助，以及妇女儿童、老年人、残疾人合法权益保护等方面的法律法规。加强社会组织立法，规范和引导各类社会组织健康发展。

（五）完善社会主义公共安全和国家安全法律制度

贯彻落实总体国家安全观，加快国家安全法治建设，抓紧出台一批急需法律，推进公共安全法治化，构建国家安全法律制度体系。

（六）完善社会主义生态文明建设法律制度

用严格的法律制度保护生态环境，加快建立有效约束开发行为和促进绿色发展、循环发展、低碳发展的生态文明法律制度，强化生产者环境保护的法律责任，大幅度提高违法成本。建立健全自然资源产权法律制度，完善国土空间开发保护方面的法律制度，制定完善生态补偿和土壤、水、大气污染防治及海洋生态环境保护等法律法规，促进生态文明建设。

（七）完善新兴领域立法

聚焦共享经济、互联网金融、生物科技、人工智能、区块链等新兴领域，尽快出台相关法律法规，引导新模式、新业态、新科技在法治轨道上创新发展，将其可能风险和负面效应降到最低限度。

（八）完善涉外领域立法

聚焦涉外民事、商事、行政、刑事等重要领域，抓紧制定急需的法律法规，加快中国法域外适用的法律体系建设，为依法维护中国的主权、安全和发展利益提供立法保障。

需要强调的是，构建中国特色社会主义法律体系，不能简单地按照外国的法律体系对号入座，不加分析地照搬、照套。由于国情不同，需要用法律手段解决的问题不同，外国有的法律，我们不一定就要制定，外国没有的法律，我们不一定就不需要制定。此外，还要注意处理好法律手段与其他社会调整手段的关系。调整社会关系的手段历来是多种多样的，除法律规范外，还有市场机制、社会习惯、道德规范以及管理经验、科学技术等手段，要充分发挥它们在调整社会关系中的协同和互补作用。

第五节　国内法与国际法的关系

一、国内法与国际法

根据创制和适用的主体不同，可以将法律划分为国际法和国内法两大类。概括地说，国际法是由参与国际关系的国家通过协议制定或认可并适用于国家之间的法律。国际法和国内法是在不同的领域生效和使用的法律，但它们又相互联系、相互渗透、相互制约。一方面，国际法不能任意干预国家在其主权范围内制定的国内法；另一方面，国际法在国内是有法律效力的。为了在国内实施国际法，国际法可以被视为国内法的一部分，或在国内法上作出有关适用的明文规定。国内法的规定不能改变国际法，否则国家应负违反国际法的责任。

关于国际法在国内的适用问题，各国具体做法不同。英国认可所有被普遍或至少为英国所接受的国际惯例本身就是本国法律的一部分，可以被英国法院所遵行，但国际条约并不能直接在英国国内生效，必须经过议会立法将国际条约转化为英国的国内法，才能具有国内法的效力。美国的做法更为复杂。在国际惯例的适用上与英国相似，在国际条约的适用上则有不同。根据美国宪法，美国行政当局代表美国签订的各种国际协定中，只有那些经过美国参议院认可和总统批准的，才能被视为"条约"。而且，美国法院在司法实践中进一步将"条约"分为可以自动执行的和不可以自动执行的两种，只有前者才能在美国国内产生法律效力，成为美国法院审判案件的法律依据；后者要在国内有效力，需要立法机关的立法行动。同时，按照美国法院的判例，任何条约都不能背离美国宪法。法国承认国际惯例在国内有法律效力，但国际条约要经过批准和公布才具有法律的效力，且以缔约他方实施该条约为条件。这样，国际条约在其国内的效力就处于不确定的地位。法国宪法还规定，宪法委员会可以宣告一项国际条约违宪，在这种情况下，要批准或认可该条约，就必须先修改宪法。

我国宪法对国际法与国内法的关系没有直接规定。宪法只对缔结条约的程序作了原则规定：国务院同外国缔结条约和协定；全国人大常委会决定同外国缔结的条约和重要协定的批准和废除；国家主席根据全国人大常委会的决定，批准和废除同外国缔结的条约和重要协定。但国际条约是否可以直接在国内适用，宪法没有规定，只是在有些法律中规定了相关情形。如《民法通则》第一百四十二条规定："中华人民共和国缔结或者参加的国际条约同中华人民共和国的民事法律有不同规定的，适用国际条约的规定，但中华人民共和国声明保留的条款除外。"关于国际惯例在我国的适用问题，《民法通则》规定："中华人民共和国法律和中华人民共和国缔结或者参加的国际条约没有规定的，可以适用国际惯例。"（第一百四十二条）"依照本章规定适用外国法律或者国际惯例的，不得违背中华人民共和国的社会公共利益。"（第一百五十条）但《民法典》和《涉外民事关系法律适用法》对国际惯例在我国的适用问题均没有作出明确规定。

国际法与国内法的关系是一个非常复杂的问题，各国在处理二者关系时，既要履行因参加国际条约而承担的国际义务，又要千方百计维护本国利益。总的来看，各国一般均未明确赋予国际法以高于国内法的效力。进入 21 世纪以来，我国签署和批准的国际条约在内容上发生了很大的变化，最突出的变化是公法性质的国际条约日渐增多。民法商法领域的国际条约多是互利互惠性质的，而公法领域的条约往往意味着对国家的更多挑战。在处理那些可能对国内法律秩序产生重大影响的国际公约的批准问题时，我们既要积极，又要稳妥，要通过国内立法程序把条约要求转化为国内法，并可以根据实际情况对有关国际条约中与国内法相冲突的条款依据该国际条约的规定声明保留。这也是许多国家的普遍做法。

二、国内法与涉外法

涉外法是国家制定的有关涉外领域的法律规范的总称。在涉外领域，改革开放以来，我国制定了外商投资法、海关法、商检法、对外贸易法、涉外民事关系法律适用法、出境入境管理法以及外汇管理条例等一系列骨干性、支撑性的涉外法律法规，在民事、刑事、行政等基本法律中也都规定了专门的涉外条款，为对外开放有序进行提供了法律保障。但也要看到，涉外法律工作还存在不少薄弱环节，对外投资、对外援助、口岸、开发区、领事保护等领域无法可依或法规层级较低，对外贸易、国籍、在华外国人管理等领域的法律法规比较原则笼统，内外资法律法规不尽统一，一些政策性法规缺乏透明度，都制约着对外开放进一步深化。在中国进入更新一轮高水平对外开放的关键节点，必须深入法治研究，完善涉外法律法规和涉外执法实施、监督、保障体系，提升对外开放的制度化、法治化水平。

要坚持统筹推进国内法和涉外法。要加快涉外法治工作战略布局，协调推进国内治理和国际治理，更好维护国家主权、安全、发展利益。要强化法治思维，运用法治方式，有效应对挑战、防范风险，综合利用立法、执法、司法等手段开展斗争，坚决维护国家主权、尊严和核心利益。要推动全球治理变革，推动构建人类命运共同体。

思考题：

1. 当代中国社会主义立法应当坚持哪些指导原则？
2. 立法程序对社会主义法治国家建设的意义表现在哪些方面？
3. 简述当代中国社会主义法律体系的划分原则及其具体表现。
4. 经济全球化对国内法和国际法的关系有什么样的影响？
5. 如何理解加强涉外法治的重要性？

第十四章 中国社会主义法律实施

法律的生命在于实施。法律制定以后，重要的问题是实施，否则法律只能是一纸空文。把立法的要求变成有效的活动，把规定抽象行为模式的法律变成法律关系主体的具体行为，把纸面上的法律变成行动中的法律，就是法律实施的过程。在我国，社会主义法的实施是全面依法治国的重要环节，是实现立法宗旨和目的的具体体现。法律实施的基本形式包括法律执行、法律适用和法律遵守。此外，为了保证法律有效公正实施，还要设置正当法律程序，并依法对法律实施进行监督。

第一节 法律实施的意义

法律实施，也称法的实施，是指法律规范的要求通过法律执行、法律适用、法律遵守等形式或途径在社会生活中得以实现的活动。

在法律运行系统中，法律制定（立法）是法治的起点和前提，而法律实施则是使制定出来的抽象法律规范具体化、将法律要求的可能性变为现实性的动态过程，是法治的落实和归宿。

第一，法律实施是一种社会活动或社会行为，其主要方式是"作为"，即有关主体从事一定活动或实施一定行为，如履行法定义务的行为；其特殊方式是在某些条件下的"不作为"，如不实施违法犯罪的守法行为。

第二，法律实施是依据法律规范所从事的社会活动或社会行为，这种活动或行为会产生一定的法律后果。是否具有法律依据、能否产生法律后果，是实施法律行为与其他社会活动、社会行为的主要区别。

第三，法律实施的主要形式或途径是法律执行、法律适用和法律遵守。此外，法律实施也包括公民和法人等运用法律的行为，如依法理性维权、依法参与管理国家和社会事务等。

第四，法律实施与法律实效既有联系又有区别。法律实施强调的是把法律规范的要求由抽象向具体、由主观向客观转化的过程、方式和路径；法律实效侧重于强调这种转化所产生的实际效果，它是法律实施之后的静态结果。

在全面落实依法治国基本方略、加快建设社会主义法治国家的历史条件下，重视并加强宪法和法律的实施，具有十分重要的意义。法律实施是依法治国的重要内容和重要环节，也是实现立法宗旨和目的的必然要求和具体体现。

一、法律的生命在于实施

对于法律实施的重要性，古今中外有许多思想家、政治家做了论述。古希腊思想家亚里士多德在解释法治的含义时指出："法治应包含两重意义：已成立的法律获得普遍的服从，而大家所服从的法律又应该本身是制定得良好的法律。"① 《盐铁论》中写道："世不患无法，而患无必行之法。"② 汉代王符说过："法令行则国治，法令弛则国乱。"③ 明代张居正深刻地指出："天下之事，不难于立法，而难于法之必行。"④ 清末法学家沈家本认为："法立而不行，与无法等。"⑤ 近代著名思想家梁启超提出："立法非以为观美也，期于行焉。法立而必施，令出而必行。"⑥

新中国成立以后，特别是改革开放以来，我们党和国家高度重视宪法和法律的实施。党的十一届三中全会明确把"有法可依、有法必依、执法必严、违法必究"确定为社会主义法治建设的基本方针。邓小平高度重视法律实施问题，他指出："我们要在全国坚决实行这样一些原则：有法必依，执法必严，违法必究，在法律面前人人平等。"⑦ "不管谁犯了法，都要由公安机关依法侦查，司法机关依法办理，任何人都不许干扰法律的实施。"⑧

1982 年 11 月，彭真在关于宪法修改草案的报告中指出："中国共产党领导中国人民制定了新宪法，中国共产党也将同全国各族人民一道，同各民主党派和各人民团体一道，共同维护宪法尊严和保证宪法实施。宪法通过以后，要采取各种形式广泛地进行宣传，做到家喻户晓。十亿人民养成人人遵守宪法、维

---

① ［古希腊］亚里士多德：《政治学》，吴寿彭译，商务印书馆 1965 年版，第 199 页。
② 《盐铁论·申韩》。
③ 《潜夫论·述赦》。
④ 《请稽查章奏随事考成以修实政疏》，见《张文忠公全集·奏疏三》。
⑤ （清）沈家本：《历代刑法考·附寄簃文存》，中华书局 1985 年版，第 34 页。
⑥ 《梁启超全集》第四册，北京出版社 1999 年版，第 2468 页。
⑦ 《邓小平文选》第二卷，人民出版社 1994 年版，第 254 页。
⑧ 《邓小平文选》第二卷，人民出版社 1994 年版，第 332 页。

护宪法的观念和习惯，同违反和破坏宪法的行为进行斗争，这是一个伟大的力量。"①

党的十五大把依法治国正式确立为党领导人民治理国家的基本治国方略，并强调"依法治国把坚持党的领导、发扬人民民主和严格依法办事统一起来"。党的十六大明确要求，必须"加强对执法活动的监督，推进依法行政，维护司法公正，提高执法水平，确保法律的严格实施……党员和干部特别是领导干部要成为遵守宪法和法律的模范"。党的十七大明确提出要切实"加强宪法和法律实施"。

党的十八大指出，要"更加注重发挥法治在国家治理和社会管理中的重要作用，维护国家法制统一、尊严、权威"。2014年，党的十八届四中全会通过的《中共中央关于全面推进依法治国若干重大问题的决定》，明确提出要形成"高效的法治实施体系"，"健全宪法实施和监督制度"，强调"必须维护国家法制统一、尊严、权威，切实保证宪法法律有效实施，绝不允许任何人以任何借口任何形式以言代法、以权压法、徇私枉法。必须以规范和约束公权力为重点，加大监督力度，做到有权必有责、用权受监督、违法必追究，坚决纠正有法不依、执法不严、违法不究行为"。党的十九大进一步强调，"加强宪法实施和监督，推进合宪性审查工作，维护宪法权威"，"各级党组织和全体党员要带头尊法学法守法用法，任何组织和个人都不得有超越宪法法律的特权，绝不允许以言代法、以权压法、逐利违法、徇私枉法"。党的十九届四中全会进一步提出要健全保证宪法全面实施的体制机制。这对于新形势下坚持全面依法治国，进一步完善法律实施机制，充分发挥法律在治国理政过程中的基础性作用，具有重要意义。

从法理学的角度来看，在依法治国、建设社会主义法治国家的历史条件下，社会主义法律实施包括以下基本内容。

（一）实现人民的共同意志是法律实施的本质

在社会主义条件下，法律制定的本质在于表达人民的共同意志，法律实施的本质则在于实现人民的共同意志。一方面，人民自觉遵守和运用体现人民自己共同意志、维护人民自己根本利益、保障人民自己各项权利的宪法和法律；

---

① 彭真：《关于中华人民共和国宪法修改草案的报告》，载《中华人民共和国宪法》，人民出版社1993年版，第90页。

另一方面，人民政府、人民法院、人民检察院依法办事，严格、公正、高效、权威地执行和适用法律，使体现为宪法和法律的人民共同意志得到尊重和实现。

（二）依法执政是法律实施的根本保障

中国共产党是中国的执政党，坚持党的领导是人民的选择、历史的必然。中国共产党是中国现代化建设事业的领导核心，同时也是中国特色社会主义法治建设的领导力量。依法治国是党领导人民治国理政、管理国家和社会事务、管理经济和文化事业的基本治国方略。因此，法律实施必须坚持党的领导。执政党坚持依法执政、执政为民，既领导人民制定宪法和法律，又领导人民遵守、执行和宣传法律，自己也在宪法和法律范围内活动，带头维护宪法和法律的权威和尊严，从政治上、组织上和思想上切实保证宪法和法律的实施，这是社会主义法治得以实施的根本保障。

（三）严格执法是法律实施的关键环节

严格执法、依法行政是依法治国的重要环节，也是法律实施的关键。我国社会主义法律法规的百分之八十左右是由国家行政机关执行的，国家公务员中近百分之八十是行政机关的公务员。因此，行政机关及其公务员能真正做到依法行政和公正执法，依法治国基本方略的主要内容就得到了落实。行政机关及其公务员应秉持执法为民的社会主义法治精神，认真严格地执行法律法规，做到既不越权，又不失职；既不越位，也不缺位。

（四）公正司法是法律实施的内在要求

从法律实施的角度来看，司法是依法治国的重要环节和法律实施的重要方面，是通过国家审判机关、检察机关、司法行政机关依法独立行使审判权、检察权和执行权，公正、高效地把社会主义法适用于具体案件的活动。公正司法是社会主义法律实施对司法权和司法活动的本质要求，是司法为民的根本体现。公正司法要求人民法院、人民检察院、司法行政机关严格、公正、高效、权威地执行和适用法律，把法律中抽象的规范正确、及时地适用于千差万别的案件，以实现社会公平正义的目的。

（五）全民守法是法律实施的重要条件

遵守宪法和法律是所有公民和组织的宪法义务。公民和组织自觉守法，是社会主义法治对法律实施的最高要求，也是社会主义法律实施的重要条件。我国的宪法和法律是人民共同意志的集中体现。因此，全体公民和社会组织自觉遵守宪法和法律,就是尊重人民自己的共同意志,维护人民自己的根本利益。当然,在社会主义初级阶段,要使守法成为每个公民自觉自愿的选择绝不是一朝一夕就可以实现的,还需要相当长时间的艰苦努力。中国共产党作为执政党带头守法是实现全民自觉守法的前提和保证。因此,各级党和国家机关以及领导干部要带头尊法学法守法用法,提高运用法治思维和法治方式深化改革、推动发展、化解矛盾、维护稳定、应对风险的能力。

二、法律实施是实现立法宗旨和目的的必然要求和具体体现

立法宗旨和目的,通常是指在一定的社会背景下,立法者依据特定的立法指导思想确定的法律所要达到的目标,如促进社会公平正义、保障人权等。比如,《劳动法》的立法目的是"为了保护劳动者的合法权益,调整劳动关系,建立和维护适应社会主义市场经济的劳动制度,促进经济发展和社会进步";《刑法》的立法目的是"为了惩罚犯罪,保护人民"。

在我国,立法是充分发扬民主,通过法定程序把党的主张和人民意志统一起来,上升为国家意志的过程。社会主义法反映了人民通过法律调整社会关系、分配社会利益、实现公平正义的愿望,体现了国家立法机关制定法律的具体目的、根本宗旨和价值追求。

为了确保立法宗旨和目的的实现,需要在法律实施的各个环节都贯彻这种宗旨和目的。比如,在具体司法过程中,适用法律需要一种目的解释的方法。按照这种方法,法官在适用法律时应首先了解立法机关在制定法律时所希望达到的目的,然后以该目的为指导去说明法律的含义,尽量使有关目的得以实现。

第二节　法律执行

一、法律执行的概念

法律执行,又称行政执法,是指国家行政机关及其公职人员依法行使行政管理权、履行法定职责、执行法律的活动。在我国,要做到严格执法、公正执法离不开党的领导和保障。党领导和保证执法是我国执法制度的一个鲜明特色。

法律执行是法律实施的重要组成部分，与其他环节相比，法律执行具有以下特点。

第一，法律执行活动具有主动性。国家行政机关及其公职人员应当依据法律规定，积极主动地履行职责；人民法院适用法律的突出特点是被动性，原则上是事后救济；公民遵守法律在某些领域具有主动性，在某些领域则可能具有被动性。

第二，法律执行内容具有广泛性。由于行政权本质上是管理权和治理权，这就决定了法律执行内容的广泛性。法律执行涉及国家政治生活、经济生活、文化生活、社会生活和环境生态的各个方面，特别是在现代社会，社会事务越来越复杂，行政管理和服务的范围越来越广泛，法律执行对社会生活的影响也越来越深刻。

第三，法律执行活动具有单方意志性。行政法律关系虽然也涉及行政主体与企业、公民等行政管理相对人等多方法律关系，但由于行政主体代表国家行使行政权，其意思表示和处分行为对于该法律关系具有决定性意义。行政主体实施行政行为，只要是在行政法或法律法规授权的范围内，依照法定程序即可自行决定和直接实施，而不必与行政管理相对人协商并征得其同意。

第四，法律执行程序具有效率性。行政主体在法律执行活动中要依照法定程序进行，但它与司法程序不同，法律执行程序强调效率。法律执行要处理诸多紧迫的问题，如果拖延耽搁就会给国家利益、社会公共利益或行政管理相对人的合法权益造成重大损害。因此，在法律执行的程序设计上强调迅速、简便、快捷和效率。

二、法律执行的基本原则

法律执行的基本原则，是指行政执法主体在执法活动中所应遵循的基本准则，主要包括依法行政原则、合理性原则、信赖保护原则、效率原则等。

(一) 依法行政原则

依法行政原则，是指行政机关必须根据法律法规的规定取得、行使行政权力，并对行政行为的后果承担相应的责任。在法治国家，依法行政之"法"不仅包括法律规范，还应包括法律的一般原则、法律精神和法律目的。依法行政包括以下基本内容：

行政主体合法。行政主体必须依法设立并具备相应的资格和条件。该项内容包括行政机关和其他依法行使行政权的组织都必须符合法律规定的主体地位、资格和组织条件。如果进行行政活动的主体不是依法成立的或不具备行政主体资格，其行为不具有法律效力。

行政权的行使合法。行政权的行使必须符合法律法规的规定。行政活动必须有法律法规的依据，否则不得作出影响公民权利与义务的行为；行政主体必须在法定权限范围内活动，越权无效。

行使行政权必须承担相应的责任，权责统一。具体包括：行政主体的职权与职责相统一；行为主体与责任主体相一致；责任与违法相对应，违法必须受追究。

依法行政的本质是依法规范、约束行政权力。具体来说，依法行政是依法治权，依法治官，这是因为：行政权在本质上是一种超越于个人之上的公共力量，具有巨大的规模效益。但行政权是柄双刃剑，既可以成为维护公共利益最有效的工具，也可能成为侵害公民个人权利最厉害的工具。为了保证行政机关既有权又有责，既不越权又不失职，一方面，宪法和法律授予行政机关充分而又必要的行政权力，以确保其能够有效履行职责；另一方面，宪法和法律又明确规定行政机关的责任和对行政权力的制约与监督，以防止行政权力被滥用。

（二）合理性原则

法律执行的合理性原则，是指法律执法中正确行使自由裁量权，所采取的措施、作出的决定合乎理性，符合案件事实、情节、执法对象本身的情况，符合公平的原则。法律设定自由裁量权，旨在使执法机关能够对具体情况作具体分析，既遵守一般要求又体现个别化，按照合理而公正的原则作出正确的选择和判断，从而更加准确地贯彻法律的意图，体现公正的要求。但自由裁量权不等于任意裁量权，同样也要受到制约和监督。

要使执法行为符合合理性的原则，一是权力行使应符合法律赋予该项权力的目的。执法人员必须按照法律设定此项权力的目的行使，从公共利益出发，全面考量法律规定所考虑的因素，充分尊重公民的权利。如果执法权被用于非法目的，就是滥用职权。二是案件与处理结果轻重幅度相当。根据合理性原则，在作出行政处罚等行政行为的过程中，要充分考虑必要、适度、比例、相称的要求。三是类似情况类似处理。如果两个同样情形的案件不能得到同样处理，就会导致当事人失去对行政机关和法律制度的信任。

（三）信赖保护原则

信赖保护原则的具体要求是：由于行政行为具有确定力，行为一经作出，如无法定事由和未经法定程序，就不得随意撤销、废止或改变；对行政管理相对人的授权行政行为作出后，事后即便发现有轻微违法，或产生不利后果，只要该行为不是因相对人过错造成的，也不得撤销、废止或改变；行政行为作出后，如事后发现有较严重的违法情形或可能给国家、社会公共利益造成重大损失，必须撤销或改变此种行为时，行政机关对因撤销或改变此种行为而给无过错的行政管理相对人造成的损失，应给予补偿。

（四）效率原则

法律执行的效率原则，是指在依法行政的前提下，行政机关在对社会提供管理和服务的过程中，应尽可能简捷快速，以尽可能低的成本取得尽可能大的效益，从而获取最大的执法效益。具体有三方面要求：一是提高时间效率，减少工作拖延；二是节约执法成本，以最低的成本投入、资源消耗取得最佳的法律和社会效果；三是提高制度的科学性，减少不合理制度的负面作用。

与国家立法机关、司法机关相比，行政机关更强调效率。执法主体要从保护公民权利和维护国家利益出发，对各种行政事务以及行政管理对人的各项请求及时作出反应。执法主体必须严格按照法定程序和法定时限执法，积极履行法定职责，提高办事效率，既不能借口效率而违反法律规定，也不能以损害行政管理相对人的利益为代价满足效率的需要。效率原则应当建立在合法的基础上，在保证执法质量、公平公正的前提下适用。各执法主体要相互配合、相互协调，保证执法活动有序、正常地进行。

三、行政执法与行政责任

（一）行政执法

行政执法的概念，从不同的角度出发有不同的含义。其一，为了说明现代行政的性质和功能而使用行政执法的概念。从这个角度来看，行政执法基本上等于"行政"。其二，为了区别行政的不同内容而使用行政执法的概念。从这个角度来看，行政执法与"行政立法""行政司法"相区别。其三，作为行政行为的一种特定方式而使用行政执法的概念。从这个角度来看，行政执法主要是指行政监督检查、实施行政处罚、采取行政强制措施等。

（二）行政责任

法治行政是一种责任行政，法律在赋予行政机关权力的同时，也就意味着行政机关应承担相应的责任，有权必有责。政府的权力源于人民的授权，为了确保权力的正确行使，只靠政府官员内在的道德自律是不够的。正如孟德斯鸠所言："一切有权力的人都容易滥用权力，这是万古不易的一条经验。有权力的人们使用权力一直到遇有界限的地方才休止。"① 对政府权力的控制必须依赖于严格的责任体制和监督机制。另外，政府的一切必要开支都源自国家的税收，政府不应为自身谋取任何其他利益，行政权力必须与利益脱钩。

行政责任，是指行政法律关系主体因违反行政法律规范所规定的义务而引起的依法必须承担的法律责任。行政责任具有以下三个主要特点。

第一，承担行政责任的主体是行政主体和行政管理相对人。行政主体享有行政职权，负有实施行政管理的义务；行政管理相对人享有接受行政主体所提供的服务的权利，同时也负有协助和配合行政主体的义务。因此，行政责任不仅包括与行政职权和行政职责紧密联系的行政主体的法律责任，还包括行政管理相对人的法律责任。

第二，产生行政责任的原因是行为人的行政违法。行政责任是行政法律关系主体不履行法定职责和义务，违反行政法律规范所引起的法律后果，它以行政法律职责和义务为基础，没有行政法律职责和义务，也就没有行政责任。

第三，行政责任是行政法上的法律责任。由于行政责任是行政法律关系主体不履行法定职责和义务，违反行政法律规范所引起的法律后果，所以行政法律规范所规定的职责和义务的方式及内容，是追究行政责任的根据。行政责任是对行政违法或行政不当的救济，与犯罪行为及民事违法行为的法律后果有着不同的责任承担方式。

第三节　法　律　适　用

一、法律适用的概念

法律适用即法的适用，是一个有多重含义的概念。本节所称法律适用，是

---

① ［法］孟德斯鸠：《论法的精神》（上册），张雁深译，商务印书馆 1961 年版，第 154 页。

指国家司法机关根据法定职权和法定程序，具体应用法律处理案件的专门活动，即司法。马克思曾经说过："法律是普遍的。……要执行法律就需要法官。如果法律可以自行运用，那么法院也就是多余的了。"① 因此，在法律适用的过程中，法院和法官又是适用法律的主要承担者。

二、法律适用的主要特点

我国《宪法》规定，人民法院是国家的审判机关，依照法律规定独立行使国家审判权；人民检察院是国家的法律监督机关，依照法律规定独立行使国家检察权。人民法院和人民检察院都属于国家司法机关，负有实施国家法律的职责，但人民法院侧重于代表国家通过审理和判决民事、刑事和行政等案件，具体适用法律，实现国家的司法职能；人民检察院侧重于依法履行法律监督职能，通过依法进行侦查、审查批捕、提起公诉、开展对审判和诉讼活动的法律监督、提起抗诉等活动，保证国家法制的统一和法律的正确实施。鉴于上述区别，本节将着重讨论法院行使审判权、适用法律的主要特点。法院进行法律适用活动，有以下几个特点。

（一）权力的专属性

法律适用是司法机关以国家的名义行使司法权的活动。这项权力只能由国家司法机关及其司法人员依法行使，其他任何行政机关、社会团体和个人都不能行使此项权力。因此，司法权是一种专有权，具有专属性和排他性。根据我国《宪法》规定，审判权专属于人民法院，检察权专属于人民检察院。

（二）严格的程序性

法律适用是司法机关严格按照法定程序所进行的专门活动。因此，程序性是司法最重要、最显著的特点之一。目前我国的诉讼程序分为三大类，即审理刑事案件的刑事诉讼程序，审理民事、经济等案件的民事诉讼程序，审理行政案件的行政诉讼程序。这些诉讼程序是保证正确适用法律、实现司法公正的重要条件。

（三）启动的被动性

审判权的行使不是主动介入当事人之间的纠纷，它实行的是事后救济原则。比如，在解决民事纠纷活动中实行"不告不理"原则，在纠纷业已存在并有当事

---

① 《马克思恩格斯全集》第 1 卷，人民出版社 1995 年版，第 180 页。

人愿意将纠纷通过司法途径解决的情况下，审判权在现实中才开始运作。

（四）运作的中立性

与立法权和行政权的运行相比，"司法部门既无强制、又无意志，而只有判断"①。审判权的运作过程实质上是以法律和法理为标准对争议双方的是非曲直进行判断的过程。要确保司法正义，就必然要求审判权在运作时不偏向争诉中的任何一方，并以中立的立场平等地对待双方当事人的权利请求和抗辩主张。法官不应因其他因素影响这种中立性。"法官除了法律就没有别的上司。法官有义务在把法律运用于个别事件时，根据他在认真考察后的理解来解释法律。"② 当然，中立不是要求法官审判时不进行价值选择和是非判断，而是应充分尊重当事人双方的"理由"，站在客观的立场上得出结论。

（五）裁判的权威性

公众对司法的信任来源于裁判结果的公正性。公正的裁判树立了裁判的权威性。裁判的权威性得以成立的原因是：裁判是法院以国家名义行使司法权活动的结果，因而从权力设定上看，具有权威性；审判权的中立性使法院制作的法律文书是在充分考虑争讼双方提供的信息、法律规定及一般社会正义观和公共道德观之后的结果；裁判的公开性增加了其权威的可信度。公开的法律程序、广泛的参与性使正义能够以人们看得见的方式予以实现。

（六）裁判的终局性

维护正义可以有多种途径，但在法治社会中，纠纷进入法定程序后，社会正义的最后一道防线却是司法。一个有效司法制度的重要因素是其裁判的终局性。如果法院已经作出的终局裁判可以随意改变，就会产生无休止的争议，或诱导人们通过非正义或非法律的方式来解决纠纷。这样不仅会削弱法院体系的效率和权威，而且会使通过正常的法定渠道来寻求正义变得不可能，从而引发更多的社会纠纷。

三、法律适用的基本原则

（一）司法为民原则

司法为民是社会主义法治的本质要求，是中国共产党以人为本、执政为民

---

① ［美］汉密尔顿、杰伊、麦迪逊：《联邦党人文集》，程逢如等译，商务印书馆1980年版，第391页。

② 《马克思恩格斯全集》第1卷，人民出版社1995年版，第180—181页。

的执政理念对法律适用的必然要求，是"一切权力属于人民"的宪法原则在司法工作中的具体体现，是司法工作始终保持正确政治方向的重要保证。"人民法院""人民检察院"的称谓表明，社会主义司法机关与资本主义司法机关有着本质区别。"在资本主义社会里，法院主要是压迫机构，是资产阶级的剥削机构。"[①]"十月革命推翻了旧官僚……建立了苏维埃。……把法院变成了人民的法院。"[②] 坚持司法为民原则，是社会主义法治的本质要求，是法律适用的社会主义性质的重要特征。在法律适用过程中坚持司法为民，就是要坚持以人为本，尊重和保障人权，努力做到一切为了人民，一切依靠人民，对法律负责，让人民满意，坚持法律效果与社会效果的统一。人民法院在依法办案时，应怀着对人民群众的深厚情感去落实司法为民的原则，始终把人民群众的冷暖放在心上，诚心诚意地为人民群众排忧解难，让人民群众切实感受到社会主义司法制度的温暖。

（二）依法独立行使职权原则

司法机关依法独立行使职权是司法机关适用法律的一项重要原则。我国《宪法》规定，人民法院、人民检察院分别依照法律规定独立行使审判权、检察权，不受行政机关、社会团体和个人的干涉。人民法院组织法、人民检察院组织法、民事诉讼法、刑事诉讼法和行政诉讼法也作了类似的规定。其基本内容是：国家的司法权只能由国家的司法机关统一行使，其他任何组织和个人都无权行使此项权力；司法机关行使司法权时，必须严格依照法律规定，准确地适用法律。

我国司法机关依法独立行使职权原则与西方"三权鼎立"模式下的"司法独立"有着本质区别。在我国宪法体制下，坚持司法机关依法独立行使职权原则，并不意味着司法机关可以脱离党的领导和人大监督，不受任何约束。恰恰相反，司法机关必须始终坚持党对司法的绝对领导，把党的政策作为司法的指导；要自觉接受人大及其常委会的监督，与其他国家权力互相配合、互相制约，共同维护社会主义法治的尊严、权威和统一。

（三）司法平等原则

司法平等原则是法律面前人人平等原则在司法活动中的具体体现，是适用

① 《列宁全集》第34卷，人民出版社2017年版，第148页。
② 《列宁全集》第36卷，人民出版社2017年版，第14页。

法律的重要原则。正如恩格斯指出的那样："一切官吏对自己的一切职务活动都应当在普通法庭面前遵照普通法向每一个公民负责。"① 在我国，司法平等原则具体地体现为"公民在法律面前一律平等"的原则。它是指各级国家司法机关及其司法人员在行使司法权、处理案件时，对于任何公民，无论其民族、种族、性别、职业、宗教信仰、教育程度、财产状况、居住期限等有何差别，也无论其出身、政治历史、社会地位和政治地位有何不同，在适用法律上一律平等，不允许有任何的特殊和差别。具体表现为：司法机关及其司法人员，对于任何公民的违法犯罪行为，都必须同样地追究法律责任；对于所有诉讼参与人都应当平等地、公平地对待，切实保障诉讼参与人充分行使诉讼权利和履行诉讼义务。这一原则不仅适用于公民个人，也适用于法人和其他各种社会组织。

司法平等原则是我国司法的一项重要原则。实现这一原则，对于切实保障公民在适用法律上的平等权利，反对特权思想和行为，惩治司法腐败行为，维护社会主义法治的尊严、权威和统一，调动广大人民的积极性，都有重要意义。

（四）司法公正原则

司法公正原则是指司法机关及司法人员在司法活动的过程中应坚持和体现公平和正义的原则。司法公正是社会正义的重要组成部分，它包括实体公正和程序公正。实体公正主要是指司法裁判的结果公正，当事人的权益得到了充分的保障，违法犯罪者受到了应有的惩罚和制裁。程序公正主要是指司法过程的公正。司法程序具有正当性，当事人在司法过程中受到公平的对待。司法活动的合法性、独立性、有效性，裁判人员的中立性，当事人地位的平等性以及裁判结果的公正性，都是司法公正的必然要求和体现。

司法公正是司法的生命和灵魂，是司法的本质要求和价值准则。追求司法公正是司法的永恒主题，也是公众对司法的期望。当今中国正在深入推进司法体制改革，其目的就是为了实现司法公正，让人民群众在每一个司法案件中都感受到公平正义，并通过司法公正维护和促进社会公平正义。

（五）司法公开原则

法谚有云，公平正义必须要以看得见的方式实现。司法公开是公正司法的必然要求。司法越公开，就越有权威和公信力。如果司法权运行不公开，或有

---

① 《马克思恩格斯文集》第3卷，人民出版社2009年版，第414页。

选择地公开，司法公信力就无法树立。司法机关要增强主动公开、主动接受监督的意识，完善机制、创新方式、畅通渠道，依法及时公开执法司法依据、程序、流程、结果和裁判文书。除法律规定的情形外，一般都要公开。司法机关要努力做到"以至公无私之心，行正大光明之事"，对公众关注的案件，要提高透明度，让暗箱操作没有空间，让司法腐败无法藏身，让公平正义的阳光照进人民心田。

四、司法权与司法责任

（一）司法权

司法权是对具体争讼的个案通过审理和适用法律确定当事人的权利与义务关系和法律责任的权力。

司法权与立法权有明显区别：一是立法权本质上是人民共同意志的汇集和表达，主要表现为立法、决定、决议等形式。司法权本质上是人民共同意志的贯彻，主要表现为侦查、起诉、抗诉、判决、裁定、（裁判）执行等形式。二是立法权追求的主要价值目标是民主。司法权追求的首要价值目标是公正。三是立法权实行集体行使权力的方式，其制度设计通常为少数服从多数。司法权实行相对独立行使权力的方式，其制度设计通常为侦查机关、审判机关、检察机关、司法行政机关依法独立行使侦查权、审判权、检察权、执行权。

司法权与行政权有明显区别：一是在行使权力的目的上，行政权是实施宪法和法律，事前为社会谋取公共福利；司法权则是事后维护公民与社会组织的权益，维护宪法和法律的权威。二是在行使权力的对象上，行政权总体上是以国家和社会的公共利益为对象，依法作出一般性的行政决策或处理个案；司法权则只能是针对个案，以特定的公民或社会组织以及国家机关为对象，并以至少有两方的争端为前提。三是在行使权力的方式上，行政权是主动执法、主动管理与服务社会，法律规定行政机关应作为而不作为者，就是失职；司法权（主要是指审判权）是被动司法，实行事后救济原则，其受理案件须经利害关系人的请求。四是在行使权力的独立性上，行政机关是按行政层级系统行使职权，实行行政首长负责制，下级服从上级行政机关与行政首长的命令和决定。而司法机关在行使审判权时，则只服从法律，不受任何行政机关、社会团体、公民个人的干涉。上级法院认为下级法院的判决与裁定有错误的，只能按审判监督程序予以纠正，不能未经监督程序随意改变原审的裁决。

（二）司法责任

司法责任，是指司法机关和司法人员在行使司法权过程中侵犯了公民、法人或其他社会组织的合法权益，造成严重后果而应承担的责任。

司法责任是根据权力与责任相统一的法治原则而提出的一个权力约束机制。按照权力与责任相统一的原则，一方面对司法机关和司法人员行使司法权给予法律保障；另一方面，对司法机关和司法人员的违法和犯罪行为给予惩罚。在我国，国家赔偿法、法官法、检察官法等法律确立的司法责任制度，对于实现公正司法和廉洁司法具有重要意义。司法责任的认定，如同其他法律责任的认定一样，必须遵循法治化的归责原则，具体包括三项内容：一是责任法定原则；二是责任相称原则；三是责任自负原则。

党的十八大以来，我国开启了新一轮司法体制改革。新一轮司法体制改革最大的亮点就是建立和完善司法责任制，实行"让审理者裁判、由裁判者负责"的司法责任制，极大地丰富和创新了法律适用的司法责任原则。

第四节　法律遵守

一、法律遵守的概念

法律遵守即守法，是指公民、法人、社会组织、武装力量和国家机关都以法律为行为准则，依法行使权利、履行义务、承担责任的活动。我国《宪法》第五条规定："一切国家机关和武装力量、各政党和各社会团体、各企业事业组织都必须遵守宪法和法律。一切违反宪法和法律的行为，必须予以追究。"第五十三条规定："中华人民共和国公民必须遵守宪法和法律。"《中国共产党章程》明确规定，"模范遵守国家的法律法规"是共产党员的义务。

在守法的法律依据上，这里的"法律"是广义的，既包括宪法、法律、法规、规章等抽象规范性文件，也包括法院判决裁定书、行政机关执法意见书、法律关系主体间签订的合同等具有法律效力的具体法律文书。

在守法的行为主体上，法律遵守既是法律实施的一种重要形式，也是法治的基本内容和要求。法律制定出来以后，除依靠国家机关执行法律、适用法律外，主要依靠全社会的公民、法人、社会组织、武装力量以及国家机关的遵守。因此，遵守法律的主体，即守法主体，既包括公民和法人，也包括社会组织、武装力量和国家机关等。

在守法的行为方式上，这里的"遵守"，既包括不违法、不做法律所禁止的事这类消极被动的、不作为的守法，也包括根据授权性法律规范积极主动地行使自己权利、履行自己义务的积极作为的守法；既包括"不应当做什么"的行为方式，也包括"应当做什么"和"应当怎样做"的行为方式。

二、法律遵守的理由和意义

人们为什么守法？为什么应当守法？人是社会动物，遵守法律、道德等行为规范，是每个人在社会生活中享有安全、自由、平等、权利等的前提。从一般意义上讲，守法主体之所以守法，既可能是出于契约式的利益和信用的需要，也可能是出于文化、信仰、心理或道德上的考虑，还可能是由于惧怕法律的制裁或出于社会、组织等的压力，更可能是以上多种原因综合作用的结果。

在资本主义条件下，工人阶级和广大劳动人民在本质上不可能自觉遵守体现资产阶级意志、保护资产阶级利益的法律。因为"对资产者来说，法律当然是神圣的，因为法律是资产者本身的创造物，是经过他的同意并且是为了保护他和他的利益而颁布的"[1]。但是，"工人有足够的体验，并且十分清楚地知道，法律对他来说是资产者给他准备的鞭子"[2]。"最后，工人将认识到，只要工人对资本家的依赖关系还存在，法律就根本不会改善工人的处境"[3]。因此，工人阶级和广大劳动人民不仅不可能自觉自愿地遵守资产阶级制定的法律，还会以各种方式同这种法律制度进行斗争。

在社会主义条件下，人民从本质上是应当并且能够自愿遵守社会主义法律的。毛泽东在1957年曾经指出："一定要守法，不要破坏革命的法制。法律是上层建筑。我们的法律，是劳动人民自己制定的。它是维护革命秩序，保护劳动人民利益，保护社会主义经济基础，保护生产力的。"[4] 我国社会主义法律是人民自己的法律，是人民利益的"保护神"。正因为这样，人民自觉守法、自觉地依法办事，就是理所当然的事了。总之，人民自觉守法，主要有两个原因：其一，我们的法律，是人民自己的法律，应该自觉地遵守。其二，人人都

① 《马克思恩格斯文集》第1卷，人民出版社2009年版，第462页。
② 《马克思恩格斯文集》第1卷，人民出版社2009年版，第462页。
③ 《列宁全集》第2卷，人民出版社2013年版，第64页。
④ 《毛泽东文集》第七卷，人民出版社1999年版，第197页。

要守法，才能充分发挥社会主义法治的作用。

三、法律遵守的范围和条件

法律遵守的范围，是指守法主体应遵守的法律的种类。这里的"法律"是广义的，不仅包括宪法和全国人大及其常委会制定的法律，而且包括行政法规、地方性法规、行政规章、自治条例和单行条例等其他具有不同法律效力的规范性文件。其中，宪法居于核心地位。守法必须首先遵守宪法，即必须以宪法为根本活动准则，维护宪法的权威，保证宪法的实施。此外，法律关系的有关主体还必须遵守人民法院发生法律效力的判决书和裁定书，遵守国家行政机关依法作出的执法意见书，遵守依法签订的发生法律效力的合同、调解书、仲裁决定等法律文书。

法律遵守的条件包括主观和客观两个方面。主观条件是守法主体的主观心理状态和法律意识水平。通常人们的政治意识、法律意识、道德意识、文化程度等都会对其守法行为产生潜移默化的影响和支配。客观条件是守法主体所处的客观社会环境，如政治状况、经济状况、文化状况、民族传统、国际形势、科学技术的发展等都会对守法行为产生影响。

第五节　法律实施的正当程序

一、法律程序概述

法律程序是指特定主体为完成某一具有法律意义的行为所应遵守的法律过程和方法以及它们相互之间的关系。法律程序的外延较为广泛，包括立法、行政、司法、仲裁和调解程序等，传统上属于政治程序的选举近年来也逐渐被纳入法律程序范畴，成为法学研究的对象。法律程序普遍存在于公私法领域。在私法领域，存在大量的可由当事人在法定范围内约定的程序，如债务清偿程序、财产捐赠程序等；在公法领域，政府只有严格遵守法律设定的顺序和步骤才能作出合法的公权行为。

（一）法律程序的特征

整体来看，法律程序具有如下四重特征。

第一，目标特定，即法律程序的目标在于作出特定的法律性决定。法律程序决定了法律性决定应当按照何种过程和方式被作出。例如，一项仲裁决议的作出应当按照法定的仲裁程序来进行，一部法律的出台应当遵守法定的立法程序。这里的"法律性决定"在内容上可能是实体性的，如行政处罚、行政许可和行政强制措施等；也可能是程序性的，如《立法法》《行政法规制定程序条例》《规章制定程序条例》等。此外，随着执政者法治意识的增强，法律程序被越来越多地用于政治和公共决策的过程当中，因此"法律性决定"也包括政治和公共决策。

第二，主体多元，即法律程序通常由多个法律主体参与其中，通过主体的互动而产生相应的法律性决定。只有单数主体参与的法律程序比较少见，更多时候是由复数主体参与其中并进行互动。例如，仲裁程序是由申请人、被申请人和仲裁员等参与和互动的法律程序；立法、行政和司法等程序所涉及的主体也是多元的，只不过各自的具体称谓不同。这些主体在法律程序中的互动需要遵守时间要求和空间要求。其中，时间要求包括行为的先后顺序和时间长短，前者如在对犯罪嫌疑人定罪之前应当先进行法庭审理，后者如刑事诉讼的最长追诉时效一般为二十年。空间要求包括空间关系和行为方式，前者旨在说明主体及其相互行为的确定性和相关性，如我国《宪法》规定法院"依照法律规定独立行使审判权，不受行政机关、社会团体和个人的干涉"，后者旨在说明行为的表现方式，如刑事判决一般应当公开。

第三，相对中立，即对于法律性决定而言，法律程序具有一定的距离，它并不直接指向某一特定的法律性决定，只是规定其中的顺序和步骤。应当看到，法律程序的中立性并不绝对。从外部来看，法律程序体现和维护的是立法者的意志，立法者可以对其进行价值填充，使其在整体上具有偏向性。从内部来看，参与法律程序的各主体也未必是中立的，例如在司法程序中，除了中立的法官，当事人双方都必然站在自己的立场上。尽管如此，法律程序的中立性仍然有其价值，它可以为当事人建立起相对稳定的预期，降低法律的不确定性给当事人的不利影响。

第四，象征性，即法律程序彰显了一种"看得见的正义"。正义不仅要获得实现，而且要以人们看得见的方式实现。法律程序设定了与法律性决定相关的时空、言行、仪式和器物等，具有仪式性和象征性。除非法律程序本身明显的不公，一般而言，它能增强人们对法律性决定的参与感，提高对法律性决定的接受度。正因为如此，越来越多的人认为程序法和实体法一样重要，具有同等价值。

（二）法律程序的功能

法律程序在现代法治社会发挥着重要的功能，具体包括以下六个方面。

第一，导向功能。为了给程序参与者提供明确的行为指引，法律程序提供了统一的标准模式。人们可以据此展开连续的法律活动，不至于因迷失方向而中断。在出现争议后，针对形式各异的法律诉求，法律程序能够确认与之相应的纠纷解决方案，并在此基础上作出相应的法律性决定。

第二，分工功能。法律程序通过时空要素分配程序角色，明确各方程序参与者的职责。例如，在行政诉讼程序中，法官居中裁判，行使审判权；公民、法人或其他社会组织作为原告，承担推进责任；行政主体作为被告，承担说服责任。

第三，规范功能。法律程序通过时空要素还能规范程序参与者的行为，克服行为的随意性。例如，政府信息公开制度可以督促政府严格依法行政；多层级的审级制度比一审终审更能克服法官司法裁判的随意性。

第四，校正功能。任何程序参与者都不可避免地会犯错误，法律程序也无法彻底消除错误。但是，它可以通过后续程序及时校正偏差，使各方重回法治轨道。例如，受主客观条件限制，政府作出的行政行为难免存在错误，行政复议和行政诉讼程序有助于政府及时发现并纠正错误。

第五，疏解功能。在具体的法律纠纷中，争议双方可能存在严重的冲突和对立。法律程序的存在有助于双方放弃野蛮的暴力对抗，选择相对平和理性的法律程序解决争议。此外，即便一方当事人对经由法律程序产生的决定心怀不满，法律程序本身的中立性也可以疏解这种不满情绪，提高当事人对决定的接受度。

第六，教育功能。当事人在经历过特定的法律程序后，其对法律和法治的理解通常会更加深刻。法律程序具有的仪式性和象征性，可以在潜移默化中增强人们对法律的认可和服从，减少法律在实施中遇到的障碍。

二、正当法律程序

法律程序在现代法治社会意义重大，但并非所有的法律程序都是正当的。法律程序若要真正发挥积极功能，就必须以正当性为前提。"正当法律程序是一种为了限制恣意，通过角色分派与主体互动而进行的，具有理性选择特征的活动过程。"①

（一）正当法律程序的历史演变

在英国，古老的"自然正义"原则蕴含了对正当法律程序的诉求。它包括两项要求：其一，任何人不能审理自己的或与自己有利害关系的案件；其二，任何一方的诉词都要被听取。② 一般认为，1215 年英国《大宪章》最早以书面形式规定了正当法律程序。该宪章第 39 条规定："国王要允诺任何自由人不得被逮捕、监禁、侵占财产、流放或者以任何方式杀害，除非依据与其地位相同的人的合法裁判或者根据国家的法律。"到了 1354 年，在爱德华三世重新颁布的《大宪章》中，明确出现了"法律的正当程序"的表达。爱德华三世第 28 号法令第 3 章规定：未经法律的正当程序进行答辩，对任何财产和身份的拥有者一律不得剥夺其土地或住所，不得逮捕或监禁，不得剥夺其继承权和生命。此后，正当法律程序成为约束权力、保障自由的有力武器。

随着英国在北美殖民地的扩张，正当法律程序原则也陆续出现在北美殖民地的立法当中。1776 年的《弗吉尼亚州宪法》明确规定了正当法律程序。稍晚的《宾夕法尼亚州宪法》规定"任何人都不能被不公平地剥夺自由，除非根据国家的法律，或者与其地位相同的人的裁判"。在此基础上，1789 年美国宪法第五修正案规定："未经法律的正当程序，不得剥夺任何人的生命、自由或财产。"1868 年美国宪法第十四修正案再次重申正当法律程序，以此来约束州政府及其官员。在联邦宪法实施早期，"法律的正当程序"被认为只提供程序上的保障而不涉及实体争议。到了 19 世纪中后期，"法律的正当程序"又被认为包含了对财产权和自然权利的要求，并由此发展出所谓的"实体性正当程序"（substantive due process）理论，和强调程序性保障的"程序性正当程序"（procedural due process）并行不悖。

从 20 世纪 90 年代开始，正当程序的价值和功能成为我国法学理论研究的对象。在各部门法领域，学者们关于正当程序的研究不仅深化了人们对该原则的认识，还推动了实务界对程序价值的关注。正当程序的观念、制度和实际运行，是衡量一个国家法治文明、司法公正、诉讼民主、人权保障程度的重要标志。由于我国在历史上存在"重实体轻程序"的传统，所以正当程序原则的贯

① 张文显主编：《法理学》（第五版），高等教育出版社 2018 年版，第 264 页。
② 参见［英］戴维·M.沃克：《牛津法律大辞典》，李双元等译，法律出版社 2003 年版，第 787 页。

彻和普及对于提高当代中国法治水平具有积极意义。

（二）正当法律程序的基本要求

法律程序的存在只能说明程序参与者的行为需要受到约束，"法律程序"若要升级为"正当法律程序"，需要满足若干基本要求。

第一，法律程序应当是中立的。中立性是正当程序的核心。它要求程序的设计者对于特定程序能否使特定主体获益处于无从知晓的状态。程序的主持者或决定者应当一视同仁，保证各方当事人得到平等武装，确保特定结果的出现是程序本身运作的结果，而非出于任何一方的强势行为。

第二，法律程序应当是分化的。通过功能分化和角色分派，法律程序将决定权分散到不同阶段和不同主体那里，使其互相牵制，避免权力的恣意妄为。例如，在刑事审判程序中，判决不是某一主体任性而为的结果，而是经过立案、侦查、审查起诉、审判和执行等程序而作出的。在这些不同阶段，法官、原告、被告、公诉人、辩护人、代理人等各司其职，降低了权力滥用的可能。

第三，法律程序应当是竞争性的。法律程序的作用之一是为充满冲突和对立的各方当事人提供沟通和对话的平台，它以制度化的方式化解纠纷，减少野蛮的暴力行为。尽管如此，法律程序中仍然充满了竞争和博弈。各方当事人为了说服程序主持者、决定者乃至对方当事人，需要有理有据地陈述己方观点，否则将有可能承受不利后果。诸如举证、质证和交叉辩论等行为，有助于确保程序中立地运行而不被任何一方控制，而且还能提高双方对竞争结果的接受度。

第四，法律程序应当是真实而有效的。法律程序的真实性要求利害相关者能够实质性地参与到程序中，对结果产生相应的影响。具体来说：首先，参与应当是自由的。当事人可以自行决定是否参与程序，行使权利并承担相应后果。其次，参与应当是平等的。当事人应当享有平等的资格和机会发表意见，那些处于分散、孤立或弱势地位的当事人还应当获得特别的帮助。再次，参与应当是及时的。根据事情的轻重缓急，法律通常会设定相应的程序机制，过分延迟或者过分急促的参与都会降低程序的有效性，甚至损害程序的正当性。最后，参与应当是有效的。当事人对程序的参与不能源于执法者的一时兴起，而应当是制度化的。对当事人利益产生实质影响的决定也只能从由其参与的程序中产生。

第五，法律程序应当是公开而透明的。公开意味着各方当事人能够共享作为参与前提的信息资源，意味着程序的进行过程、结果和理由都是透明的。离开了信息支持，当事人无法对法律程序所涉及的事项作出准确判断，甚至会陷入茫然乃至恐慌的心理状态，并最终引发对程序本身和最终结果的质疑。因此，除了少数涉及个人隐私与国家秘密的情形，应当将法律程序置于阳光之下，让所有参与者都能据此明确自己的权利和义务，建立对最终结果的合理预期。

（三）正当法律程序的价值

正当法律程序兼具工具性价值和内在的独立价值，前者指正当法律程序对于获得良好程序结果的有用性，如出台了一部高水平立法、形成了一项科学的行政决策、作出了一份高质量的判决等；后者指正当法律程序因其存在这一事实本身，无须诉诸程序结果便可具有的价值。整体而言，正当法律程序的价值包括以下四个方面。

第一，正当法律程序有利于实现和保障公民权利。首先，正当法律程序要求法律适用过程应当具有同一性，不能随意搞差别对待，从而保障程序参与者的平等权利。其次，只有严格遵守法律程序，当事人才能实际享受到相应的权利，履行相应的义务，纠纷才能得到妥善解决。最后，正当法律程序在多数时候是面向权力主体的，它约束权力主体的过程也是保障公民权利的过程。

第二，正当法律程序是规范和约束权力的有效手段。离开了程序的约束，权力难免会处于野蛮生长的状态，对国家、社会和公民造成巨大破坏。正当法律程序是"把权力关进制度的笼子"的重要方式。它在引导权力造福于民的同时，克制其中存在的滥用倾向，促进权力与权利的平衡、自由与效率的协调。

第三，正当法律程序更能够有效地解决纠纷，提高纠纷解决方案的接受度。现实生活中存在着多种多样的解决纠纷的手段，正当法律程序的优势在于，它能以中立的姿态赢得争议各方的信赖，提高各方对纠纷解决方案的接受度，避免引发新的矛盾和冲突，降低解决纠纷的成本。

第四，正当法律程序是法律权威的保障。在保障法律权威性问题上，国家强制力有时会遭遇刚性有余而弹性不足的困境，有时难以彻底赢得人们的认可。正当法律程序以其不偏不倚的姿态，迎合了人们对公平正义的普遍心理诉求，久而久之可以塑造出一种尊重法律的社会环境，让法律真正在人们心中生根发芽。

三、程序正义

正义包括"实质正义"和"程序正义"两种形式。实质正义表现为结果的正义；程序正义是过程的正义，它的正义性是由程序建立和保证的。在法律领域，程序正义主要指向法律程序的正义性。法律程序是否公正，将在很大程度上决定法治目标能否得到实现。

一般认为，程序正义的理念滥觞于13世纪的英国，但它真正成为法理学的探讨对象是20世纪60年代以后的事情。1971年，美国学者约翰·罗尔斯在《正义论》一书中提出了他的程序正义理论。他认为，程序正义包括三种：纯粹的程序正义、完全的程序正义和不完全的程序正义。[①] 在这三种情形中，完全的程序正义代表了一种理想状态，现实中很难实现；纯粹的程序正义只有公正的程序；不完全的程序正义只有公正的结果。罗尔斯主张，既然完全的程序正义不可得，纯粹的程序正义应当优于不完全的程序正义，从而极大提升了程序正义的地位。在罗尔斯之后，萨默斯、马肖和贝勒斯等人分别提出了关于程序正义的理论，程序及其代表的独立价值逐渐为人们所接受。

关于程序正义的意涵，可以从以下几个方面来把握。

第一，程序正义具有独立的价值。程序不只是实现特定目标的工具，它本身也有独立的价值，有独立的价值评价标准。从"程序产生的结果是公正的"这一事实并不能推导出"程序是公正的"。

第二，程序本身设计得是否科学合理，可以作为衡量程序正义是否得到实现的依据。其中，"科学合理"包括但不限于中立、透明、平等、真实、有效等标准。程序正义终极的价值基础"在于对人的尊严和道德主体地位的尊重"[②]。

第三，程序正义与实体正义可能是相辅相成的关系，例如，行政主体在充分听取各方当事人意见基础上作出的行政决策，通常要比闭门决策的质量更高；但两者之间也可能陷入顾此失彼的境地，比如，在遭受恐怖威胁时对嫌疑恐怖分子坚持刑事正当程序，就可能危及公共安全。如何更好地协调程序正义

[①] 纯粹的程序正义是指，不存在一种判断何为正当结果的独立标准，只存在一种公平的程序，只要程序被人遵守，无论结果如何都是公正的。赌博行为是纯粹的程序正义的代表。不完全的程序正义是指，存在一种判断何为正当结果的独立标准，但相关的程序未必能够实现这一结果。它以刑事审判活动为典型。完全的程序正义是指，既存在一种判断何为正当结果的独立标准，又能设计出保证其实现的程序。"蛋糕等分"案例是这种程序的代表。（参见［美］约翰·罗尔斯：《正义论》，何怀宏、何包钢、廖申白译，中国社会科学出版社1988年版，第80—82页。）

[②] 张文显主编：《法理学》（第五版），高等教育出版社2018年版，第270页。

与实体正义之间的关系，是法治实践和理论的重大课题。

树立和坚持程序正义观念，对于推动法治事业发展具有重要意义，这是因为：

第一，程序正义本身承载了诸多法治的价值。首先，程序正义具有对程序结果的证成功能。在价值多元的时代，任何面向共同体的决策都可能面临正当性疑问。有的时候，由于主客观条件的限制，绝对的实体正义已不可得，程序正义却依然可以凭借其独立的品格赢得各方当事人的拥护，由此产生的程序结果也可以被认为是相对正义的。其次，从结果角度来看，程序正义对于实体正义的实现仍具有积极作用。虽然不能认为坚持程序正义一定能够带来实体正义，但多数时候程序正义对实体正义能起到促进作用。最后，程序正义具有公开、透明的品格，能够为当事人提供稳定的合理预期。这是法治区别于其他治理方式的基本标志，也体现出对人的尊严的承认和尊重。

第二，程序正义设定了实体正义的操作框架，并对其有过滤和补救作用。在法治时代，实体正义的实现已经不能简单地诉诸力量、道德或意识形态的对比关系，而是应当依靠说理、论辩、协商、利益衡量等方式，这些行为又应当被纳入以中立、平等和透明为特征的程序正义框架下。倘若实体正义出现漏洞和不足，同样应当通过程序正义加以补救。例如，法院为语言不通的当事人提供翻译、为有困难者提供法律援助等，都体现出程序正义的补救功能。

第三，实体正义和程序正义共享同一个终极评价标准——人的主体性和尊严。"程序正义与实体正义都应以对人的主体性和尊严的维护和尊重为终极价值，在二者冲突时，对人作为理性主体之尊严的尊重和维护应成为终极判准和衡量尺度。"①

第六节　法律实施的监督

一、法律实施监督的原理

任何权力必须受到制约监督，这是一条亘古不变的公理。在我国社会主义条件下，加强对权力的监督是发展社会主义民主政治、落实依法治国基本方

---

① 张文显主编：《法理学》（第五版），高等教育出版社2018年版，第271页。

略、切实尊重和保障人权的重要内容。加强对权力的监督，根本目的就是要保证国家机关及其公职人员始终坚持全心全意为人民服务的根本宗旨，做到权为民所用、情为民所系、利为民所谋，永远不变质、不变色。

实施法律，尤其是执行法律和适用法律的权力，同样应受到监督。加强对法律实施的监督，是公正、高效实施法律的重要保证。党的十八大以来，习近平十分重视对权力的制约监督，深刻指出："纵观人类政治文明史，权力是一把双刃剑，在法治轨道上行使可以造福人民，在法律之外行使则必然祸害国家和人民。"① 因此，必须加强对权力的制约和监督，"把权力关进制度的笼子"，构建权力制约和监督体系，使之在法律和制度的范围内正确行使，让权力不再任性。"把权力关进制度的笼子"，一是要依法设定权力、规范权力、制约权力、监督权力。二是要加强对权力的监督制约，合理分解权力，科学配置权力，形成科学的权力结构，建立既相互制约又相互协调的权力运行机制，保证行政权、监察权、审判权、检察权得到依法正确行使，保证公民、法人和其他组织合法权益得到切实保障，坚决排除对执法司法活动的干预。

我国法学界对法律实施监督有多种理解。本节采用广义的法律实施监督概念，即指国家机关、政党组织、社会团体和公民个人等，依法对法律执行、法律适用和法律遵守等活动的合法性进行的监督。

法律实施监督的对象，包括法律实施的公权力主体，主要是行政机关、监察机关、审判机关、检察机关。它们在实施法律时是行政权、监察权、司法权等权力的主体，但在监督与被监督的法律关系中，它们则是法律实施监督的对象。法律实施监督的对象也包括法律实施的私权利主体，如公民、法人和社会组织等。法律实施监督的内容，包括法律的制定、执行、适用和遵守的各个环节，贯穿于法律实施的整个过程。

党的十八大以来，习近平提出"要加强党内监督、人大监督、民主监督、行政监督、司法监督、审计监督、社会监督、舆论监督，努力形成科学有效的权力运行和监督体系，增强监督合力和实效"②。经过多年努力，这样一个监督体系已经形成并有效运转。在这个体系当中，各级监察委员会实施的监察监督具有鲜明的中国特色和优势。新中国成立以来，监察主要是行政系统内部的监

---

① 中共中央文献研究室编：《习近平关于全面依法治国论述摘编》，中央文献出版社 2015 年版，第 37—38 页。

② 习近平：《加快建设社会主义法治国家》，《求是》2015 年第 1 期。

督机制，监察机构长期隶属于行政机关。党的十八大以来，中国监察体制改革的一个最关键举措就是在全国范围内，设置独立于立法、行政、司法机关的监察委员会，与纪委合署办公。2018 年，十三届全国人大第一次会议通过的《宪法修正案》和《监察法》就国家监察委员会和地方各级监察委员会的性质、地位、名称、人员组成、任期任届、领导体制、工作机制等作出了专门规定，标志着监察委员会制度的正式创立。根据《宪法》和《监察法》的规定，监察委员会依法对所有行使公权力的公职人员进行监督，实现国家监察全面覆盖。

二、法律实施监督的原则

中国特色社会主义法律实施监督应遵循以下原则：

（一）民主原则

民主的法律实施监督是多元化的、双向的、开放性的，有良好的系统间交互法律实施监督机制和社会法律实施监督机制，监督权最终属于人民。我国实行人民代表大会制度，国家的一切权力属于人民。国家权力机关由人民产生，对人民负责，受人民监督；国家行政机关、监察机关、审判机关和检察机关由人大产生，对人大负责，受人大监督；各级人大常委会按照民主集中制的原则，集体行使监督职权，这是中国特色社会主义法律实施监督最基本的民主特征。

（二）法治原则

法律实施监督中的法治原则，是指法律实施监督主体必须严格按照法律赋予的职权和法律规定的程序，对法律实施监督的客体及其权力行为进行法律监督。具体来讲，有两个方面：一是法律实施监督主体必须在宪法和法律规定的范围内行使法律实施监督权；二是法律实施监督主体必须按照法定程序行使法律实施监督权，避免随意性。实践证明，要增强法律实施监督的准确性、权威性和有效性，必须健全法律体系和法治机制，依法进行法律实施监督活动。

（三）公开原则

实行公开原则，增加透明度，既是对权力进行有效监督的必要前提，也是民主法治发展的必然趋势。社会主义国家的一切权力属于人民，这一本质决定了它应比资本主义国家具有更多的公开性和更大的开放性。实践证明，只有实行公开原则，重大情况让人民知道，重大事情经人民讨论，才能有效地规范权力行为，保证法律的正确实施。

（四）依法独立原则

法律实施监督具有相对独立性，是法律实施监督活动能够有效开展并达到目的的基本条件，也是法律实施监督必须遵循的一条基本原则。具体来讲，有三个方面：一是法律实施监督机构依法设置，任何机关和个人不得违反法律规定任意决定其存废；二是法律实施监督人员依法任命，任何机关和个人都不能随便剥夺其监督权；三是法律实施监督活动依法进行，不受其他任何机关、组织和个人的非法干涉。这种相对独立性之所以必要，是因为权力的行使和运用能实现某种利益，权力行使者出于对自身利益的追求和维护，总是力图摆脱监督，千方百计地对法律实施监督进行干扰。如果法律实施监督不能排除这些干扰而屈服于法律实施监督对象的压力，则法律实施监督活动就无法实施。

（五）效率原则

法律实施监督的效率原则，是指法律实施监督的措施得力、及时和有效。法律实施监督作为一种机制，不仅是对权力行使者的监控和激励，同时也发挥着重要的纠偏、惩戒作用。对法律实施监督得越及时、越有效，就越能更好地防止和减少权力滥用，从而达到维护国家和人民利益的目的。如果法律实施监督不及时，没有效率，它也会失去或淡化自身的价值。

三、法律实施监督的性质和功能

（一）法律实施监督的性质

中国特色社会主义法律实施监督，是在中国共产党的领导下，以人民代表大会制度为基础，以社会主义民主法治为原则，以权力的合理划分与相互制约为核心，依法对法律执行、法律适用和法律遵守等活动进行监视、约束、控制、检查和督促的法律机制。实施法律监督，应围绕国家工作大局，以经济建设为中心，坚持中国共产党的领导，坚持马克思列宁主义、毛泽东思想、邓小平理论、"三个代表"重要思想、科学发展观、习近平新时代中国特色社会主义思想，坚持人民民主专政，坚持社会主义道路，坚持改革开放。

（二）法律实施监督的功能

法律实施监督的功能，集中体现了监督法律实施的制度化、规范化的意义和价值。作为一种制约平衡机制，法律实施监督具有以下主要功能：

保障功能，即通过对法律执行、法律适用和法律遵守等环节的监视、约束、控制、检查和督促，维护社会主义法律制度和法治秩序，保护国家利益和人民群众利益。法律实施监督的保障功能，不仅体现在对国家机关、国家公务人员合法权力、正常活动的保护，而且还体现在对公民、法人和其他社会组织的合法权益的保护，体现在对社会和谐、政治昌明和国家长治久安的维护。

救济功能，即通过法律实施监督机制，使侵权行为的受害人得到补偿。现代社会，政府的职能方式由消极转变为积极，国家机关管理活动的范围不断扩大。一旦国家机关及其公务人员作出违法的或不当的行为，就容易侵犯当事人的合法权利。因此，有必要建立法律监控机制，确保为公民、法人和其他社会组织提供更多、更有效的法律救济。

反馈功能，即通过法律实施监督机制，及时收集、审查、掌控有关违法违纪行为的信息，向国家决策部门反映法治运行的状态、方式、效果和其他相关信息。法律实施监督的过程，实际上是关注社会动态、把握社会重大事项和问题的过程，是上通下达、沟通情报、为国家提供宏观信息和运筹决策的过程。

评判功能，即通过法律实施监督机制，对立法、行政、司法工作以及守法状态进行识别、判定和评价。评判功能在各种法律实施监督形式中都能够得到体现。通过这种法律评判，合法行为得到肯定，非法行为受到匡正。此举对于公权力的正确行使和国家公职人员队伍的纯洁能起到筛选作用，对于公民守法行为的褒扬和违法行为的唾弃能起到引导作用。

协调功能，即通过法律实施监督机制，协调法律行为与立法目的之间的偏差和距离，使社会公平正义的理念能够成为现实。法律实施监督的协调功能，体现在规范和调整各国家机关的权力与职责关系方面；体现在规范和调整中央与地方关系方面；体现在公权力与私权利、国家与社会、政府与公民的协调方面；体现在对各种利益关系和矛盾冲突的协调方面。

预防功能，即通过法律实施监督活动，提高公民的法律意识和法治观念，加强社会预防。法律实施监督促使违法违纪者认识过错、自我谴责、将功补过，使其从被监督和被处罚的教训中得到警示，使一切国家机关和武装力量、各政党和各社会团体、各企业事业组织和全体公民都认识到合法行为与违法行为的界限，从而不仅自觉守法，而且积极与违法犯罪行为作斗争。

思考题：

1. 社会主义法律实施包括哪些基本内容？

2. 简述依法行政原则。

3. 简述司法为民原则。

4. 法律实施监督包括哪些主要功能?

5. 简述法律实施监督的基本原则。

第十五章　全面依法治国，建设法治中国

在当代中国，法治是中国共产党领导人民治理国家的基本方略，是全面建成小康社会的客观需要，是社会文明进步的重要标志，是中国共产党长期执政和国家长治久安的重要保障。法治也是法理学的核心概念。在一般意义上，法治是以民主为前提，以严格依法办事为核心，以确保权力正当运行为重点，以保障人权和维护正义为根本价值的国家和社会治理原则和方式。进入新时代，全面依法治国，建设法治中国已经成为我们的现实任务。2019 年 10 月，党的十九届四中全会通过的《中共中央关于坚持和完善中国特色社会主义制度、推进国家治理体系和治理能力现代化若干重大问题的决定》明确要求"全面推进科学立法、严格执法、公正司法、全民守法，推进法治中国建设"。

第一节　法治的一般原理

要科学把握法治的意涵，全面认识依法治国，必须对法治与人治、法治与法制、法治与德治、法治与治理的关系，对法治思维与法治方式有一个清楚的认识。

一、法治与人治

与法治相对的一个概念是人治。法治和人治问题是人类政治文明史上的一个基本问题，也是各国在实现现代化过程中必须面对和解决的一个重大问题。综观世界近现代史，凡是顺利实现现代化的国家，没有一个不是较好解决了法治和人治问题的。凡是陷入这样那样的"陷阱"，出现经济社会发展停滞甚至倒退局面的，在很大程度上都与该国法治不彰有关。尽管人治的历史要比法治更为久远，但很少有思想家对人治下过定义。人们一般认为，古希腊哲学家柏拉图所主张的"贤人政治"是人治，中国儒家所主张的"为政在人"也是人治。

作为与法治相对的概念，人治是一种依靠领导人或统治者的意志和能力来管理国家和社会、处理社会公共事务的治国方式。它与法治之间存在以下几个

方面的差异。

第一，领导人或统治者的地位不同。领导人或统治者的地位是区别法治与人治的重要标准之一。具体说来，在法治社会中，法律是至高无上的，领导人或统治者都必须服从法律。即使领导人或统治者认为法律有所不妥，在法律未改变之前，也必须遵守法律，而不能违背法律的规定。在人治社会中，领导人或统治者具有超越法律的权力。人治所依赖的是领导人或统治者个人或少数人的智慧和能力，其意志直接就是行动的指南，就是根据；即使有规则，也经常可以被权力拥有者一言以立，一言以废。

第二，法律的地位和作用不同。法治社会奉行法律至上的原则，法律的地位是至高无上的，并且法律既是手段更是目的。法律一旦制定就必须获得全社会的普遍遵守，统治者也不能例外。与此相适应，法律在社会生活中发挥着极为重要的作用，可以说法律成了国家治理社会的主要方式。而在人治社会，由于领导人或统治者具有超越法律的权力，因此法律充其量只是领导人或统治者实现社会统治的工具。在这种情况下，法律的作用经常得不到有效发挥，在法律与权力相冲突的时候，法律只能屈从于权力。

第三，政治和观念基础不同。在现代社会，法治一般是以民主作为政治基础的，并且往往与自由、平等和人权等价值观念相联系。而人治则总是以专制集权作为政治基础，并且一般并不奉行与现代法治相联系的自由、平等、人权等价值观念。

当然，仅从这些区别，我们并不能断定在任何时代人们都会认为法治一定优于人治。人治具有悠久的历史，某些类型的人治甚至曾长期被作为很多社会的理想。只是历史发展到今天，人治的弊端越来越为人们所认识。因此，世界各国都逐步地选择法治，摒弃人治。在现代社会，由于深受民主、自由、人权等现代价值观念的影响，人们普遍相信，法治总体而言要优于人治。法治之所以比人治优越，一是因为法治所依赖的法律比人治所依赖的领导人或统治者的智慧和能力，具有更大的确定性、稳定性，更有利于经济的发展以及社会的长治久安。二是因为法治社会能够更好地保障民主、自由、人权等现代价值观念的实现。需要特别说明的是，我们倡导法治、反对人治并不是要否定人的作用。发挥人的作用不等于人治，否定人治也不是要否定人的作用。法治同样离不开人的作用，甚至在一定意义上比人治更需要人的理性与智慧。因此，不管是人治还是法治，都需要发挥人的作用。

二、法治与法制

"法治"与"法制"是我们经常使用的两个重要的法律术语。法治与法制是有区别的。那么，什么是法制呢？法制的英文是"Legal System"，它一般就是法律制度的简称。法治与法制的主要区别如下。

第一，与权力之间的关系不同。与权力的不同关系，是法治与法制的重要区别。法治强调的是法的统治，奉行法律至上，主张一切权力都要受到法律的制约。法制并不必然包含这样的含义。

第二，产生和存在的时代不同。从严格的意义上讲，现代法治是资产阶级革命的产物，是资本主义时代才产生并建立的，只有在资本主义社会和社会主义社会才存在。而法制是从法律出现以来就产生的。在这个意义上，法制甚至是法律的另一种表述，早在奴隶制社会初期就产生了，它与奴隶制社会、封建制社会、资本主义社会和社会主义社会共始终。

第三，二者与民主、自由和人权等现代价值观念的关系不同。一般说来，法治都是与一定的民主、自由和人权等现代价值观念相联系。在现代社会，民主通常是法治的政治基础，自由和人权则是法治所要保障和维护的价值。而法制与这些价值并没有必然的联系，它既可以为这些价值服务，也可以为反对这些价值的制度服务。

法治与法制之间的联系也是显而易见的。显然，有法制并不一定有法治，但没有法制，却绝对谈不上有法治，任何法治都是以法制为基础建立起来的。当然，法制的含义本身也不是一成不变的，有时人们也可能会在法治的含义上理解法制。

1997年，党的十五大提出了"依法治国，建设社会主义法治国家"的目标，1999年通过宪法修正案，在《宪法》第五条增加一款，作为第一款，规定："中华人民共和国实行依法治国，建设社会主义法治国家。"2018年，我国通过宪法修正案中将"社会主义法制"修改为"社会主义法治"，体现了从"社会主义法制"到"社会主义法治"的历史性转型。虽然这只是一字之差的变化，但却体现了观念上的深刻变革和认识上的巨大变化。

三、法治与德治

在中国先秦时代，儒家和法家发生过有关德治与法治的辩论。当时，人们关注的中心是以德治国和以法治国孰优孰劣的问题。这是人治与法治之争在中国古代的特殊表现。德治在中国传统社会中所指的主要是治国方式，其含义基本有两重：一是指充分重视道德的教化作用，并通过道德的教化与规范作用进行社会管理和国家治理的治国方式。孔子就曾在《论语·为政》中说过："道之以政，齐之以刑，民免而无耻；道之以德，齐之以礼，有耻且格。"二是指充分重视统治者道德的典范意义，并通过这种典范作用来治理国家和管理社会的治国方式。在这个意义上，儒家特别强调政治领袖的个人操守，如《论语·子路》中就有"其身正，不令而行；其身不正，虽令不从"之说。儒家对这种治国理念可以说是坚信不疑的。《孟子·离娄上》曾说："君仁莫不仁，君义莫不义，君正莫不正。一正君而国定矣。"中国传统社会中的德治是通过礼治而得以实现的。"礼"是中国传统社会中以儒家伦理道德作为基础和核心的礼仪规则的总称，它包括礼仪习俗和礼仪制度两个部分。中国传统社会中的德治实质上就是人治，但与人治这个概念相比，德治概念更强调道德对人尤其是统治者约束的重要性以及统治者道德的示范意义。由于德治宣扬道德自律对于社会和国家治理的好处，因而德治实际上非常富有理想主义色彩。这种道德理想主义在中国古代伦理社会确实能够在一定程度上对统治者起到制约作用，但在缺乏外在强制性制约力量的情况下，德治最终很容易蜕变为纯粹的人治。

将法治与德治相比较，我们可以发现二者之间具有重要的区别。首先，行为的基本准则不同。法治社会中的基本准则是法律规范，德治的基本准则是道德规范。其次，冲突的解决方式不同。当法律与道德之间产生冲突时，在法治社会，法律通常具有优先性；在德治社会，道德更容易具有优先性。最后，与人治的关系不同。法治与人治是根本对立的，而德治与人治则具有一定的相通性和一致性。

法治与德治是两种不同的治国方式。由于德治这种治国方式是建立在道德理想主义基础上的，它在实践的过程中很难真正得到实现。因此，从切实可行的角度来说，法治要优越于德治。此外，我们还可以从以下两个因素看法治的优越性：一是法律与道德的差异决定了法律更适合于管理国家和社会，这是法治优于德治的客观基础。道德具有不确定性、多层次性，缺乏外在强制性（主要靠内在的道德和良知发挥作用），这就使其无法成为治国的有效方式。而法律的确定性、外在强制性则可以为治理国家和社会提供明确的准则与强有力的手段。二是现代法治比中国传统德治具有更强的时代性与先进性。现代法治不排斥道德的应有作用，同时又注入了民主、自由、人权等新的价值元素，因此比中国传统的德治更符合时代特性与要求。

需要特别说明的是，道德是非常重要的，在任何时代道德都具有不可替代的作用。没有良好的道德，不仅法治不可能很好地建立起来，而且运行的成本将非常高昂。不仅如此，道德还是法律与法治的伦理基础和正当性根据，很多法律规范本身就是道德的法律化。法治要有效和充分地实现，必须依赖必要的道德基础，否则单纯的法治就会导致社会的灾难。因此，在厉行法治的同时，也必须大力弘扬崇高的道德风尚。特别值得注意的是，我们今天所强调的德治，已经不是中国传统社会德治的含义，更不是要以德治来取代法治，而是要强调高度重视社会主义道德的重要作用，发扬社会主义道德风尚，弘扬社会美德。习近平指出，中国特色社会主义法治道路的一个鲜明特色，就是坚持依法治国和以德治国相结合，强调法治和德治两手抓、两手都要硬。①

四、法治与治理

"治理"一词，中国古已有之，意即政治权力的行为方式以及通过某种途径调节政治权力运行的机制。《荀子·君道》就说："明分职，序事业，材技官能，莫不治理，则公道达而私门塞矣，公义明而私事息矣。"至于现代"治理"概念则始于20世纪90年代的西方公共管理学。西方学者对其定义也是众说纷纭。在诸多定义中，当以全球治理委员会的表述最具代表性和权威性。其在1995年对治理的定义是：治理是或公或私的个人和机构经营管理相同事务的诸多方式的总和。它是使相互冲突或不同的利益得以调和并且采取联合行动的持续的过程。它包括有权迫使人们服从的正式机构和规章制度，以及种种非正式安排。②

作为现代公共管理科学的"治理"概念与更早为现代世界所关注的"法治"概念之间是何关系，从现代"治理"概念被提出时起，就受到了公共管理学者和法学学者的高度关注。他们对于二者之间的关系，具有以下几点基本的认知：

第一，法治为社会力量参与治理提供制度基础。制度供给在治理行政中具

---

① 参见《习近平在中国政法大学考察》，《人民日报》2017年5月4日。
② 参见俞可平主编：《治理与善治》，社会科学文献出版社2000年版，第270—271页。

有重要地位，它决定着社会力量进入社会公共管理的方式和程度。制定相关的法律制度是制度供给中的主要部分。法律制度是社会力量介入公共管理的基础与依据。

第二，法治为政府的治理行为提供基本规范。政府本身的治理行为应该具有法律的制度依据，同时它应当也可以依据法律和规章制度，对其他治理主体的行为进行监督、仲裁甚至惩罚。这既是让政府在治理中发挥其应有的效用，也是法治对于政府行为的规范与约束。

第三，法治为治理行政与行为提供程序保障。如果我们把行政分为治理行政和专制行政，就可以认为治理行政需要法律提供必要的程序保障。治理行政中的程序是极为重要的，它包括程序的制度化以及公开透明，对于各种社会力量的一视同仁与公平对待。法律为治理提供最为严密和严明的程序。

第四，法治为治理的良性推进提供救济路径。政府官员及其权力的运行并非都是理性的。为此就要运用法律对政府官员的非理性行为进行约束，在社会力量遭受政府不公正对待时为其提供救济措施，以确保公共管理的科学性和合法性。

第五，法治保证治理的服务本质。现代政府应当是法治政府，同时也应当是服务型政府。政府的治理应当体现出其服务的本质，但是政府又常常在经意不经意之中背离自己应有的服务性质。如何保证政府始终具有服务的本质，确保政府始终是服务型政府，是现代法治的重要使命。

我们要深刻认识，坚持全面依法治国，建设社会主义法治国家，切实保障社会公平正义和人民权利是我国国家制度和国家治理体系的显著优势。全面依法治国为中国之治提供制度根基，我们必须在法治轨道上推进国家治理体系和治理能力现代化。加强和创新社会治理，完善党委领导、政府负责、民主协商、社会协同、公众参与、法治保障、科技支撑的社会治理体系，建设人人有责、人人尽责、人人享有的社会治理共同体，确保人民安居乐业、社会安定有序，建设更高水平的平安中国。

第二节　全面依法治国的政治方向

一、坚持党的领导

中国共产党的领导是中国特色社会主义最本质的特征，是社会主义法治最根本的保证。把党的领导贯彻到依法治国的全过程和各方面，是我国社会主义法治建设的一条基本经验。

我国宪法确立了中国共产党的领导地位，坚持党的领导，是宪法的根本要求，是依宪治国、依宪执政的根本体现，是党和国家的根本所在、命脉所在，是全国各族人民的利益所系、幸福所系，是全面推进依法治国的题中应有之义。"坚持中国特色社会主义法治道路，最根本的是坚持中国共产党的领导。依法治国是我们党提出来的，把依法治国上升为党领导人民治理国家的基本方略也是我们党提出来的，而且党一直带领人民在实践中推进依法治国。全面推进依法治国，要有利于加强和改善党的领导，有利于巩固党的执政地位、完成党的执政使命，决不是要削弱党的领导。"[1]

党的领导和社会主义法治是一致的，社会主义法治必须坚持党的领导，党的领导必须依靠社会主义法治。只有在党的领导下依法治国、厉行法治，人民当家作主才能充分实现，国家和社会生活法治化才能有序推进。坚持党的领导是法治的根本保证。

习近平以敏锐的洞察力，旗帜鲜明地指出党与法的关系不能归结为"党大还是法大"这个似是而非的问题，"'党大还是法大'是一个政治陷阱，是一个伪命题"[2]。其要害是把厉行法治和党的领导对立起来，从"法治"问题上打开缺口，达到搞乱人心、颠覆党的领导、破坏社会主义法治的目的。我们要看清这里面暗藏的玄机，识破其制造"政治陷阱"的本质，保持中国特色社会主义法治道路的政治定力和思想定力。

二、坚持以人民为中心

全面依法治国必须坚持"以人民为中心"。全面依法治国最广泛、最深厚的基础是人民，必须坚持为了人民、依靠人民。要把体现人民利益、反映人民意愿、维护人民权益、增进人民福祉、促进人的全面发展作为法治建设的出发点和落脚点，落实到全面依法治国各领域全过程；保证人民在党的领导下，依照法律规定，通过各种途径和形式管理国家事务，管理经济和文化事业，管理

---

[1] 中共中央文献研究室编：《习近平关于全面依法治国论述摘编》，中央文献出版社 2015 年版，第 27 页。

[2] 中共中央文献研究室编：《习近平关于全面依法治国论述摘编》，中央文献出版社 2015 年版，第 34 页。

社会事务；以法治来激励和保护人民的积极性、主动性、创造性，增强社会发展活力，确保人民安居乐业、社会安定有序；恪守以民为本、立法为民理念，使每一项立法都贯彻社会主义核心价值观、符合宪法精神、反映人民意志、得到人民拥护；坚持执法司法为人民，依靠人民推进公正执法司法，通过公正执法司法维护人民权益；做到法律为人民所掌握、所遵守、所运用，增强全社会尊法学法守法用法的自觉意识。

"以人民为中心"主要体现为三条基本原则。

一是以人民权利为本位，以保护和保障人权和公民权利为目的。法治的真谛在于对人权和公民权利的确认和保障，社会主义法治的根本宗旨在于尊重和保障人权和公民权利。这也是现代法治国家的本质特征，是建设法治中国的强大动力。习近平指出："推进全面依法治国，根本目的是依法保障人民权益。"[1] 要保证人民依法享有人身权、人格权、财产权、信息权、婚姻自主权、继承权、诉讼权等广泛的权利和自由，保障人民平等参与、平等发展的权利。

二是以公平正义为法治的生命线，把公平正义作为融贯法治实践的核心价值。习近平指出："公平正义是我们党追求的一个非常崇高的价值，全心全意为人民服务的宗旨决定了我们必须追求公平正义，保护人民权益、伸张正义。全面依法治国，必须紧紧围绕保障和促进社会公平正义来进行。"[2] "全面深化改革必须着眼创造更加公平正义的社会环境，不断克服各种有违公平正义的现象，使改革发展成果更多更公平惠及全体人民。"[3] "牢牢把握社会公平正义这一法治价值追求，努力让人民群众在每一项法律制度、每一个执法决定、每一宗司法案件中都感受到公平正义。"[4] 公平正义的法律价值在立法层面主要体现为权利平等、机会平等、规则平等，在法律实施层面集中体现为法律面前人人平等。

三是要积极回应人民群众新要求新期待，把不断满足人民对美好生活的需要、促进民生改善作为法治工作的着力点，倾听群众呼声，反映群众愿望，回

---

[1] 《习近平在中央全面依法治国工作会议上强调　坚定不移走中国特色社会主义法治道路　为全面建设社会主义现代化国家提供有力法治保障》，《人民日报》2020 年 11 月 18 日。

[2] 中共中央文献研究室编：《习近平关于全面依法治国论述摘编》，中央文献出版社 2015 年版，第 38 页。

[3] 习近平：《切实把思想统一到党的十八届三中全会精神上来》，《人民日报》2014 年 1 月 1 日。

[4] 习近平：《加强党对全面依法治国的领导》，《求是》2019 年第 4 期。

应群众诉求，抓住民生领域实际问题做好法治应对和权利保障。要系统研究谋划和解决法治领域人民群众反映强烈的突出问题，不断增强人民群众主体感、获得感、幸福感、安全感、公平感。

三、坚持习近平法治思想指导

2020年11月，中央全面依法治国工作会议正式提出"习近平法治思想"，并将习近平法治思想确立为全面依法治国的指导思想和根本遵循。党的十八大以来，习近平高度重视全面依法治国，亲自谋划、亲自部署、亲自推动。在这一过程中，习近平创造性提出了关于全面依法治国的一系列新理念新思想新战略，形成了内涵丰富、科学系统的思想体系，为建设法治中国指明了前进方向，在中国特色社会主义法治建设进程中具有重大政治意义、理论意义、实践意义。习近平法治思想从历史和现实相贯通、国际和国内相关联、理论和实际相结合上深刻回答了新时代为什么实行全面依法治国、怎样实行全面依法治国等一系列重大问题，是顺应实现中华民族伟大复兴时代要求应运而生的重大理论创新成果，是马克思主义法治理论中国化最新成果，是习近平新时代中国特色社会主义思想的重要组成部分，是全面依法治国的根本遵循和行动指南。

习近平法治思想内涵丰富、论述深刻、逻辑严密、系统完备。就其主要方面来讲，是习近平在2020年11月召开的中央全面依法治国工作会议上的重要讲话中所概括的"十一个坚持"：坚持党对全面依法治国的领导；坚持以人民为中心；坚持中国特色社会主义法治道路；坚持依宪治国、依宪执政；坚持在法治轨道上推进国家治理体系和治理能力现代化；坚持建设中国特色社会主义法治体系；坚持依法治国、依法执政、依法行政共同推进，法治国家、法治政府、法治社会一体建设；坚持全面推进科学立法、严格执法、公正司法、全民守法；坚持统筹推进国内法治和涉外法治；坚持建设德才兼备的高素质法治工作队伍；坚持抓住领导干部这个"关键少数"。

坚持习近平法治思想作指导，是全面依法治国伟大实践的要求，也是中国共产党提高依法执政能力、推进国家治理体系和治理能力现代化、建设社会主义现代化强国、实现中华民族伟大复兴在法治意义上的行动指南。

四、坚持中国特色社会主义法治道路

中国特色社会主义法治道路是中国特色社会主义道路在法治领域的具体体

现。习近平指出："中国特色社会主义法治道路，是社会主义法治建设成就和经验的集中体现，是建设社会主义法治国家的唯一正确道路。"① "全面推进依法治国，必须走对路。如果路走错了，南辕北辙了，那再提什么要求和举措也都没有意义了。全会②决定有一条贯穿全篇的红线，这就是坚持和拓展中国特色社会主义法治道路。中国特色社会主义法治道路是一个管总的东西。具体讲我国法治建设的成就，大大小小可以列举出十几条、几十条，但归结起来就是开辟了中国特色社会主义法治道路这一条。"③ "在坚持和拓展中国特色社会主义法治道路这个根本问题上，我们要树立自信、保持定力。走中国特色社会主义法治道路是一个重大课题，有许多东西需要深入探索，但基本的东西必须长期坚持。"④

如何准确把握中国特色社会主义法治道路？习近平高屋建瓴，将中国特色社会主义法治道路凝练为"三个核心要义"，指出：坚持党的领导、坚持中国特色社会主义制度、贯彻中国特色社会主义法治理论，"这三个方面实质上是中国特色社会主义法治道路的核心要义，规定和确保了中国特色社会主义法治体系的制度属性和前进方向"⑤。所谓"要义"，就是实质性、本质性意义，就是精髓、决定性要素。在"要义"前面再加上"核心"二字，更凸显出坚持党的领导、坚持中国特色社会主义制度、贯彻中国特色社会主义法治理论这三个方面对于中国特色社会主义法治道路所具有的决定性意义。在三个核心要义中，党的领导是根本，中国特色社会主义制度是基础，中国特色社会主义法治理论是指导思想和学理支撑。正是这三个核心要义，明示了中国特色社会主义法治道路的基本内涵和基本内容，确定了中国特色社会主义法治道路的根本性质和根本要求，描绘出了这条道路的鲜明特征和鲜明标识。深入理解、全面把握这三个核心要义，对于坚持中国特色社会主义法治道路、全面依法治国、建设法治中国具有方向性、战略性、全局性意义。由于坚持党的领导和贯彻中国特色社会主义法治理论在前面已有专门论述，故在此着重论述坚持中国特色社

① 中共中央文献研究室编：《习近平关于全面依法治国论述摘编》，中央文献出版社 2015 年版，第 24 页。
② 此处的"全会"指党的十八届四中全会。
③ 习近平：《加快建设社会主义法治国家》，《求是》2015 年第 1 期。
④ 习近平：《加快建设社会主义法治国家》，《求是》2015 年第 1 期。
⑤ 中共中央文献研究室编：《习近平关于全面依法治国论述摘编》，中央文献出版社 2015 年版，第 23 页。

会主义制度。

"我国社会主义制度保证了人民当家作主的主体地位，也保证了人民在全面推进依法治国中的主体地位。这是我们的制度优势，也是中国特色社会主义法治区别于资本主义法治的根本所在。"[①]

坚持中国特色社会主义制度，一要坚持中国特色社会主义政治制度，即坚持工人阶级领导的、以工农联盟为基础的人民民主专政；坚持中国共产党的领导；坚持人民代表大会制度，坚持中国共产党领导的多党合作和政治协商制度、民族区域自治制度、基层群众自治制度；坚持并不断发展多层面、多样化的具体民主制度。二要坚持中国特色社会主义基本经济制度，即公有制为主体、多种所有制经济共同发展，按劳分配为主体、多种分配方式并存，社会主义市场经济体制等社会主义基本经济制度。我国的基本经济制度，既体现了社会主义制度优越性，又同我国社会主义初级阶段社会生产力发展水平相适应，是党和人民的伟大创造。坚持社会主义基本经济制度，就是要把社会主义法治建立在牢固的社会主义经济基础之上，为社会主义经济建设，进而为政治建设、文化建设、社会建设、生态文明建设和全面建设社会主义现代化国家保驾护航。

就法治和政治的紧密关联度而言，建设社会主义法治国家最重要的是坚持人民代表大会制度。坚持人民代表大会制度，就是不搞"三权鼎立"和西方的"议会民主"，不搞多党竞选、轮流执政，而是坚持中国共产党唯一执政和长期执政，坚持中国共产党领导的多党合作和政治协商制度不断拓展民主制度。

五、坚持中国特色社会主义法治道路必须遵循的重要原则

坚持中国特色社会主义法治道路，必须遵循一系列重要原则。

第一，坚持党的领导，坚持依法执政。党的领导与依法治国本来就应当是高度统一的。只有坚持党的领导，把党的领导贯彻到依法治国的全过程和各方面，才能顺利推进全面依法治国，只有全面依法治国，党的领导才能得到科学实现。在依法治国中，坚持党的领导的最好方式和基本方式，就是党的依法执政。依法执政对中国共产党提出了明确的要求：一是党要依据宪法法律治国理

[①]　中共中央文献研究室编：《习近平关于全面依法治国论述摘编》，中央文献出版社 2015 年版，第 28 页。

政，二是要依据党内法规管党治党。首先，党作为执政党，治国理政是其必须担负的重任。如何治国理政，回答是明确而肯定的，依据宪法法律进行。其次，党自身有一个建设问题，也就是我们所说的党建问题。那就是要依据党内的法规管党治党。中国共产党应当成为一个既遵守宪法法律，又遵守党规党纪的党，一个真正依法执政，努力推进法治、实行法治的党。

第二，坚持人民主体地位，保障人民合法权益。人民既是国家和社会的主人，也是依法治国的主体和力量源泉。人民代表大会制度确立人民当家作主的主人地位。作为主人的人民，他们行使当家作主权利的方式，就是依照宪法法律规定，通过各种途径和方式管理国家事务，管理经济文化事业，管理社会事务。人民不仅具有国家的主权权利，而且还有各种法定权利。法治建设必须坚持为了人民、依靠人民、造福人民，以保障人民根本权益为出发点和落脚点，保证人民依法享有广泛的权利和自由、承担应尽的义务，维护社会公平正义，促进共同富裕。要让人民掌握、遵守、运用法律，使宪法法律成为保障其自身合法权益的有力武器。

第三，坚持法律面前人人平等，保证宪法法律有效实施。法律面前人人平等，曾经是历史的梦想。在资产阶级掌握政权之后，法律面前人人平等作为一项法律原则被确立起来，但是他们并没有真正实现它。社会主义把法律面前人人平等用宪法予以明确的确认，使之成为重要的宪法原则。坚持法律面前人人平等，任何组织和个人都必须尊重宪法法律权威，都必须在宪法法律范围内活动，都必须依照宪法法律行使权力或权利、履行职责或义务，都不得有超越宪法法律的特权。其目的就在于维护社会主义法治统一、尊严、权威，切实保证宪法法律有效实施。宪法法律实施，在中国特色社会主义法律体系已经形成的我国，具有特别重大的意义。法律制定得再好，也只有通过实施才能充分发挥其效用，产生应有的社会效果。但是只要有人不受法律约束或者违法而不受追究，没有法律面前人人平等，宪法法律就无法得到有效实施，宪法法律也就不可能具有尊严与权威。

第四，坚持依法治国和以德治国相结合。国家和社会治理需要法律和道德共同发挥作用，必须坚持一手抓法治、一手抓德治，既重视发挥法律的规范作用，又重视发挥道德的教化作用，实现法律和道德相辅相成、法治和德治相得益彰。习近平指出："发挥好法律的规范作用，必须以法治体现道德理念、强化法律对道德建设的促进作用。一方面，道德是法律的基础，只有那些合乎道德、具有深厚道德基础的法律才能为更多人所自觉遵行。另一方面，法律是道德的保障，可以通过强制性规范人们行为、惩罚违法行为来引领道德风尚。要注意把一些基本道德规范转化为法律规范，使法律法规更多体现道德理念和人文关怀，通过法律的强制力来强化道德作用、确保道德底线，推动全社会道德素质提升。""发挥好道德的教化作用，必须以道德滋养法治精神、强化道德对法治文化的支撑作用。再多再好的法律，必须转化为人们内心自觉才能真正为人们所遵行。'不知耻者，无所不为。'没有道德滋养，法治文化就缺乏源头活水，法律实施就缺乏坚实社会基础。在推进依法治国过程中，必须大力弘扬社会主义核心价值观，弘扬中华传统美德，培育社会公德、职业道德、家庭美德、个人品德，提高全民族思想道德水平，为依法治国创造良好人文环境。"[1]为了贯彻落实依法治国与以德治国相结合的原则，党中央发布若干文件推进社会主义核心价值观融入法治建设，强调"将社会主义核心价值观融入法治国家、法治政府、法治社会建设全过程，融入科学立法、严格执法、公正司法、全民守法各环节，把社会主义核心价值观的要求体现到宪法、法律、行政法规、部门规章和公共政策中，以法治体现道德理念、强化法律对道德建设的促进作用，推动社会主义核心价值观更加深入人心"[2]。

第五，坚持从中国实际出发，推动法治理论创新。坚持从中国实际出发具有丰富的内涵，至少包括以下几个方面：一是必须从我国基本国情的实际出发。这是中国最大的实际，必须牢牢把握。二是必须从改革开放的实际出发。改革开放是一个发展的过程，要从实际出发，就要不断地与改革开放相适应，适时地改进工作，调整政策，完善法律。三是要不断总结和运用党领导人民实行法治的成功经验。这是从实际出发的又一要求。在推进法治的过程中，我们会不断获得新的经验。这就要求我们一定要适时总结，不断地将改革经验转化为立法成果和制度设计，确保改革步步为营、扎实推进。在坚持从中国实际出发的同时，必须围绕中国特色社会主义法治建设的重大理论和实践问题，推进法治的理论创新。没有理论创新，认识必然浅尝辄止，实践就会止步不前。因此，要不断创新法治理论，并用以指导实践。社会主义法治理论是依法治国的理论指导和学理支撑，须臾不可离开。我们还必须注意汲取中华法律文化精

---

①　中共中央文献研究室编：《习近平关于全面依法治国论述摘编》，中央文献出版社 2015 年版，第 30—31 页。

②　孟轲：《社会主义核心价值观的大众认同问题研究》，人民出版社 2018 年版，第 320 页。

髓，借鉴国外法治有益经验，推动法治理论创新，加快中国特色社会主义法治理论建设。

第三节　全面依法治国的工作布局与重要任务

一、建设中国特色社会主义法治体系

法治体系是一个国家由其法治各个主要方面有机构成的，联系紧密、结构完整、形式严谨的统一整体。中国的法治体系也可以概括为中国特色社会主义法治体系，它是由社会主义法治的各个方面有机构成的，联系紧密、结构完整、形式严谨的统一整体。它包括完备的法律规范体系、高效的法治实施体系、严密的法治监督体系、有力的法治保障体系、完善的党内法规体系。2019 年 10 月，党的十九届四中全会通过的《中共中央关于坚持和完善中国特色社会主义制度、推进国家治理体系和治理能力现代化若干重大问题的决定》进一步明确要求"加快形成完备的法律规范体系、高效的法治实施体系、严密的法治监督体系、有力的法治保障体系，加快形成完善的党内法规体系"。

（一）形成完备的法律规范体系

完备的法律规范体系是指一国所有的法律规范，能够良好地反映人民意志，满足社会生活的现实需要，作为一个整体其各个部分有机衔接、彼此协调，具有良好的逻辑结构，体系完整、结构科学、内容完善的理想状态。完备的法律规范体系大体相当于完备的法律体系或法律制度体系。具体说来，完备的法律规范体系，其规则内容要符合宪法精神、反映人民意志、得到人民拥护；其表现形式要逻辑严密、结构完整、形式严谨；其调整范围要全面覆盖、无所疏漏，能够全面调整人们的法律行为以及需要法律调整的社会领域。因此，只有不断提高立法质量，才能逐步建立完备的法律规范体系。

首先，完备的法律规范体系是对立法内容的要求。立法维护人民利益，成为人民意志的体现。这是对法律规范体系的本质要求。在一个民主国家，衡量一个法律规范体系是否完备，首要的要求是看其本质，要看它是否反映了人民意志。是否反映人民意志，就要看它是否符合人民意愿；是否符合人民意愿，就要看它是否得到人民拥护；是否得到人民拥护，最终就要看它是否维护了人民利益。在中国，作为人民民主专政的社会主义国家，最根本的是要看它是否体现了人民当家作主的权利，是否保护人民的各项权利和自由，也即是否实现了人民民主，是否尊重和保护了最广大人民群众的合法权益。

其次，完备的法律规范体系是对表现形式的要求。立法的表现形式要逻辑严密、结构完整、用语准确、严谨明晰，等等。法律规范体系是由大量的法律规范组成的。法律规范的科学性质如何，决定着整个体系的质量状态。完备的法律规范体系，一是现实中的。法律规范体系要与社会生活相适应，与社会生活的方方面面相对照，无所疏漏，能够满足社会生活的现实需要。二是法律规范体系的完备是逻辑的严密。它要在逻辑上无所疏漏，符合逻辑规范要求，没有逻辑上的混乱。三是法律规范体系的完备必须是语言上的完善。任何法律规范都是依赖必要的文字来表达和体现的。完备的法律规范体系，它要求每一个法律条款的文字表达都要清楚明晰，准确无误，没有歧义，不会引发误解。

再次，完备的法律规范体系是对调整范围的要求。立法及时地反映了社会现实的需要，满足了客观的立法需求。社会生活中需要法律调整的方方面面都做到了有法可依。凡是需要法律规范调整的社会领域与方面都有相应的法律调整。从社会整体上讲有效地解决了有法可依、有良法可依的问题。这是一个立法持之以恒、全面发展的问题。因为立法在任何时间节点的完备都是阶段性的、暂时性的，随着社会的发展都有一个不断完备、更加完备的问题。

以上三个方面是对一个法律规范体系的基本要求，不能做到这三个方面，我们都无法说现有的法律规范体系是完备的。

（二）形成高效的法治实施体系

法治实施是指制度性质的法律规范得到有效执行和遵守，从而成为现实的过程，也是法律功能得以实现、作用得以发挥的过程。高效的法治实施体系就是指法律规范得到及时而有效实施的体制机制的总体。法治实施体系包括法治现实运作的全过程，包括法律的适用和遵守两大方面，包括执法、司法、守法三大环节或者三大子体系。

从执法上讲，高效的法治实施体系意味着要有严格的行政执法、依法行政，实现了政府的法治化，构建了政府的法治实施体系。行政法治系统是一个相对独立的法治单元。政府要严格依法行政，执行法律规定，通过法治化的方式构建服务型政府，实现政府服务于人民的目标。

从司法上讲，必须要有能够实现公平正义的司法机关和司法机制，确保每一个案件的裁判都能体现出公平正义。司法的体制机制都能良性地运行，并发挥出应有的效用。司法系统的良好运行，并体现出公平正义，是使法律规范得到有效实施的强制保障。它既是对执法进行监督的体系，也是对法律公正的最后保障。

从守法上讲，必须要有全社会的普遍守法体系。从公民个人、法人乃至非法人的社会组织都能自觉依法办事，自觉地服从法律。守法是法律实施的所有方式中成本最低、效益最大的方式，是最经济的方式。它既是法律实施的最佳方式，也是最根本的保证。真正的良好的法治状态，其法律规范主要不是依靠强制执行的，而是依靠自觉遵守的。没有普遍守法，就没有良好的法治。

（三）形成严密的法治监督体系

监督是约束公权力所必须，是确保法律实施的必须，是法治所必须。法治监督体系，是法治必不可少的保障，严密的法治监督体系，是良好法治的保证，也是重要的标志。要增强监督合力和确保监督实效，必须要形成科学有效的、对权力运行予以有效制约和监督的体系。

首先，严密的法治监督体系是指监督的机构设置是严密的。要使监督机构相互之间无缝连接。立法监督机构、监察监督机构、司法监督机构、政党监督机构、法律监督机构、社会监督机构都有合理的科学分工。以严密的机构设置避免出现监督范围上的疏漏，使应有监督的各个社会方面都具有良好的法治监督。

其次，严密的法治监督体系是指监督的运行机制是严密的。法治监督机构的各个子体系、子系统之间是相互协同的，分工负责，彼此衔接，有机运行。法治监督体系是内循环的，其中不会出现梗阻、障碍，即使不幸地出现了这样的情形，也能及时化解、有效克服，使之具有重新恢复有效运行的能力。

最后，严密的法治监督体系是指监督机构的实际效果是严密的。法治监督体系是否运行良好，是以最终效果来评价的。没有实效的法治监督形同虚设。要尽可能使违法犯罪尤其是运用公权的违法犯罪逃无可逃。法治监督的有效性是其体系是否严密的检验尺度和重要表现。

（四）形成有力的法治保障体系

有力的法治保障体系是法治的必要保证，是确保法治有效运行的外在体制机制的总体。法治保障体系是个新概念，就宏观目标而言，法治保障体系包括政治保障、制度保障、思想保障、组织保障、人才保障、运行保障等。坚持党的领导，把党的领导贯穿于依法治国各领域全过程，是社会主义法治的政治保障，保障社会主义法治的正确政治方向；坚持中国特色社会主义制度是社会主义法治的制度保障，保障社会主义法治立足于社会主义基本经济制度和民主政治制度的基础上；贯彻中国特色社会主义法治理论是社会主义法治的思想保障，保障社会主义法治的科学发展；建设素质过硬的法治工作队伍是社会主义法治的组织和人才保障，保障法治的尊严、权威和有效实施；建立科学的法治建设指标体系和考核标准并有效实施是社会主义法治的运行保障，保障全面推进依法治国各项任务的细化和落实。继党的十八届三中全会提出建立科学的法治建设指标体系和考核标准之后，党的十八届四中全会通过的《中共中央关于全面推进依法治国若干重大问题的决定》再次明确"把法治建设成效作为衡量各级领导班子和领导干部工作实绩重要内容，纳入政绩考核指标体系。把能不能遵守法律、依法办事作为考察干部重要内容"[①]。在全面推进依法治国的过程中，要始终把"关键少数"作为依法治国的重中之重，严格要求各级领导干部做尊法学法守法用法的模范，提高运用法治思维和法治方式的能力，努力以法治凝聚改革共识、规范发展行为、促进矛盾化解、保障社会和谐；牢固树立宪法法律至上、法律面前人人平等、权由法定、权依法使等基本法治观念，彻底摈弃人治思想和长官意志，做到在法治之下而不是法治之外，更不是法治之上想问题、作决策、办事情，决不搞以言代法、以权压法；努力营造办事依法、遇事找法、解决问题用法、化解矛盾靠法的法治环境。可以预期，随着法治建设指标体系和考核标准体系的形成，必将增强法治保障体系的执行力。

（五）形成完善的党内法规体系

这里的"党内法规"专指中国共产党的"党内法规"。"党内法规是党的中央组织以及中央纪律检查委员会、中央各部门和省、自治区、直辖市党委制定的规范党组织的工作、活动和党员行为的党内规章制度的总称。"根据《中国共产党党内法规制定条例》第四条的规定，"党内法规的名称为党章、准则、条例、规则、规定、办法、细则"，其中党章是党内法规的总依据，党章之下，根据效力分为准则、条例、规则、规定、办法、细则六个层次。

中国共产党的党内法规已经成为一个较为完备的体系，党内法规体系已经

---

① 《〈中共中央关于全面推进依法治国若干重大问题的决定〉辅导读本》，人民出版社 2014 年版，第 37 页。

成为中国特色社会主义法治体系的重要组成部分和国家治理体系的重要组成部分。2017年，中共中央印发的《关于加强党内法规制度建设的意见》提出，到建党100周年时，形成比较完善的党内法规制度体系、高效的党内法规实施体系、有力的党内法规制度建设保障体系，党依据党内法规管党治党的能力和水平显著提高。

二、坚持依法治国、依法执政、依法行政共同推进，法治国家、法治政府、法治社会一体建设

（一）坚持依法治国、依法执政、依法行政共同推进

依法治国、依法执政、依法行政都是法治的要求，是一个有机联系的整体。三者具有内涵的统一性、目标的一致性、作用的相关性，必须彼此协调、共同推进、形成合力。依法治国必须着眼全局、全面部署，努力确保依法执政、依法行政与之齐头并进。

我们之所以要强调这三者的共同推进，是因为这三者具有不同的主体。依法治国的主体是"人民""全体人民""广大人民群众"，无论如何表述，归根结底都是人民。依法执政的主体是中国共产党。中国共产党作为执政党必须依法执政，依法执政是其执政的基本方式。依法行政的主体是国务院及地方各级人民政府。国务院也称为中央人民政府。也就是说，从中央人民政府到地方各级人民政府都必须依法行政，严格地依法行使行政权力。依法治国、依法执政、依法行政共同推进，就是说全体人民、中国共产党、各级人民政府都心往一处想，劲往一处使，朝着法治的目标，共同推动法治的进步发展。

（二）坚持法治国家、法治政府、法治社会一体建设

法治国家、法治政府、法治社会，三者相互联系、内在统一，是法治中国建设的三个主要方面，缺少任何一个方面，全面推进依法治国的总目标都不完整，也就无法实现。在全面依法治国进程中，必须将法治国家、法治政府、法治社会建设同步规划、同步实施、一体建设。

关于法治国家、法治政府、法治社会的关系，习近平指出，"法治国家、法治政府、法治社会三者各有侧重、相辅相成，法治国家是法治建设的目标，法治政府是建设法治国家的主体，法治社会是构筑法治国家的基础"①。作为法

---

① 习近平：《加强党对全面依法治国的领导》，《求是》2019年第4期。

治中国建设的主体工程和重点任务，法治政府建设必须要率先突破。为此，2015 年 12 月，中共中央、国务院印发了《法治政府建设实施纲要（2015—2020 年)》，明确提出了法治政府建设的指导思想、总体目标、基本原则、衡量标准、主要任务和具体举措。5 年后，即 2020 年 12 月，中共中央印发了《法治社会建设实施纲要（2020—2025 年)》，提出要建设信仰法治、公平正义、保障权利、守法诚信、充满活力、和谐有序的社会主义法治社会。两个《实施纲要》生动体现了坚持法治国家、法治政府、法治社会一体建设的指导思想和决策部署。

科学立法、严格执法、公正司法、全民守法，是党的十八大确定的依法治国基本任务。在全面依法治国大格局中，科学立法、严格执法、公正司法、全民守法四个环节是相互依存的，科学立法是全面依法治国的前提，严格执法是全面依法治国的关键，公正司法是全面依法治国的重点，全民守法是全面依法治国的基础。这四项重点任务的意义在于：科学立法保证良法善治，严格执法维护法律权威，公正司法确保公平正义，全民守法提升社会文明。

1. 科学立法

全面依法治国，科学立法是基础。习近平强调"科学立法"，是为了提高立法质量。他指出："人民群众对立法的期盼，已经不是有没有，而是好不好、管用不管用、能不能解决实际问题；不是什么法都能治国，不是什么法都能治好国；越是强调法治，越是要提高立法质量。"① 提高立法质量，关键在于：一要尊重和体现经济、政治、文化、社会、生态建设和发展客观规律，使法律准确适应改革发展稳定需要，积极回应人民期待，更好协调利益关系。二要坚持问题导向，切实提高法律的针对性、及时性、系统性、协调性，发挥立法凝聚共识、统一意志、引领公众、推动发展的作用。三要注重增强法律的可执行性和可操作性，努力使每一项立法都符合宪法精神、反映人民意愿、得到人民拥护，使法律法规立得住、行得通、切实管用。四要坚持立改废释并举，全方位推进立法工作，特别是重点领域、新兴领域、涉外领域立法，着力建立健全国家治理急需的法律制度、满足人民日益增长的美好生活需要必备的法律制度。要及时总结实践中的好经验好做法，把成熟的经验和做法上升为制度、转化为

① 中共中央文献研究室编：《习近平关于全面依法治国论述摘编》，中央文献出版社 2015 年版，第 43 页。

法律。五要坚持民主立法、科学立法、依法立法，完善立法体制和程序，确保立法质量和效率。

2. 严格执法

习近平一向强调严格执法，指出："法律的生命力在于实施，法律的权威也在于实施。'法令行则国治，法令弛则国乱。'各级国家行政机关、审判机关、检察机关是法律实施的重要主体，必须担负法律实施的法定职责，坚决纠正有法不依、执法不严、违法不究现象，坚决整治以权谋私、以权压法、徇私枉法问题，严禁侵犯群众合法权益。"[①] 现实生活中出现的很多问题，往往同执法失之于宽、失之于松有很大关系。有的政法干警执法随意性大，粗放执法、变通执法、越权执法比较突出，要么有案不立、有罪不究，要么违规立案、越权管辖；有的刑讯逼供、滥用强制措施；有的办关系案、人情案、金钱案，甚至徇私舞弊、贪赃枉法；等等。对违法行为必须严格尺度、依法处理、不能迁就。否则，就会产生"破窗效应"。

3. 公正司法

司法是维护社会公平正义的最后一道防线。所以，司法必须公正。所谓公正司法，就是受到侵害的权利一定会得到保护和救济，违法犯罪活动一定要受到制裁和惩罚，人民群众在每一个司法案件中都能感受到公平正义。如果人民群众通过司法程序不能保障自己的合法权利，司法就没有公信力，人民群众也不会相信司法。司法是定分止争的最后一道防线。所以，司法必须发挥法律本来应该具有的定分止争的功能和终结矛盾纠纷的作用。要做到定分止争，司法必须公正，如果司法不公、人心不服，不仅难以定分止争、化解矛盾，甚至可能激化和聚集矛盾。司法是维护法律尊严和权威的最后一道防线。要发挥维护法律尊严和权威的作用，司法必须公正、公开、公平，司法机关必须有足够的尊严和权威。为此，应当深化司法改革，确保司法机关依法独立公正行使职权，确保司法公正高效廉洁，切实有效地提高司法公信力。

4. 全民守法

全面依法治国，建设法治中国，必须坚持全民守法。全民守法，就是全国各族人民、一切国家机关和武装力量、各政党和各社会团体、各企业事业组

---

① 习近平：《在庆祝全国人民代表大会成立60周年大会上的讲话》，《人民日报》2014年9月6日。

织，都必须以宪法和法律为根本活动原则，并负有维护宪法和法律尊严、保证宪法和法律实施的职责。任何组织或者个人，都不得有超越宪法和法律的特权。一切违反宪法和法律的行为，都必须予以追究。任何公民、社会组织、国家机关、政党，都要依照宪法和法律行使权利或权力、履行义务或职责。在社会转型、矛盾凸显的当前形势下，要引导全体人民通过法律程序来合理表达诉求、依法维护权利、文明解决纷争；要努力培育社会主义法治文化，在全社会形成尊法学法守法用法的良好氛围。

三、统筹推进国内法治和涉外法治

在当今世界百年未有之大变局的时代背景下，在日益复杂多变的国际环境中，习近平高瞻远瞩、审时度势，及时提出"协调推进国内治理和国际治理"，"统筹推进国内法治和涉外法治"，并将其作为全面依法治国的重点任务。坚持统筹推进国内法治和涉外法治，要加快涉外法治工作战略布局，协调推进国内治理和国际治理，更好维护国家主权、安全、发展利益。强化法治思维，运用法治方式，有效应对挑战、防范风险，综合利用立法、执法、司法等手段开展斗争，坚决维护国家主权、尊严和核心利益。要推动全球治理变革，推动构建人类命运共同体建设。

首先要加强涉外法律工作。适应对外开放不断深化，完善涉外法律法规体系，促进构建开放型经济新体制。积极参与国际规则制定，推动依法处理涉外经济、社会事务，增强我国在国际法律事务中的话语权和影响力，运用法律手段维护我国主权、安全、发展利益。强化涉外法律服务，维护我国公民、法人在海外及外国公民、法人在我国的正当权益，依法维护海外侨胞权益。深化司法领域国际合作，完善我国司法协助体制，扩大国际司法协助覆盖面。加强反腐败国际合作，加大海外追赃追逃、遣返引渡力度。积极参与执法安全国际合作，共同打击暴力恐怖势力、民族分裂势力、宗教极端势力和贩毒走私、跨国有组织犯罪。

积极推进国际法治建设，推动构建人类命运共同体事业。在全球化的当今时代，国际事务日益繁多，必须坚守国际法治和运用国际法治来营造美好的和谐世界，推进人类命运共同体建设。"中国走向世界，以负责任大国参与国际事务，必须善于运用法治。在对外斗争中，我们要拿起法律武器，占领法治制高点，敢于向破坏者、搅局者说不。全球治理体系正处于调整变革的关键时期，我们要积极参与国际规则制定，做全球治理变革进程的参与者、推动者、引领者。"[1] "我们应该共同推动国际关系法治化。推动各方在国际关系中遵守国际法和公认的国际关系基本原则，用统一适用的规则来明是非、促和平、谋发展。'法者，天下之准绳也。'在国际社会中，法律应该是共同的准绳，没有只适用他人、不适用自己的法律，也没有只适用自己、不适用他人的法律。适用法律不能有双重标准。我们应该共同维护国际法和国际秩序的权威性和严肃性，各国都应该依法行使权利，反对歪曲国际法，反对以'法治'之名行侵害他国正当权益、破坏和平稳定之实。"[2] 在国际关系中，中国需要处理自己的对外关系，其中包括双边关系和多边关系。依照国际法治规则，缔结和维护和平友好的国际关系。加强我国涉外法治建设，自觉遵守国际法治，共同参与国际法治建设、维护国际法治权威，是中国对外交往、处理涉外关系与国际关系的法治行动，也是推动人类命运共同体的伟大实践。

第四节　全面依法治国的重要保障

全面依法治国必须加强和改进党对全面依法治国的领导，这是最为重要的政治保障。全面依法治国必须以习近平法治思想作为重要的思想保障，本书的导论部分已经有了较为全面深入的论述。因此在此均从略。在这里我们着重对更为具体的组织保障、人才队伍保障、发挥"关键少数"的保障作用以及科技支撑作一个简要论述。

一、全面依法治国的组织保障

全面依法治国是一个伟大的事业，需要中国共产党带领亿万人民群众共同奋斗，为此就必须有坚强的组织保障。

第一，充分发挥党的组织机构在全面依法治国中的领导作用。党的十九大后，2018 年，通过机构改革，组建了中央全面依法治国委员会。该委员会从全局和战略高度对全面依法治国作出一系列重大决策部署。随着中央全面依法治

---

[1]　习近平：《加强党对全面依法治国的领导》，《求是》2019 年第 4 期。

[2]　习近平：《弘扬和平共处五项原则　建设合作共赢美好世界——在和平共处五项原则发表 60 周年纪念大会上的讲话》，人民出版社 2014 年版，第 11 页。

国委员会的设立，全国党的地方组织也成立了相应的依法治国领导机构。中央和地方各级党的全面依法治国（依法治省、依法治市、依法治县）委员会的设立，为全面依法治国的有效推进提供了有力的组织保障。

第二，健全党领导全面依法治国的制度和工作机制，完善保证党确定全面依法治国方针政策和决策部署的工作机制和程序。加强党对全面依法治国统一领导、统一部署、统筹协调。完善党委依法决策机制，发挥政策和法律的各自优势，促进党的政策和国家法律互联互动。党委要定期听取政法机关工作汇报，做促进公正司法、维护法律权威的表率。党政主要负责人要履行推进法治建设第一责任人职责。各级党委要领导和支持工会、共青团、妇联等人民团体和社会组织在依法治国中积极发挥作用。

第三，各个政权机关的党组织和党员要发挥应有的重要作用。人大、政府、政协、审判机关、检察机关的党组织和党员干部要坚决贯彻党的理论和路线方针政策，贯彻党委决策部署。各级人大、政府、政协、审判机关、检察机关的党组织要领导和监督本单位模范遵守宪法法律，坚决查处执法犯法、违法用权等行为。

第四，政法委员会是党委领导政法工作的组织形式，必须长期坚持。各级党委政法委员会要把工作着力点放在把握政治方向、协调各方职能、统筹政法工作、建设政法队伍、督促依法履职、创造公正司法环境上，带头依法办事，保障宪法法律正确统一实施。政法机关党组织要建立健全重大事项向党委报告制度。加强政法机关党的建设，在法治建设中充分发挥党组织政治保障作用和党员先锋模范作用。

二、全面依法治国的人才队伍保障

全面依法治国需要坚强的人才和队伍保障。加强相关的人才队伍建设成为全面依法治国的重要任务。全面推进依法治国，必须大力提高法治工作队伍思想政治素质、业务工作能力、职业道德水准，着力建设一支忠于党、忠于国家、忠于人民、忠于法律的社会主义法治工作队伍，为加快建设社会主义法治国家提供强有力的人才保障。

（一）建设高素质专门法治队伍

法治专门队伍是法治建设的主力军。"专门法治工作队伍"主要包括在人大和政府从事立法工作的人员，在行政机关从事执法工作的人员，在司法机关从事司法工作的人员。这三支队伍既有"共性"又有"个性"，都十分重要。立法是为国家定规矩、为社会定方圆的神圣工作，立法人员必须具有很高的思想政治素质，具备遵循规律、发扬民主、加强协调、凝聚共识的能力。执法是把纸面上的法律变为现实生活中活的法律的关键环节，执法人员必须忠于法律、捍卫法律，严格执法、敢于担当。司法是社会公平正义的最后一道防线，司法人员必须信仰法律、坚守法治，端稳天平、握牢法槌，铁面无私、秉公司法。要按照政治过硬、业务过硬、责任过硬、纪律过硬、作风过硬的要求，推进法治专门队伍革命化、正规化、专业化、职业化，确保做到忠于党、忠于国家、忠于人民、忠于法律。

（二）加强法律服务队伍建设

在法律服务队伍中律师队伍是最为重要的力量。加强律师队伍思想政治建设，把拥护中国共产党领导、拥护社会主义法治作为律师从业的基本要求，增强广大律师走中国特色社会主义法治道路的自觉性和坚定性。构建社会律师、公职律师、公司律师等优势互补、结构合理的律师队伍。提高律师队伍业务素质，完善执业保障机制。加强律师事务所管理，发挥律师协会自律作用，规范律师执业行为，监督律师严格遵守职业道德和职业操守，强化准入、退出管理，严格执行违法违规执业惩戒制度。加强律师行业党的建设，扩大党的工作覆盖面，切实发挥律师事务所党组织的政治核心作用。

同时，各级党政机关和人民团体普遍设立公职律师，企业可设立公司律师，参与决策论证，提供法律意见，促进依法办事，防范法律风险。明确公职律师、公司律师法律地位及权利义务，理顺公职律师、公司律师管理体制机制。

还要发展公证员、基层法律服务工作者、人民调解员队伍。推动法律服务志愿者队伍建设。建立激励法律服务人才跨区域流动机制，逐步解决基层和欠发达地区法律服务资源不足和高端人才匮乏问题。

（三）创新法治人才培养机制

发展法学教育，大规模培养法治人才。加强法学基础理论研究，形成完善的中国特色社会主义法学理论体系、学科体系、课程体系，组织编写和全面采用国家统一的法律类专业核心教材，纳入司法考试必考范围。坚持立德树人、德育为先导向，推动中国特色社会主义法治理论进教材、进课堂、进头脑，培养造就熟悉和坚持中国特色社会主义法治体系的法治人才及后备力量。建设通晓国际法律规则、善于处理涉外法律事务的涉外法治人才队伍。

健全政法部门和法学院校、法学研究机构人员双向交流机制，实施高校和法治工作部门人员互聘计划，重点打造一支政治立场坚定、理论功底深厚、熟悉中国国情的高水平法学家和专家团队，建设高素质学术带头人、骨干教师、专兼职教师队伍。

三、发挥"关键少数"的保障作用

习近平反复强调，"全面依法治国，必须抓住领导干部这个'关键少数'"[①]。为什么要抓住"关键少数"？一是因为"领导干部具体行使党的执政权和国家立法权、行政权、监察权、司法权，是全面依法治国的关键"[②]。"党领导立法、保证执法、支持司法、带头守法，主要是通过各级领导干部的具体行动和工作来体现、来实现。"[③] 因而，各级领导干部在很大程度上决定着全面依法治国的方向、道路、进度。二是因为"广大干部群众的民主意识、法治意识、权利意识普遍增强，全社会对公平正义的渴望比以往任何时候都更加强烈，如果领导干部仍然习惯于人治思维、迷恋于以权代法，那十个有十个要栽大跟头"[④]。三是因为法治思维和法治方式只有通过领导干部的具体行为和活动，才能化为真正的法治力量和法治活力，他们是依法治国重点任务的贯彻执行者，也是社会公平正义、人民权利保障的关键落实者。

抓住"关键少数"，就是要让各级领导干部在全面依法治国中发挥关键作用。

第一，领导干部要带头学习、精准把握习近平法治思想，坚决贯彻落实党中央关于全面依法治国的重大决策部署，做法治建设和法治改革的促进派，真正做到依法执政、依法行政、科学立法、严格执法、公正司法、强化监督，发挥好各级党组织和领导干部在依法治国中的政治核心作用。

第二，领导干部"谋划工作要运用法治思维，处理问题要运用法治方式"[⑤]，

---

① 中共中央文献研究室编：《习近平关于全面依法治国论述摘编》，中央文献出版社 2015 年版，第 107 页。
② 习近平：《加强党对全面依法治国的领导》，《求是》2019 年第 4 期。
③ 中共中央文献研究室编：《习近平关于全面依法治国论述摘编》，中央文献出版社 2015 年版，第 120 页。
④ 中共中央文献研究室编：《习近平关于全面依法治国论述摘编》，中央文献出版社 2015 年版，第 124—125 页。
⑤ 中共中央文献研究室编：《习近平关于全面依法治国论述摘编》，中央文献出版社 2015 年版，第 124 页。

把"对法治的尊崇、对法律的敬畏转化成思维方式和行为方式，做到在法治之下、而不是法治之外、更不是法治之上想问题、作决策、办事情"①；不断提高运用法治思维和法治方式深化改革、推动发展、化解矛盾、维护稳定、应对风险的能力；善于以法治凝聚改革共识、规范发展行为、促进矛盾化解、保障社会和谐。

第三，领导干部要尊崇法治、敬畏法律，了解法律、掌握法律，遵纪守法、捍卫法治，厉行法治、依法办事，做尊法学法守法用法的模范。领导干部要对宪法和法律保持敬畏之心，牢记法律红线不可逾越、法律底线不可触碰，牢固树立宪法法律至上、法律面前人人平等、权由法定、权依法使等基本法治观念，彻底摈弃人治思想和长官意志，决不搞以言代法、以权压法。对各种危害法治、破坏法治、践踏法治的行为，领导干部要挺身而出、坚决斗争，坚决纠正和解决法治不彰问题。

第四，领导干部不仅要自己带头遵守法律、执行法律，还应以实际行动带动全社会维护社会主义法制的尊严和权威，积极营造办事依法、遇事找法、解决问题用法、化解矛盾靠法的法治环境，在全社会形成尊法学法守法用法的良好氛围。

四、全面依法治国的科技支撑

当今世界正处于科技革命的历史巨变之中，互联网、人工智能、物联网、大数据、区块链等技术的产生和运用，给人类带来了新的通信、交流、联系、活动方式乃至新的生产生活方式。在这一背景下的全面依法治国若能依赖新兴科技成果的运用，必将得到更好的推进。

在当今立法调研中，通过互联网、人工智能、大数据收集民意，听取群众意见，发扬和扩大立法民主，进而提高立法质量，体现立法的科学性，已经成为立法工作的重要方式。在执法中，将法治政府与服务型政府建设结合起来，通过互联网等人工智能技术的运用，改革和改进行政许可程序与方式，开展行政执法，已经取得了重要成效，减轻了人民群众跑政府的负担，优化了行政工作环境和方式，提高了行政效能。在司法上，立案、开庭信息的传送、律师阅

---

① 中共中央文献研究室编：《习近平关于全面依法治国论述摘编》，中央文献出版社 2015 年版，第 124 页。

卷乃至证据交换都可以在一定程度上借助互联网，极大地提高了人民法院的办案效率。通过司法裁判文书的网上公开，提高了司法公信力。通过执行信息公开，提升了人民法院裁判的有效性，有力地彰显了人民法院及其裁判的权威性，有力地保护了当事人合法权益。在普法宣传中，现代科技手段更得到了前所未有的运用，使法治信息、法治观念在内的整个法治文化在更广泛更细致的程度上深入人心。

在全面依法治国的深入实践中，科技必将发挥更为重大的作用。我们要充分利用高科技手段，更新法治手段，优化法治方式，促进法治发展，确保全面依法治国在更高层次上得到推进和发展。

第五节 建设法治中国

一、法治中国是社会主义法治建设的伟大目标

1997年，党的十五大明确提出了"依法治国，建设社会主义法治国家"的治国基本方略和法治发展目标。党的十八大之后，习近平提出"建设法治中国"。党的十八届三中全会通过的《中共中央关于全面深化改革若干重大问题的决定》把法治建设的长远目标确定为"推进法治中国建设"，并以此为标题来统领整个法治建设。党的十八届四中全会向全党和全国各族人民发出"向着建设法治中国不断前进""为建设法治中国而奋斗"的号召。党的十九届四中全会通过的《中共中央关于坚持和完善中国特色社会主义制度、推进国家治理体系和治理能力现代化若干重大问题的决定》再一次明确提出"推进法治中国建设"。"法治中国"概念是我们党在法治理论上的重大创新，也是对当前和今后中国法治建设的科学定位，具有深厚的历史文化底蕴、丰富的实践经验基础和强大的导向定位功能，构成我国法治建设新时期、新阶段的时代主题。"法治中国"以其无可比拟的包容性、凝聚力、感召力成为中国特色社会主义法治理论体系和话语体系的统领性概念。

建设法治中国，其要义是依法治国、依法执政、依法行政共同推进，法治国家、法治政府、法治社会一体建设。建设法治中国，就是要实现中国政治、经济、文化、社会、生态文明等各个方面的法治化，实现中国立法、执法、司法、守法、法律监督等各个方面的法治化，建成中国特色社会主义法治体系，

建成社会主义法治国家，成为社会主义法治强国。

二、法治中国与国家治理现代化

2019 年党的十九届四中全会召开，全会通过了《中共中央关于坚持和完善中国特色社会主义制度、推进国家治理体系和治理能力现代化若干重大问题的决定》。这一重要文献将国家治理现代化问题提上了更为重要的议事日程。法治中国建设是依法治国在中国国家治理上的具体实践，它与国家治理现代化有着怎样的基本关系，值得我们认真地加以探究。在总体上，它们之间有着以下几点基本的关系。

第一，法治中国建设与国家治理现代化具有密切的内在联系，必须将二者协调起来，统筹推进。法治中国建设就是在中国这个主权国家所进行的法治实践，其实践活动首要而根本的内容，就是达到国家的良好治理，实现良法善治。人们所说的良法善治就是指良好的法律制度，在治国理政的实践中得到很好实施的结果状态，是国家治理现代化的重要目标。

第二，国家治理现代化要求国家治理法治化，法治中国建设是国家治理现代化的重要组成部分。国家治理现代化是一个综合概念，它的内涵极为丰富，其中包括国家治理在政治、经济、文化、社会、生态文明等各个方面的现代化。建设中国特色社会主义法治体系，提高中国共产党依法执政能力和水平，确保依法治国、依法执政、依法行政共同推进，法治国家、法治政府、法治社会一体建设，是法治中国建设的重要内容，也是推进国家治理现代化的具体实践。

第三，国家治理现代化必须依赖法治中国建设，法治中国建设是整个国家治理现代化的重要保障。国家治理现代化涉及政治、经济、文化、社会、生态文明，涉及科技、教育、国防、外交等各个方面，它们都需要法治化，都需要通过法治化的路径与方式实现现代化。法治化是整个国家治理现代化在各个方面的保障，是国家治理现代化的重要保证。

我们必须充分依靠全体人民，在全国人民共同努力下，将法治中国建设与推进国家治理现代化结合起来，协调推进。使二者有机统一、相得益彰，共同为实现中华民族伟大复兴的中国梦，实现中华民族的永续发展，提供不竭动力。

三、法治中国建设的伟大征程

在全面建成小康社会的基础上，我们开启了建设社会主义现代化强国的新征程。全面依法治国，建设法治中国的伟大事业迎来了新的历史机遇，揭开了新的历史篇章，也开启了法治新征程。在全面依法治国的进程中，以习近平同志为核心的党中央为我们勾画了法治发展的宏伟蓝图。

到中国共产党成立一百周年时，全面建成小康社会。同时，依法治国基本方略全面落实，中国特色社会主义法律体系更加完善，司法公信力明显提高，人权得到切实保障，产权得到有效保护，国家各项工作法治化。这些宏伟任务伴随着全面建成小康社会历史任务的完成，成为我们全面依法治国道路上的伟大成就，也是我们继续前行的现实基础。

到 2035 年基本实现社会主义现代化，基本建成社会主义法治国家、法治政府、法治社会。这是 2017 年党的十九大确立的，2020 年《中共中央关于制定国民经济和社会发展第十四个五年规划和二〇三五年远景目标的建议》和中央全面依法治国工作会议不断强调的重要目标。到 2035 年，随着社会主义现代化国家基本建成，也将基本实现国家治理体系和治理能力现代化。

到本世纪中叶把我国建成富强民主文明和谐美丽的社会主义现代化强国，实现中华民族伟大复兴的中国梦。届时，中国特色社会主义法治体系将更加完善，一个崭新的法治中国必将以其前所未有的风姿，巍然屹立在世界东方。

思考题：

1. 如何理解法治的基本内涵？

2. 为什么说法治与人治是根本对立的？

3. 简述法制的含义以及法治与法制的主要区别。

4. 如何理解全面依法治国的政治方向、工作布局、重点任务？

5. 如何理解中国特色社会主义法治体系？

6. 如何理解法治中国，如何推进法治中国建设？

阅 读 文 献

■《马克思恩格斯全集》（第 1、2、3、4、16、19、20、21、23、42 卷，人民出版社 1956—1979 年版）有关国家、法律、法与社会等的论述。

■《马克思恩格斯文集》（第 1—10 卷，人民出版社 2009 年版）有关国家、法律、法与社会等的论述。

■《马克思恩格斯选集》（第 1—4 卷，人民出版社 2012 年版）有关国家、法律、法与社会等的论述。

■《列宁专题文集》（第 1—5 卷，人民出版社 2009 年版）有关国家、法律、法制、法与社会等的论述。

■《毛泽东选集》（第二、四卷，人民出版社 1991 年版）有关新民主主义、人民专政等的论述。

■《毛泽东文集》（第六至七卷，人民出版社 1999 年版）有关国家与法等的论述。

■《邓小平文选》（第一至三卷，人民出版社 1993—1994 年版）有关中国特色社会主义和社会主义民主与法制等的论述。

■《江泽民文选》（第一至三卷，人民出版社 2006 年版）有关"三个代表"重要思想、社会主义民主与法治等的论述。

■《胡锦涛文选》（第一至三卷，人民出版社 2016 年版）有关科学发展观、民主与法治、和谐社会、政治文明等的论述。

■《习近平谈治国理政》第一卷，外文出版社 2018 年版。

■《习近平谈治国理政》第二卷，外文出版社 2017 年版。

■《习近平谈治国理政》第三卷，外文出版社 2020 年版。

■ 中共中央文献研究室编：《习近平关于全面依法治国论述摘编》，中央文献出版社 2015 年版。

■ 中共中央文献研究室编：《习近平关于社会主义政治建设论述摘编》，中央文献出版社 2017 年版。

■习近平：《决胜全面建成小康社会　夺取新时代中国特色社会主义伟大胜利——在中国共产党第十九次全国代表大会上的报告》，人民出版社 2017 年版。

■习近平：《关于〈中共中央关于全面深化改革若干重大问题的决定〉的说明》，《求是》2013 年第 22 期。

■习近平：《在庆祝全国人民代表大会成立 60 周年大会上的讲话》，《人民日报》2014 年 9 月 6 日。

■习近平：《加快建设社会主义法治国家》，《求是》2015 年第 1 期。

■习近平：《在哲学社会科学工作座谈会上的讲话》，人民出版社 2016 年版。

■习近平：《在纪念马克思诞辰 200 周年大会上的讲话》，人民出版社 2018 年版。

■习近平：《在庆祝改革开放 40 周年大会上的讲话》，《人民日报》2018 年 12 月19 日。

■中共中央宣传部编：《习近平新时代中国特色社会主义思想学习纲要》，学习出版社、人民出版社 2019 年版。

■《董必武政治法律文集》，法律出版社 1986 年版。

■《彭真文选（1941—1990）》，人民出版社 1991 年版。

■《中华人民共和国宪法》，人民出版社 2018 年版。

■《中共中央关于全面推进依法治国若干重大问题的决定》，人民出版社 2014年版。

■《论语》。

■《韩非子》。

■《荀子》。

■《贞观政要》。

■《唐律疏议》。

■《临川先生文集》。

■（清）王夫之：《读通鉴论》（上、中、下），中华书局 1975 年版。

■汤志钧编：《康有为政论集》（上、下），中华书局 1981 年版。

■（清）梁启超：《饮冰室合集》（全四十册），中华书局 2015 年版。

■（清）沈家本：《历代刑法考·附寄簃文存》（全四册），中华书局 1985 年版。

■张友渔：《张友渔文选》（上、下），法律出版社 1997 年版。

■沈宗灵主编：《法理学》（第二版），高等教育出版社 2009 年版。

■沈宗灵：《现代西方法理学》，北京大学出版社 1992 年版。

■瞿同祖：《中国法律与中国社会》，中华书局 1981 年版。

■杨鸿烈：《中国法律思想史》，中国政法大学出版社 2004 年版。

■孙国华：《法的真谛：孙国华精选集》，中国人民大学出版社 2015 年版。

■张晋藩：《中国法律的传统与近代转型》（第三版），法律出版社 2009 年版。

■李步云：《论法治》，社会科学文献出版社 2008 年版。

■李光灿、吕世伦主编：《马克思、恩格斯法律思想史》（修订版），法律出版社 2001 年版。

■［古希腊］柏拉图：《理想国》，郭斌和、张竹明译，商务印书馆 1986 年版。

■［古希腊］亚里士多德：《政治学》，吴寿彭译，商务印书馆 1965 年版。

■［法］孟德斯鸠：《论法的精神》（上、下册），张雁深译，商务印书馆 1961 年版。

■［德］黑格尔：《法哲学原理》，范扬、张企泰译，商务印书馆 1961 年版。

■［德］伯恩·魏德士：《法理学》，丁晓春等译，法律出版社 2013 年版。

■［英］哈特：《法律的概念》，张文显等译，中国大百科全书出版社 1996 年版。

■［美］罗纳德·德沃金：《认真对待权利》，信春鹰等译，中国大百科全书出版社 2008 年版。

■［英］尼尔·麦考密克：《修辞与法治——一种法律推理理论》，程朝阳、孙光宁译，北京大学出版社 2014 年版。

■［德］罗伯特·阿列克西：《法律论证理论》，舒国滢译，商务印书馆 2015 年版。

■［美］E.博登海默：《法理学：法律哲学与法律方法》，邓正来译，中国政法大学出版社 2017 年版。

人名译名对照表

[英]	奥斯丁	John Austin
[古罗马]	保罗	Julius Paulus Prudentissimus
[英]	边沁	Jeremy Bentham
[美]	博登海默	Edgar Bodenheimer
[德]	伯恩·魏德士	Bernd Ruthers
[古希腊]	柏拉图	Plato
[美]	波斯纳	Richard Allen Posner
[美]	布莱克	Donald Black
[古罗马]	查士丁尼	Justinian I
[美]	德沃金	Ronald Dworkin
[美]	丁韪良	William Alexander Parsons Martin
[德]	恩格斯	Friedrich Engels
[美]	弗兰克	Jerome New Frank
[美]	富勒	Lon Luvois Fuller
[法]	傅立叶	Charles Fourier
[古罗马]	盖尤斯	Gaius
[美]	格雷	John Chipman Gray
[英]	哈特	Herbert Lionel Adolphus Hart
[德]	黑格尔	Georg Wilhelm Friedrich Hegel
[美]	霍贝尔	E. Adamson Hoebel
[英]	霍布斯	Thomas Hobbes
[美]	霍菲尔德	Wesley Newcomb Hohfeld
[德]	胡果	Gustav Hugo
[奥地利]	凯尔森	Hans Kelsen
[德]	康德	Immanuel Kant
[英]	拉兹	Joseph Raz
[俄]	列宁	Владимир Ильич Ленин
[美]	利维	Madeleine R. Levy

［美］	卢埃林	Karl N. Llewellyn
［英］	洛克	John Locke
［法］	卢梭	Jean-Jacques Rousseau
［英］	麦考密克	Neil MacCormick
［德］	马克思	Karl Marx
［英］	梅因	Henry James Sumner Maine
［法］	孟德斯鸠	Charles-Louis de Secondat, Baron de Montesquieu
［古罗马］	莫迪斯蒂努斯	Herennius Modestinus
［英］	欧文	Robert Owen
［古罗马］	帕比尼安	Aemilius Papinianus
［美］	庞德	Roscoe Pound
［德］	萨维尼	Friedrich Carl von Savigny
［法］	圣西门	Claude-Henri de Rouvroy, Comte de Saint-Simon
［美］	史蒂文·伯顿	Steven J. Burton
［古希腊］	苏格拉底	Socrates
［美］	泰格	Michael E. Tigar
［法］	涂尔干	Emile Durkheim
［意大利］	托马斯·阿奎那	Saint Thomas Aquinas
［英］	托马斯·莫尔	Thomas More
［英］	沃克	David M. Walker
［古罗马］	乌尔比安	Domitius Ulpianus
［古罗马］	西塞罗	Marcus Tullius Cicero
［英］	休谟	David Hume
［古希腊］	亚里士多德	Aristotle

第一版后记

　　《法理学》教材是马克思主义理论研究和建设工程重点教材。在编写工程中，得到了马克思主义理论研究和建设工程咨询委员会的指导，中央有关部门和有关专家学者的帮助和支持。同时，广泛听取了高校法理学课程教师和大学生的意见和建议。

　　本教材在全国人大常委会法制工作委员会《法理学》教材编委会指导下，由首席专家张文显、信春鹰主持编写。参加统稿和修改的有：杨景宇、胡康生、乔晓阳、张春生、李飞、张文显、信春鹰、尹中卿、徐显明、石泰峰、洪虎、郑成良、姚建宗、李龙、朱景文、黄建武、黄文艺、王晨光、马小红、李林、梁鹰、卓泽渊、郑淑娜、高其才、杜宴林、黄金荣、沈国琴。张磊、刘海年、王心富、邵文辉、宋凌云、何成、冯静、田园等参加了审改工作。杜宴林、齐冰作为课题组联络员为编写工作的顺利进行做了大量工作。

2009 年 11 月

第二版后记

组织全面修订马克思主义理论研究和建设工程重点教材，是推动习近平新时代中国特色社会主义思想和党的十九大精神进教材、进课堂、进头脑的重要举措。《法理学》（第二版）是在第一版教材基础上修订而成的。在教材修订过程中，得到了马克思主义理论研究和建设工程咨询委员会的指导，得到了中央有关部门和有关专家学者的帮助和支持。同时，也广泛听取了高校专业课程教师和学生的意见和建议。

教材修订课题组由张文显、信春鹰任首席专家并主持修订，郑成良、朱景文、黄建武、黄文艺、徐显明、卓泽渊、李林作为主要成员参加修订。刘锐作为课题组联络员，王奇才、郭晔作为课题组秘书，为修订编写工作的顺利进行做了大量工作。翟国强、王奇才、喻中、宾凯、王迎龙、郭晔、彭巍、彭浩、徐婧等在统稿过程中做了一些辅助性工作。何成主持了工程办公室组织的审改定稿工作。王昆、王勇、石文磊、田岩、冯静、曹守亮、刘一、聂大富等参加了审改。

2020 年 12 月